Die Religiöse Stiftung im Islam (waqf) nach hanafitischer Lehre

Leipziger Beiträge zur Orientforschung

Herausgegeben von Hans-Georg Ebert
Begründet von Günter Barthel

Band 35

PETER LANG

Hans-Georg Ebert

Die Religiöse Stiftung im Islam (waqf) nach hanafitischer Lehre

Die stiftungsrechtliche Kodifikation von Qadrî Pâshâ

PETER LANG

Bibliografische Information der Deutschen Nationalbibliothek
Die Deutsche Nationalbibliothek verzeichnet diese Publikation in der Deutschen Nationalbibliografie; detaillierte bibliografische Daten sind im Internet über http://dnb.d-nb.de abrufbar.

Die Publikation wurde vom Forschungs-Kolleg *Multiple Secularities* der Universität Leipzig finanziell unterstützt.

Kolleg-Forschergruppe
multiple secularities

ISSN 0942-2323
ISBN 978-3-631-74111-5 (Print)
E-ISBN 978-3-631-74221-1 (E-PDF)
E-ISBN 978-3-631-74223-5(E-PUB)
E-ISBN 978-3-631-74224-2 (MOBI)
DOI 10.3726/b13444

Peter Lang – Berlin · Bern · Bruxelles · New York · Oxford · Warszawa · Wien

Diese Publikation wurde begutachtet.

www.peterlang.com

Vorwort

Religiöse Stiftungen im Islam (*al-auqāf*) spielen bis heute eine wichtige Rolle im politischen, religiösen, sozialen und wirtschaftlichen Leben islamischer Länder. Sie sind Gegenstand einer umfangreichen Rechtsliteratur und Judikatur in arabischer Sprache sowie in anderen orientalischen Sprachen. Die westliche Orientalistik und Islamwissenschaft hat sich dagegen nur zögerlich mit diesem Gebiet beschäftigt. So liegt es auf der Hand, den Zugang zu den rechtlichen Bestimmungen der Religiösen Stiftungen durch die Übersetzung und Kommentierung eines weiteren Werkes des bedeutenden ägyptischen Juristen Muḥammad Qadrī Pāšā (gest. 1886) zu erleichtern. Orientalisten, Juristen, Religionswissenschaftlern und Soziologen gleichermaßen erschließt sich damit eine bedeutende *ḥanafitische* Referenzquelle.

Die seit 2016 bestehende Kolleg-Forschergruppe „Multiple Secularities – Beyond the West, Beyond Modernities“ (http://www.multiple-secularities.de; zuletzt abgerufen: 13.07.2017) hat mir die Möglichkeit eröffnet, dieses Buchprojekt zu realisieren. Die Säkularisierungsdebatten in der islamischen Welt stehen auch im Zusammenhang mit der Funktion der Religiösen Stiftungen in einer modernen und postmodernen Gesellschaft. Insofern konnte ich vielfältige Anregungen innerhalb der Kolleg-Forschungsgruppe erfahren, die in diese Veröffentlichung eingeflossen sind.

Nachdem bereits die Kompilationen zum Personalstatut und zum Zivilrecht des gleichen Autors 2010 bzw. 2013 in der Reihe „Leipziger Beiträge zur Orientforschung“ (Bd. 23 bzw. Bd. 31) erschienen sind, erfolgt nun die Publikation des Qānūn al-ʿadl wa-l-inṣāf li-l-qaḍāʾ ʿalā muškilāt al-auqāf (Gesetz der Gerechtigkeit und Billigkeit zur Beseitigung von Problemen der Religiösen Stiftungen). Die Bedeutung dieses Werkes resultiert auch aus seiner Rolle als Lehrtext an den zum Ende des 19. Jh. entstandenen Rechtsschulen des Landes. Mit Blick auf die heutige Lage im Stiftungswesen islamischer Ländern lassen sich aus diesem Werk wichtige Regelungen und Methoden zur Reform der Religiösen Stiftungen ableiten. Insofern soll die Übersetzung auch ein Bedürfnis nach verfügbaren Detailinformationen zum Islamischen Recht befriedigen. Gleichzeitig geht es darum, das reiche Erbe der islamischen Rechtskultur herauszuarbeiten und nutzbar zu machen und so zum Dialog zwischen den Kulturen anzuregen.

Die Umschrift der arabischen Wörter folgt, wenn diese nicht in der im Deutschen üblichen Schreibweise erscheinen, den Festlegungen des 19. Orientalistenkongresses von Rom 1935 für die „Transliteration der arabischen Schrift in ihrer Anwendung auf die Hauptliteratursprachen der islamischen Welt“.

Ein besonderer Dank gilt all denjenigen, die in Bezug auf die Übersetzung, Interpretation und Gestaltung des Textes hilfreich waren, allen voran Frau Julia Heilen und Herrn Ahmed Abdelemam Ali. Ferner bedanke ich mich bei Herrn Ahmed

Abd El Aal, Herrn Mohammad Edris, Herrn Faycal Hamouda und Herrn Mohamed Oucharah. Außerdem bedanke ich mich bei Herrn Professor Dr. Eckehard Schulz für Hinweise zur Übersetzung sowie bei Frau Professor Dr. Monika Wohlrab-Sahr, Herrn Professor Dr. Christoph Kleine und Frau Dr. Judith Zimmermann für die vertrauensvolle Zusammenarbeit innerhalb der Kolleg-Forschergruppe.
Dank gebührt dem Peter Lang-Verlag für die Unterstützung und konstruktive Zusammenarbeit.
Selbstverständlich bin ausschließlich ich für Fehler und Ungenauigkeiten im Buch verantwortlich.

Hans-Georg Ebert

Leipzig, im Juli 2017

Inhaltsverzeichnis

Vorwort 5

I. Einführung 11

1. Muḥammad Qadrī Pāšā: Leben und Werk 11
2. Das Werk „Qānūn al-ᶜadl wa-l-inṣāf li-l-qaḍā' ᶜalā muškilāt al-auqāf" 17
3. Besonderheiten in Bezug auf Übersetzung und Kommentar 20

II. Gesetz der Gerechtigkeit und Billigkeit zur Beseitigung von Problemen der Religiösen Stiftungen 25

1. Kapitel. Definition und Grundlagen der Religiösen Stiftung 25
   1. Abschnitt. Definition, Bestimmungen und Bindungswirkung der Religiösen Stiftung 25
   2. Abschnitt. Die Voraussetzungen für die Wirksamkeit der Religiösen Stiftung 26
   3. Abschnitt. Gründe und Objekt der Religiösen Stiftung 31
   4. Abschnitt. Die Fähigkeit zur Errichtung einer Religiösen Stiftung 33
   5. Abschnitt. Die Religiöse Stiftung, die von einem Kranken errichtet wird 35
   6. Abschnitt. Verkaufsfähige und nicht verkaufsfähige Sachen der Religiösen Stiftung 38
   7. Abschnitt. Als Religiöse Stiftung zulässige und nicht zulässige Immobilien 43
   8. Abschnitt. Die bewusste und unabhängige Stiftung von beweglichen Sachen 46
   9. Abschnitt. Die Stiftung von gemeinsamem Eigentum und die Teilung zwischen dem Stifter und dem Miteigentümer 49
   10. Abschnitt. Die Bestifteten, die Unzulässigkeit der Teilung als Eigentum und die Zulässigkeit der Teilung als befristete Besitznahme zwischen ihnen 54
   11. Abschnitt. Die Religiöse Stiftung der Angehörigen einer Buchreligion und die Bestifteten einer solchen Stiftung 58

2. Kapitel. Zulässige und nicht zulässige Bedingungen durch den Stifter 62
   1. Abschnitt. Die Bedingung im Allgemeinen 62
   2. Abschnitt. Bedingungen, die die Stifter für die privatnützige Stiftung und die gemeinnützige Stiftung festlegen können 62

3. Abschnitt. Die Erhöhung und Verminderung der Anteile, die Hinzufügung, der Ausschluss, die Bevorzugung und die Festlegung von Bestifteten, die Gewährung und der Entzug von Anteilen sowie sonstige Bedingungen 72
4. Abschnitt. Der Austausch von Stiftungsgütern 77

3. Kapitel. Die Verwaltung der Religiösen Stiftung, Verfügungen der Aufseher in den Angelegenheiten der Religiösen Stiftung, ihre Buchführung und Haftung 84
1. Abschnitt. Die Verwaltung der Religiösen Stiftung 84
2. Abschnitt. Die Bevollmächtigung, Ermächtigung und Bestätigung der Aufsicht 92
3. Abschnitt. Die Entlohnung des Aufsehers 95
4. Abschnitt. Zulässige und unzulässige Verfügungen des Aufsehers der Religiösen Stiftung 99
5. Abschnitt. Unzulässige Verfügungen des Amtswalters 104
6. Abschnitt. Gebäude und Pflanzen des Verwalters oder des Stifters auf dem Land der Religiösen Stiftung 110
7. Abschnitt. Das Verfügungsrecht des Richters in den Angelegenheiten der Religiösen Stiftung und die Fälle, in denen er gegen die Bedingung des Stifters verstoßen kann 111
8. Abschnitt. Die Buchführung des Aufsehers über die Einkünfte der Religiösen Stiftung auf der Grundlage seiner Anordnungen und Verfügungen 115
9. Abschnitt. Die Schulden 119
10. Abschnitt. Die Haftung des Aufsehers und die Fälle, in denen er einen Rückforderungsanspruch in Bezug auf den Ertrag der Religiösen Stiftung hat 121
11. Abschnitt. Die Gründe für die Absetzung des Verwalters der Religiösen Stiftung 127
12. Abschnitt. Die Abwesenheit und Ruhezeit von Amtspersonen der Stiftung 131
13. Abschnitt. Wohltätige Handlungen des Stifters 136

4. Kapitel. Die Verpachtung der Stiftungsgüter 137

5. Kapitel. Die Entwicklung und nutzbringende Verwertung der Religiösen Stiftung 143
1. Abschnitt. Die Partnerschaft für die Landwirtschaft 143
2. Abschnitt. Die Partnerschaft für die Bewässerung und Pflege 147
3. Abschnitt. Der *tīmār*-Inhaber, der Steuerpächter u.a. 152
4. Abschnitt. *Al-ḥikr* 153

5. Abschnitt. *Al-kadik* und *as-suknā* 157
6. Abschnitt. Das Nutzungsrecht 158
7. Abschnitt. *Al-ḫulū* 161
8. Abschnitt. Die Annahme und Ausschlagung der Religiösen Stiftung 162
9. Abschnitt. Der Anspruch der Bestifteten 163

6. Kapitel. Die Instandsetzung und Reparatur der Religiösen Stiftung 174
1. Abschnitt. Die Rekonstruktion von nutzbaren Häusern, Moscheen und Schulen 174
2. Abschnitt. Die Rekonstruktion von Häusern für Wohnzwecke 183
3. Abschnitt. Die widerrechtliche Aneignung der Religiösen Stiftung 186
4. Abschnitt. Das Darlehen 192

7. Kapitel. Die Gerichtsbarkeit in Bezug auf die Religiösen Stiftungen 198
1. Abschnitt. Die Klage u.a. 198
2. Abschnitt. Die Religiöse Stiftung ohne Nachweis 211
3. Abschnitt. Das Anerkenntnis 213
4. Abschnitt. Das Anerkenntnis des Kranken 218
5. Abschnitt. Schriftliche Dokumente und ihre Wertigkeit 219
6. Abschnitt. Die Zeugenaussage 223
7. Abschnitt. Die widersprüchliche Zeugenaussage 227
8. Abschnitt. Die Zulässigkeit und Unzulässigkeit der Klage bei Verjährung 228

I. Einführung

1. Muḥammad Qadrī Pāšā: Leben und Werk[1]

Muḥammad Qadrī Pāšā[2] wurde im Jahre 1821 in der oberägyptischen Stadt (*ṣaᶜīd*) Mallawī, einem Ort etwa 30 km südlich von der heutigen Provinzhauptstadt al-Minyā entfernt, geboren. Sein Vater stammt aus Anatolien, dem asiatischen Teil der heutigen Türkei, und diente im Gebiet Mallawī als Steuerpächter[3] und Richter. Seine Mutter war Oberägypterin. Die beiden Halbbrüder aus einer früheren Ehe seines Vaters lebten außerhalb Ägyptens in Anatolien bzw. Istanbul.

Nach dem Besuch einer Privatschule in Mallawī ging Muḥammad Qadrī Pāšā nach Kairo, um sich dort an der Sprachenschule (*madrasat alsun*) zu immatrikulieren. Der Leiter der Schule war ab Januar 1837 Rifāᶜa aṭ-Ṭahṭāwī (gest. 1873), den mit Muḥammad Qadrī Pāšā nicht nur das Interesse für Sprachen und moderne Wissenschaften, sondern auch seine oberägyptische Herkunft verband. In der Stadt Mallawī versuchte sich Rifāᶜa aṭ-Ṭahṭāwī noch vor Beginn seines Studiums an der Azhar-Universität von Kairo als Lehrer an der dortigen Yūsufī-Moschee.[4] Neben seinen Studien an der Sprachenschule besuchte Muḥammad Qadrī Pāšā Kurse bei berühmten Azhar-Gelehrten zur damaligen Zeit. Nach erfolgreichem Abschluss der Sprachenschule wurde er zum Übersetzungsassistenten (*mutarǧim musāᶜid*) ernannt. Gleichzeitig beschäftigte er sich an der Azhar-Universität mit islamischer Jurisprudenz. Damit war eine wichtige Grundlage für seine spätere berufliche und wissenschaftliche Tätigkeit gelegt.

Schon bald wechselte er für fast sieben Jahre ins Finanzministerium als Übersetzer und diente unter dem Gouverneur für Syrien, Šarīf Pāšā, in Syrien und Istanbul. Nach seiner Rückkehr nach Ägypten wurde er an der Schule „Muṣṭafā Fāḍil

---

1 Die Darstellung von Leben und Werk folgt im Wesentlichen den Abschnitten „Biografisches“ und „Die Schriften von Muḥammad Qadrī Pāšā“ in: Ebert, H.-G., Die Qadrî-Pâshâ-Kodifikation. Islamisches Personalstatut der hanafitischen Rechtsschule. Frankfurt am Main, Berlin, Bern, Bruxelles, New York, Oxford, Wien 2010, S. 11-15 sowie den Abschnitten „Muḥammad Qadrī Pāšā: Leben und Werk“ und „Das Werk ‚Muršid al-ḥairān ilā maᶜrifat aḥwāl al-insān fi-l-muᶜāmalāt aš-šarᶜīya‘“ in: Ebert, H.-G., Hefny, A., Islamisches Zivilrecht der hanafitischen Lehre. Die zivilrechtliche Kodifikation des Qadrî Pâshâ, Frankfurt am Main, Bern, Bruxelles, New York, Oxford, Warszawa, Wien 2013, S. 13-18.

2 Der dem Namen nachgestellte Titel „Pāšā“ (arab.: Bāšā; Pascha), der im Osmanischen Reich hohen zivilen und militärischen Beamten verliehen wurde, wurde in Ägypten erst im Jahre 1953 abgeschafft, genießt aber bis heute ein hohes Ansehen.

3 Dazu weiterführend: Kellner-Heinkele, B., Der arabische Osten unter osmanischer Herrschaft 1517-1880. In: Geschichte der arabischen Welt. Hrsg. von Haarmann, U., Gronke, M., Halm, H., München 2001, S. 327-328.

4 Rifāᶜa aṭ-Ṭahṭāwī. Ein Muslim entdeckt Europa. Die Reise eines Ägypters im 19. Jahrhundert nach Paris. Hrsg. von K. Stowasser. Leipzig, Weimar 1988, S. 313-318.

Pāšā"[5] zum Professor für orientalische Sprachen ernannt und vom Vizekönig (Khedive; arab.: *ḫidīw*) Ismā^cīl (gest. 1895), der von 1863 bis 1879 regierte, zum Erzieher des Thronfolgers Taufīq (gest. 1892) und seiner Brüder eingesetzt. Muḥammad Qadrī Pāšā wandte sich danach verstärkt rechtlichen Fragen in Theorie und Praxis zu. Er übersetzte das französische Strafgesetzbuch ins Arabische. Die von Rifā^ca aṭ-Ṭahṭāwī geleitete Übersetzungsstelle für europäische Gesetzestexte übertrug den französischen Code de Commerce (1868) und den Code Civil (Code Napoléon) 1876 ins Arabische, beides wichtige Referenzwerke für die später von Qadrī Pāšā zu erstellende zivilrechtliche Kodifikation. Muḥammad Qadrī Pāšā wirkte als Mitglied des Handelsgerichts von Alexandria und als Berater für die im Jahre 1875 geschaffenen sog. Gemischten Gerichte (*maḥākim muḫtaliṭa*).[6] Er beteiligte sich als Mitglied einer vom Justizministerium (*wizārat al-ḥaqqānīya*) eingesetzten Kommission an der Übertragung der Gesetze für die Gemischten Gerichte ins Arabische. Die mit Beschluss vom 21. Dezember 1882 ins Leben gerufenen sog. Einheimischen Gerichte (*maḥākim ahlīya*) – zuständig für Zivil- und Handelssachen von Ägyptern – orientierten sich an den Gemischten Gerichten. Insofern war eine Synthese zwischen französischen Rechtsauffassungen und Islamischem Recht notwendig geworden. Diese Aufgabe erforderte Fachwissen des französischen Rechts und der französischen Sprache. Muḥammad Qadrī Pāšā übernahm in Kenntnis beider Rechtssysteme das Amt eines Justizministers, welches durch Verordnung des Khediven vom 28. August 1878 geschaffen wurde. Diese Tätigkeit wurde nur kurz durch die von Mai 1883 bis Januar 1884 ausgeübte Funktion des Unterrichtsministers (*wazīr al-ma^cārif*) unterbrochen. In seiner Amtszeit als Justizminister wurden die „Ordnung über die Organisation der Einheimischen Gerichte" (14. Juni 1883) erarbeitet und die Gesetze für die Einheimischen Gerichte erstellt. Muḥammad Qadrī Pāšā war daran maßgeblich beteiligt. Er verstarb am 21. November 1886. Eine Straße im *Al-Ḫalīfa*-Viertel von Kairo erinnert an den großen ägyptischen Rechtsgelehrten. Die modernen Darstellungen über Leben und Werk von Muḥammad Qadrī Pāšā basieren vor allem auf zwei Veröffentlichungen:

- Iskārūs, T., Muḥammad Qadrī Pāšā. In: Al-muqtaṭaf, Cairo März 1916, S. 253-263 (davor ist auch das einzige bislang bekannte gezeichnete Portrait von Muḥammad Qadrī Pāšā abgedruckt) sowie
- Haikal, M. Ḥ., Tarāǧim miṣrīya wa-ġarbīya. Al-Qāhira 1929[7].

---

5 Vgl. zu den im 19. und zu Beginn des 20. Jh. in Ägypten eingerichteten Hohen Schulen: Botiveau, B., Loi islamique et droit dans les sociétés arabes. Préface de J. Berque. Paris, Aix-en-Provence 1993, S. 169-176 und Ṭaha, Ǧ., Ma^cālim tārīḫ miṣr al-ḥadīṯ wa-l-mu^cāṣir. Al-Qāhira 1985, S. 62-65.

6 Vgl. Hoyle, M. S. W., Mixed Courts of Egypt. London, Dordrecht, Boston 1991, S. 1-30.

7 Erneut gedruckt 1943 oder 1944: Vgl. Johansen, B., Muḥammad Ḥusain Haikal. Europa und der Orient im Weltbild eines ägyptischen Liberalen. Beirut 1967, S. xi. Auf den beiden Darstellungen basieren die Lebensbeschreibungen in Qadrī Pāšā, M., Qānūn al-^cadl wa-l-

Seine guten Kontakte zu maßgeblichen Gelehrten an der Azhar-Universität, aber auch in der staatlichen Administration, nutzte er, um seine Schriften, die z.T. auch *posthum* erschienen, von namhaften Personen authentifizieren zu lassen. Die umfangreichen Kenntnisse in Sprachen, Geschichte, Kultur, Literatur und Recht prädestinierten Muḥammad Qadrī Pāšā, auf unterschiedlichen Gebieten Bücher, kleinere Schriften, Aufsätze, Übersetzungen und Gesetzestexte (s.u.) zu verfassen. Einige dieser Veröffentlichungen, die auch auszugsweise in der GAL[8] verzeichnet sind, konnten aufgrund von Übersetzungen in europäische Sprachen (vor allem in die französische Sprache) auch außerhalb der arabischen Welt Verbreitung finden, wenngleich der Autor nie einen Bekanntheitsgrad erlangen konnte, der seinem Wirken und seinen Leistungen gerecht wird. Dies hängt wohl damit zusammen, dass der tatsächliche Gesetzgebungsprozess in Ägypten stark von äußeren Faktoren beeinflusst war und insbesondere im Bereich des Stiftungsrechts gesamtstaatliche islamische Regelungen kaum im Interesse europäischer Mächte lagen. Die folgende Aufstellung seiner Schriften orientiert sich an der in der Literatur über ihn vorgenommenen Gliederung.[9]

---

inṣāf fi-l-qaḍā' ᶜalā muškilāt al-auqāf. Dirāsa wa-taḥqīq: Markaz ad-dirāsāt al-fiqhīya wa-l-iqtiṣādīya (ᶜA. Ǧumᶜa, M. A. Sirāǧ). Al-Qāhira 2006, S. 24-25, dgl., Qānūn al-ᶜadl wa-l-inṣāf fi-l-qaḍā' ᶜalā muškilāt al-auqāf. Iᶜtanā bihi wa-waḍaᶜa fahārisahu ᶜA. N. A. Mazzī. Bairūt, Makka al-Mukarrama (Saudi-Arabien) 2007, S. 14-15, dgl., Muršid al-ḥairān ilā maᶜrifat aḥwāl al-insān fi-l-muᶜāmalāt aš-šarᶜīya. Šarḥ wa-dirāsa wa-taḥqīq: Markaz ad-dirāsāt al-fiqhīya wa-l-iqtiṣādīya. Bi-išrāf M. A. Sirāǧ wa-A. Ǧ. Badrān (3 Bände). Al-Qāhira 2011, Bd. 1, S. 10-11, dgl., Al-aḥkām aš-šarᶜīya fi-l-aḥwāl aš-šaḫṣīya. Muḥammad Qadrī Pāšā wa-šarḥuhu li-Muḥammad Zaid al-Ibyānī (4 Bände). Dirāsa wa-taḥqīq: Markaz ad-dirāsāt al-fiqhīya wa-l-iqtiṣādīya (M. A. Sirāǧ, ᶜA. Ǧumᶜa). Al-Qāhira 2006, Bd. 1, S. 7-17 und dgl., Al-aḥkām aš-šarᶜīya fi-l-aḥwāl aš-šaḫṣīya ᶜalā maḏhab Abī Ḥanīfa an-Nuᶜmān. Ta'līf Muḥammad Qadrī Pāšā bi-ᶜināyat Bassām ᶜAbd al-Wahhāb al-Ǧābī. Bairūt 2007, S. 5-15, Auch im Internet wird auf die genannten Darstellungen im Allgemeinen als wichtigste Quellen zurückgegriffen. http://www.damascusbar.org/AlMuntada/showthread.php?t=12118 (zuletzt abgerufen: 21.03.2017), http://today.almasryalyoum.com/printerfriendly.aspx?ArticleID=211832 (zuletzt abgerufen: 21.03.2017) und http://www.mohamoon.com/montada/Default.aspx?action=Preview_Research&id=103&Type=5&CatID=25 (zuletzt abgerufen: 21.03.2017). Die im Internet verfügbaren „freien" arabischsprachigen Enzyklopädien „Wikipedia" http://ar.wikipedia.org/wiki/محمد_قدري_باشا (zuletzt abgerufen: 21.03.2017) und „maᶜrifa" http://www.marefa.org/index.php/محمد_قدري (zuletzt abgerufen: 21.03.2017) gründen sich ebenso darauf.

8 Brockelmann, C., Geschichte der arabischen Litteratur (GAL). Leiden 1938, 2. Supplementband, S. 740. Brockelmann gibt allerdings ein falsches Sterbejahr (1888) an.

9 Neben den bereits erwähnten Schriften sei auf weitere Verweise seines Wirkens in verschiedenen Veröffentlichungen hingewiesen, die in Qadrī Pāšā, M., Al-aḥkām aš-šarᶜīya fi-l-aḥwāl…, a.a.O., (2007) S. 9-14 erfasst sind. Die späteren Publikationen des Markaz ad-dirāsāt al-fiqhīya wa-l-iqtiṣādīya (Zentrum fiqh- und Wirtschaftsstudien) orientieren sich an diesem Werk. Vgl. Fn. 7. Die in den Veröffentlichungen aufgeführten französischen Übersetzungen werden in der angegebenen Form angefügt.

a. Historische, sprachliche und literarische Schriften

- Lamḥa tārīḫīya li-miṣr. Al-Mūskī (al-Qāhira) 1869. Aperçu historique de l'Egypte. Mouski, Caire 1869.
- Maᶜlūmāt ǧuġrāfīya maṣḥūba bi-baᶜḍ nubaḏ tārīḫīya li-ahamm mudun miṣr ǧumiᶜat wa-turǧimat bi-l-ᶜarabīya li-fā'idat aš-šabība al-miṣrīya. Al-Qāhira 1869. Notions géographiques accompagnées de quelques notices historiques sur les principales villes de l'Egypte. Caire 1869.
- Ad-durr al-muntaḫab min luġāt al-fransīs wa-l-ᶜuṯmānīyīn wa-l-ᶜarab. Al-Iskandarīya 1870. Nouveau guide de conversation française turque et arabe.[10]
- Ad-durr an-nafīs fi-luġatai al-ᶜarab wa-l-fransīs. O.O. und o.J. (Das Wertvolle in der arabischen und der französischen Sprache).
- Mufradāt fī ᶜilm an-nabātāt. O.O. und o.J. (Ausdrücke der Botanik).
- Al-mutarādifāt bi-l-luġa al-ᶜarabīya wa-l-firansāwīya. O.O. und o.J. Vocabulaire français-arabe (bezieht sich auf Synonyme).
- Tarǧamat sīrat Muḥammad Taufīq Bāšā Ḫidīwī Miṣr. O.O. und o.J. Biographie de S. A. de Khedive Mohammed Tewfik Pacha.
- Qaṭr andā' ad-diyam fi-n-naṣā'iḥ wa-l-mawāᶜiẓ wa-l-ḥikam. O.O. und o.J. (Ein Tropfen des Taus vom Regen bei Ratschlägen, Ermahnungen und Weisheiten).[11]
- Dīwān ašᶜār (Dichtung). In Auszügen von seinem Sohn Maḥmūd Bey in al-waqā'iᶜ al-miṣrīya veröffentlicht.[12]

b. Rechtliche Schriften

- Qānūn al-ḥudūd wa-l-ǧināyāt (Strafgesetzbuch). Al-Qāhira 1866/67. Hierbei handelt es sich um die Übersetzung des französischen Strafgesetzbuches ins Arabische.
- Al-aḥkām aš-šarᶜīya fi-l-aḥwāl aš-šaḫṣīya ᶜalā maḏhab Abī Ḥanīfa an-Nuᶜmān (Die islamisch-rechtlichen Bestimmungen zum Personalstatut nach der Rechtsschule des Abū Ḥanīfa an-Nuᶜmān; gest. 767). Das Werk wurde um 1875 von Muḥammad Qadrī Pāšā, wie in jener Zeit üblich, zunächst handschriftlich verfasst und erst einige Jahre später (1880/81) in Būlāq gedruckt. Noch bevor dieser Druck erfolgt war, erschien 1879 in Alexandria eine Übersetzung ins Französische unter dem Titel „Droit musulman. Statut personnel et de successions d'après le rite Hanafite". Diese Ausgabe wurde zur Grundlage von Übersetzungen in andere europäische Sprachen, so für die in Wien 1883 erschienene Ausgabe „Eherecht,

---

10 Gemäß GAL in Būlāq 1875 erschienen.

11 Gemäß GAL in Būlāq 1871 erschienen.

12 Die Zeitung al-waqā'iᶜ al-miṣrīya („Die ägyptischen Ereignisse") wurde von Rifāᶜa aṭ-Ṭahṭāwī begründet (s.o.). Sie erscheint bis heute in Ergänzung zum Staatsanzeiger (al-ǧarīda ar-rasmīya).

Familienrecht und Erbrecht der Mohamedaner nach dem hanefitischen Ritus".[13] Weitere französische Ausgaben folgten 1925 in Brüssel und 1936 in Kairo „Codes égyptiens et Lois usuelles en vigueur en Egypte" herausgegeben von J.-A. Wathelet und R.-G. Brunton. Eine erste englische Übersetzung wurde 1914 in London gedruckt und war zur Orientierung für die sudanesische Regierung bestimmt: „Code of Mohammedan Personal Law According to the Hanafite School. Ed. By W. Sterry[14] and N. Y. Abkāriyūs". Der ersten arabischen Ausgabe folgten in recht schneller Folge weitere arabische Ausgaben (z.T. unter der Aufsicht des Unterrichtsministeriums), so in Istanbul 1886/87, Kairo 1900[15], 1909, 1911, 1917 und 1928. Dies war u.a. deswegen notwendig, weil der Text in der Lehre an der erwähnten Rechtsschule in Kairo Verwendung fand. Der Kommentar zur Qadrī-Pāšā-Kodifikation von Muḥammad Zaid Bek[16] al-Ibyānī (gest. 1936) wird seitdem als wichtiges Referenzwerk angesehen und ist in der vierbändigen kommentierten Ausgabe von 2006 abgedruckt.[17] Aber auch außerhalb Ägyptens ist das Buch „Al-aḥkām aš-šarᶜīya fi-l-aḥwāl aš-šaḫṣīya ᶜalā maḏhab Abī Ḥanīfa an-Nuᶜmān" mehrfach erschienen, so in Bairūt 1980[18] und 2007 sowie in Damaskus 1968[19] und 1997.[20] Ferner kann auf einige Teilveröffentlichungen verwiesen werden, so in „Maǧmūᶜat al-qawānīn wa-l-marāsim. Al-irṯ wa-l-waṣīya. Al-maǧalla al-qaḍā'īya. Bairūt 1992, S. 18-30".[21] Im Internet ist die Kodifikation ebenfalls verfügbar.[22]

---

13 1997 ist in Trebbus (Land Brandenburg) ein leicht veränderter Nachdruck (ohne den erbrechtlichen Teil) erschienen: Das Eherecht nach der hanefitischen Rechtsschule. Überarbeiteter Nachdruck des I. Buches aus Eherecht, Familienrecht und Erbrecht der Mohamedaner nach dem hanefitischen Ritus. Wien K u. K Hof- und Staatsdruckerei 1883. In Bergmann, A., Ferid, M., Internationales Ehe- und Kindschaftsrecht. Frankfurt am Main 15.2.1969, 38. Lieferung VAR - 1 Ägypten, S. 32-74 sind die ersten fünf Bücher des Werkes in deutscher Übersetzung auszugsweise abgedruckt. Diese Übersetzung basiert auf der französischen Ausgabe von 1925 und der Wiener Ausgabe von 1883

14 Sir Wasey Sterry war selbst oberster Richter im britisch-ägyptisch verwalteten Sudan und „Judge of His Britannic Majesty's Supreme Court of Egypt".

15 Diese Ausgabe wurde von A. Efendi Hindīya veröffentlicht und später mehrfach gedruckt.

16 Oder: Bey.

17 Qadrī Pāšā, M., Al-aḥkām aš-šarᶜīya fi-l-aḥwāl aš-šaḫṣīya …, a.a.O.

18 Dār al-āfāq al-ǧadīda.

19 Maṭbaᶜat al-ᶜurūba.

20 Vgl. zu den Verlagen der übrigen Ausgaben Qadrī Pāšā, M., Al-aḥkām aš-šarᶜīya fi-l-aḥwāl aš-šaḫṣīya…, a.a.O., 2007, S. 12-14.

21 Art. 332 bis Art. 647 sind in arabischer Sprache und in der erwähnten ersten französischen Übersetzung abgedruckt in: Statut Personnel. Texte en vigueur au Liban. Rassemblés et traduits par M. Mahmassani et I. Messarra sous le contrôle et la direction de B. Bilani et A. Decocq. Beyrouth 1970, S. 137-289.

22 http://www.damascusbar.org/AlMuntada/showthread.php?t=4624 (zuletzt abgerufen: 21.03.2017).

Eine vollständige und kommentierte Übersetzung ins Deutsche liegt seit 2010 vor.[23]

- Muršid al-ḥairān ilā ma^crifat aḥwāl al-insān fi-l-mu^cālamāt aš-šar^cīya ^calā maḏhab al-imām al-a^cẓam Abī Ḥanīfa an-Nu^cmān mulā'iman li-^curf ad-diyār al-miṣrīya wa-sā'ir al-umam al-islāmīya (Der Führer für den Ratlosen zur Kenntnis über die Angelegenheiten des Menschen in den islamischen Rechtsgeschäften nach der Rechtsschule des ehrwürdigen Imāms Abū Ḥanīfa an-Nu^cmān in Übereinstimmung mit dem in Ägypten und anderen islamischen Gebieten existierenden Gewohnheitsrecht). Das als Handschrift überlieferte und vom *dār al-kutub* (Nationalbibliothek) angekaufte Werk wurde im Jahre 1890 aufgrund eines Beschlusses des Unterrichtsministeriums erstmalig in der *maṭba^ca amīrīya* gedruckt. Der damalige Mufti von Ägypten, Muḥammad al-^cAbbāsī al-Mahdī (gest. 1897), der die *Ḥanafitisierung* des Rechts beförderte[24], und der Gelehrte aš-Šaiḫ Ḥassūna, der seinerseits an der Schule der *dār al-^culūm* und der aus der Sprachschule hervorgegangenen Rechtsschule (*madrasat al-ḥuqūq*) tätig war, vermittelten diese Publikation. Weitere Drucke folgten, so 1891[25], 1909[26], 1911, 1919[27] und 1935[28]. Die Ausgabe von 1938 wurde auch in Tripolis (Libyen) und London gedruckt. Im Jahre 1987 veröffentlichte das Verlagshaus „Dār al-^carabīya li-t-tauzī^c wa-n-našr" in ^cAmmān (Jordanien) den Text, wobei sich zahlreiche Fehler, Auslassungen sowie Buchstaben- und Zahlendreher eingeschlichen haben.[29] Ein fotomechanischer Nachdruck ist in Ägypten 2003 erschienen.[30] Schließlich folgte im Jahre 2011 eine Textausgabe mit Kommentar in drei Bänden.[31]

---

23 Ebert, H.-G., Die Qadrî-Pâshâ-Kodifikation. A.a.O.

24 Vgl. Ebert, H.-G., „Die letzte Krankheit": Mohammad al-^cAbbāsī al-Mahdī (gest. 1897) und die Reform der ägyptischen Rechtsordnung. In: Der Islam (DI), Berlin, New York 81(2004)2, S. 310-313.

25 In dieser zweiten Auflage ist der Briefwechsel in Vorbereitung der Drucklegung des Werkes enthalten.

26 Unter der URL http://dar.bibalex.org/webpages/mainpage.jsf?PID=DAF-Job:197511&q (zuletzt abgerufen: 21.03.2017) verfügbar (3. Aufl. des Werkes).

27 Unter der URL http://dar.bibalex.org/webpages/mainpage.jsf?PID=DAF-Job:197433&q (zuletzt abgerufen: 21.03.2017) verfügbar.

28 6. Aufl. In der Dār al-kutub auch im pdf-Format verfügbar.

29 Kitāb muršid al-ḥairān ilā ma^crifat aḥwāl al-insān. Qaddama lahu wa-^callaqa ^calaihi wa-fahrasahu Ṣ. ad-D. ^cA. al-L. an-Nāhī. ^cAmmān 1987.

30 Kitāb muršid al-ḥairān ilā ma^crifat aḥwāl al-insān. Al-Qāhira 2003.

31 Siehe Fn. 7.

Der Text wurde von ᶜAbd al-ᶜAzīz Kaḥīl Pāšā ins Französische übertragen und 1893 auf ägyptische Staatskosten gedruckt.[32] Die insgesamt 1049 Artikel des umfangreichen Werkes sind auch im Internet unter der URL http://ia301533.us.archive.org/0/items/murchid_hayran/murchid_hayran.pdf (zuletzt abgerufen: 21.03.2017)[33] verfügbar. Eine vollständige und kommentierte Übersetzung ins Deutsche liegt seit 2013 vor.[34]

- Qānūn al-ᶜadl wa-l-inṣāf li-l-qaḍā' ᶜalā muškilāt al-auqāf (Gesetz der Gerechtigkeit und Billigkeit zur Beseitigung von Problemen der Religiösen Stiftungen). Vgl. dazu den folgenden Abschnitt 2.

2. Das Werk „Qānūn al-ᶜadl wa-l-inṣāf li-l-qaḍā' ᶜalā muškilāt al-auqāf"

Muḥammad Qadrī Pāšā konnte sein Werk Qānūn al-ᶜadl wa-l-inṣāf li-l-qaḍā' ᶜalā muškilāt al-auqāf (Gesetz der Gerechtigkeit und Billigkeit zur Beseitigung von Problemen der Religiösen Stiftungen) durch seinen Tod im Jahre 1886 nicht selbst veröffentlichen. Sein Sohn Maḥmūd übernahm aus dem Nachlass drei Manuskripte, die er dem Unterrichtsministerium zur Prüfung hinsichtlich einer Veröffentlichung überließ. Der vom Ministerium beauftragte ägyptische Mufti (*muftī ad-diyār al-miṣrīya*) entsprach jedoch nicht dem Wunsch des Sohnes von Muḥammad Qadrī Pāšā, sodass vom Ministerium eine erneute Prüfung veranlasst worden ist. Muḥammad Zaid al-Ibyānī (gest. 1936)[35], Dozent für Islamisches Recht an der Rechtsschule (s.o.), und Muḥammad Salāma (gest. 1928)[36], Dozent für Islamisches Recht an der Rechtsschule und am *dār al-ᶜulūm*, einem im Jahre 1872 gegründeten Lehrerbildungsinstitut, dem Vorläufer der Kairo-Universität[37], haben die Manuskripte erneut durchgesehen, entsprechende Quellenverweise hinzugefügt und die Bedeutung des Werkes erkannt. Im Kontakt mit dem Justizministerium wurden die Manuskripte für 100 ägyptische Pfund angekauft und das

---

32 Statut réel d'après le rite hanafite. Mis en articles d'après le système des Codes Égyptiens par Mohammed Kadri Pacha. Traduction de l'Arabe par Abdulaziz Kahil Bey. Le Caire 1893 (Imprimerie Nationale). Ein Exemplar dieses Werkes ist in der Niedersächsischen Staats- und Universitätsbibliothek Göttingen vorhanden und kann nunmehr auch in digitalisierter Form eingesehen werden.

33 Unter dieser URL allerdings nur mit 941 Artikeln. Vgl. dazu Ebert, H.-G., Hefny, A., Islamisches Zivilrecht…, a.a.O., S. 20.

34 Ebert, H.-G., Hefny, A., Islamisches Zivilrecht…, a.a.O.

35 Vgl. insbesondere seine Kommentare zu den Kodifikationen von Muḥammad Qadrī Pāšā unter der URL
http://www.almajidcenter.org/search_details.php?keyword=-201862%،زيد20%محمد20%،الأبياني
1354-201278%/20%1936&how=3&by=2&in (zuletzt abgerufen: 22.03.2017).

36 Siehe Yūsuf, M. Ḫ. R., Muᶜǧam al-mu'allifīn al-muᶜāṣirīn (wafayāt 1897-2003); (Lexikon der modernen Autoren, Todesfälle 1897-2003). Ar-Riyāḍ (Saudi-Arabien) 2004, S. 610.

37 Siehe Schulze, R., Islamischer Internationalismus im 20. Jahrhundert. Untersuchungen zur Geschichte der Islamischen Weltliga. Leiden, New York, København, Köln 1990, S. 33.

nunmehr als einheitliche Abschrift vorliegende Werk auf der Grundlage eines Beschlusses vom 17.09.1893 im Jahre 1894 erstmals in Būlāq gedruckt.[38]
Im Jahre 1896 erschien eine Übersetzung ins Französische durch ᶜAbd al-ᶜAzīz Kaḥīl Pāšā, der auch schon den Muršid al-ḥairān ins Französische übertragen hatte.[39] Weitere Ausgaben folgten 1896, 1902 und 1909, jeweils mit dem Verlagsort Būlāq. Von besonderer Bedeutung ist die auch im Internet verfügbare Ausgabe von 1928, denn sie wurde zur Grundlage der späteren Auflagen und Kommentare.[40] Eine kommentierte Ausgabe ist im Jahre 2006 von ᶜA. Ǧumᶜa und M. A. Sirāǧ in Kairo erschienen.[41] Im Jahre 2007 folgte eine Textausgabe (ohne längere Kommentare), die von ᶜA. N. A. Mazzī mit einer kurzen Einleitung versehen wurde.[42] Auch sie liegt in elektronischer Form im Netz vor.[43]
Mit dem Qānūn al-ᶜadl wa-l-inṣāf li-l-qaḍā' ᶜalā muškilāt al-auqāf hat Muḥammad Qadrī Pāšā einen wichtigen Rechtsbereich auf konsequent *ḥanafitischer* Grundlage kodifiziert. Diese Leistung sollte vor allem dazu dienen, den Richtern, aber auch den Menschen im Allgemeinen, einen erleichterten Zugang zu den Normen zu ermöglichen, eine authentische Bezugsquelle zu bieten und die Einheitlichkeit der Rechtsordnung zu gewährleisten.[44]
Es ist keineswegs zufällig, dass sich Muḥammad Qadrī Pāšā Ende des 19. Jh. auch mit dem Recht der Religiösen Stiftungen beschäftigen sollte. Schon ein flüchtiger Blick auf die Situation des Stiftungswesens in Ägypten zeigt, dass die Religiösen Stiftungen in vielen Fällen in einem beklagenswerten Zustand waren und ihre eigentliche soziale Funktion nicht mehr hinreichend erfüllen konnten. Religiöse Stiftungen im Islam, deren Wurzeln auf die frühislamische Zeit zurückgeführt

---

38 Vgl. Qadrī Pāšā, M., Qānūn al-ᶜadl…, a.a.O. (2006), S. 30-36.

39 Du Waqf. Par Mohammed Kadri Pacha. Traduit de l'Arabe sur la demande du Ministère de l'Instruction Publique et avec l'approbation de son Excellence le Ministre de la Justice par Abdulaziz Kahil Bey. Le Caire (Imprimerie Nationale) 1896.

40 Unter der URL http://dar.bibalex.org/webpages/mainpage.jsf?PID=DAF-Job:144272&q=الوقف (zuletzt abgerufen: 22.03.2017) verfügbar.

41 ᶜAlī Ǧumᶜa war von September 2003 bis Februar 2013 Mufti von Ägypten. Beide Herausgeber haben auch Qadrī Pāšā, M., Al-aḥkām aš-šarᶜīya fi-l-aḥwāl…, a.a.O. (2006) veröffentlicht (s.o.). Muḥammad Aḥmad Sirāǧ ist neben Aḥmad Ǧābir Badrān (Direktor des Zentrums für fiqh- und Wirtschaftsstudien) auch der Herausgeber des Muršid al-ḥairān (s.o.).

42 Die bibliographischen Angaben finden sich in Fn. 7. Diese Ausgabe ist im Jahre 2015 erneut in Mekka erschienen, ergänzt um die Erläuterung von M. Z. al-Ibyānī und eine Zusammenfassung der Bestimmungen zur Religiösen Stiftung von A. Ibrāhīm al-Husainī. Letzterer ist der Verfasser des Werkes Mausūᶜat aḥkām al-waqf ᶜalā al-maḏāhib al-arbaᶜa (Enzyklopädie der Bestimmungen zur Religiösen Stiftung in den vier Rechtsschulen). Al-Qāhira 2009.

43 https://archive.org/stream/FP90563/90563#page/n271/mode/2up (zuletzt abgerufen: 22.03.2017).

44 Qadrī Pāšā, M., Qānūn al-ᶜadl…, a.a.O. (2007), S. 13.

werden[45], weckten seit jeher Begehrlichkeiten bei Herrschern, so auch bei Muḥammad ᶜAlī Pāšā (gest. 1849), dem Gouverneur der osmanischen Provinz Ägypten, der jedoch weitgehend eigenmächtig regierte. Immerhin ein Drittel aller Ländereien waren zu Zeiten Muḥammad ᶜAlīs Stiftungsland. Auch der Khedive Muḥammad Saᶜīd Pāšā (gest. 1863) wollte weitere Konfiszierungen, vor allem der privatnützigen Stiftungen, vornehmen, scheiterte aber am Widerstand des Muftis Muḥammad al-ᶜAbbāsī al-Mahdī. Mit der Reorganisation des unter Muḥammad ᶜAlī geschaffenen staatlichen Kontrollorgans der Stiftungen wollte der Khedive Ismāᶜīl Pāšā (gest. 1895) zusätzliche Finanzquellen für den klammen Staat erschließen. Es konnte indes im 19. Jh. nicht verhindert werden, dass große Ländereien und viele Gebäude in den Städten vor allem in privatnützige Stiftungen (sog. Familienstiftungen)[46], oftmals zur Umgehung des islamischen Erbrechts konzipiert, verwandelt wurden. Auch die Reform der Stiftungsverwaltung 1895 und die Umwandlung des Kontrollorgans in ein Ministerium für Religiösen Stiftungen (1913) bewirkten keine durchgreifenden Veränderungen. Eine Sammlung von Entscheidungen ägyptischer Gerichte in Angelegenheiten der Religiösen Stiftungen Ende des 19. Jh./Anfang des 20. Jh., zusammengetragen von ᶜA. Ḫānkī Bey (gest. 1956)[47], unterstreicht den Regelungsbedarf jener Zeit und die Bedeutung des Werkes von Muḥammad Qadrī Pāšā. Es zeigten sich immer mehr Defizite in der Bewirtschaftung und bisweilen Desinteresse seitens der wachsenden Zahl der Nutznießer, weil die zu verteilenden Beträge tendenziell rückläufig waren. Unter Saᶜd Zaġlūl (gest. 1927) wurden erneut Forderungen nach Abschaffung der privatnützigen Stiftungen erhoben. In den 20er Jahren des 20. Jh. waren noch rund ein Achtel aller Ländereien Stiftungsland. Gleichzeitig mehrten sich die Stimmen, eine Befristung von Stiftungen (abgesehen von solchen zugunsten von Moscheen) zuzulassen.[48]

---

45 Auf die Geschichte des Stiftungswesens im Islam wird hier nicht eingegangen. Vgl. dazu Peters, R., Behrens-Abouseif, D., Powers, D.S., Carmona, A., Layish, A., Lambton, A. K.S., Deguilhem, R., McChesney, R.D., Kozlowski, G.C., Hooker, M.B. et al., "Waḳf", in: Encyclopaedia of Islam, Second Edition, Edited by: P. Bearman, Th. Bianquis, C.E. Bosworth, E. van Donzel, W.P. Heinrichs. Consulted online on 22 March 2017 <http://dx.doi.org/10.1163/1573-3912_islam_COM 1333> (zitiert gemäß Verlagsvorgabe), Meier, A., Pahlitzsch, J., Reinfandt, L. (Hg.), Islamische Stiftungen zwischen juristischer Norm und sozialer Praxis. Berlin 2009.

46 Vgl. Fn. 70.

47 Ḫānkī, ᶜA., Qaḍā' al-maḥākim fī maṣā'il al-auqāf (Gerichtsurteile in den Angelegenheiten der Religiösen Stiftungen). Al-Qāhira 1908. Im Internet unter der URL https://archive.org/stream/WAQF4/Qadha-mhakim#page/n0/mode/2up (zuletzt abgerufen: 29.03.2017) verfügbar.

48 Die Ausführungen berücksichtigen folgende Veröffentlichen: Kogelmann, F., Kinder unseres Viertels – Das islamische Stiftungswesen in Ägypten. In: Stiftungen zwischen Politik und Wirtschaft. Geschichte und Gegenwart im Dialog. Hrsg. von S. von Reden, Berlin, Boston 2015, S. 58-71, dgl., Islamische fromme Stiftungen und Staat. Der Wandel in den

Schließlich wurden durch das „Gesetz Nr. 48 von 1946 zu den Bestimmungen der Religiösen Stiftung" einige Reformen eingeleitet, so die Möglichkeit der Befristung der Stiftungen und die Beschränkung der Familienstiftungen auf zwei Generationen (Art. 5).[49] Mit der „Gesetzesverordnung Nr. 18 von 1952 über die Abschaffung von Religiösen Stiftungen zugunsten nicht wohltätiger Einrichtungen"[50] erfolgte die Umsetzung der erwähnten Forderungen im Zuge einer umfassenden Landreform. Mit den politisch-sozialen Veränderungen in Ägypten nach dem Tode von Ǧamāl ᶜAbd an-Nāṣir (gest. 1970) wandelten sich zwar die Rahmenbedingungen für die Stiftungen, jedoch wurde das Verbot der Familienstiftungen nicht zurückgenommen. Auch in anderen islamischen Ländern (Algerien, Irak, Libyen, Syrien, Türkei, Tunesien) wurden privatnützige Stiftungen verboten oder – wie im Falle Libanons – auf zwei Generationen begrenzt.[51]
Diese wenigen Ausführungen zum Stiftungswesen im modernen Ägypten mögen als politisch-staatlicher Hintergrund für die Bedeutung des von Muḥammad Qadrī Pāšā erstellten Rechtstextes genügen. Sie zeigen, dass das Stiftungswesen keineswegs außerhalb des gesellschaftlichen Interesses steht, sondern als Bestandteil der *šarīᶜa* für eine mehrheitlich muslimische Bevölkerung eine große Wertschätzung genießt, obgleich viele Religiöse Stiftungen die hehren Prinzipien kaum erfüllt haben, sondern eher der Bereicherung von Einzelpersonen oder staatlich-politischen Entscheidungsträgern dienten. Insofern ist auch zu hinterfragen, ob und wie das Stiftungswesen zur Stagnation und ökonomischen Ineffizienz der islamischen Welt beigetragen hat bzw. beiträgt.

3. Besonderheiten in Bezug auf Übersetzung und Kommentar

Bei der Übersetzung des Qānūn al-ᶜadl wa-l-inṣāf li-l-qaḍā' ᶜalā muškilāt al-auqāf konnte auf die im 2. Abschnitt angegebenen Druckwerke sowie auf die im Internet verfügbaren Texte zurückgegriffen werden. Freilich konzentrieren sich alle diese Varianten auf die Ausgabe von 1928. Die Übersetzung ins Französische wurde

---

Beziehungen zwischen einer religiösen Institution und dem marokkanischen Staat seit dem 19. Jahrhundert bis 1937. Würzburg 1999, S. 38-42, Kemke, A. H. E., Stiftungen im muslimischen Rechtsleben des neuzeitlichen Ägypten. Frankfurt am Main, Bern, New York, Paris 1991, S. 23-28, Qadrī Pāšā, M., Qānūn al-ᶜadl…, a.a.O. (2006), S. 13-17 und Schacht, J., Šarīᶜa und Qānūn im modernen Ägypten. In: Der Islam (DI), Berlin XX(1932)3, S. 215-223. In den Fußnoten dieser Publikationen finden sich weitere Literaturangaben.

[49] Qānūn raqm 48 li-sana 1946 bi-aḥkām al-waqf. In: Qawānīn al-waqf wa-l-ḥikr wa-l-qarārāt at-tanfīḏīya (Die Gesetze zur Religiösen Stiftung und zum ḥikr sowie die Durchführungsbestimmungen). Al-Qāhira 2004, 4. Aufl., S. 1-17. Vgl. zum Begriff ḥikr Fn. 175.

[50] Marsūm bi-qānūn raqm 180 li-sana 1952 bi-ilġā' niẓām al-waqf ᶜalā ġair al-ḫairāt. In: Qawānīn al-waqf…, a.a.O., S. 22-27. Siehe in diesem Band auch weitere ägyptische Gesetze und Verordnungen zum Recht der Religiösen Stiftungen.

[51] Vgl. Bartels, H., Das Waqfrecht und seine Entwicklung in der libanesischen Republik. Berlin 1967.

vergleichsweise einbezogen, auch wenn der französische Text nicht immer wortgetreu der arabischen Variante folgt.[52] Dies kann aber auch dazu führen, dass der französische Text, so etwa in Art. 646, klarer formuliert ist, wie im Falle des Art. 230 Zusätze enthält, die den Inhalt präzisieren, oder aber auf Verallgemeinerungen (z.B. Art. 515) abstellt. Auf diesbezügliche Fehler, vor allem in den Fußnoten der französischen Ausgabe, wird im Text hingewiesen.
Auch die vorliegenden arabischen Ausgaben enthalten zahlreiche Druckfehler, auf die in den Fußnoten aufmerksam gemacht wird, sofern sie inhaltlich relevant sind. Insbesondere der Buchstabe *Hā'* und das *Tā' marbūṭa* sowie das *Yā'* im Lautwert langes *ī* können dabei Verwechslungen hervorrufen, etwa bei den Wörtern *al-muddaᶜī* (der Kläger) und *al-muddaᶜā ᶜalaihi* (der Beklagte). Die Fehler lassen sich durch einen Vergleich der arabischen Ausgaben (z.B. für den Art. 47)[53] z.T. auf das Originalmanuskript zurückverfolgen.
Neben vollständigen Rechtssätzen enthält das Werk analog zu den anderen von Muḥammad Qadrī Pāšā vorgelegten Kodifikationen auch unvollständige Rechtssätze, so Legaldefinitionen (z.B. Art. 331), Verweisungen und Fiktionen. Ein besonderer Regelungsstil ergibt sich aus der Ergänzung zahlreicher Rechtssätze durch Beispiele (z.B. Art. 557) oder Kontrastfälle[54], um die Verständlichkeit des Textes zu verbessern. Einige Artikel stellen fallrechtliche Beschreibungen dar, so etwa die Art. 509 ff., oder enthalten bestimmte Formulierungen als wörtliche Rede (z.B. Art. 15). Im Gegensatz zu den anderen Kodifikationen von Muḥammad Qadrī Pāšā weist das Werk Qānūn al-ᶜadl wa-l-inṣāf li-l-qaḍā' ᶜalā muškilāt al-auqāf zahlreiche Wiederholungen und Doppelungen (wörtliche und/oder inhaltliche) auf, besonders im Kapitel 7, Art. 474 ff., die möglicherweise darauf zurückzuführen sind, dass der Verfasser vor seinem Tode die Manuskripte nicht mehr selbst redigieren konnte. Die späteren Herausgeber haben es jedoch vermieden, solche Wiederholungen zu eliminieren. Sie deuten aber in den Fußnoten darauf hin.
Einige Formulierungen im Werk Qānūn al-ᶜadl wa-l-inṣāf li-l-qaḍā' ᶜalā muškilāt al-auqāf stimmen inhaltlich und z.T. wörtlich mit solchen in den Kodifikationen zum Familienrecht und zum Zivilrecht überein. Das betrifft insbesondere die Aussagen zum allgemeinen Personenrecht und zur „Verpachtung von Land einer Religiösen Stiftung".[55] Die Übersetzung berücksichtigt dies in den Fußnoten. Im Kapitel 7 werden auch solche verfahrensrechtliche Bestimmungen formuliert, die über den Bereich der Religiösen Stiftungen hinausgehen und auch einem selbstständigen Rechtswerk zugeordnet werden könnten.

---

[52] So etwa in Bezug auf die Art. 25, 33, 81, 134, 165, 182, 213, 219, 229, 246, 261, 264, 293, 424, 601, 620, 624 und 646.

[53] Hier geht es um die Auslassung des Wortes „ġair".

[54] Vgl. dazu Scholz, P., Scharia in Tradition und Moderne - Eine Einführung in das islamische Recht. In: JURA, Berlin, New York 23(2001)8, S. 528.

[55] Ebert, H.-G., Hefny, A., Islamisches Zivilrecht…, a.a.O., S. 202-211 (Art. 681-711).

Die von Muḥammad Qadrī Pāšā verwendete Terminologie wird in dieser Übersetzung möglichst genau beachtet, auch wenn nicht immer erkennbar ist, ob der Autor mit bestimmten Begriffen tatsächlich Inhaltliches intendiert hat. So lässt sich nicht ausschließen, dass die unterschiedliche Verwendung der Ausdrücke für Verwalter (*al-mutawallī*) und Amtswalter (*al-qaiyim*) oder für Nutznießer und Bestiftete auch mit stilistischen Varianten im Zusammenhang steht. Andererseits beziehen sich einige arabische Termini auf Rechtsfiguren, die im Deutschen mit verschiedenen Begriffen wiedergegeben werden müssen. „*Iǧāra*" kann sowohl einen Pacht- als auch einen Mietvertrag bezeichnen, denn es geht islamisch-rechtlich nur allgemein um „die Übertragung des Nutzens an einer Sache mit einer Gegenleistung" (*tamlīk manfaᶜat raqaba bi-ᶜiwaḍ*).[56]
Die Systematik des Werkes orientiert sich am französischen Recht, nicht an den „klassischen" *fiqh*-Büchern. Die 646 Artikel sind sieben Kapiteln (Sg. *bāb*) mit einer jeweils unterschiedlichen Anzahl von Abschnitten (Sg. *faṣl*) zugeordnet. Diese Abschnitte enthalten wiederum eine unterschiedliche Anzahl von Artikeln, im Falle des 13. Abschnittes des 3. Kapitels sogar nur einen einzigen Artikel (Art. 270). Lediglich das vierte Kapitel ist nicht in Abschnitte untergliedert. Muḥammad Qadrī Pāšā verwendet den Begriff *mādda* statt *band* für Artikel. Bereits in seiner Übersetzung des französischen Strafgesetzbuches ins Arabische (s.o.) benutzte er diese Terminologie.
Nahezu alle 646 Artikel werden auf *ḥanafitische* Quellen zurückgeführt und in den Fußnoten entsprechend ausgewiesen. Diese erst im Zuge der Veröffentlichung des Werkes eingefügten Fußnoten werden mit übersetzt und kenntlich gemacht.[57] Im Einzelnen handelt es sich um folgende Quellenwerke[58]:

- Radd al-muḥtār wa-d-durr al-muḫtār (Die Erwiderung des Ratlosen und die auserwählten Perlen) von M. A. b. ᶜU b. ᶜĀbidīn (gest. 1836). Būlāq 1882, 3. Aufl. Der Beitrag von Ibn ᶜĀbidīn reduziert sich aber auf die sog. „Ḥāšiyat Ibn ᶜĀbidīn" (Kommentar von Ibn ᶜĀbidīn; auch als „Ḥāšiyat radd al-muḥtār ᶜalā ad-durr al-muḫtār šarḥ tanwīr al-abṣār" bezeichnet). Das Gesamtwerk umfasst vier Einzelbereiche: „Matn tanwīr al-abṣār" (Erleuchtung der Einblicke; den Ausgangstext von A. b. ᶜA. at-Timurtāšī <gest. 1595>), „Ad-durr al-muḫtār šarḥ matn tanwīr al-abṣār" (den Kommentar von M. b. ʿA. al-Ḥaṣkafī <gest. 1677>), „Radd al-muḥtār ᶜalā ad-durr al-muḫtār" (die eigentliche Glosse von Ibn ᶜĀbidīn) und „Takmilat radd al-muḥtār" (Ergänzung zum „Radd al-muḥtār" eines Nachkommen von Ibn

[56] Abū Ǧaib, S., Al-qāmūs al-fiqhī. Luġatan wa-ṣṭilāḥan. Dimašq 1988, S. 13.
[57] Sie sind in den Fußnoten der Übersetzung mit dem Hinweis (Fn.-Qadrī) kenntlich gemacht. Nicht immer sind diese Fußnoten eindeutig und fehlerfrei, sodass ergänzende Erläuterungen angefügt werden. Im Übrigen wird auf ein Abkürzungsverzeichnis verzichtet, da nur übliche Abkürzungen in der Übersetzung und im Kommentar verwendet werden.
[58] Gemäß Qadrī Pāšā, M., Qānūn al-ᶜadl…, a.a.O. (2006), S. 36-37 und dgl., Qānūn al-ᶜadl…, a.a.O. (2007), S. 19-20.

ᶜĀbidīn). Ibn ᶜĀbidin gilt als einer der einflussreichsten Gelehrten der *ḥanafitischen* Rechtsschule.[59] Die Fußnoten im Text verweisen sowohl auf das Gesamtwerk als auch auf den eigentlichen Kommentar von Ibn ᶜĀbidīn;

- Al-fatāwā al-ḫairīya (Die Sammlung der Rechtsgutachten von Ḫair ad-Dīn b. Aḥmad al-Fārūqī ar-Ramlī <gest. 1671>). Būlāq 1883, 2. Aufl.[60];
- Tanqīḥ al-fatāwā al-ḥāmidīya (Die Korrektur der Rechtsgutachten von Saᶜdī Efendī Ḥāmid <gest. 1577) von Ibn ᶜĀbidīn. Būlāq 1883, 2. Auf.[61];
- Al-fatāwā al-hindīya (Die Sammlung der Rechtsgutachten „Al-hindīya"; <auch als „ᶜĀlamkīrīya" bezeichnet>). Kairo 1865. Al-fatāwā al-hindīya wurde von einer Gruppe indischer Gelehrter Ende des 17. Jh. erstellt[62];
- Al-fatāwā al-Anqarawīya (Die Sammlung der Rechtsgutachten von Muḥammad b. Ḥusain al-Anqarawī <gest. 1687>). Būlāq 1864.[63];
- Kitāb al-isᶜāf (Das Buch der Hilfe) von I. b. Mūsā b. Abī Bakr aṭ-Ṭarābulsī (gest. 1516). Būlāq 1875. Das Werk wird auch Kitāb al-isᶜāf fī aḥkām al-auqāf (Das Buch der Hilfe bei den Bestimmungen zu den Religiösen Stiftungen) genannt[64];
- Al-fatāwā al-ḫānīya (Die Rechtsgutachten von Faḫr ad-Dīn al-Ḥasan b. Manṣūr Qāḍīḫān <gest. 1196>; auch als Fatāwā Qāḍīḫān oder Al-ḫānīya bezeichnet). Kairo 1865[65].

---

[59] Spies, O., Pritsch, E., Klassisches Islamisches Recht. In: Handbuch der Orientalistik. Hrsg. von B. Spuler. Erste Abteilung: Der Nahe und Mittlere Osten. Ergänzungsband III: Orientalisches Recht, Leiden, Köln 1964, S. 246-247. Diese und weitere Textquellen sind im Internet auch in der Datenbank Al-maktaba aš-šāmila. Al-iṣdār aṯ-ṯānī 2.11 (http://www.shamela.ws <zuletzt abgerufen: 24.03.2017>) verfügbar. Im Einzelnen: http://shamela.ws/index.php/book/21613 (zuletzt abgerufen: 25.03.2017) und http://shamela.ws/index.php/book/918 (zuletzt abgerufen: 25.03.2017).

[60] Vgl. Spies, O., Pritsch, E., Klassisches Islamisches..., a.a.O., S. 248. Dazu die URL http://khizana.blogspot.de/2008/05/blog-post_9970.html (zuletzt abgerufen: 28.03.2017).

[61] Dabei handelt es sich um einen Kommentar von M. A. Ibn ᶜĀbidīn zur Fatwā-Sammlung von Ḥāmid al-ᶜImādī (gest. 1759). Vgl. die URL http://www.moswarat.com/books_view_1669.html (zuletzt abgerufen: 29.03.2017) und Spies, O, Pritsch, E., Klassisches Islamisches..., a.a.O., S. 248.

[62] Spies, O., Pritsch, E., Klassisches Islamisches..., a.a.O., S. 82. Vgl. auch GAL, S 2, S. 604. Unter der URL http://shamela.ws/index.php/book/21640 (zuletzt abgerufen: 29.03.2017) verfügbar.

[63] Spies, O., Pritsch, E., Klassisches Islamisches..., a.a.O., S. 248 und die URL http://www.feqhweb.com/dan3/uploads/13597769631.pdf (zuletzt abgerufen: 29.03.2017).

[64] Siehe die URL http://shamela.ws/index.php/book/96262 (zuletzt abgerufen: 29.03.2017).

[65] Spies, O., Pritsch, E., Klassisches Islamisches..., a.a.O., S. 247.
Vgl. die URL https://www.almeshkat.net/book/8725 (zuletzt abgerufen: 29.03.2017). Zur Person des Verfassers vgl. die URL
http://www.islamweb.net/newlibrary/display_book.php?idfrom=5490&idto=5490&bk_no=60&ID=5353 (zuletzt abgerufen: 25.02.2017).

Muḥammad Qadrī Pāšā benutzt noch weitere Quellen, die in den jeweiligen Fußnoten der Übersetzung erläutert werden (z.B. Art. 373). Auf eine nochmalige Erklärung der aufgeführten Quellen wird verzichtet.
Ganz ohne Zweifel folgt der Kompilator streng der *ḥanafitischen* Lehre. Die *ḥanafitische* Rechtsschule selbst ist aber keineswegs homogen, sondern weist bei Anerkennung einheitlicher grundlegender Regelungen durchaus unterschiedliche Einzelbestimmungen auf. Ein solcher Prozess des *taḫaiyur* (Auswahl) und *talfīq* (Kombination), der im Allgemeinen für den *sunnitischen* Islam angenommen wird, wirkt somit auch innerhalb der *ḥanafitischen* Lehre.[66] Sowohl die Aussagen des Namensgebers der *ḥanafitischen* Rechtsschule, Abū Ḥanīfa (gest. 767), als auch die seiner Schüler Abū Yūsuf (gest. 795) und Muḥammad b. al-Ḥasan aš-Šaibānī (gest. 805) finden Berücksichtigung. So bevorzugt Muḥammad Qadrī Pāšā etwa im Art. 4 die Meinung von Abū Ḥanīfa, im Art. 6 die von Abū Yūsuf und im Art. 354 diejenige von aš-Šaibānī. Bisweilen entscheidet er sich aber nicht für eine bestimmte Auffassung, sondern stellt unterschiedliche Interpretationen nebeneinander (z.B. Art. 64, Art. 296; Art. 580, Art. 581) oder nimmt Bezug auf das jeweilige regionale Gewohnheitsrecht (*al-ᶜurf*), so in Art. 60. Im Art. 296 kontrastiert er die Rechtsmeinung von Abū Ḥanīfa mit derjenigen der beiden Schüler. Ohne Bezugnahme auf konkrete Meinungen werden Auffassungen der „älteren Gelehrten" (*al-mutaqaddimūn*) den Auffassungen der „modernen Gelehrten" (*al-muta'aḫḫirūn*) gegenübergestellt (z.B. Art. 440, Art. 453). Hin und wieder ist auch nur von der „vorherrschenden Meinung" (*ᶜalā qaul al-muḫtār*, Art. 41, Art. 524; *wa-ᶜalaihi al-fatwā*, Art. 158; *ar-rāǧiḥ*, Art. 203), der „Meinung der meisten Juristen" (*ᶜibārat akṯar al-kutub*, Art. 232), einer „übereinstimmenden Meinung" (*ittifāqan*, Art. 63, Art. 603) oder „der islamischen Jurisprudenz (*al-fiqh*, Art. 262) die Rede. So entsteht *de facto* ein „neues" *ḥanafitisches* Werk, ohne indes die Rechtsschule infrage zu stellen. Aufgrund der Entstehungszeit der Kodifikation werden einzelne Bestimmungen des heute obsoleten Sklavenrechts mit erfasst, so etwa in Art. 25, Art. 106-107, Art. 145 und Art. 369.

---

[66] Vgl. Ebert, H.-G., Wider die Schließung des „Tores des iǧtihād": Zur Reform der šarīᶜa am Beispiel des Familien- und Erbrechts. In: Orient. Deutsche Zeitschrift für Politik und Wirtschaft des Orients, Opladen 43(2002)3, S. 369-370.

II. Gesetz der Gerechtigkeit und Billigkeit zur Beseitigung von Problemen der Religiösen Stiftungen

Im Namen Gottes, des Erbarmers, des Barmherzigen

1. Kapitel
Definition und Grundlagen der Religiösen Stiftung

1. Abschnitt
Definition, Bestimmungen und Bindungswirkung der Religiösen Stiftung

Art. 1
Die Religiöse Stiftung liegt vor, wenn eine Sache[67] der privaten Eigentumsübertragung entzogen und der gesamte oder teilweise Nutzen[68] daran den Armen oder irgendeinem wohltätigen Zweck[69] zur Verfügung gestellt wird.[70]

Art. 2
Die Religiöse Stiftung entsteht durch einen spezifischen Wortlaut des dazu Befähigten. Sie muss sich auf einen rechtlich zulässigen Gegenstand beziehen und die Voraussetzungen der Wirksamkeit erfüllen. Wenn der Verfügende sagt: „Dieses Land, welches mein Eigentum ist, sei ein gestiftetes Almosen zugunsten der Armen" und alle übrigen Bedingungen der Religiösen Stiftung vorliegen, wird diese durch die Äußerung begründet.[71]

Art. 3
Mit der wirksamen Entstehung der Religiösen Stiftung wird die gestiftete Sache aus dem Eigentum des Stifters[72] herausgelöst und die Religiöse Stiftung unwiderruflich. Der Stifter hat keinen Rückforderungsanspruch. Als Rechtsfolge kann das

---

67 Arab.: al-ᶜain. In der Übersetzung auch: Güter.

68 Arab.: al-manfaᶜa.

69 Arab.: al-birr.

70 Entnommen aus „Al-hindīya", S. 296 und aus „Ad-durr al-muḫtār" und „Radd al-muḫtār", S. 494 und 595 (Fn.-Qadrī). Auf der Grundlage dieser ḥanafitischen Definition lassen sich gemeinnützige Stiftungen (Sg. al-waqf al-ḫairī) und privatnützige Stiftungen (Sg. al-waqf al-ahlī oder al-waqf aḏ-ḏurrī) unterscheiden. Dazu u.a. Yakan, Z., Al-waqf fi-š-šarīᶜa wa-l-qānūn (Die Religiöse Stiftung im Islamischen Recht und im Gesetz). Bairūt 1968, S. 13. Die anderen sunnitischen Rechtsschulen folgen inhaltlich, wenn auch mit anderen Formulierungen, weitgehend dieser Definition. Vgl. Qadrī Pāšā, M., Qānūn al-ᶜadl…, a.a.O. (2006), S. 77-84. Stiftungen der öffentlichen Hand, d.h. aus dem Staatsschatz, werden als waqf al-irṣād (Sg.) bezeichnet. Vgl. die URL http://islamstory.com/الوقف-الذري-ووقف-الارصاد- (zuletzt abgerufen: 06.06.2017). Vgl. dazu Art. 214.

71 Erwähnt in „Al-isᶜāf", S. 9 (Fn.-Qadrī).

72 Arab.: al-wāqif.

Eigentum weder durch Verkauf, Schenkung u.a. an einen der Bestifteten[73] oder eine andere Person übertragen werden noch kann es verpfändet und vererbt werden.[74]

Art. 4
Die Bindungswirkung[75] der Religiösen Stiftung und die Herauslösung aus dem Eigentum des Stifters werden nur durch einen Beschluss des muslimischen Richters[76], der vom Herrscher oder von dessen Vertreter ernannt worden ist, festgestellt. Dies ist die Auffassung des *Imams*[77], die zu bevorzugen ist.[78]

2. Abschnitt
Die Voraussetzungen für die Wirksamkeit der Religiösen Stiftung

Art. 5
Als Voraussetzung für die Zulässigkeit der Religiösen Stiftung muss die Verfügung[79] selbst und in Bezug auf den Verfügenden eine gottgefällige Tat[80] sein. Für die Verfügung gilt, dass die Errichtung einer Stiftung durch einen Muslim zugunsten einer Synagoge[81] oder einer Kirche nicht wirksam ist. Auch der Schutzbefohlene[82] darf keine Stiftung zugunsten einer Moschee, mit Ausnahme der Moschee von Jerusalem, oder zugunsten der Großen bzw. Kleinen Wallfahrt errichten.[83] Die Errichtung einer Stiftung durch einen Muslim zugunsten von armen Schutzbefohlenen oder einer Stiftung durch einen Schutzbefohlenen zugunsten von armen Muslimen ist aber zulässig.[84]

---

73 Arab.: al-mauqūf ᶜalaihim. Der Ausdruck orientiert sich an Kemke, A. H. E., Stiftungen im muslimischen…, S. 63. Auch die Begriffe „Destinatäre", „Genussberechtigte" oder „Stiftlinge" werden in der Literatur verwendet.

74 Entnommen aus „Ad-durr al-muḫtār" und „Radd al-muḥtār", S. 507 (Fn.-Qadrī).

75 Arab.: al-luzūm.

76 Arab.: al-ḥākim aš-šarᶜī.

77 Gemeint ist der Namensgeber der ḥanafitischen Rechtsschule Abū Ḥanīfa an-Nuᶜmān. Im Gegensatz dazu vertritt dessen Schüler Abū Yūsuf eine abweichende Meinung hinsichtlich des Erfordernisses eines gerichtlichen Beschlusses. Vgl. Qadrī Pāšā, M., Qānūn al-ᶜadl…, a.a.O. (2006), S. 104-105.

78 Entnommen aus „Ad-durr al-muḫtār" und „Radd al-muḥtār", S. 499 und S. 500 (Fn.-Qadrī).

79 Arab.: at-taṣarruf.

80 Arab.: al-qurbā. In der arabischen Ausgabe von 2006 ist das Wort al-mutaṣarrif fehlerhaft gedruckt (S. 107).

81 Arab.: al-bīᶜa.

82 Arab.: aḏ-ḏimmī, d.h. der Angehörige einer Buchreligion (Christ, Jude u.a.).

83 Damit ist der sog. Tempelberg in Jerusalem gemeint. Vgl. zur Wallfahrt Ebert, H.-G., Heilen, J., Islamisches Recht. Ein Lehrbuch. Leipzig 2016, S. 129-133.

84 Erwähnt in „Al-fatāwā al-hindīya", S. 297 und in „Ad-durr al-muḫtār" und „Radd al-muḥtār", S. 497 (Fn.-Qadrī).

Art. 6
Die Wirksamkeit der Religiösen Stiftung setzt voraus, dass sie tatsächlich errichtet worden ist und weder von einer zu diesem Zeitpunkt nicht vorhandenen Bedingung abhängt noch auf die Zeit nach dem Tod des Stifters gerichtet ist. Sie darf ferner nicht befristet und nicht mit einem Rücktrittsrecht verbunden sein sowie keine Bedingung enthalten, dass ihr Verkauf und der Erlös dem Stifter oder seinen gesetzlichen Erben zugutekommen. Die Stiftung muss letzten Endes einem wohltätigen Zweck dienen, der nicht ausgeschlossen werden kann. Die Dauerhaftigkeit kann direkt oder indirekt erklärt werden, indem der Nutzen den Armen oder den Moscheen dient. Die Aussage des Stifters „Mein Land wird gestiftet" bedeutet gewohnheitsrechtlich eine Stiftung zugunsten der Armen. Das ist die von Abū Yūsuf vertretene Auffassung.[85]

Art. 7
Die Religiöse Stiftung darf nicht von einer Bedingung abhängig sein, deren Erfüllung ungewiss ist.[86]

Art. 8
Die Religiöse Stiftung, die von einer nicht sicher erfüllbaren Bedingung oder einem nicht sicher eintretenden Ereignis abhängig ist, ist nicht wirksam.
Hingegen ist die Religiöse Stiftung, die von einer bereits erfüllten Bedingung abhängig ist, wirksam. Wenn also der Stifter sagt: „Wenn dieses Land mein Eigentum ist, dann soll es ein gestiftetes Almosen[87] sein" und das Land zum Zeitpunkt der Erklärung augenscheinlich ihm gehörte, dann ist die Religiöse Stiftung wirksam.
Falls er aber die Stiftung des Landes von dessen Kauf abhängig macht und dieses Land danach kauft, wird keine Religiöse Stiftung errichtet, es sei denn, sie wird nach dem Kauf errichtet. Das Gelübde[88] kann dagegen von einer Bedingung abhängig sein. Falls er also sagt: „Wenn mein Vater von der Reise zurückkehrt oder ich von meiner Krankheit geheilt werde, dann sei mein Land ein gestiftetes Almosen", so ist das Almosen mit Eintritt der Bedingung entsprechend dem Gelübde unwiderruflich.[89]

---

85 Erwähnt in „Ad-durr al-muḫtār" und „Radd al-muḥtār", S. 497, S. 498 und S. 504 ff., sowie in „Al-hindīya", S. 299. Der Artikel wurde, wie am Rand des Originalmanuskripts vermerkt, verändert. (Fn.-Qadrī).

86 Erwähnt in „Ad-durr al-muḫtār" und „Radd al-muḥtār", S. 497 und in „Al-isᶜāf", S. 25. Auf den Artikel kann verzichtet werden, weil er bereits im vorangegangenen und im folgenden Artikel enthalten ist. (Fn.-Qadrī).

87 Arab.: aṣ-ṣadaqa al-mauqūfa.

88 Arab.: an-naḏr.

89 Erwähnt in „Ad-durr al-muḫtār" und „Radd al-muḥtār", S. 497 und in „Al-isᶜāf", S. 25 (Fn.-Qadrī).

Art. 9

Die Religiöse Stiftung, die auf die Zeit nach dem Tod gerichtet ist, ist lediglich ein Vermächtnis.[90] Vor dem Tod des Vermächtnisgebers ist das Vermächtnis nicht bindend. Der Stifter hat zu Lebzeiten einen Rückforderungsanspruch. Die Bindungswirkung tritt erst nach seinem Tod ein, wenn er den Rückforderungsanspruch nicht geltend gemacht hat. Das Vermächtnis wird aus dem Drittel seines Vermögens erfüllt. Die gesetzlichen Erben werden nicht zu Eigentümern dieses Vermögens und sind verpflichtet, den Nutzen daran dauerhaft dem Stiftungszweck zur Verfügung zu stellen.

Die Religiöse Stiftung, die auf den folgenden Tag gerichtet ist, ist wirksam. Wenn also der Stifter sagt: „Mein Land wird von morgen an eine Stiftung“, dann ist die Religiösen Stiftung zulässig.[91]

Art. 10

Eine Bedingung, die die Dauerhaftigkeit der Religiösen Stiftung verhindert, macht diese nichtig. Wenn also der Stifter die Religiöse Stiftung für einen Monat, ein Jahr oder eine längere Frist errichtet und sich nach Ablauf dieser Frist einen Rückforderungsanspruch ausbedingt, ist die Religiöse Stiftung nichtig. Wenn er aber die Zeit festlegt und sich keinen Rückforderungsanspruch nach Ablauf dieser Frist ausbedingt, wird die Stiftung zu einer dauerhaften. Die Befristung wird ungültig, wenn er sagt: „Mein Land wird als Almosen gestiftet“.

Wenn er aber sagt: „Mein Land wird gestiftet“, ohne dass er den Begriff „Almosen“[92] verwendet, ist die Stiftung gemäß der Auffassung von Abū Yūsuf generell nicht wirksam.[93]

Art. 11

Die Religiöse Stiftung, bei der sich der Stifter selbst ein Rücktrittsrecht[94] einräumt, ist nicht wirksam. Dies gilt unabhängig davon, ob ein Zeitpunkt hierfür festgelegt ist oder nicht, jedoch nicht bei der Stiftung zugunsten einer Moschee.

---

[90] Damit gelten hierfür die Bestimmungen des Vermächtnisses. Vgl. Ebert, H.-G., Das Erbrecht arabischer Länder. Frankfurt am Main, Berlin, Bern, Bruxelles, New York, Oxford, Wien 2004, S. 133-155.

[91] Erwähnt in „Ad-durr al-muḫtār“ und „Radd al-muḥtār“, S. 498 und in „Al-is^{c}āf“, S. 30 (Fn.-Qadrī).

[92] Arab.: aṣ-ṣadaqa.

[93] Erwähnt in „Ad-durr al-muḫtār“ und „Radd al-muḥtār“, S. 605 ff. und in „Al-is^{c}āf“, S. 25. Das am Rand des Originalmanuskripts Stehende wurde wie angegeben hinzugefügt (Fn.-Qadrī).

[94] Arab.: al-ḫiyār li-nafsihi.

Falls also der Stifter eine Moschee unter der Bedingung eines dreitägigen Rücktrittsrechts errichtet, ist die Religiöse Stiftung zulässig, aber die Bedingung nichtig.[95]

Art. 12
Die Religiöse Stiftung ist nicht wirksam, wenn sie eine Bedingung enthält, dass das Gestiftete aus der Stiftung herausgelöst werden kann, dass der Stifter weiterhin Eigentümer ist, dass er das Gestiftete verschenken oder verkaufen kann und den Erlös als Almosen bzw. sich selbst oder seinen gesetzlichen Erben zur Verfügung stellt. Dies gilt nicht für eine Moschee.
Wenn also bei einer Moschee eine Bedingung einfügt wird, die die Religiöse Stiftung ungültig macht oder sie verkauft, ist die Religiöse Stiftung wirksam und die Bedingung nichtig. Wenn bei der Errichtung der Stiftung[96] festlegt ist, dass das Gestiftete ausgetauscht oder verkauft werden kann, um aus dem Erlös eine andere Immobilie[97] zu kaufen, die ihrerseits zur Religiösen Stiftung wird, sind die Religiöse Stiftung und die Bedingung gleichermaßen wirksam.[98]

Art. 13
Die Dauerhaftigkeit muss als eine verbindliche Bedingung für die Zulässigkeit der Religiösen Stiftung enthalten sein. Die wörtliche oder mit anderen Worten, etwa mit dem Begriff Almosen, umschriebene Äußerung der Dauerhaftigkeit ist nicht verbindlich, wenn die Bestifteten nicht festgelegt werden. Im Falle der Festlegung der Bestifteten ist sie verbindlich, da die Kette der Bestifteten enden kann, wie das in den folgenden drei Artikeln erläutert wird. Dies ist die Auffassung von Abū Yūsuf.[99]

Art. 14
Wenn der Stifter die Bestifteten nicht festlegt, ist die Stiftung wirksam, indem der Verfügende sagt: „Ich habe mein Land gestiftet" oder „Ich habe mein Land in eine Stiftung verwandelt". Es bedarf dazu keiner wörtlichen oder mit anderen Worten ausgedrückten Erwähnung der Dauerhaftigkeit, weil das Gestiftete gewohnheitsmäßig[100] an die Armen übergeht, die es immer gibt.

---

95 Erwähnt in „Ad-durr al-muḫtār" und „Radd al-muḥtār", S. 498 und in der „Al-hindīya", S. 299. Im Originalmanuskript befindet sich eine Abweichung, auf die am Rand verwiesen wird. (Fn.-Qadrī).
96 Arab.: al-waqfīya. Auch als Stiftungsurkunde übersetzbar.
97 Arab.: al-ᶜaqār.
98 Erwähnt in „Radd al-muḥtār", S. 498 mit dem Kommentar in „Ad-durr" (Fn.-Qadrī).
99 Erwähnt in „Radd al-muḥtār", S. 505 ff. (Fn.-Qadrī). Vgl. dazu den Kommentar in Qadrī Pāšā, M., Qānūn al-ᶜadl…, a.a.O. (2006), S. 123-129.
100 Arab.: ᶜurfan.

Das bedeutet, dass bei Erwähnung eines Stiftungszweckes, der aus sich heraus dauerhaft ist, die Religiöse Stiftung mit der Benennung des Gestifteten wirksam ist, ohne dass die Dauerhaftigkeit erwähnt wird. Wenn der Stifter also sagt: „Mein Land wird Gott[101], zum Wohle *Allāhs*, für die göttliche Gnade, für einen wohltätigen Zweck oder für die Wohlfahrt gestiftet", ist die Religiöse Stiftung mit diesen Formulierungen wirksam, auch wenn der Ausdruck der Dauerhaftigkeit nicht zugleich verwendet wird. Der Ertrag[102] geht an die Armen, für die die Religiöse Stiftung errichtet worden ist.
Wenn die Religiöse Stiftung für nicht festgelegte Bestiftete ohne wörtliche oder mit anderen Worten erfolgte Erwähnung des Ausdrucks Dauerhaftigkeit wirksam ist, ist sie es ums so mehr bei einer solchen Erwähnung. Wenn also der Stifter sagt: „Mein Land ist ein auf Dauer gestiftetes Almosen", „Das gestiftete Almosen ist für die Armen bestimmt" oder lediglich „Mein Land ist ein gestiftetes Almosen", ist die Religiöse Stiftung wirksam.
Wenn er aber sagt: „Mein Land ist ein gestiftetes Almosen für denjenigen, der die Große oder die Kleine Wallfahrt für mich absolviert", ist die Religiöse Stiftung nicht wirksam.[103]

Art. 15
Wenn die Religiöse Stiftung zugunsten einer bestimmten Person oder eines bestimmten Personenkreises, dessen Zahl bekannt und damit endlich ist, errichtet wird, ist sie nur dann wirksam, wenn die Dauerhaftigkeit wörtlich oder sinngemäß Erwähnung findet.
Wenn also der Stifter sagt: „Mein Land ist ein dauerhaft gestiftetes Almosen zugunsten meines Sohnes oder zugunsten von Zaid[104] und fällt danach an die Armen", „Das Gott gestiftete Almosen ist dauerhaft für meinen Sohn und Sohnessohn bzw. für die Kinder von Zaid und fällt danach an die Armen", „Das gestiftete Almosen ist für meinen Sohn und Sohnessohn und dessen Abkömmlinge"[105] oder „Das gestiftete Almosen ist für Zaid und seine Kinder und fällt danach an die Armen", dann ist die Stiftung mit all diesen Formulierungen wirksam.

---

[101] Nach islamischer Auffassung ist Allāh der einzige und allmächtige Gott und der Schöpfer aller Dinge.

[102] Arab.: al-ġalla.

[103] Erwähnt in „Radd al-muḥtār", S. 505 ff. und in „Al-is^cāf", S. 11. Besser ist es, den Ausdruck „oder mit anderen Worten" wegzulassen, weil er nochmal erscheint. (Fn.-Qadrī). Die Fußnote ist an dieser Stelle falsch platziert, weil der Ausdruck bereits im Art. 13 erscheint. Korrekt ist die Fußnote angegeben in: Qadrī Pāšā, M., Qānūn al-^cadl…, a.a.O. (2007), S. 30. Den Hinweis verdanke ich Herrn Ahmed Abdelemam Ali (Leipzig/Kairo).

[104] Gemeint ist hiermit eine bestimmte Person („eine Person X").

[105] Die Aussage muss durch die Nennung der Armen als Letztbegünstigte ergänzt werden. Vgl. auch Fn. 691.

Wenn die Religiöse Stiftung zugunsten einer bestimmten Person errichtetet wird und danach an die Armen fällt, nimmt diese Person zu Lebzeiten den Ertrag daraus in Besitz. Wenn die Person verstirbt, geht der Ertrag an die Armen, nicht aber zurück an den Stifter oder an dessen gesetzliche Erben.[106]

Art. 16
Die Religiöse Stiftung zugunsten einer bestimmten Person oder eines bestimmten endlichen Personenkreises ist bei Beschränkung auf den Ausdruck des Gestifteten ohne wörtliche oder sinngemäße Erwähnung der Dauerhaftigkeit nicht wirksam. Wenn also der Verfügende sagt: „Mein Land wird zugunsten meines Sohnes oder zugunsten von Zaid gestiftet" oder „Ich habe zugunsten meiner Kinder und Kindeskinder oder zugunsten der Kinder von Zaid gestiftet", ist die Religiöse Stiftung grundsätzlich unwirksam.
Unzulässig ist sie auch, wenn der Verfügende im gesunden Zustand sagt: „Mein Land wird zugunsten der armen Abkömmlinge von Zaid oder der Waisenkinder unter den Abkömmlingen von ᶜAmr[107] gestiftet" und der diesbezügliche Personenkreis dabei bekannt ist.[108]

3. Abschnitt
Gründe und Objekt der Religiösen Stiftung

Art. 17
Der Grund für die Errichtung der Religiösen Stiftung ist der Wunsch, wohltätig im Diesseits zu sein und durch die Annäherung an Gott Verdienste und Vergeltung im Jenseits zu erwerben.
Die Vorzüge der Religiösen Stiftung sind offensichtlich erkennbar. Es gibt zahlreiche segensreiche Rechtfertigungsgründe zu Lebzeiten, so die Wohlfahrt für die eigenen Abkömmlinge, für die Armen und für die Bedürftigen sowie die Verrichtung guter Werke. Im Jenseits nach dem Tode wird diese nützliche Tätigkeit fortgesetzt, indem die aus den Almosen gespeisten guten Taten für diesen Personenkreis weitergeführt werden.[109]

Art. 18
Das Objekt der Religiösen Stiftung ist eine verkehrsfähige Sache.[110]

---

106 Entnommen aus „Radd al-muḥtār", S. 506 und „Al-isᶜāf", S. 11 (Fn.-Qadrī).
107 Vgl. Fn. 104.
108 Entnommen aus „Al-isᶜāf", S. 14 und „Radd al-muḥtār", S. 505 ff. (Fn.-Qadrī). Vgl. Fn. 691.
109 Entnommen aus „Ad-durr al-muḫtār", S. 495 (Fn.-Qadrī).
110 Arab.: al-māl al-mutaqauwim.

Es muss sich dabei um eine unbewegliche Sache (Immobilie) oder eine solche bewegliche Sache (Fahrnis)[111] handeln, die für die Errichtung einer Religiösen Stiftung zulässig ist.[112]

Art. 19
Voraussetzung für die Zulässigkeit der Religiösen Stiftung ist, dass die zur Stiftung vorgesehene Sache zum Zeitpunkt der Errichtung der Stiftung benannt wird. So ist die Stiftung eines Teils eines Hauses oder einer Immobilie ohne konkrete Festlegung nicht wirksam. Es ist auch nicht zulässig, ein mit Bäumen bewachsenes Land ohne diese Bäume zu stiften.
Die Stiftung des gesamten Anteils an einem Stück Land ist zulässig. Die Wirksamkeit der Religiösen Stiftung hängt nicht von der Abgrenzung ab, wenn der gestiftete Teil öffentlich bekannt ist. Jedoch ist die Abgrenzung eine Bedingung für die Zeugenaussage zum Gegenstand der Religiösen Stiftung.[113]

Art. 20
Voraussetzung für die Zulässigkeit der Religiösen Stiftung ist, dass die zur Stiftung vorgesehen Sache zum Zeitpunkt der Errichtung der Stiftung Volleigentum des Stifters ist, auch wenn ihre Inbesitznahme aufgrund eines widerruflichen Vertrages erfolgte.
Wenn die Sache kein Eigentum des Verfügenden ist, dann ist die Stiftung der Sache für einen bestimmten Zweck durch einen nicht beauftragten Vermittler[114] zustande gekommen, ohne dass eine Einwilligung des Eigentümers vorliegt. Ihre Rechtskraft hängt von der Zustimmung des Eigentümers ab. Wenn er zustimmt, wird sie rechtkräftig, wenn er nicht zustimmt, wird sie nicht rechtskräftig.[115]

Art. 21
Die Religiöse Stiftung ist ohne Herauslösung der gestifteten Sache aus dem gemeinsamen Eigentum wirksam, solange es sich nicht um eine Moschee handelt.[116] Eine Moschee kann kein gemeinsames Eigentum sein. Für die Wirksamkeit der Stiftung einer Moschee ist es erforderlich, den Teil aus dem Eigentum vorher herauszulösen.[117]

---

[111] Arab.: al-manqūl.

[112] Erwähnt in „Ad-durr al-muḫtār" und „Radd al-muḥtār", S. 496 und in „Al-isᶜāf", S. 9 (Fn.-Qadrī).

[113] Erwähnt in „Ad-durr al-muḫtār" und „Radd al-muḥtār", S. 497 ff. und in „Al-hindīya", S. 298 (Fn.-Qadrī).

[114] Arab.: fuḍūlīyan.

[115] Erwähnt in „Al-hindīya", S. 297 ff. und in „Radd al-muḥtār", S. 497 (Fn.-Qadrī).

[116] Dies gilt auch für Friedhöfe (Sg. al-maqbara). Vgl. Yakan, Z., Al-waqf fi-š-šarīᶜa…, a.a.O., S. 34.

[117] Erwähnt in „Ad-durr al-muḫtār" und „Radd al-muḥtār", S. 503 ff.

Art. 22
Die Religiöse Stiftung ist wirksam, wenn der Stifter sich selbst als Amtswalter[118] seiner Stiftung einsetzt. Er kann die gestiftete Sache aber auch an einen anderen Amtswalter übergeben.[119]

Art. 23
Die Bedingung des Stifters, die gestiftete Sache zu nutzen, verhindert nicht die Wirksamkeit der Religiösen Stiftung.[120]

4. Abschnitt
Die Fähigkeit zur Errichtung einer Religiösen Stiftung

Art. 24
Voraussetzung für die Wirksamkeit der Religiösen Stiftung ist die Fähigkeit des Stifters, eine freiwillige Spende zu leisten, d.h., er muss frei, im Vollbesitz seiner Geisteskräfte und volljährig[121] sein. Er muss Eigentümer der gestifteten Sache sein und darf nicht durch Gerichtsbeschluss aufgrund von Geistesschwäche oder Verschuldung in seiner Verfügungsgewalt beschränkt sein.
So ist die Religiöse Stiftung eines Minderjährigen, eines Geisteskranken oder eines Sklaven nicht zulässig, es sei denn, der Patron[122] willigt ein und das Vermögen wird nicht durch die Schulden aufgezehrt. Wird das Vermögen aber durch die Schulden aufgezehrt, ist die Religiöse Stiftung auch bei Einwilligung des Patrons und der Gläubiger nicht wirksam.[123]

Art. 25
Wenn der freie, im Vollbesitz seiner Geisteskräfte befindliche und volljährige Eigentümer, unabhängig davon, ob es sich um einen Mann oder eine verheiratete bzw. unverheiratete Frau handelt, über sein Vermögen verfügt, kann er im gesunden Zustand seine unbeweglichen Sachen und seine für die Religiöse Stiftung zulässigen beweglichen Sachen insgesamt oder teilweise in ein gestiftetes Almosen

---

[118] Arab.: qaiyim. Vgl. Kemke, A. H. E., Stiftungen im muslimischen , a.a.O., S. 81. Im Personenrecht wird dieser Begriff oft als „Betreuer" übersetzt.
[119] Erwähnt in „Ad-durr al-muḫtār" und „Radd al-muḥtār", S. 531, in „Al-isᶜāf", S. 41, in „Al-hindīya", S. 297 und in „Tanqīḥ al-ḥāmidīya", S. 122 (Fn.-Qadrī).
[120] Erwähnt in „Al-hindīya", S. 307 und 322 und in „Tanqīḥ al-ḥāmidīya", S. 122 (Fn.-Qadrī). Die Quellenangabe in der arabischen Ausgabe von 2007 ist fehlerhaft (S. 35).
[121] Arab.: bāliġ. Diese Volljährigkeit bezieht sich auf die Erlangung der Pubertät. Dazu Art. 495 der sog. Qadrī-Pāšā-Kodifikation (Personalstatut): Ebert, H.-G., Die Qadrî-Pâshâ-Kodifikation. A.a.O., S. 162.
[122] Arab.: al-maulā.
[123] Erwähnt in „Ad-durr al-muḫtār" und „Radd al-muḥtār", S. 497, in „Al-isᶜāf", S. 9 und in „Al-hindīya", S. 297 ff. (Fn.-Qadrī).

zugunsten von Personen verwandeln, denen er als seine Kinder, seine Nachkommen, seine Verwandten oder als arme Familienfremde eine Wohltat erweisen will. Er kann dies aber auch für einen beliebigen wohltätigen Zweck tun.
Die Rechtskraft seiner Verfügungen hängt nicht von der Zustimmung seiner gesetzlichen Erben ab, auch wenn er im gesunden Zustand über sein gesamtes Vermögen verfügt.[124]

Art. 26
Die Errichtung einer Religiösen Stiftung durch einen beschränkt Geschäftsfähigen aufgrund von Geistesschwäche oder Verschuldung ist nicht wirksam. Falls er aber eine Religiöse Stiftung zugunsten seiner eigenen Person, seines Kindes und seines Sohneskindes errichtet und danach ein wohltätiger Zweck dauerhaft verfolgt wird, ist seine Religiöse Stiftung durch ein nachfolgendes richterliches Urteil wirksam und unwiderruflich.[125]

Art. 27
Die Schuldenfreiheit[126] ist keine Bedingung für die Wirksamkeit der Religiösen Stiftung. Wenn der Stifter also eine wirksame Religiöse Stiftung im gesunden Zustand errichtet, ist diese zulässig, auch wenn sein gesamtes Vermögen aufgezehrt wird, sollte seine Geschäftsfähigkeit dazu nicht beschränkt sein.
Wenn der Schuldner aber über kein weiteres Eigentum verfügt, mit dem er seine vorherigen Schulden begleichen kann, und der Gläubiger seine Forderung geltend macht, hebt der Richter die Rechtskraft der Religiöses Stiftung auf, annulliert die Stiftung und zwingt den Schuldner, sein gesamtes Vermögen zu verkaufen, um aus dem Erlös die Schulden zu begleichen, sollten diese den Erlös vollständig aufbrauchen. Der Schuldner wird zum Verkauf eines Teils seines Vermögens verpflichtet, wenn der Erlös daraus für die Schuldenbegleichung ausreicht. Der Rest verbleibt unverändert als Religiöse Stiftung.[127]

---

[124] Entnommen aus dem Verständnis ihrer Aussage (gemeint sind offensichtlich allgemein die Gelehrten): „Wenn der Todkranke eine Religiöse Stiftung errichtet, hängt seine Verfügung in Bezug auf den das Drittel übersteigenden Anteil von der Zustimmung der Erben ab.“ (Fn.-Qadrī).

[125] Erwähnt in „Radd al-muḥtār“, S. 497, besser als Anhang von Art. 24. Es handelt sich um eine Ableitung aus den vorangegangenen Artikeln. (Fn.-Qadrī).

[126] Arab.: barā'at aḏ-ḏimma. Zum Begriff aḏ-ḏimma, der „die Person als Zuordnungssubjekt von Rechten und vor allem von Verpflichtungen“ bezeichnet, siehe Wichard, J. C., Zwischen Markt und Moschee. Wirtschaftliche Bedürfnisse und religiöse Anforderungen im frühen islamischen Vertragsrecht. Paderborn, München, Wien, Zürich 1995, S. 137-139.

[127] Erwähnt in „Ad-durr al-muḫtār“ und „Radd al-muḥtār“, S. 546 und 547 (Fn.-.Qadrī). Die Quellenangabe in der französischen Übersetzung (S. 15) ist z.T. falsch.

Art. 28
Wenn der Muslim eine wirksame Religiöse Stiftung, in welcher Form auch immer, errichtet und danach vom Islam abfällt[128], ist sein Werk wertlos[129] und die Religiöse Stiftung nichtig. Die Güter werden Teil des Nachlasses. Dies gilt, wenn er infolge seines Abfalls getötet wird, wenn er verstirbt oder aber wenn er zum Islam zurückkehrt, ohne nach seiner Rückkehr zum Islam seine Religiöse Stiftung erneuert zu haben. Wenn er verstirbt, ohne dass er die Stiftung erneuert hat, fallen die Güter in den Nachlass.[130]

Art. 29
Wenn der Apostat in der Zeit seines Abfalls vom islamischen Glauben eine Religiöse Stiftung errichtet, hängt die Zulässigkeit seiner Stiftung von seiner Rückkehr zum Islam ab. Wenn er zum Islam zurückkehrt, wird die Stiftung rechtskräftig und für ihn unwiderruflich. Wenn er verstirbt oder infolge seines Abfalls getötet wird, ist sie nichtig.
Die vom Islam abgefallene Muslimin kann eine Stiftung errichten, wenn die Voraussetzungen hierfür erfüllt sind, sofern die Stiftung nicht für die Große oder Kleine Wallfahrt bzw. für einen religiös verdienstlichen Zweck bestimmt ist, der im Islam und bei den Angehörigen der Religion, der sich die Muslimin angeschlossen hat, nicht gleichermaßen als solcher anerkannt wird.
Wenn sie wieder zum Islam zurückkehrt, wird ihre Religiöse Stiftung bestätigt und verewigt.[131]

5. Abschnitt
Die Religiöse Stiftung, die von einem Kranken errichtet wird

Art. 30
Die Religiöse Stiftung, die im Zustand der Todeskrankheit[132] errichtet wird, ist unwiderruflich. Sie wird jedoch wie ein Vermächtnis behandelt und bezieht sich

---

128 Arab.: irtadda.

129 Inhalt und Ausdruck gehen auf den Koranvers 217 der 2. Sure zurück (2:217; im Folgenden werden Koranverse in dieser Form zitiert). Wegen der Vergleichbarkeit des arabischen Textes und der deutschen Übersetzung wird auf die Ausgabe von A. T. Khoury zurückgegriffen: Khoury, A. T., Der Koran. Arabisch-Deutsch. Übersetzt und kommentiert von A. T. Khoury. Gütersloh 2004.

130 Erwähnt in „Al-isᶜāf", S. 122, in „Ad-durr al-muḫtār" und „Radd al-muḥtār", S. 548 und in „Al-hindīya", S. 298 (Fn.-Qadrī).

131 Erwähnt in „Ad-durr al-muḫtār" und „Radd al-muḥtār", S. 548 und in „Al-hindīya", S. 298 (Fn.-Qadrī).

132 Arab.: maraḍ al-maut. Zur ḥanafitischen Lehre hinsichtlich der Todeskrankheit vgl. Ebert, H.-G., „Die letzte Krankheit": Mohammad al-ᶜAbbāsī al-Mahdī..., a.a.O. S. 303-351, Linant de Bellefonds, Y., Traité de droit musulman comparé. Paris, La Haye 1965, Bd. I, S. 265-265. Z.T. wird diese Rechtsfigur der Beschränkung der Geschäftsfähigkeit (al-ḥağr)

auf das Drittel des Vermögens des Stifters, unabhängig davon, ob sie vor seinem Tode sofort oder nach seinem Tode als Vermächtnis ausgeführt wird.[133]

Art. 31

Wenn der Kranke so verschuldet ist, dass die Schulden sein gesamtes Vermögen umfassen, und er im Zustand der Todeskrankheit eine Sache stiftet, annulliert der Richter die Stiftung. Die Sache wird verkauft und die Ansprüche der Gläubiger daraus befriedigt.

Wenn aber die Sache zur Schuldenbegleichung verkauft wird, und es stellt sich heraus, dass er über ein Vermögen verfügt, aus dem die Schulden beglichen werden können, bzw. ihm fällt ein diesbezügliches Vermögen zu, wird die Sache aus dem Drittel seines Vermögens genommen. Der Verkauf wird aber nicht widerrufen, sondern es wird entsprechend dem Erlös aus dem Verkauf eine andere Sache gekauft, die anstelle der ursprünglichen in eine Religiöse Stiftung verwandelt wird.[134]

Art. 32

Wenn der Kranke überhaupt nicht verschuldet ist oder aber die Schulden sein Vermögen nicht aufzehren, kann er im ersten Fall über das Drittel seines Vermögens und im zweiten Fall über das Drittel des Restes, der nach Begleichung der Schulden verbleibt, verfügen.

Er darf jedoch bei Existenz eines gesetzlichen Erben nicht über die anderen zwei Drittel verfügen.

Wenn es aber keinen gesetzlichen Erben gibt, ist seine Verfügung zur Errichtung einer Religiösen Stiftung aus seinem gesamten Vermögen zulässig. Gleiches gilt, wenn gesetzliche Erben vorhanden sind und diese der Errichtung einer Religiösen Stiftung über das Drittel hinaus zustimmen. Eine solche Stiftung ist rechtskräftig, auch wenn sie das gesamte Vermögen des Stifters umfasst.[135]

Art. 33

Wenn der Todkranke ein Haus bzw. ein Stück Land zugunsten eines Familienfremden oder für irgendeinen wohltätigen Zweck stiftet und das Gestiftete aus dem Drittel seines Vermögens stammt, wird dieses vollständig in eine Religiöse Stiftung verwandelt, auch wenn die gesetzlichen Erben nicht zustimmen.

---

zugeordnet. Vgl. Art. 561 der Qadrī-Pāšā-Kodifikation: Ebert, H.-G., Die Qadrî-Pâshâ-Kodifikation. A.a.O., S. 181.

133 Erwähnt in „Al-is^{c}āf", S. 30 und in „Radd al-muḥtār", S 501 und S. 545 ff. (Fn.-Qadrī).

134 Erwähnt in „Al-is^{c}āf", S. 30, in „Ad-durr al-muḫtār" und „Radd al-muḥtār", S. 546 ff. und in „Al-hindīya", S. 253 (Fn.-Qadrī).

135 Entnommen aus „Ad-durr al-muḫtār" und „Radd al-muḥtār", S. 546 ff. und aus „Al-is^{c}āf", S. 30 (Fn.-Qadrī).

Wenn das Gestiftete aber nicht aus dem Drittel seines Vermögens stammt, indem es dieses Drittel übersteigt, wird das Gestiftete bei Zustimmung der gesetzlichen Erben vollständig in eine Religiöse Stiftung verwandelt, auch wenn der Stifter kein weiteres Vermögen besitzt. Stimmen die Erben dem nicht zu, ist die Religiöse Stiftung in Bezug auf das das Drittel übersteigende Vermögen nichtig.
Wenn ein Teil der gesetzlichen Erben zustimmt und ein anderer Teil die Zustimmung verweigert bzw. wenn einige Erben minderjährig sind, ist die Religiöse Stiftung in Bezug auf den Anteil, dem zugestimmt wird und der das Drittel übersteigt, zulässig, ansonsten nichtig.
Dies gilt, wenn sich nach dem Tod des Stifters nicht herausstellt, dass er über Vermögen verfügt, aus dessen Drittel die Religiöse Stiftung hätte errichtet werden können. Sollte sich eine solche Situation herausstellen, ist die Stiftung hinsichtlich aller gestifteten Güter unwiderruflich.
Wenn der Richter die Religiöse Stiftung in Bezug auf den das Drittel übersteigenden Anteil annulliert und sich herausstellt, dass der Stifter über zusätzliches Vermögen verfügt bzw. ihm zusätzliches Vermögen zufällt, sodass die Religiöse Stiftung aus dem Drittel seines Vermögens hätte errichtet werden können, und wenn sich die für die Stiftung vorgesehen Güter noch im Besitz[136] der gesetzlichen Erben befinden, haben die gesetzlichen Erben diese zurückzugeben. Sie werden vollständig in eine Religiöse Stiftung zurückverwandelt.
Wenn die gesetzlichen Erben dagegen ihre Anteile verkauft haben, nachdem der Richter die Religiöse Stiftung hinsichtlich der zwei Drittel annulliert hat, wird der Verkauf nicht widerrufen, sondern die Erben müssen den Verkaufswert zurückerstatten. Damit wird eine andere Immobilie gekauft, die an die Stelle der ursprünglich vorgesehenen tritt unter Beibehaltung der Bestifteten.
Wenn nur ein Teil der gesetzlichen Erben die Anteile verkauft hat, wird das noch nicht Verkaufte in eine Religiöse Stiftung zurückverwandelt. Für den Wert des verkauften Anteils wird eine andere Immobilie gekauft und gestiftet.[137]

Art. 34
Wenn der Todkranke ein Haus bzw. ein Stück Land zugunsten seiner Kinder und seiner anderen gesetzlichen Erben stiftet und diese zustimmen, wird das gesamte Vermögen in eine Religiöse Stiftung verwandelt, unabhängig davon, ob die Stiftung über das Drittel hinausgeht oder nicht.
Wenn das Vermögen aus dem Drittel stammt und die genannten Personen nicht zustimmen, wird der Ertrag unter den Bestifteten entsprechend ihren Erbteilen

[136] Arab.: fī yad.
[137] Erwähnt in „Al-hindīya", S. 353 und in „Al-isᶜāf", S. 30, mit einer Abweichung durch die Korrektur am Rand des Originalmanuskripts (Fn.-Qadrī).

aufgeteilt. Der verstorbene gesetzliche Erbe überträgt seinen Anteil an seine gesetzlichen Erben, solange einer der Bestifteten lebt.[138]
Wenn die Bestifteten aussterben, wird der Ertrag nach dem vom Stifter festgelegten Zweck verteilt.[139]

6. Abschnitt
Verkaufsfähige und nicht verkaufsfähige Sachen der Religiösen Stiftung

Art. 35
Der Verkauf der Religiösen Stiftung, um aus ihrem Wert etwas zu kaufen, was an ihre Stelle tritt, ist dann zulässig, wenn sich der Stifter für sich selbst oder für eine andere Person den Austausch ausbedungen hat, oder aber wenn die Notwendigkeit und der Nutzen für den Richter den Verkauf der Stiftung und ihren Austausch rechtfertigen.
Dies gilt, wenn der Schuldner eine Sache stiftet, um seinen Gläubigern zu entkommen, obwohl er über kein anderes Vermögen verfügt, oder wenn er die Sache verpfändet und nach der Übergabe an den Pfandnehmer diese Sache stiftet, obwohl er kein anderes Vermögen zur Bezahlung der Schuld besitzt. Wenn der Gläubiger die Begleichung seiner Forderung verlangt, verkauft der Richter die Sache, die der Stifter nach Entstehung der Schuld gestiftet hat, um daraus die Schulden insgesamt oder in entsprechender Höhe zu bezahlen. Abgesehen davon ist der Verkauf der Religiösen Stiftung nicht wirksam, auch wenn sie noch nicht registriert ist.
So darf ein Teil eines zerstörten gestifteten Hauses nicht verkauft werden, um den restlichen Teil aus dem Verkaufserlös zu reparieren. Ebenso dürfen ein Gebäude vor seinem Einsturz oder Bäume, die noch nicht abgestorben sind, nicht verkauft werden. Wenn der Stifter, der gesetzliche Erbe, der Amtswalter[140] oder der Richter ohne gesetzliche Rechtfertigung ein Stiftungsgut vollständig oder teilweise verkauft, ist der Verkauf grundsätzlich nichtig.[141]

Art. 36
Wenn ein Haus durch Zerfall bzw. Alter oder durch höhere Gewalt vollständig oder teilweise zerstört ist, werden die Trümmer aus Steinen, Ziegeln, Holz u.a. für den Wiederaufbau verwendet, sofern die Maschinen und Gerätschaften für den

---

[138] Dies bedeutet, dass durch eine solche privatnützige Stiftung die im islamischen Erbrecht nicht vorgesehene Repräsentation eingeführt werden kann.
[139] Entnommen aus „Radd al-muḥtār", S. 501, ergänzt und korrigiert gemäß Randbemerkung im Originalmanuskript (Fn.-Qadrī).
[140] Arab.: qaiyim.
[141] Entnommen aus „Ad-durr al-muḫtār" und „Radd al-muḥtār", S. 535 ff. und S. 546 ff. und aus „Al-hindīya", S. 333, ergänzt durch das am Rand des Originalmanuskripts Erwähnte (Fn.-Qadrī).

Wiederaufbau bereit stehen und diese Trümmer benötigt werden. Wenn sich der Wiederaufbau unvermeidlich verzögert oder die Zerstörung des Hauses geringfügig ist, sodass seine Nutzung nicht gestört ist und der sofortige Wiederaufbau nicht erforderlich ist, werden die Trümmer bis zum Zeitpunkt, da sie benötigt werden, aufbewahrt. Sie dürfen nur dann verkauft werden, wenn ihre Nutzung nicht mehr möglich ist, weil sie nicht wieder verwendet werden können, oder wenn zu befürchten ist, dass sie verloren gehen. Der Verwalter[142] kann, wenn einer der beiden Rechtfertigungsgründe vorliegt, mit Zustimmung des Richters die Trümmer verkaufen. Der Erlös aus dem Verkauf wird für den Wiederaufbau, wenn benötigt, zurückbehalten. Die Trümmer werden weder unter den Bestifteten aufgeteilt, noch wird deren Erlös auf sie übertragen.

Wenn der Wiederaufbau vollkommen unmöglich ist, weil die Religiöse Stiftung keinen Ertrag für den Wiederaufbau des Hauses erbringt und niemand das Haus mietet, und sei es notgedrungen für eine lange Frist, und die Miete im Voraus für den Wiederaufbau bezahlt, kann der Richter das Land, auf dem das Haus steht, und die Trümmer verkaufen. Vom Erlös kauft er eine Sache, die anstelle des Hauses zur Religiösen Stiftung wird.

Gleiches gilt, wenn eine Moschee zerstört ist, die Menschen das Gebiet um sie herum verlassen haben und zu befürchten ist, dass ihre Trümmer verloren gehen. In diesem Fall können mit Zustimmung des Richters die Trümmer verkauft werden und der Erlös daraus zugunsten der nächstgelegenen Moschee verwendet werden.[143]

Art. 37

Es ist nicht zulässig, Laubbäume und Obstbäume, deren Erträge aus den Früchten und Samen gestiftet werden, vor ihrem Herausreißen zu verkaufen. Solange sie fruchtbar und nicht abgestorben sind, dürfen sie nicht herausgerissen werden. Wenn sie aber vertrocknet sind oder ihr Samen eingetrocknet ist, wird das Grüne weiterhin genutzt und das nicht mehr nutzbare Vertrocknete verkauft und der ursprünglichen Stiftung zugeordnet.

Wenn die Blätter des Maulbeerbaumes[144] verkauft werden und der Käufer die Abtrennung von Zweigen verlangt, darf der Amtswalter dies nicht erlauben. Wenn er es dennoch erlaubt, gilt er als unzuverlässig und wird seines Postens enthoben. Unfruchtbare Bäume, deren Nutzung gestiftet wird, können nach dem Herausreißen verkauft werden. Vor dem Herausreißen ist ein Verkauf nur zulässig, wenn damit in Gestalt des Sachwertes ein Vorteil und Nutzen für die Religiöse Stiftung und die Bestifteten verbunden ist.

---

[142] Arab.: al-mutawallī.

[143] Entnommen aus „Ad-durr al-muḫtār" und „Radd al-muḥtār", S. 528 ff. und S. 514, ergänzt wie am Rand des Originalmanuskripts vermerkt (Fn.-Qadrī).

[144] Arab.: at-tūt.

Der Preis aus dem wirksamen Verkauf von Bäumen, die für eine bestimmte Moschee oder für die Armen gestiftet wurde, muss zugunsten der Moschee oder der Armen verwendet werden.[145]

Art. 38

Wenn die Religiöse Stiftung Bäume umfasst, deren Schatten die Erträge beeinträchtigt, so werden keine Bäume herausgerissen, wenn die Bäume fruchtbar sind und der Ertrag der Schatten werfenden Bäume größer ist als der Verlust durch die Beschattung der Bäume. Wenn aber der Ertrag der Schatten werfenden Bäume geringer ist als der Verlust durch die Beschattung der Bäume, ist es zulässig, die Schatten werfenden Bäume herauszureißen und zu verkaufen.

Wenn die Schatten werfenden Bäume unfruchtbar sind und den Ertrag der Plantage beeinträchtigen, können diese herausgerissen und verkauft werden. Wenn sie den Ertrag der Plantage nicht beeinträchtigen, dürfen sie nicht verkauft werden, es sei denn, der Verkauf ist für die Religiöse Stiftung vorteilhaft. Der Erlös aus dem Verkauf wird als Ertrag unter den berechtigten Nutznießern der Stiftung[146] verteilt.[147]

Art. 39

Wenn Palmschösslinge unter Dattelpalmen anwachsen und kein Schaden damit verbunden ist, werden diese nicht beseitigt. Wenn sie zu Dattelpalmen heranwachsen, werden sie der Religiösen Stiftung zugeordnet und sind kein Ernteertrag. So gelten für sie die gleichen Bestimmungen wie für die ursprünglichen Bäume der Religiösen Stiftung.

Wenn aber mit ihrer Fortexistenz ein Schaden für die anderen Dattelpalmen verbunden ist, werden sie abgeschnitten und verkauft. Der Erlös kommt der Religiösen Stiftung zugute und wird unter den berechtigten Nutznießern der Stiftung verteilt, ebenso wie der Erlös für Palmblätter, Palmzweige, Fasern, Früchte und Weinblätter. Gleiches gilt für Platanen, Ölweiden u.a. Bäume, die nach dem Abschneiden ein zweites und ein drittes Mal austreiben. Sie werden als Ertrag behandelt und können verkauft werden.[148]

Art. 40

Vieh und landwirtschaftliche Geräte, die in Verbindung mit dem Land gestiftet worden sind, können dann, wenn sie für den vorgesehenen Zweck nicht mehr geeignet sind, verkauft werden. Aus dem Erlös können andere Tiere bzw. Geräte

---

145 Erwähnt in „Al-hindīya", S. 333 ff., in „Al-isᶜāf", S. 19 und in „Al-ḫairīya", S. 143 (Fn.-Qadrī).

146 Arab.: al-mustaḥiqqūn.

147 Entnommen aus „Al-hindīya", S. 333 und „Al-isᶜāf", S. 17, ergänzt durch die Randbemerkung im Originalmanuskript (Fn.-Qadrī).

148 Erwähnt in „Al-hindīya", S. 334 und in „Al-isᶜāf", S. 17 mit einer Korrektur (Fn.-Qadrī).

gekauft werden. Wenn der Erlös daraus nicht ausreicht, um Ersatz zu kaufen, erfolgt eine Aufstockung der Summe aus dem Ertrag der Religiösen Stiftung. Wenn die Zahl der Reittiere für die Kämpfer[149] groß und ihr Unterhalt aufwendig ist, ist es zulässig, die älteren Tiere und diejenigen, die nicht geeignet sind, zu verkaufen. Die dafür geeigneten Tiere werden dagegen behalten.[150]

Art. 41
Wenn durch rechtliche Entscheidung feststeht, dass eine Immobilie zur Religiösen Stiftung geworden ist, wird der Verkauf widerrufen, ohne dass dem in Unkenntnis handelnden Verkäufer ein Vergehen[151] angelastet wird. Der Verwalter kann nach vorherrschender Meinung eine übliche Pacht für die Zeit erheben, in der sich die Immobilie im Besitz des Käufers befand.[152]

Art. 42
Wenn der Amtswalter ein Haus, welches zu einer Religiösen Stiftung gehört, verkauft und der Käufer das Gebäude zerstört, wird die Wiederherstellung des Hauses im ursprünglichen Zustand angeordnet, soweit dies möglich ist. Wenn das nicht möglich ist, kann der Richter den Käufer zur Erstattung des Gebäudewertes verpflichten. So ist der Verkauf nicht rechtskräftig und der Käufer erhält für die Erstattung des Gebäudewertes die Trümmer. Der Richter kann aber auch den Verkäufer zur Erstattung zwingen. Dann ist der Verkauf der Trümmer rechtskräftig. In beiden Fällen wird der Amtswalter von seiner Funktion entbunden, das Haus an die Religiöse Stiftung zurückgegeben und der Käufer den Umständen entsprechend bestraft[153], wenn dieser das Gebäude im Wissen darüber, dass es zu einer Religiösen Stiftung gehört, zerstört hat.[154]

Art. 43
Wenn der Käufer aufgrund eines nichtigen Kaufvertrages einen Anbau aus seinem Vermögen am Haus errichtet, so gehört ihm der Anbau. Der Richter verständigt sich mit ihm darüber, dass die Religiöse Stiftung einen Nutzen daraus ziehen kann. Wenn aber der Abriss des Anbaus für die Religiöse Stiftung einen größeren Nutzen bringt, ist der Abriss auf Kosten des Käufers vorzunehmen.

---

149 Dies bezieht sich auf die Unterstützung von militärischen Strukturen zur Abwehr eines Feindes.

150 Erwähnt in „Al-hindīya“, S. 301 und in „Al-isᶜāf“, S. 21 (Fn.-Qadrī).

151 Arab.: al-iṯm. Oft gleichbedeutend mit al-maᶜṣiya. Vgl. Abū Ǧaib, S., Al-qāmūs…, S. 13.

152 Erwähnt in „Ad-durr al-muḫtār“ und „Radd al-muḥtār“, S. 586 ff. (Fn.-Qadrī).

153 Arab.: taᶜzīran (mit einer taᶜzīr-Strafe). Diese Strafart obliegt der (staatlichen) Justiz. Vgl. El Baradie, A., Gottes-Recht und Menschen-Recht. Grundlagenprobleme der islamischen Strafrechtslehre. Baden-Baden 1983, S. 147.

154 Erwähnt in „Ad-durr al-muḫtār“ und „Radd al-muḥtār“, S. 587 und in „Al-hindīya“, S. 333 (Fn.-Qadrī).

Wenn der Abriss für die Religiöse Stiftung einen Schaden hervorruft, nimmt der Sachwalter den Anbau in Besitz unter Bezahlung einer Summe, die im Vergleich zwischen dem Wert des Anbaus und dem Wert des Materials die kleinere ist. Wenn derjenige, der den Anbau vorgenommen hat, die Rückgabe der Kaufsache an die Religiöse Stiftung verweigert, wird die Angelegenheit bis zur Zerstörung des Anbaus verschoben. Er erhält die Trümmer des Anbaus. Zwischenzeitlich wird das Haus mit dem Anbau vermietet und die Miete zwischen der Religiösen Stiftung und demjenigen, der den Anbau vorgenommen hat, proportional aufgeteilt.[155]

Art. 44

Wenn die Materialien des Anbaus nicht aus dem Vermögen des Käufers stammen, sondern aus den Trümmern der Religiösen Stiftung bestehen, hat die Religiöse Stiftung, nicht aber der Erbauer, darauf Anspruch.

Wenn der Käufer jedoch getäuscht wurde, d.h. wenn er zum Zeitpunkt des Hauskaufes nicht informiert war, dass es sich um eine Religiöse Stiftung handelt, hat er einen Rückforderungsanspruch in Bezug auf den Preis und den Wert des Anbaus gegenüber dem Verkäufer, sofern er das Material geliefert hat. Anderenfalls hat er nur einen Rückforderungsanspruch in Bezug auf den Preis.

Der Wert des Anbaus wird zum Tag der Übergabe berechnet, unabhängig davon, ob der Erbauer tatsächlich mehr oder weniger dafür ausgegeben hat. Er hat keinen Rückforderungsanspruch in Bezug auf nicht wieder verwendbares Material wie Kalk, Gips und Lehm.

Wenn der Käufer nicht getäuscht wurde und zum Zeitpunkt des Hauskaufes darüber informiert war, dass es sich um eine Religiöse Stiftung handelt, besteht für den Käufer nur ein Rückforderungsanspruch in Bezug auf den Preis.[156]

Art. 45

Wenn der Sachwalter oder eine andere Person Land der Religiösen Stiftung verkauft, auf dem Bäume gepflanzt sind, der Käufer diese in Besitz nimmt und sie herausreißt, hat er ihren Wert zum Zeitpunkt des Herausreißens zu ersetzen.

Er wird den Umständen entsprechend bestraft, wenn er zum Zeitpunkt des Landkaufes darüber informiert war, dass die herausgerissenen Bäume gestiftet waren.

Um den Wert der Bäume zu ermitteln, werden der Wert des Landes mit den Bäumen und der Wert des Landes ohne die Bäume festgelegt. Die Differenz bildet die Haftungssumme.[157]

---

[155] Entnommen aus „Ad-durr al-muḫtār" und „Radd al-muḥtār", S. 587 und aus dem Abschnitt zur Vermietung in „Al-ḫairīya", S. 138 (Fn.-Qadrī).

[156] Erwähnt in „Radd al-muḥtār", S. 587 im 3. Teil und S. 278 im 4. Teil zum Anspruch (Fn.-Qadrī).

[157] Entnommen aus „Al-hindīya", S. 333 und „Tanqīḥ al-ḥāmidīya", S. 193 (Fn.-Qadrī).

Art. 46
Wenn der Käufer aus seinem Vermögen das Land mit Bäumen bepflanzt, wird er aufgefordert, diese herauszureißen, insoweit kein Schaden für das Land damit verbunden ist. Anderenfalls wird die Angelegenheit auf einen Zeitpunkt verschoben, da die Bäume herausgerissen werden können. Der Käufer erhält die Bäume, sofern er sie nicht an die Religiöse Stiftung für den Wert, den sie gepflanzt oder herausgerissen verkörpern, verkauft hat. Die Bepflanzung des Bodens macht seine Verpachtung nicht unwirksam.[158]

Art. 47
Der Käufer ist verpflichtet, eine übliche Miete bzw. Pacht für das gestiftete Haus oder den gestifteten Boden für die vergangene oder zukünftige Zeitspanne zu bezahlen, bis sich das Gestiftete nicht mehr in seinem Besitz befindet. Dies gilt unabhängig davon, ober er getäuscht wurde oder nicht.
Der Käufer kann sich auf kein Eigentumsrecht berufen und darf das gestiftete Haus bzw. das gestiftete Land wegen des gezahlten Preises nicht zurückbehalten.[159]

7. Abschnitt
Als Religiöse Stiftung zulässige und nicht zulässige Immobilien

Art. 48
Die Stiftung einer Immobilie, ganz gleich, ob es sich um ein Haus oder Land handelt, wobei Letzteres *ḫarāǧ* oder *ᶜušr*-Land sein kann,[160] ist nur bei Volleigentum[161] zulässig. Die Stiftung von Häusern für Wohnzwecke oder zur Vermietung bzw. für beide Ziele gleichzeitig ist wirksam.[162]

Art. 49
Die Stiftung von Land, einschließlich der dazu gehörigen Tiere, landwirtschaftlichen Maschinen[163] und Geräte, ist unter der Bedingung wirksam, dass diese im

[158] Entnommen aus „Radd al-muḥtār", S. 587 und 593 (Fn.-Qadrī).
[159] Erwähnt in „Tanqīḥ al-ḥāmidīya", S. 172 (Fn.-Qadrī).
[160] Bis 1896 gab es in Ägypten eine Trennung zwischen ḫarāǧ-Land und ᶜušr-Land in Bezug auf die Besteuerung. Zum Zeitpunkt der Entstehung dieser Kodifikation war der Prozess noch nicht abgeschlossen. Zur ḫarāǧ-Steuer vgl. insbesondere Abū Yūsuf, Kitāb al-ḫarāǧ. Bairūt o.J. Zur historischen Entwicklung des Steuerrechts siehe Scheiner, J., Steuern und Gelehrsamkeit in der frühen ᶜAbbāsidenzeit. Das Kitāb al-amwāl des Abū ᶜUbaid al-Qāsim b. Sallām. Teil 1: Abū ᶜUbaids Steuersystematik und die Rolle des Herrschers. In: Zeitschrift der Deutschen Morgenländischen Gesellschaft (ZDMG), Wiesbaden 162/2012, S. 53-93. Vgl. auch Ebert, H.-G., Hefny, A., Islamisches Zivilrecht…, a.a.O., S. 28-29, Fn. 81.
[161] Dies bezieht sich auf die Sachsubstanz (ar-raqaba).
[162] Entnommen aus „Radd al-muḥtār", S. 527 und „Al-fatāwā al-ḫairīya", S. 216 (Fn.-Qadrī).
[163] Arab.: ad-dawālīb.

Stiftungsvertrag ausdrücklich genannt werden. Die Stiftung von Land umfasst ohne besondere Erwähnung die auf dem Land befindlichen Gebäude, Bäume und Palmen, nicht jedoch die Ernteerträge und Früchte, insofern diese nicht vollständig einbezogen werden. Die Religiöse Stiftung umfasst auch die Bewässerungsanlagen und Wege, nicht jedoch das jährlich anfallende Brennholz, wenn sich auf dem Land Wald ausbreitet.[164]

Art. 50

Die Stiftung eines bestimmten ungeteilten Anteils an einer Immobilie ist wirksam, unabhängig davon, ob der Anteil abgetrennt werden kann oder nicht. Die muslimischen Rechts- und Religionsgelehrten stimmen mit Ausnahme von Abū Yūsuf darin überein, dass eine gerichtliche Entscheidung hierfür erforderlich ist.[165]

Art. 51

Die Stiftung von *iqṭā*ᶜ-Land[166] ist nur zulässig, wenn es sich um Ödland handelt oder das Land Privateigentum des Herrschers[167] war, der es an eine Person als Lehen übergeben hat. Ebenso ist es nicht zulässig, dass der Herrscher *ḥauz*-Land stiftet.

Ḥauz-Land ist solches Land, welches von seinen Inhabern nicht mehr bewirtschaftet und für das keine *ḫarāǧ*-Steuer bezahlt werden kann. Die Inhaber haben es dem Herrscher überlassen, damit aus seinem Ertrag zwangsweise die *ḫarāǧ*-Steuer bezahlt wird. Das bloße Eigentum an dem Land verbleibt aber bei den Eigentümern.[168]

---

164 Erwähnt in „Radd al-muḥtār", S 515 und in „Al-isᶜāf", S. 16 ff. (Fn.-Qadrī). Im Kommentar der Ausgabe von 2006 wird auf die unterschiedlichen Auffassungen in der ḥanafitischen Lehre hingewiesen. Während Abū Ḥanīfa die Stiftung von beweglichem Eigentum verbietet, erlaubt Abū Yūsuf eine solche Handlung. Vgl. Qadrī Pāšā, M., Qānūn al-ᶜadl…, a.a.O. (2006), S. 185-186.

165 Erwähnt in „Radd al-muḥtār", S 516, ergänzt durch das im Originalmanuskript Stehende (Fn.-Qadrī). Im Gegensatz zu Abū Yūsuf lehnt Muḥammad b. al-Ḥasan aš-Šaibānī die Stiftung von nicht teilbarem gemeinsamem Eigentum ab. Vgl. Ḥarīz, S., Al-waqf. Dirāsāt wa-abḥāṯ. Bairūt 1994, S. 45-48.

166 Es handelt sich dabei um ein islamisches Lehenssystem, welches seit dem 9. Jh. die Steuerpacht in Bezug auf zivile und militärische Beamte begründete. Nicht selten wird diese verbreitete Form des Landbesitzes für den wirtschaftlichen Niedergang islamischer Gebiete verantwortlich gemacht. Vgl. Sato, T., State and Rural Society in Medieval Islam. Sultans, Muqtaᶜs and Fallahun. Leiden, New York, Köln 1997.

167 Arab.: al-imām.

168 Erwähnt in „Al-hindīya", S. 298, ergänzt durch das in der Originalausgabe Stehende (Fn.-Qadrī).

Art. 52
Die Stiftung von Land als dauerhaftes Almosen schließt die dazu gehörigen Gebäude, Bewässerungsanlagen und Wege ein, ohne dass es der Erwähnung im Vertrag bedarf.
Die Stiftung umfasst nicht die Erträge an Baumwolle, Reis, Weizen, Bohnen, Gerste und anderen Sommer- und Winterfrüchten sowie an Früchten des Nils, wenn zum Zeitpunkt der Stiftung dieser Anbau bereits erfolgt ist.
Dies gilt ebenso für Rosen, Jasmin und andere Blumen, für Weinblätter, Kräuter, Gemüse und Datteln. Auch für Dattelpalmen und Bäume, die zum Zeitpunkt der Religiösen Stiftung bereits Früchte getragen haben, werden die Erträge nicht der Religiösen Stiftung zugerechnet, sondern sind Eigentum des Stifters.[169]

Art. 53
Wenn der Stifter sein Land mit den Gebäuden und den Bäumen, mit allen Rechten sowie mit all dem, was sich darauf befindet oder was darauf wächst, als Almosen stiftet, so umfasst die Religiöse Stiftung neben dem Land auch die Erträge und die Früchte der Bäume zum Zeitpunkt der Errichtung der Stiftung. Gleiches gilt, wenn das Land mit allem, was sich darauf befindet, so fliegende Tauben, gestiftet wird. Die Religiöse Stiftung umfasst dann auch die Tauben.
Die Früchte, die nach der Errichtung der Religiösen Stiftung hervorgebracht werden, sind der Ertrag der Stiftung und müssen entsprechend den Zielvorgaben, die der Stifter benannt hat, verwendet werden.[170]

Art. 54
Wenn der Stifter Land stiftet und dabei Tiere, stationäre oder bewegliche Maschinen und Geräte zur Bewässerung, Pflüge, Dreschmaschinen u.dgl. einbezieht, werden die im Vertrag erwähnten Geräte zur Religiösen Stiftung, indem sie zum Land gehören. Der Stifter kann aber auch unmittelbar und unabhängig solche Geräte stiften, wenn sie – wie im Folgenden dargelegt wird – üblicherweise gestiftet werden können.[171]

Art. 55
Wenn für die gestiftete Immobilie ein Eigentums- oder Vorkaufsanspruch vorliegt, zugunsten des Anspruchsberechtigten richterlich entschieden wurde und dieser die Immobilie übernommen hat, ist die Religiöse Stiftung nichtig, auch wenn es sich um eine Moschee handelt. Wenn der Stifter gegenüber dem Verkäufer danach einen Rückforderungsanspruch geltend macht, die Immobilie nicht mehr im Besitz des Verkäufers ist und der Preis an den Stifter zurückgegeben

[169] Erwähnt in „Al-isᶜāf", S. 16 ff., korrigiert durch den Zusatz, wie nach Prüfung mit der Originalausgabe vermerkt (Fn.-Qadrī).
[170] Erwähnt in „Al-isᶜāf", S. 16 ff. und in „Radd al-muḥtār", S 515 (Fn.-Qadrī).
[171] Erwähnt in „Al-isᶜāf", S. 17, ergänzt durch das in der Originalausgabe Stehende (Fn.-Qadrī).

wird, muss er dafür keine andere Immobilie kaufen, um sie in eine Religiöse Stiftung zu verwandeln.
Wenn ein Teil des Gestifteten beansprucht wird, zugunsten des Anspruchsberechtigten richterlich entschieden wurde und dieser den Teil übernommen hat, verbleibt der Rest unverändert eine Religiöse Stiftung.
Wenn ein solcher Teil in Bezug auf eine Moschee beansprucht wird, kann der Rest nicht mehr als Moschee dienen.[172]

Art. 56
Die Stiftung einer Immobilie ist zulässig, wenn diese Eigentum des Verfügenden ist. Dies gilt auch, wenn durch einen fehlerhaften Vertrag Volleigentum entsteht, welches nicht durch ein Rücktrittsrecht des Verkäufers eingeschränkt ist, und der Käufer die Stiftung begründet. Der Käufer kann eine Immobilie, die er durch einen fehlerhaften Vertrag erworben hat, nach ihrer Inbesitznahme stiften. Es ist verpflichtet, den Preis der Immobilie an den Verkäufer zu zahlen, um die Immobilie in eine Stiftung zu verwandeln und aus dessen Eigentum herauszulösen. Vor ihrer Inbesitznahme ist die Stiftung nicht zulässig.
Es ist auch zulässig, eine durch eine fehlerhafte Schenkung erworbene Immobilie zu stiften, nachdem sie in Besitz genommen wurde. Der Beschenkte hat den Wert der Immobilie dem Schenker zu erstatten. Die Stiftung der geschenkten Immobilie vor der Inbesitznahme ist nicht zulässig, auch wenn die Schenkung wirksam ist.[173]

8. Abschnitt
Die bewusste und unabhängige Stiftung von beweglichen Sachen

Art. 57
Gebäude und Bäume gehören zu den beweglichen Sachen, die üblicherweise bewusst gestiftet werden können.
Wenn sich jedoch die Gebäude und Bäume auf dem Land befinden, welches Eigentum des Inhabers der Gebäude und der Bäume ist, darf der Eigentümer diese nicht unabhängig vom Land stiften, weil die Dauerhaftigkeit als Bedingung für die Wirksamkeit der Religiösen Stiftung durch den Verlust des Bodens nach dem Tode des Eigentümers wegfällt, da seine gesetzlichen Erben die Zerstörung der Gebäude und das Herausreißen der Bäume auf dem an sie übereigneten Land fordern könnten.

---

172 Erwähnt in „Al-isᶜāf", S. 18 und in „Radd al-muḥtār", S 516 mit einer Korrektur (Fn.-Qadrī).

173 Erwähnt in „Al-hindīya", S. 298, ergänzt und korrigiert mit Bezug auf die Originalausgabe (Fn.-Qadrī). Zur Schenkung vgl. Ebert, H.-G., Die Qadrî-Pâshâ-Kodifikation. A.a.O., S. 164-171 (3. Kapitel: Die Schenkung; Art. 500-529).

Dies gilt auch, wenn das Land verliehen oder verpachtet ist, der Entleiher oder Pächter Gebäude errichtet oder Bäume pflanzt. Diese dürfen nicht unabhängig gestiftet werden, weil der Eigentümer die Beseitigung der Gebäude und Bäume auf seinem Land fordern könnte, nachdem das Entliehene zurückgegeben wurde, die Pachtdauer abgelaufen ist oder die Pacht annulliert wurde.[174]

Art. 58

Wenn das Land gestiftet worden ist, in Form des *ḥikr*-Vertrages[175] verpachtet wird und der *ḥikr*-Pächter darauf mit Einwilligung des Verwalters der Religiösen Stiftung Gebäude errichtet oder Bäume gepflanzt hat, kann dieser die Gebäude bzw. die Bäume unabhängig zugunsten seiner eigenen Person stiften. Danach werden die Armen begünstigt oder der vom Stifter des verpachteten Landes vorgesehene Stiftungszweck bzw. ein anderer Stiftungszweck verfolgt.
Es ist auch zulässig, auf den Märkten befindliche Ladengeschäfte, die deren Inhaber mit Einwilligung des Stifters errichtet haben, zu stiften. Diese können ohne Einmischung des Stifters oder des Verwalters verkauft, verpachtet, an die Nachkommen vererbt, zerstört, wieder aufgebaut oder verändert werden. Die Inhaber haben eine übliche Miete zugunsten der Religiösen Stiftung zu zahlen.[176]

Art. 59

Es ist zulässig, Waffen, Pferde bzw. Kamele[177] und jedwede bewegliche Sache zu stiften, die der Handelstätigkeit dient und die gewöhnlich gestiftet wird, wie die Totenbahre, die Tücher u.dgl., mit denen der Tote eigehüllt wird, die Kleidung, die Kupfergegenstände, die Töpfe und die Geräte zur Reinigung des Toten.[178]

---

[174] Entnommen aus „Ad-durr al-muḫtār“ und „Radd al-muḥtār“, S. 540 ff (Fn.-Qadrī).

[175] Sog. *ḥikr*-Verträge wurden insbesondere in Ägypten und Syrien für Stiftungsland abgeschlossen und stellen insofern eine spezielle Form der Bodenpacht dar. Der Pächter konnte Gebäude errichten und Bäume pflanzen, die in sein Eigentum übergingen. Siehe dazu auch Gilbar, G. G., Introduction – Economy and society in Palestine at the close of the Ottoman period: a diversity. In: Ottoman Palestine 1800-1914. Studies in Economic and Social History. Ed. by G. G. Gilbar, Leiden 1990, S. 12-14. Vgl. Baer, G.. "Ḥikr." Encyclopaedia of Islam, Second Edition. Edited by: P. Bearman, Th. Bianquis, C.E. Bosworth, E. van Donzel, W.P. Heinrichs. Brill Online, 2016. Reference. UNIVERSITÄTSBIBLIOTHEK LEIPZIG. 19 May 2016
http://referenceworks.brillonline.com/entries/encyclopaedia-of-islam-2/hikr-SIM_8619 (zitiert gemäß Verlagsvorgabe).

[176] Erwähnt in „Ad-durr al-muḫtār“ und „Radd al-muḥtār“, S. 540 ff. (Fn.-Qadrī).

[177] Der Ausdruck al-kurāᶜ bezieht sich auf Waffen und Pferde. Vgl. die URL http://www.almaany.com/ar/dict/ar-ar/كراع/ (zuletzt abgerufen: 06.06.2017).

[178] Erwähnt in „Ad-durr al-muḫtār“ und „Radd al-muḥtār“, S. 517 ff. mit einer Korrektur (Fn.-Qadrī). Zur Grablegung gemäß šarīᶜa vgl. Ḥassān, M., Aḥkām al-ǧināza. Dirāsa fiqhīya ǧadīda. Al-Manṣūra 2006, S. 99-149.

Art. 60

In einigen Ländern[179] ist es üblich, Geld[180], Getreide und andere messbare und wägbare Sachen sowie Kleidung für die Armen zu stiften. Die Stiftung von solchen Sachen ist in den Ländern, die dies üblicherweise praktizieren, zulässig, anderenfalls unzulässig. Das Gewohnheitsrecht eines Landes ist dabei zu berücksichtigen.[181]

Art. 61

Wenn die Stiftung von diesen beweglichen Sachen in einem Land zulässig ist, werden die Gelder und die aus dem Preis der messbaren und wägbaren Sachen erzielten Summen im Handel oder in Form einer *muḍāraba*[182] eingesetzt, um den Gewinn dem Stiftungszweck zuzuführen. Das Getreide wird den armen Ackerbauern, die kein Saatgut haben, zur Aussaat gegeben. Nach der Ernte haben diese das Saatgut zurückzugeben. Es wird anderen zur Verfügung gestellt. Die Kleidung geht an die Armen zum Schutz vor der Kälte im Winter. Danach wird sie zurückgegeben. Diejenigen beweglichen Sachen, die gewöhnlich nicht für eine Religiöse Stiftung vorgesehen sind, dürfen nicht gestiftet werden. Dazu zählen Tiere mit Ausnahme von Pferden und Kamelen, das Vieh, welches mit dem Ackerland gestiftet wird, Gewänder und andere Güter wie Möbel, Teppiche und Matten, die nicht für eine Moschee gestiftet werden, Gefäße u.dgl.[183]

Art. 62

Zu den beweglichen Sachen, die weit verbreitet sind und gewöhnlich gestiftet werden, zählen Koranexemplare[184] und Bücher. Dies können für Moscheen, Schulen und für Studierende gestiftet werden.

Wenn Koranexemplare zur Lesung in einer bestimmten Moschee gestiftet werden, kann jedermann aus dem Viertel, der die Moschee besucht, egal, ob arm oder reich, den Koran lesen. Die Koranexemplare dürfen nicht in eine andere Moschee überführt werden, es sei denn, die Moschee wird zerstört oder die Menschen verlassen ihr Einzugsgebiet. Wenn die Bücher für eine bestimmte Schule gestiftet

---

179 Arab.: fī baᶜḍ al-bilād.

180 Arab.: ad-darāhim wa-d-danānīr. Es bezieht sich auf Silber- und Goldwährungen. Vgl. die URL http://www.islamicmint.com/dinar-dirham.html (zuletzt abgerufen: 06.06.2017).

181 Erwähnt in „Ad-durr al-muḫtār“ und „Radd al-muḥtār“, S. 517 ff. (Fn.-Qadrī).

182 Es handelt sich dabei um eine Gesellschaftsform, bei der der Geschäftsführer das eingezahlte Kapital treuhänderisch verwertet. Geschäftsführer und Kapitalgeber teilen sich nach einem festgelegten Schlüssel die Gewinne. Vgl. Heckel, M., Muḍāraba und das deutsche Recht – Probleme, rechtliche Herausforderungen, Lösungsansätze. In: Kozali, A., Salama, I., Thabti, S. (Hrsg.), Das islamische Wirtschaftsrecht, Frankfurt am Main, Bern, Bruxelles, New York, Oxford, Warszawa, Wien 2016, S. 95-109.

183 Erwähnt in „Ad-durr al-muḫtār“ und „Radd al-muḥtār“, S. 518 und in den vorangegangenen Seiten mit einer Korrektur (Fn.-Qadrī).

184 Sg. al-maṣḥaf.

werden und dafür eine Bibliothek eingerichtet wird, ist die Nutzung auf die Schüler und Mitarbeiter dieser Schule begrenzt. Die Bücher dürfen von ihnen oder anderen Personen nicht von ihrem Aufstellungsort entfernt werden.
Gleiches gilt für die berechtigten Nutznießer der Stiftung. Sie dürfen die Bücher nicht von ihrem Aufstellungsort entfernen.
Wenn die Stiftung von Büchern allgemein für die Studierenden erfolgt und eine Bibliothek hierfür eingerichtet wird, kann jeder Studierende, egal, ob arm oder reich, diese nutzen. Wenn ausbedungen wurde, dass die Bücher nicht von ihrem Aufstellungsort entfernt und an keinen anderen Ort verbracht werden dürfen, ist die Bedingung zu respektieren. Niemand darf sie dann entfernen und an einen anderen Aufstellungsort bringen.
Wenn sich der Stifter dies nicht ausbedingt, ist die Ausleihe der Bücher an solche Studierende möglich, die sie sorgsam nutzen. Danach werden sie an ihren Platz zurückgegeben. Die Leihe gilt sowohl für die Bestifteten als auch für andere Personen als Treuhandbesitz.[185] Wenn sich der Stifter für die Bücher ausbedungen hat, dass sie nur gegen ein Pfand ausgeliehen werden dürfen, ist die Bedingung unbeachtlich.
Wenn aber ausbedungen wurde, dass die Bücher nur mit einer Bescheinigung von ihrem Aufstellungsort entfernt werden dürfen, ist die Bedingung wirksam. Der Entleiher muss einen Leihschein ausfüllen.[186]

9. Abschnitt
Die Stiftung von gemeinsamem Eigentum und die Teilung zwischen dem Stifter und dem Miteigentümer

Art. 63
Die Stiftung von unteilbarem gemeinsamem Eigentum ist wirksam, so die Stiftung eines Bades, eines Brunnens oder einer Mühle[187]. Die Stiftung eines Teils davon ist übereinstimmend zulässig.
Ebenso ist die Stiftung von teilbarem gemeinsamem Eigentum, selbst zugunsten des Stifters, zulässig, wenn der Richter die Wirksamkeit der Stiftung bestätigt.[188]
Der Eigentümer kann also einen Teil des gemeinsamen Eigentums an seiner Immobilie stiften, so die Hälfte oder aber mehr bzw. weniger. Einer der beiden Miteigentümer an einer gemeinsamen Immobilie kann seinen Anteil am gemeinsamen Eigentum gemäß der Auffassung von Abū Yūsuf stiften.[189]

---

[185] Arab.: yad amāna.
[186] Entnommen aus „Ad-durr al-muḫtār" und „Radd al-muḥtār", S. 519 ff. (Fn.-Qadrī).
[187] Arab.: ar-raḥā.
[188] Dabei handelt es sich vor allem um Ländereien und Häuser mit mehreren Stockwerken oder Wohnungseinheiten. Vgl. Qadrī Pāšā, M., Qānūn al-ᶜadl…, a.a.O. (2006), S. 204.
[189] Erwähnt in „Al-isᶜāf", S. 21 und „Al-hindīya", S. 303 ff., ergänzt gegenüber dem Original, wie im Vergleich mit dem Original vermerkt (Fn.-Qadrī).

Art. 64
Die Stiftung von teilbarem gemeinsamem Eigentum ist zulässig, insbesondere bei Bestätigung durch den Richter. Dies gilt, wenn das gemeinsame Eigentum zum Zeitpunkt des Stiftungsvertrages existiert oder mit der Inbesitznahme des Eigentums entsteht. In den folgenden Fällen ist eine solche Stiftung übereinstimmend zulässig:
Erstens: Wenn die beiden Miteigentümer an einer gemeinsamen Immobilie diese insgesamt stiften und an einen einzigen Amtswalter übergeben, der sie verwaltet, sodass zum Zeitpunkt des Stiftungsvertrages und mit Inbesitznahme kein gemeinsames Eigentum mehr existiert.
Zweitens: Wenn jeder der beiden Miteigentümer seinen Anteil für einen anderen Zweck stiftet und für die beiden Stiftungen ein einziger Amtswalter ernannt wird, der die beiden Anteile zusammen oder getrennt in Besitz nimmt, sodass zum Zeitpunkt der Inbesitznahme kein gemeinsames Eigentum mehr existiert.
Drittens: Wenn die beiden Miteigentümer unterschiedliche Ziele und Amtswalter für ihre Stiftungen festlegen und der Zeitpunkt der Übergabe an die beiden Amtswalter identisch ist. Dies gilt auch, wenn jeder der beiden Miteigentümer seinen Amtswalter wie folgt auffordert: „Nimm meinen Anteil mit dem Anteil meines Miteigentümers entgegen“[190], sodass zum Zeitpunkt der Inbesitznahme kein gemeinsames Eigentum mehr existiert, da nach Auffassung von Muḥammad aš-Šaibānī[191] das gemeinsame Eigentum zum Zeitpunkt der Inbesitznahme die Wirksamkeit der Stiftung verhindert. Die beiden Amtswalter werden als eine einzige Person aufgefasst. Wenn jeder der beiden Miteigentümer seinen Anteil getrennt stiftet, für seine Religiöse Stiftung einen eigenen Amtswalter festlegt und ihm den Anteil übergibt, ist die Religiöse Stiftung in diesem Fall nach Auffassung von Abū Yūsuf ebenfalls zulässig.[192]

Art. 65
Wenn einer der beiden Miteigentümer seinen gesamten Anteil an einem gemeinsamen Haus oder einem gemeinsamen Stück Land stiftet und die Höhe des Anteils nicht angibt, ist seine Stiftung zulässig. Wenn er seinen gesamten Anteil an der Immobilie stiftet und annimmt, dass es sich um ein Drittel der Immobilie handelt, aber tatsächlich die Hälfte oder mehr an der der Immobilie umfasst, wird sein gesamter Anteil zur Religiösen Stiftung.
Es ist generell nicht zulässig, gemeinsames Eigentum für eine Moschee oder einen Friedhof zu stiften, unabhängig davon, ob es sich um unteilbares oder teilbares

---

190 Im Sinne einer Vollmacht.

191 Muḥammad b. al-Ḥasan aš-Šaibānī ist neben Abū Yūsuf der wichtigste Schüler von Abū Ḥanīfa und Verfasser wichtiger ḥanafitischer Grundwerke. Vgl. Ebert, H.-G., Heilen, J., Islamisches Recht. A.a.O., S. 30 und Abschnitt I.3. (S. 20-24) in diesem Buch.

192 Erwähnt in „Al-hindīya“, S. 303 ff. und „Al-isʿāf“, S. 21 ff., ergänzt gegenüber dem Original (Fn.-Qadrī).

gemeinsames Eigentum handelt. Es ist unumgänglich, das gemeinsame Eigentum zum Zeitpunkt der Errichtung der Stiftung zu teilen, um eine Moschee wirksam zu errichten.[193]

Art. 66

Wenn einer der beiden Miteigentümer seinen Anteil stiftet und die Wirksamkeit der Religiösen Stiftung richterlich bestätigt wird, können der Stifter und sein Vertreter zu Lebzeiten bzw. der Testamentsvollstrecker[194] nach dem Tode des Stifters den Miteigentümer zur Aufteilung auffordern, um den zu stiftenden Anteil vom Eigentum abzutrennen. Wenn die beiden Miteigentümer das gemeinsame Eigentum teilen, wird der Anteil des Stifters am Haus oder am gemeinsamen Land unmittelbar zur Religiösen Stiftung, ohne dass der Stifter die Religiöse Stiftung erneuern muss. Wenn keine richterliche Bestätigung für die Religiöse Stiftung vorliegt, so sollte die Stiftung erneut begründet werden.

Wenn eine Person, die mit der Trennung vertraut ist, diese zwischen den beiden Miteigentümern vornimmt, kann sie in eigenem Ermessen über den zur Stiftung vorgesehenen Teil des Eigentums entscheiden. Um einen Verdacht gegen die eigene Person auszuschließen, ist bei der Auswahl der beiden Teile ein Losverfahren zu bevorzugen.[195]

Art. 67

Wenn die beiden Miteigentümer ihren jeweiligen Anteil an einer Immobilie stiften, kann jeder von beiden die Teilung des Gestifteten verlangen, das von ihm Gestiftete selbst verwalten und über den Ertrag daraus gemäß dem genannten Stiftungszweck verfügen.[196]

Art. 68

Wenn der Eigentümer die Hälfte seines Hauses oder seines Landes für einen bestimmten Zweck stiftet und einen Amtswalter zu Lebenszeiten und für die Zeit nach seinem Tode einsetzt, den anderen Teil aber für diesen oder einen anderen Zweck stiftet und einen anderen Aufseher[197] zu Lebzeiten und für die Zeit nach dem Tode einsetzt, kann jeder der beiden Aufseher der Stiftungen die Teilung der

193 Erwähnt in „Al-is^cāf", S. 22 ff. und in „Radd al-muḥtār", S 504, ergänzt gegenüber dem Original (Fn.-Qadrī).

194 Arab.: al-waṣī. In diesem Zusammenhang diejenige Person, die die Aufteilung des Nachlasses betreibt. Im Familienrecht bezieht sich der Ausdruck auf den ernannten Vormund.

195 Erwähnt in „Radd al-muḥtār", S. 509 ff. (Fn.-Qadrī).

196 Erwähnt in „Radd al-muḥtār", S. 509 ff. und in „Al-hindīya", S. 304 (Fn.-Qadrī).

197 Arab.: an-nāẓir. Zur Begrifflichkeit vgl. Kemke, A. H. E., Stiftungen im muslimischen…, a.a.O., S. 81.

gestifteten Immobilie fordern. Jeder von beiden übernimmt die Hälfte, die sich in seinem Besitz befindet.[198]

Art. 69

Wenn der Eigentümer die Hälfte seines Landes oder seines Hauses bzw. weniger oder mehr als die Hälfte stiftet und die Abtrennung der Stiftung vom restlichen Eigentum fordert, wird die Angelegenheit an den Richter geleitet, der einen Fachmann für die Teilung ernennt. Dieser teilt die Immobilie und trennt das Gestiftete vom Rest des Eigentums ab.

Der Stifter kann das restliche Eigentum außerhalb der Stiftung aber auch verkaufen und so das Eigentum mit dem Käufer teilen. Anschließend kauft er es vom Käufer zurück.[199] Er darf jedoch niemals selbst die Teilung vornehmen.[200]

Art. 70

Wenn der Eigentümer die Hälfte seines Landes stiftet, danach verstirbt, aber einen Testamentsvollstrecker zuvor ernannt hat und volljährige und minderjährige gesetzliche Erben vorhanden sind, so kann der Testamentsvollstrecker die Abtrennung des den Minderjährigen zustehenden Anteils verlangen. Die Teilung ist zulässig, wenn der Stiftungsanteil abgetrennt und diesem der Anteil für die Minderjährigen angefügt wird. Anderenfalls ist die Teilung unzulässig.[201]

Art. 71

Wenn der Eigentümer einen festgelegten Anteil des Hauses oder seines Landes stiftet, z.B. 1000 Ellen[202], dann ist seine Religiöse Stiftung zulässig. Daraufhin muss das Haus oder das Land vermessen werden.

Wenn die vermessene Fläche dem festgelegten Anteil entspricht oder kleiner als dieser ist, wird die gesamte Fläche zur Stiftung. Wenn die vermessene Fläche

---

198 Erwähnt in „Radd al-muḥtār“, S. 509 ff. (Fn.-Qadrī).

199 Dadurch wird die Mitwirkung des Richters ausgeschlossen. Es handelt sich dabei um ein in der ḥanafitischen Lehre verbreitetes Umgehungsgeschäft. Vgl. die französische Übersetzung in Kadri Pacha, M., Du wakf. A.a.O., S. 40.

200 Erwähnt in „Radd al-muḥtār“, S. 509 und S. 510 (Fn.-Qadrī).

201 Erwähnt in „Al-is^{c}āf“, S. 23 (Fn.-Qadrī). Analog gilt dies für die abwesenden Volljährigen. Vgl. Qadrī Pāšā, M., Qānūn al-^{c}adl…, a.a.O. (2006), S. 210, Fn. 2 unter Bezugnahme auf „Al-fatāwā al-hindīya“.

202 Arab.: alf ḏirā^{c} (1000 Ellen). Hierbei handelt es sich um ein Längenmaß, in Ägypten (ḏirā^{c} baladī) ca. 0,58 m, aber auch um ein Flächenmaß. Vgl. Akram Khan, M., Islamic Economies and Finance. A Glossary. London, New York 2003, 2nd edition, S. 48 und Hinz, W.. "Dhirāʿ." Encyclopaedia of Islam, Second Edition. Edited by: P. Bearman, Th. Bianquis, C.E. Bosworth, E. van Donzel, W.P. Heinrichs. Brill Online, 2016. Reference. UNIVERSITÄTSBIBLIOTHEK LEIPZIG. 02 June 2016 http://referenceworks.brillonline.com/entries/encyclopaedia-of-islam-2/dhira-IM_1825 (zitiert gemäß Verlagsvorgabe).

größer als der festgelegte Anteil ist, wird nur der festgelegte Anteil zur Stiftung, nicht aber die zusätzliche Fläche.[203]

Art. 72
Wenn der Eigentümer einen festgelegten Teil seines Landes, z.B. 1000 Ellen, stiftet und eine Teilung erfolgt, so ist es zulässig, dass ein kleinerer Anteil wegen der Qualität des Landes zur Stiftung wird. Die andere Fläche wird dadurch vergrößert. Der Anteil der Stiftung kann auch vergrößert werden, wenn der Boden für die Stiftung schlechter als der andere Teil ist. So wird eine Äquivalenz erreicht.
Wenn der Stifter ein Stück seines gestifteten Landes gegen ein anderes austauschen will und damit Stiftungsland zu seinem Eigentum macht, so kann er dies nur tun, wenn er für sich selbst den Austausch[204] bei der Errichtung der Stiftung ausbedungen hat.[205]

Art. 73
Wenn zwei Miteigentümer mehrere Häuser oder Landstücke besitzen und einer von beiden seinen Anteil vollständig stiftet, kann er von seinem Partner die Teilung fordern, sodass die Religiöse Stiftung vollständig aus einem Stück Land oder aus einem Haus besteht.[206]

Art. 74
Wenn der Stifter und sein Miteigentümer die Sache aufteilen und in die Teilung eine bestimmte Geldsumme[207] einbringen, dann ist dies nicht zulässig, sollte der Stifter die Geldsumme zusammen mit einem Stück Land annehmen, weil der in die Religiöse Stiftung eingebrachte Teil damit vermindert würde.
Wenn aber die Geldsumme vom Stifter bezahlt wird, ist das zulässig. Dadurch behält er die Religiöse Stiftung und kauft einen Teil aus dem Anteil seines Miteigentümers für die Geldsumme dazu. Der Anteil der Religiösen Stiftung bleibt erhalten. Das, was er dazukauft, ist sein Eigentum und wird nicht zur Stiftung. Wenn er die Aussonderung der Religiösen Stiftung aus seinem Eigentum verlangt, wird die Angelegenheit an den Richter verwiesen, der einen Teilungsbeauftragten bestimmt.[208]

Art. 75
Wenn der Stifter die Immobilie mit seinem Miteigentümer teilt und ein Geldüberschuss bei der Teilung entsteht, weil einer der beiden Anteile wertvoller ist, so ist

---

[203] Erwähnt in „Al-hindīya“, S. 304 (Fn.-Qadrī).
[204] Arab.: al-istibdāl.
[205] Erwähnt in „Al-is^{c}āf“, S. 23 (Fn.-Qadrī).
[206] Erwähnt in „Al-is^{c}āf“, S. 22 und in „Al-hindīya“, S. 305 (Fn.-Qadrī).
[207] Wörtlich: darāhim ma^{c}lūma.
[208] Erwähnt in „Al-hindīya“, S. 305 und in „Al-is^{c}āf“, S. 22 mit einer Korrektur (Fn.-Qadrī).

dies nicht zulässig, sollte der Stifter die Geldsumme annehmen, weil der nichtgestiftete Anteil damit der bessere wäre. Der Stifter würde damit zum Verkäufer eines Teils der Stiftung werden.
Wenn aber sein Miteigentümer die Geldsumme annimmt, sodass der Stiftungsanteil der bessere ist, so ist dies zulässig, da der Stifter der Käufer und nicht der Verkäufer ist. Er kauft damit einen Teil des Anteils des Miteigentümers und stiftet ihn.[209]

10. Abschnitt
Die Bestifteten[210], die Unzulässigkeit der Teilung als Eigentum und die Zulässigkeit der Teilung als befristete Besitznahme[211] zwischen ihnen

Art. 76
Die Teilung der Religiösen Stiftung ist nicht zulässig.[212]

Art. 77
Die Teilung der Religiösen Stiftung als Eigentum und die Zuordnung von Eigentumsanteilen an die Bestifteten ist nicht zulässig, unabhängig davon, ob dies zu Wohnzwecken oder zur Fruchtziehung erfolgt.
Den berechtigten Nutznießern der Stiftung ist es nicht erlaubt, einen Teil der gestifteten Sache dauerhaft für sich in Anspruch zu nehmen. Ebenso ist die befristete Besitznahme nur im gegenseitigen Einvernehmen, nicht aber durch Zwang, zulässig. Wenn es sich in Bezug auf das Gestiftete um Land handelt und die berechtigten Nutznießer Einvernehmen über die nacheinander und als befristete Besitznahme erfolgende Teilung erzielen, kann jeder von ihnen ein Stück des Landes übernehmen und selbst für ein Jahr oder für zwei Jahre bewirtschaften. Danach übernimmt ein anderer dieses Stück. Der ursprüngliche Nutzer übernimmt dagegen ein anderes Stück.
So werden die Stücke gegenseitig ausgetauscht und verbleiben nicht für lange Zeit im Besitz eines der berechtigten Nutznießer der Stiftung.[213]

Art. 78
Die Teilung der gemeinsamen Nutzung[214] ist nicht unwiderruflich.

---

209 Erwähnt in „Al-hindīya“, S. 305 und in „Radd al-muḥtār“, S. 509 (Fn.-Qadrī). Vgl. Art. 74.
210 D.h. die Begünstigten der Stiftung. Vgl. Fn. 73.
211 Arab.: at-tahāyu'.
212 Kein Verweis notwendig, weil der folgende Artikel damit beginnt (Fn.-Qadrī).
213 Erwähnt in „Radd al-muḥtār“, S. 508 mit einer Korrektur, wie in der Originalausgabe vermerkt (Fn.-Qadrī).
214 Arab.: al-muhāya'a.

Wenn einer der berechtigten Nutznießer der Stiftung die Teilung nach Inbesitznahme seines Anteils zurückweist, kann die Teilung annulliert und für unwirksam erklärt werden, auch wenn der Nutznießer davor zugestimmt hat.
Die Kinder der Nutznießer der Religiösen Stiftung können der Annullierung der Teilung, der ihr Vorfahre zugestimmt hat, verlangen.
Gleiches gilt, wenn der Vormund eines minderjährigen berechtigten Nutznießers der Religiösen Stiftung mit dem Verwalter den Anteil des Minderjährigen abgeteilt hat. Nach Erlangung seiner Geschäftsfähigkeit in Vermögensangelegenheiten[215] kann er die Zurückweisung der Teilung verlangen.[216]

Art. 79
Derjenigen, dem der Ertrag zusteht, besitzt kein Wohnrecht. Wenn also das Haus zur Nutzung gestiftet wird, ist die Teilung der gemeinsamen Nutzung unter den Bestifteten, indem jeder von ihnen seinen Teil ohne Mietzahlung bewohnt, nicht zulässig. Wenn einer von ihnen das Haus vollständig oder teilweise besetzt, hat er die Miete zu bezahlen.
Wenn eine Frau als berechtigte Nutznießerin das Haus mit ihrem Ehemann bewohnt, ist dieser verpflichtet, eine übliche Miete[217] für den Zeitraum, in welchem er das Haus bewohnt hat oder zukünftig bewohnen wird, zu zahlen.[218]

Art. 80
Wenn die gestiftete Sache ein Haus ist, welches zu Wohnzwecken für die Kinder, Kindeskinder und die weiteren Abkömmlinge des Stifters und danach für die Armen als Stiftung errichtet worden ist, können die Bestifteten, solange einer von ihnen vorhanden ist, dieses Haus bewohnen.
Wenn unter den Bestifteten Männer und Frauen sind und die Männer mit ihren Frauen bzw. die Frauen mit ihren Ehemännern darin wohnen wollen, ist es zulässig, dass der Mann mit seiner Dienerschaft und seiner Familie darin wohnt und die Frau mit ihrem Ehemann eine andere Wohnung im Haus nutzt. Eine Mietzahlung ist wegen des Anspruchs auf den Ertrag der Religiösen Stiftung nicht notwendig. Voraussetzung ist jedoch, dass das Haus groß genug ist und mehrere getrennte und abschließbare Wohnungen enthält, sodass die Familien einzeln untergebracht werden können.

---

[215] Arab.: ar-rušd. Vgl. Art. 476-481 der Qadrī-Pāšā-Kodifikation: Ebert, H.-G., Die Qadrî-Pâshâ-Kodifikation. A.a.O., S. 157-159.
[216] Erwähnt in „Radd al-muḥtār“, S. 508 und in „Al-is^{c}āf“, S. 21. Darin ist eine Wiederholung zum vorangegangenen Artikel enthalten (Fn.-Qadrī).
[217] Arab.: aǧr al-miṯl. Auch: Angemessene Miete. Damit ist eine Vergleichsmiete gemeint.
[218] Erwähnt in „Radd al-muḥtār“, S. 527 und in „Tanqīḥ al-ḥāmidīya“, S. 175 (Fn.-Qadrī). Muḥammad aš-Šaibānī vertritt in Bezug auf das Wohnrecht der berechtigten Nutznießer einer Stiftung eine gegenteilige Auffassung. Siehe Qadrī Pāšā, M., Qānūn al-^{c}adl…, a.a.O. (2006), S. 218.

Wenn aber keine getrennten Wohnungen vorhanden sind, die sich für einen rechtmäßigen Wohnsitz eignen, so erfolgt keine Teilung der Nutzung. Nur diejenigen, für die der Stifter ein Wohnrecht festgelegt hat, dürfen darin wohnen, nicht jedoch die Frauen der Männer und die Männer der Frauen.[219]

Art. 81

Wenn das gestiftete Haus zur Fruchtziehung gestiftet worden ist, darf keiner der Bestifteten ohne Mietzahlung das Haus bewohnen. Wenn der berechtigte Nutznießer der Stiftung oder der Ehemann einer berechtigten Nutznießerin das Haus bewohnt, hat er für den Zeitraum, in welcher er das Haus bewohnt hat oder zukünftig bewohnen wird, eine übliche Miete zu zahlen. Der Aufseher der Stiftung kann das Haus an diejenigen berechtigten Nutznießer vermieten, die es mieten wollen.

Wenn die Berechtigung der Nutznießung auf eine Person beschränkt ist, die das Haus bewohnt, und niemand anderes am Ertrag beteiligt ist, wird eine Miete festgelegt, die der Verwalter entgegennimmt, sollte eine Reparatur des Hauses notwendig sein. Wenn der Bestiftete selbst der Verwalter ist, verpflichtet ihn der Richter zur Reparatur des Hauses aus der Mietzahlung. Wenn er dazu nicht in der Lage oder willens ist, ernennt der Richter einen anderen Verwalter, an den die Miete zu zahlen ist und der die Reparatur aus der Miete durchführt.

Gleiches gilt, wenn ein Teil des Hauses Privateigentum und der andere Teil eine Religiöse Stiftung zur Fruchtziehung oder zu Wohnzwecken ist. Wenn einer der beiden Partner[220] ohne Einwilligung des anderen das Haus besetzt, hat er eine Miete für den Anteil des Partners am Ertrag der Stiftung[221] für den Zeitraum, in welcher er das Haus bewohnt hat oder zukünftig bewohnen wird, zu zahlen.[222]

Art. 82

Wenn mehrere Kinder des Stifters vorhanden sind und das Haus für sie alle zu eng ist, wird das Wohnrecht nacheinander auf sie übertragen. Das Wohnrecht des Verstorbenen ist nichtig und geht auf den nächsten Berechtigten über. In diesem Fall können nur die berechtigten Nutznießer der Stiftung das Haus bewohnen, nicht aber die Frauen der Männer und die Männer der Frauen. Wenn einige Bestiftete im Haus wohnen, andere aber dieses Haus als nicht angemessen empfinden oder nicht mit ihnen zusammen wohnen wollen und freiwillig ausziehen, ha-

[219] Erwähnt in „Radd al-muḥtār", S. 508 ff. und in „Al-isᶜāf", S. 100 mit einer Korrektur (Fn.-Qadrī).

[220] Gemeint sind der Privateigentümer und der Bestiftete.

[221] Bzw. am Ertrag durch die Vermietung des Privateigentums. Vgl. die französische Übersetzung in Kadri Pacha, M., Du wakf. A.a.O., S. 47.

[222] Erwähnt in „Ad-durr al-muḫtār" und „Radd al-muḥtār" S. 526 ff. und in „Tanqīḥ al-ḥāmidīya", S. 175 (Fn.-Qadrī).

ben sie keinen Anspruch auf eine Miete für ihren Anteil gegenüber den Bewohnern. Derjenige, der nicht im Haus mit anderen zusammen wohnen will, kann eine befristete Besitznahme des Hauses entsprechend der Nutzung durch die anderen nur dann einfordern, wenn diese zustimmen.[223]

Art. 83
Wenn einer der berechtigten Nutznießer der Stiftung das gesamte Haus ohne Einwilligung der anderen besetzt, hat er eine Miete zu zahlen, die den Anteilen der anderen Nutznießer entspricht, um die Religiöse Stiftung zu erhalten.
Wenn er einen größeren als seinen Anteil am Haus besetzt, können seine Partner eine Miete fordern, die dem seinen eigenen Anteil übersteigenden Zusatz entspricht.[224]

Art. 84
Wenn der Stifter sein Haus für seine Töchter stiftet, seine Söhne aber ausschließt, gilt das Wohnrecht nur für seine leiblichen Töchter. Falls diese Ehemänner haben, sind die zuvor erwähnten Bestimmungen anzuwenden.
Falls er das Wohnrecht für seine Töchter, die Töchter seiner Kinder usw.[225] im Allgemeinen festgelegt hat, haben diese das Wohnrecht inne. Diejenige, die verstirbt oder heiratet und mit ihrem Mann weggeht, verliert ihren Anspruch auf die Wohnung. Wenn der Ehemann sie aber verstößt oder er vor ihr verstirbt und sie zurückkehrt, wird ihr Anspruch auf die Wohnung erneuert. Wenn sich der Stifter ausbedungen hat, dass diejenige, die heiratet, kein Wohnrecht besitzt, erlischt ihr Anspruch mit der Eheschließung. Ihr Anspruch auf die Wohnung wird durch ihre Verstoßung oder den Tod ihres Ehemannes nur erneuert, wenn dies als Bedingung bei der Errichtung der Stiftung aufgenommen worden ist.[226]

Art. 85
Der Bestiftete, dem ein Wohnrecht zusteht, hat keinesfalls das Recht der Fruchtziehung. Er darf einen Dritten im gestifteten Haus nur durch die Leihe[227], aus der für den Entleiher kein Anspruch folgt, wohnen lassen. Er darf das Haus auch nicht vermieten. Falls das Haus für ihn zu groß ist und kein anderer Bestifteter existiert, kann der Aufseher oder – wenn kein Aufseher vorhanden ist oder sich dieser weigert – der Richter bei Bedarf das Haus vermieten.

223 Erwähnt in „Radd al-muḥtār“, S. 508 ff. mit einer Korrektur (Fn.-Qadrī).
224 Erwähnt in „Tanqīḥ al-ḥāmidīya“, S. 175 (Fn.-Qadrī).
225 Arab.: wa-in safalna: In absteigender Linie.
226 Erwähnt in „Al-is^cāf“, S. 100 ff. (Fn.-Qadrī).
227 Damit erfolgt eine unentgeltliche Überlassung. Vgl. Art. 773-795 der Zivilrechtskodifikation von Muḥammad Qadrī Pāšā: Ebert, H.-G., Hefny, A., Islamisches Zivilrecht…, a.a.O., S. 229-234.

Wenn sich der Stifter aber ausbedungen hat, dass der Bestiftete, der das Wohnrecht besitzt, nach eigenem Gutdünken das Haus nutzen kann, kann dieser das Haus vermieten.[228]

Art. 86

Wenn der Stifter bei der Errichtung der Religiösen Stiftung nichts festlegt oder die Fruchtziehung festlegt, kann der Bestiftete die Stiftung vermieten. Sollte er jedoch das Wohnrecht festgelegt haben, kann der Bestiftete nur darin wohnen. Sollten die Fruchtziehung und das Wohnrecht angegeben sein, kann der Bestiftete dementsprechend das Haus vermieten oder selbst bewohnen.[229]

11. Abschnitt
Die Religiöse Stiftung der Angehörigen einer Buchreligion[230] und die Bestifteten einer solchen Stiftung

Art. 87

Wenn die Religiöse Stiftung, die von den Angehörigen einer Buchreligion oder für die Angehörigen einer Buchreligion errichtet wird, sowohl bei uns[231] als auch bei ihnen einen religiös verdienstlichen Zweck erfüllt, ist sie wirksam.
Wenn der religiös verdienstliche Zweck nur bei uns oder nur bei ihnen vorliegt, ist eine solche Stiftung nicht wirksam.[232]

Art. 88

Wenn der männliche oder weibliche Angehörige einer Buchreligion, unabhängig davon, ob es sich um einen Christen, Juden oder Zoroastrier[233] handelt, sein Land oder sein Haus als Almosen zugunsten seines Kindes, Kindeskindes und der weiteren Abkömmlinge und nach deren Aussterben den Armen stiftet, ist die Religiöse Stiftung wirksam. Der Ertrag wird an seine Abkömmlinge und danach an die festgelegten Armen verteilt.

---

228 Erwähnt in „Al-isᶜāf", S. 100, 101 und 102 und in „Ad-durr al-muḫtār" und „Radd al-muḥtār" S. 526 mit einer Korrektur, wie im Vergleich mit dem Originalmanuskript vermerkt (Fn.-Qadrī).

229 Erwähnt in „Radd al-muḥtār", S. 527 (Fn.-Qadrī).

230 Arab.: aḏ-ḏimmī. Vgl. Ebert, H.-G., Heilen, J., Islamisches Recht. A.a.O., S. 97-99.

231 Arab.: ᶜindanā. Damit sind die Muslime gemeint.

232 Erwähnt in „Al-isᶜāf", S. 118 (Fn.-Qadrī). Zum Vergleich der Bestimmungen zum Stiftungsrecht in verschiedenen Rechtskulturen siehe Borgolte, M. v. (Hrsg.), Enzyklopädie des Stiftungswesens in mitterlalterlichen Gesellschaften. Bd. 1: Grundlagen, Bd. 2: Das soziale System Stiftung, Bd. 3: Stiftung und Gesellschaft. Berlin 2014, 2016 und 2017.

233 Arab.: al-maǧūs (Magier).

Wenn die festgelegten Armen Angehörige einer bestimmten Religion sind, wird der Ertrag unter ihnen verteilt. Eine Verteilung an andere Personen ist nicht zulässig. Wenn der Amtswalter den Ertrag an andere Personen verteilt, verstößt er gegen die Bedingung des Stifters und haftet für den verteilten Ertrag.
Wenn die Armen als Angehörige einer Buchreligion bestimmt werden, kann die Verteilung des Ertrages an die christlichen, jüdischen oder zoroastrischen Armen erfolgen. Wenn aber die Armen ohne genaue Bezeichnung genannt werden, ist die Verteilung unter den muslimischen und nichtmuslimischen Armen zulässig.[234]

Art. 89
Wenn der Angehörige einer Buchreligion seine Stiftung zugunsten seines Kindes, Kindeskindes und der weiteren Abkömmlinge errichtet und sich ausbedingt, dass derjenige, der von ihnen die islamische Religion annimmt, kein Almosen erhält, ist seine Bedingung verbindlich.
Gleiches gilt, wenn ein Christ bei seiner Stiftung zur Bedingung macht, dass derjenige, der die christliche Religion zugunsten einer anderen Religion aufgibt, nicht bestiftet werden kann. Die Bedingung des christlichen Stifters ist wirksam. Wenn einer von ihnen zum Islam, zum Judentum oder zum Zoroastrismus übertritt, verliert er den Anspruch auf eine Leistung aus der Religiösen Stiftung, auch wenn einige Bestiftete zum Islam, zum Judentum oder zum Zoroastrismus übertreten.
Gleiches gilt, wenn sich ein Jude ausbedingt, dass dasjenige seiner Kinder, welches die jüdische Religion verlässt, von der Religiösen Stiftung ausgeschlossen wird. Seine Bedingung ist wirksam. Es wird danach gehandelt.[235]

Art. 90
Wenn der Angehörige einer Buchreligion sein Haus für seine armen Nachbarn stiftet, ist die Stiftung unter der Voraussetzung wirksam, dass am Ende alle Armen berücksichtigt werden.
Der Ertrag der Stiftung wird an jeden Armen verteilt, unabhängig davon, ob dieser Muslim oder Angehöriger einer Buchreligion ist.[236]

---

[234] Erwähnt in „Al-is^{c}āf", S. 118 ff. (Fn.-Qadrī).
[235] Erwähnt in „Al-is^{c}āf", S. 120 und in „Al-hindīya", S. 297, ergänzt durch das in der Originalausgabe Stehende (Fn.-Qadrī). Dieser Artikel, wie auch die anderen des 11. Abschnitts, deutet auf eine weitgehende Gleichstellung von Muslimen und Nichtmuslimen in den Stiftungsangelegenheiten gemäß ḥanafitischer Lehre hin. Einschränkungen ergeben sich etwa aus Art. 94.
[236] Erwähnt in „Al-is^{c}āf", S. 120 und in „Al-hindīya", S. 297, ergänzt durch das in der Originalausgabe Erwähnte (Fn.-Qadrī).

Art. 91
Wenn der Angehörige einer Buchreligion sein Haus oder sein Land zugunsten der Armen, die einer bestimmten Synagoge[237] oder einer bestimmten Kirche zugehörig sind, stiftet, ist dies zulässig.[238]

Art. 92
Wenn eine Religiöse Stiftung zum Nutzen einer bestimmten Kirche oder Synagoge, sei es für ihre Rekonstruktion, Reparatur oder Beleuchtung, errichtet wird, ist sie unter der Voraussetzung wirksam, dass bei einer Zerstörung der Kirche oder Synagoge und somit bei einem fehlenden Bedarf an Mitteln der Ertrag zugunsten der Moschee von Jerusalem[239] oder zugunsten der Armen und Bedürftigen verteilt wird.[240]

Art. 93
Wenn der Angehörige einer Buchreligion sein Haus als Moschee für die Muslime stiftet oder per Vermächtnis verfügt, dass aus den Einkünften die Wallfahrt für ihn verrichtet wird, ist die Religiöse Stiftung nichtig.
Wenn er aber per Vermächtnis verfügt, dass sein Haus als Moschee für bestimmte Personen oder für die Bewohner eines Viertels errichtet werden soll, ist sein Vermächtnis zulässig.[241]

Art. 94
Wenn der Angehörige einer Buchreligion sein in eine Kirche oder Synagoge verwandeltes Haus stiftet oder sein gestiftetes Land bzw. Haus als Kirche oder Synagoge oder aber zugunsten von Priestern und Mönchen stiftet, ist das nicht zulässig, auch wenn er durch Zeugen nachweist, dass es sich um sein Eigentum handelt und er im gesunden Zustand den Zweck festgelegt hat. Die gestiftete Sache wird wie das übrige Vermögen behandelt und nach seinem Tode vererbt.
Wenn er aber sein Land oder sein Haus zugunsten von Leichentüchern und Grabstellen der Mitglieder seiner Glaubensgemeinschaft oder für den Kauf von Kleidung für Waisen und Bedürftige aus dem Ertrag stiftet, ist seine Religiöse Stiftung wirksam.[242]

---

237 Arab.: al-bīʿa.
238 Erwähnt in „Al-isʿāf", S. 119 (Fn.-Qadrī).
239 Vgl. Fn. 83.
240 Erwähnt in „Al-isʿāf", S. 119 (Fn.-Qadrī).
241 Erwähnt in „Al-isʿāf", S. 119 mit einer Abweichung, die im Originalmanuskript korrigiert wurde (Fn.-Qadrī).
242 Erwähnt in „Al-isʿāf", S. 119 ff. mit einer Abweichung, die im Originalmanuskript korrigiert wurde (Fn.-Qadrī).

Art. 95

Wenn der Angehörige einer Buchreligion sein Land oder sein Haus stiftet und danach die Errichtung der Stiftung bestreitet, dann entscheidet der Richter zugunsten der Stiftung, sollten zwei als unbescholten geltende Zeugen der Religionsgemeinschaft des Stifters oder einer anderen Religionsgemeinschaft dies nachweisen bzw. zwei Muslime die Zeugenaussage der beiden Nichtmuslime über die Anerkennung der Religiösen Stiftung bestätigen.[243]

Art. 96

Es ist zulässig, dass der Stifter die Erhöhung und Verringerung des Stiftungskapitals, die Aufnahme und den Ausschluss von Bestifteten, die stifterliche Selbstbegünstigung und andere zu berücksichtigende Bedingungen festlegt.
Wenn der Angehörige einer Buchreligion nach der Errichtung der Stiftung zum Islam übertritt, so wird dadurch die Bestätigung, Bekräftigung und Dauerhaftigkeit der Stiftung verstärkt.[244]

Art. 97

Der ausländische Nichtmuslim[245] hat in Bezug auf die Religiöse Stiftung die gleichen Rechte wie der (inländische) Angehörige einer Buchreligion. Die Rückkehr in sein Heimatland oder sein Tod in unserem Land macht seine Religiöse Stiftung nicht nichtig. Er kann die Religiöse Stiftung weder vor der Abreise in sein Land noch durch eine erneute und mit einer Sicherheitsgarantie versehene Rückkehr in unser Land für unwirksam erklären. Falls er über sein gesamtes Vermögen durch Vermächtnis verfügt hat, ist sein Vermächtnis wirksam.[246]

---

243 Erwähnt in „Al-isᶜāf", S. 120 mit einer korrigierten Abweichung (Fn.-Qadrī).
244 Erwähnt in „Al-isᶜāf", S. 120 mit einer korrigierten Abweichung (Fn.-Qadrī).
245 Arab.: al-musta'min.
246 Erwähnt in „Al-isᶜāf", S. 120 ff. mit einer Abweichung, die am Rand des Originalmanuskripts korrigiert wurde (Fn.-Qadrī).

2. Kapitel
Zulässige und nicht zulässige Bedingungen durch den Stifter

1. Abschnitt
Die Bedingung im Allgemeinen

Art. 98
Jede Bedingung, die nicht gegen eine Bestimmung der Religiösen Stiftung verstößt und die keine Widerrufbarkeit der Stiftung bewirkt, kann berücksichtigt werden.

Art. 99
Jede Bedingung, die die Religiöse Stiftung behindert oder den Bestifteten schadet, ist nicht zu berücksichtigen.[247]

Art. 100
Jede Bedingung, die gegen eine gesetzliche Bestimmung verstößt, ist nichtig.[248]

Art. 101
Eine zu berücksichtigende Bedingung des Stifters ist wie eine Gesetzesvorschrift zu verstehen und auszulegen. Es ist danach zu handeln.[249]

Art. 102
Wenn der Stifter zwei vom Wortlaut her widersprüchliche Bedingungen festlegt, wird entsprechend der letzteren Bedingung verfahren, welche die erstere abrogiert. Wenn sich die beiden Bedingungen vom Wortlaut her nicht widersprechen, wird – soweit dies möglich ist – nach beiden Bedingungen verfahren
Die Intention des Stifters ist zu berücksichtigen. Das Gewohnheitsrecht dient der Interpretation seiner Intention.[250]

2. Abschnitt
Bedingungen, die die Stifter für die privatnützige Stiftung und die gemeinnützige Stiftung festlegen können

Art. 103
Wenn der Stifter sein Land in ein Gott gestiftetes Almosen verwandelt und sich ausbedingt, dass der Ertrag vollständig oder teilweise zeit seines Lebens ihm

---

[247] Erwähnt in „Radd al-muḥtār“, S. 536 ff. und in „Al-ḫairīya“ S. 216 (Fn.-Qadrī).
[248] Erwähnt in „Radd al-muḥtār“, S. 499 (Fn.-Qadrī).
[249] Erwähnt in „Ad-durr al-muḫtār“ und „Radd al-muḥtār“ S. 575 f. (Fn.-Qadrī).
[250] Erwähnt in „Ad-durr al-muḫtār“ und „Radd al-muḥtār“ S. 584 ff. (Fn.-Qadrī).

selbst, danach seinen Kinder und Abkömmlingen und anschließend den Armen zur Verfügung steht, ist die Bedingung wirksam.
So kann er die Einkünfte aus seiner Stiftung zu Lebzeiten nutzen.
Gleiches gilt, wenn er zugunsten seiner eigenen Person und danach zugunsten seiner Kinder und Abkömmlinge bzw. zugunsten eines Wohlfahrtszweckes dauerhaft stiftet oder aber zugunsten einer bestimmten Personengruppe und danach zugunsten seiner eigenen Person stiftet. Dies ist unabhängig davon zulässig, ob die Religiöse Stiftung ihn als ersten oder letzten Bestifteten festlegt.[251]

Art. 104
Wenn jemand etwas für einen bestimmten Zweck dauerhaft stiftet und sich im Stiftungsakt ausbedingt, dass der Ertrag zeit seines Lebens für sich, seine Vorfahren, seine Kinder und seine Dienerschaft ausgegeben wird, ist die Bedingung zulässig. Er kann den Ertrag aus der Stiftung gemäß der Bedingung ausgeben.
Wenn der Ertrag vorliegt, er ihn verkauft und den Preis dafür in Besitz nimmt, dann wird das nicht ausgegebene Vermögen im Todesfalle zum Nachlass für seine gesetzlichen Erben und steht nicht den Bestifteten zur Verfügung. Wenn er dieses Vermögen ebenso stiftet und sich selbst einräumt, den Ertrag zu Lebzeiten zu verbrauchen, dann kann er dies nach seinen Wünschen tun. Wenn er aber verstirbt und aus dem Ertrag dieser Stiftung noch eine nicht verbrauchte Sache vorhanden ist, wird sie auf die Stiftung übertragen, solange es sich nicht um ein handwerklich verwandeltes Produkt handelt wie etwa Brot. Solche verwandelten Produkte stehen den gesetzlichen Erben und nicht dem Stiftungszweck zur Verfügung.
Wenn jemand eine Stiftung für einen wohltätigen Zweck errichtet und sich ausbedingt, jedes Jahr einen bestimmten Teil aus dem Ertrag der Stiftung zu entnehmen, um an seiner statt die Wallfahrt zu verrichten, seinen Schwur, eine Buße zu leisten, auszuführen oder eine Lesung an seinem Grab durchzuführen, wird diese Bedingung beachtet und danach gehandelt. Dies gilt auch, wenn aus dem Almosen jedes Jahr eine bestimmte Summe entnommen werden soll, um diese für einen festgelegten Zweck zu verwenden. Der verbliebene Teil ist für die Wohltätigkeitszwecke vorgesehen. Die Bedingung findet Beachtung und es wird danach gehandelt.[252]

Art. 105
Wenn jemand seine Stiftung zuerst für sich selbst errichtet und sich ausbedingt, dass seine Schulden aus dem Ertrag der Stiftung bezahlt werden, ist die Bedingung wirksam. Die Schulden werden aus dem Ertrag der Religiösen Stiftung beglichen.

---

[251] Erwähnt in „Al-hindīya", S. 322 ff. (Fn.-Qadrī).
[252] Erwähnt in „Al-hindīya", S. 322 ff. (Fn.-Qadrī).

Wenn dies im Stiftungsakt nicht als Bedingung aufgenommen ist, werden die Schulden aus dem restlichen Ertrag, der nach Abzug der unerlässlichen Beträge für die Aufrechterhaltung der Stiftung und den Unterhalt von berechtigten Personen verbleibt, beglichen.
Wenn jemand seine Stiftung zugunsten einer anderen Person errichtet und sich ausbedingt, dass die nach dem Tode des Stifters vorhandenen Schulden zunächst aus dem Ertrag der Stiftung bezahlt werden und der Überschuss, wie vom Stifter angegeben, verwendet wird, so ist seine Bedingung zu berücksichtigen und danach zu handeln.
Wenn die Begleichung seiner Schulden aus dem Ertrag seiner Stiftung nicht als Bedingung aufgenommen ist und der Stifter mit Schulden, die vor oder nach der Errichtung der Stiftung entstanden sind, verstirbt, stehen die Schulden nicht im Zusammenhang mit dem Ertrag der Stiftung, sondern im Zusammenhang mit seinem Nachlass. Der Ertrag der Religiösen Stiftung geht an diejenigen Personen, die dafür vorgesehen sind.[253]

Art. 106
Wenn der Stifter sein Land oder ein Haus in ein Gott gestiftetes Almosen verwandelt und sich im Stiftungsakt ausbedingt, dass ein Teil des Almosens zeit seines Lebens und nach seinem Tod an die versklavten Kindesmütter[254] in monatlichen oder jährlichen Raten geht, ist die Stiftung wirksam. Die Kindesmütter umfassen diejenigen, die zum Zeitpunkt der Errichtung der Stiftung existieren sowie diejenige, die danach als solche entstehen. Wenn sich einige versklavte Mütter von einigen seiner Kinder bei ihm aufhalten, andere dagegen verheiratet und wiederum andere von ihm freigelassen worden sind, wird der Ertrag an die bei ihm befindlichen und die Verheirateten unter ihnen verteilt. Die Freigelassenen erhalten nichts. Die verheirateten Mütter erhalten indessen den Ertrag, wenn nicht als Bedingung aufgenommen ist, dass sie keinen Anspruch darauf haben. Wenn dies aber als Bedingung aufgenommen ist, verlieren sie ihren Anspruch und erlangen ihn durch ihre Verstoßung oder den Tod ihres Ehemannes nicht zurück, es sei denn, die Wiedererlangung eines Anteils der verstoßenen oder verwitweten Ehefrau ist ausbedungen worden.

---

[253] Entnommen aus „Al-hindīya“, S. 322 ff. und „Al-isᶜāf“, S. 114 (Fn.-Qadrī).

[254] Der Ausdruck „umm al-walad“ (Kindesmutter) bezieht sich auf diejenige Sklavin, die ihrem Herrn ein Kind geboren hat. Nach dessen Tod gilt diese Frau als freie Frau. Auch das Kind wird als freies Kind geboren. Vgl. Brockopp, J. E., Early Mālikī Law. Ibn ᶜAbd al-Ḥakam and his Major Compendium of Jurisprudence. Leiden, Boston, Köln 2000, S. 192-204. Zum Sklavenrecht nach mālikitischer Interpretation siehe Oßwald, R., Das islamische Sklavenrecht. Würzburg 2017, S. 278-279. Vgl. auch Fn. 665.

Dies gilt ebenso, falls sich der Stifter für seine freizulassenden männlichen oder weiblichen Sklaven[255] etwas ausbedingt, was er sich auch für die versklavten Kindesmütter ausbedungen hat. Seine Bedingung ist zulässig. Wenn er den Ertrag für seine weiblichen und männlichen Sklaven[256] als Bedingung festlegt, ist es so, als würde er den Ertrag für sich selbst ausbedingen.[257]

Art. 107

Wenn eine freie Person eine Religiöse Stiftung errichtet und sich ausbedingt, dass der Ertrag an ihre freigelassenen Sklaven, danach an deren Kinder und deren Abkömmlinge und anschließend an die Armen geht, ist die Bedingung wirksam. Der Ertrag steht nicht nur den vom Stifter freigelassenen Sklaven zur Verfügung, sondern auch denjenigen, die nach Errichtung der Stiftung freigelassen werden. Dies schließt seine nach seinem Tod freizulassenden männlichen und weiblichen Sklaven, seine versklavten Kindesmütter und diejenigen Sklaven ein, die er per Vermächtnis kaufen und freilassen will. Die Aufteilung erfolgt zwischen den männlichen und weiblichen Anspruchsberechtigten gleichberechtigt.

Derjenige Anspruchsberechtigte, dessen Religion eine andere ist als die Religion des Stifters, wird wie derjenige behandelt, dessen Religion mit der des Stifters übereinstimmt, es sei denn, die Religiöse Stiftung ist auf die mit dem Stifter übereinstimmende Religion beschränkt. Der Ertrag geht von den Bestifteten auf deren Kinder, Kindeskinder und deren weitere Abkömmlinge dauerhaft über. Die Armen erhalten erst nach deren Aussterben den Ertrag.[258]

Art. 108

Wenn der Stifter seine Religiöse Stiftung zugunsten seiner Kinder, Kindeskinder und deren weiteren Abkömmlingen errichtet und anschließend den beiden heiligen Moscheen[259] zur Verfügung stellt, dabei Gerechtigkeit und Gleichheit zwischen den Bestifteten anstrebt und sich ausbedingt, dass der Ertrag gleichmäßig unter ihnen aufgeteilt wird, ohne dass eine geschlechtsspezifische Bevorzugung erfolgt, ist die Bedingung wirksam. Er hat dies für seine Kinder bestimmt, sein Wille wird durchgesetzt.

---

[255] Arab.: li-mudabbarīhi wa-mudabbarātihi. Die Rechtsfigur „at-tadbīr" steht für die Freilassung nach dem Tode. Im Unterschied zur Kindesmutter kann der Patron höchstens ein Drittel seines Vermögens bereitstellen. Vgl. Brockopp, J. E., Early Mālikī..., a.a.O., S. 110-112.

[256] Arab.: al-imā' wa-l-ᶜabīd.

[257] Erwähnt in „Al-isᶜāf", S. 110 ff., in „Al-fatāwā al-anqarāwīya", S. 215 und in „Al-hindīya", S. 323 (Fn.-Qadrī).

[258] Entnommen aus „Al-isᶜāf", S. 109 und „Al-hindīya", S. 319 ff. mit einer Korrektur, wie im Originalmanuskript enthalten (Fn.-Qadrī).

[259] Es handelt sich um die beiden Moscheen in Mekka und Medina.

Wenn er einen Vorrang unter ihnen anstrebt, die männlichen Abkömmlinge gegenüber den weiblichen bevorrechtigen will und sich ausbedingt, dass die Aufteilung des Ertrages unter ihnen gemäß der gesetzlichen Erbfolge ausgeführt wird, sodass im Falle der gleichzeitigen Existenz von männlichen und weiblichen Kindern dem männlichen Kind der Anteil von zwei weiblichen Kindern zur Verfügung steht,[260] ist seine Bedingung wirksam. Dies ist die korrektere und islamisch verdienstvollere Bedingung.[261]

Art. 109
Wenn der Stifter im gesunden Zustand seine Religiöse Stiftung zugunsten seiner Kinder errichtet, indem er sagt: „Mein Land ist ein gestiftetes Almosen für mein Kind, Kindeskind und dessen weitere Abkömmlinge und anschließend für die Armen“, keine Reihenfolge nach dem Grad der Abstammung und keine Unterschiede zwischen männlichen und weiblichen Vertretern angibt und sich ausbedingt, dass im Falle des Todes eines Kindes dessen Abkömmlinge den Anteil des Kindes erhalten, ist die Bedingung wirksam. Der Ertrag der Religiösen Stiftung wird unter den Bestifteten aufgeteilt, wobei derjenige, der am Leben ist, den gleichen Anteil wie der Verstorbene erhält. Das, was dem Verstorbenen zusteht, geht an dessen Kind bzw. dessen Kinder, die den Anteil des Verstorbenen an der Religiösen Stiftung erhalten.[262]
Wenn der Stifter aber zugunsten seiner Kinder, Kindeskinder und deren weiteren Abkömmlingen verfügt und eine Reihenfolge nach dem Grad der Abstammung festlegt, indem die erste Generation am Anfang steht und erst danach die weiteren Generationen in der Reihenfolge Berücksichtigung finden, wird der Ertrag an die zum Zeitpunkt der Errichtung der Religiösen Stiftung existierenden Vertreter der ersten Generation verteilt. Entsprechend wird bei den folgenden Generationen verfahren. Die Vertreter der zweiten Generation erhalten nur etwas, wenn keine Vertreter der ersten Generation mehr existieren. Die Vertreter der dritten Generation erhalten nur etwas, wenn die zweite Generation ausgestorben ist. So wird verfahren, bis der letzte Abkömmling ausgestorben ist.[263]

Art. 110
Wenn sich der Stifter für seine Religiöse Stiftung die Reihenfolge ausbedingt, dass beim Tode eines Bestifteten, der ein Kind, ein Kindeskind usw.[264] hinterlässt,

---

260 Dieses erbrechtliche Prinzip ist in Koran 4:11 verankert.

261 Erwähnt in „Radd al-muḥtār“, S. 585 (Fn.-Qadrī).

262 Das sog. Pflichttestament (al-waṣīya al-wāǧiba) soll im Erbrecht die nicht vorhandene Repräsentation ersetzen. Vgl. Ebert, H.-G., Das Erbrecht…, a.a.O., S. 143-147.

263 Erwähnt in „Al-hindīya“, S. 310 (Fn.-Qadrī). Die Fußnote ist in der Ausgabe von 2006 nicht korrekt: Qadrī Pāšā, M., Qānūn al-ᶜadl…, a.a.O. (2006), S. 255.

264 Arab.: wa-in safala. Gemeint sind die weiteren Abkömmlinge, ohne dass eine Begrenzung der Abstammungsgrade angegeben wird.

der entsprechende Anteil des Bestifteten an dessen Kind oder dessen Abkömmling geht, ist seine Bedingung zu berücksichtigen. Der Anteil des Verstorbenen der ersten Generation geht an sein Kind oder an dessen Abkömmling. Dieses Kind bzw. dieser Abkömmling teilt sich mit den anderen Bestifteten der ersten Generation den Ertrag. Dies gilt auch für den Abkömmling der zweiten Generation. Der Anteil des Verstorbenen der zweiten Generation geht an dessen Kind, sodass die berechtigten Nutznießer der zweiten Generation angehören, auch wenn das Kind zur dritten Generation zählt. In dieser Weise wird mit der Bedingung des Stifters verfahren.
Wenn der Stifter aber zum Anteil des Verstorbenen schweigt, wird dieser Anteil nicht an dessen Kind gegeben, sondern wird in den Gesamtertrag zurückgeführt und unter allen berechtigten Nutznießern der Stiftung aus der Generation des Verstorbenen aufgeteilt.[265]

Art. 111
Wenn jemand seine privatnützige Stiftung zugunsten seines Kindes, Kindeskindes und deren weiteren Abkömmlingen errichtet, eine Rangfolge von Generation zu Generation festlegt und sich ausbedingt, dass der Anteil desjenigen Bestifteten, der ohne Nachkommen verstirbt, an die Generation über ihm, an dessen Generation und an dessen Verwandtschaftsgrad oder an die Generation unter ihm geht, ist seine Bedingung zu berücksichtigen. Der Anteil eines Verstorbenen ohne Nachkommen wird unter den Angehörigen der Generation und des Verwandtschaftsgrades aufgeteilt, die der Stifter festlegt. Wenn aber in der ausbedungenen Generation oder im ausbedungenen Verwandtschaftsgrad niemand existiert, ist die Bedingung unbeachtlich. Der Anteil des Verstorbenen ohne Nachkommen wird in den Gesamtertrag zurückgeführt und unter allen berechtigten Nutznießern der Stiftung aufgeteilt. Erst nachdem die Kinder und sämtliche Nachkommen ausgestorben sind, geht der Ertrag an die Armen.
Wenn sich der Stifter ausbedingt, dass der Anteil desjenigen, der ohne Nachkommen verstirbt, in den Gesamtertrag zurückgegeben wird, ist in dieser Weise entsprechend den Bedingungen zu verfahren. Wenn er über die Nutzung des Anteils des Verstorbenen ohne Nachkommen schweigt, wird der Anteil in den Gesamtertrag zurückgeführt und unter den berechtigten Nutznießern der Stiftung aufgeteilt. Gleiches gilt, wenn sich der Stifter die Rückführung des Anteils desjenigen, der ohne Nachkommen verstirbt, auf die vom Verwandtschaftsgrad her nächsten Vorfahren ausbedingt. Die vom Grad her nächsten Verwandten bleiben auf den festgelegten Grad beschränkt. Wenn keine Person dieses erwähnten Verwandtschaftsgrades existiert, sind sowohl die Bedingung als auch das Prinzip des nächs-

[265] Erwähnt in „Al-hindīya“, S. 310 und in „Tanqīḥ al-ḥāmidīya“, S. 161 (Fn.-Qadrī). Die Fußnote ist in der Ausgabe von 2006 nicht korrekt: Qadrī Pāšā, M., Qānūn al-ᶜadl…, a.a.O. (2006), S. 256.

ten Verwandtschaftsgrades unbeachtlich. Ihr Anteil wird in den Gesamtertrag zurückgeführt und geht weder auf die oberste Generation noch auf den relativ nächsten Verwandten eines anderen Grades über.[266]

Art. 112

Wenn jemand seine privatnützige Stiftung errichtet, indem er sagt: „Mein Land ist ein dauerhaft gestiftetes Almosen für mein Kind, mein Kindeskind und dessen weitere Abkömmlinge und anschließend für die Armen“, eine Rangfolge von Generation zu Generation festlegt und sich ausbedingt, dass im Falle des Todes einer Person, die ein Kind, Kindeskind usw. hinterlässt, vor der Inanspruchnahme einer Sache aus dem Ertrag der Religiösen Stiftung dieses Kind an die Stelle der Person tritt und den Anspruch seines Vaters, als sei der noch am Leben, erwirbt, so ist die Bedingung des Stifters wirksam und es wird danach gehandelt.

Wenn aber eines der Kinder des Stifters vor Errichtung der Stiftung verstirbt und ein Kind oder Kindeskind hinterlässt, so wird dieses Kind kraft der Bedingung nicht am Ertrag, der seinen Onkeln[267] zusteht, beteiligt, da sein Vater nicht zu den Bestifteten gehört. Dasjenige Kind, welches nach der Errichtung der Stiftung und vor der tatsächlichen Inanspruchnahme einer Sache aus dem Ertrag der Stiftung verstirbt und ein Kind oder Kindeskind hinterlässt, wird aber an der Forderung seiner Onkel beteiligt. Es erhält von ihnen kraft der Bedingung des Stifters jenen Teil, den sein Vater beanspruchen würde, wenn er noch am Leben wäre.

Wenn jemand seine privatnützige Stiftung errichtet, indem er sagt: „Mein Land ist ein dauerhaft gestiftetes Almosen für meine Kinder, deren Kinder, Kindeskinder und deren weitere Abkömmlinge“ und sich ausbedingt, dass das Kind, dessen Vater vor Inanspruchnahme seines Anteils verstirbt, in die Forderung seines Vaters eintritt, so wird nur dasjenige Kind, dessen Vater nach der Errichtung der Stiftung verstirbt, einbezogen. Das Kind, dessen Vater vor der Errichtung der Stiftung verstirbt, ist weder tatsächlich noch im rechtlichen Sinne Nutznießer der Religiösen Stiftung.[268]

Art. 113

Wenn der Stifter seine Religiöse Stiftung für einen bestimmten Zweck und danach für die Armen errichtet und sich ausbedingt, dass der Ertrag im Bedarfsfalle an sein Kind, sein Kindeskind oder an seine Schutzbefohlenen geht, ist die Bedingung wirksam.

---

[266] Erwähnt in „Ad-durr al-muḫtār“ und „Radd al-muḥtār“, S. 607 ff. und in „Al-isʿāf“, S. 85 mit einer korrigierten Abweichung (Fn.-Qadrī). In der Ausgabe von 2006 ist der Gesetzestext nicht korrekt markiert: Qadrī Pāšā, M., Qānūn al-ʿadl…, a.a.O. (2006), S. 257.

[267] Arab.: al-aʿmām. Sie bezeichnen nur die Onkel väterlicherseits.

[268] Erwähnt in „Tanqīḥ al-ḥāmidīya“, S. 128 mit einem Fehler in der Bestimmung, die am Rand des Originalmanuskripts korrigiert wurde (Fn.-Qadrī).

Wenn nur einige von seinen Kindern bedürftig sind, geht der gesamte Ertrag an die Kinder, auch wenn der andere Teil nicht bedürftig ist. Wenn alle reich genug sind, wird ihnen der Ertrag entzogen und für den bestifteten Zweck verwendet. Ebenso wird verfahren, wenn der Stifter zugunsten einer Gruppe von bestimmten Personen und anschließend für die Armen stiftet und sich ausbedingt, dass seine Verwandtschaft im Bedarfsfalle den Ertrag erhält. Seine Bedingung ist wirksam. Die bestiftete Gruppe hat einen Anspruch auf den Ertrag. Wenn einige seiner Verwandten bedürftig sind, geht der gesamte Ertrag an die Verwandten. Für diese Verteilung wird die Bedürftigkeit aller Verwandten nicht vorausgesetzt.[269]

Art. 114

Wenn der Stifter seine Religiöse Stiftung zugunsten seines Kindes, Kindeskindes und deren weiteren Abkömmlingen errichtet und sich für die Religiöse Stiftung ausbedingt, dass derjenige, der einer festgelegten religiösen Richtung angehört und in eine andere wechselt, von der Stiftung ausgeschlossen wird, dann ist die Bedingung wirksam. Wenn sich einer von ihnen der *Muᶜtazila*[270] anschließt, zu einem Anhänger der *Charidschiten*[271] oder der *Schiiten*[272] wird, dann erlischt sein Anspruch an der Religiösen Stiftung.

Die Bestimmung gilt auch, falls eines der Kinder vom Islam abfällt. Derjenige, dessen Anspruch durch die Abkehr von der festgelegten religiösen Richtung erlischt, erwirbt den Anspruch durch die Rückkehr in die festgelegte religiöse Richtung nicht wieder, es sei denn, der Stifter hat sich dies ausbedungen.[273]

Art. 115

Wenn für den *Imam* der Moschee eine bestimmte Geldsumme ausbedungen wird, der *Imam* ein geschätzter Gelehrter ist und die Summe für ihn nicht ausreicht, kann der Richter gegen die Bedingung verstoßen, indem er die für den *Imam* festgelegte Summe aus dem Ertrag der Religiösen Stiftung erhöht und ihm eine ausreichende Summe zuteilt.

---

[269] Erwähnt in „Al-isᶜāf", S. 115 (Fn.-Qadrī).

[270] Zur theologischen Richtung der Muᶜtazila und zur sunnitischen Orthodoxie vgl. Madelung, W., Der Kalām. In: Grundriß der Arabischen Philologie. Band I: Sprachwissenschaft. Hrsg. von W. Fischer, Wiesbaden 1982, S. 326-337.

[271] Die Charidschiten (al-ḫawāriǧ) stellen nach dem gewaltsamen Tod des Kalifen ᶜUṯmān b. ᶜAffān (gest. 656) die erste Abspaltung einer muslimischen Gruppierung dar. Vgl. Krämer, G., Geschichte des Islam. München 2005, S. 51-52.

[272] Der im Text verwendete Begriff „rāfiḍī" bezieht sich negativ bewertend auf einen Abtrünnigen. Einige sunnitische Gelehrte betrachten die Schiiten nach wie vor nicht als eine gleichwertige islamische Gruppierung, sondern assoziieren sie mit solchen Abtrünnigen. Vgl. die URL https://devilsdeceptionofshiism.wordpress.com/category/verdicts-fatwa-of-islamic-scholars-on-shiism-shia-rafidah/ (zuletzt abgerufen: 06.06.2017).

[273] Erwähnt in „Al-isᶜāf", S. 89 mit einer korrigierten Abweichung (Fn.-Qadrī).

Wenn für die berechtigten Nutznießer der Stiftung eine bestimmte Menge Brot oder Fleisch pro Tag oder pro Monat ausbedungen wird, darf der Amtswalter ihnen den Wert nicht in Geld ausbezahlen. Die Nutznießer haben aber die Wahl, ihren Anspruch in Sachleistungen oder in Geld geltend zu machen.[274]

Art. 116

Wenn der Stifter seine Religiöse Stiftung zugunsten einer Moschee errichtet, einen *Imam*, einen Prediger[275], einen Gebetsrufer, einen, der die Lichter entzündet, einen Teppichbreiter und Dienstpersonal einsetzt und für jeden, der seine religiöse Tätigkeit verrichtet und seine Funktion ausübt, eine bestimmte Summe bzw. eine monatlich oder jährlich ausreichende Summe festlegt, ist seine Bedingung wirksam und es ist danach zu handeln.

Dies gilt auch, wenn er zugunsten einer bestimmten Schule[276] stiftet, Lehrer, Schüler, Rezitatoren[277] und Dienstpersonal einsetzt und für jeden von ihnen, der seine Tätigkeit verrichtet und sich entsprechend bemüht, eine bestimmte monatliche bzw. jährliche Vergütung festlegt. Seine Bedingung ist wirksam.[278]

Art. 117

Wenn jemand seine Stiftung zugunsten einer bestimmten Moschee oder einer bestimmten Schule errichtet und sich ausbedingt, dass im Falle eines zu geringen Ertrages der Stiftung und einer dringend notwendigen Reparatur der Moschee bzw. der Schule die Reparatur vorangeht und diejenigen, die religiöse Tätigkeiten verrichten, gegenüber den anderen berechtigten Nutznießern der Stiftung bevorzugt werden, ist seine Bedingung wirksam und es ist danach zu handeln, unabhängig davon, ob eine bestimmte Summe für die berechtigten Nutznießer festgelegt worden ist oder nicht.

Wenn sich der Stifter ausbedingt, dass alle berechtigten Nutznießer der Stiftung, die religiöse Tätigkeiten verrichten und Funktionen ausüben, gleich behandelt werden sollen, so wird bei einer dringend notwendigen Reparatur der Moschee bzw. der Schule seine Bedingung nicht berücksichtigt, sondern es werden zunächst die Reparaturen ausgeführt und danach diejenigen bedacht, die religiöse Tätigkeiten verrichten und die im Falle ihrer Verhinderung einen Schaden und einen Ausfall religiöser Pflichten in der Moschee bzw. in der Schule bewirken würden.

Gleiches gilt, wenn sich der Stifter im Falle eines zu geringen Ertrages der Stiftung eine Gleichrangigkeit zwischen denjenigen, die religiöse Tätigkeiten verrichten, und der Reparatur ausbedingt. Seine Bedingung wird nicht beachtet. Die

---

274 Erwähnt in „Radd al-muḥtār", S. 538 mit einer korrigierten Abweichung (Fn.-Qadrī).

275 Arab.: al-ḫaṭīb.

276 Arab.: al-madrasa.

277 Arab.: al-qurrā'. Dabei geht es um die Lesung des Korans.

278 Abgeleitet aus „Ad-durr al-muḫtār" und „Radd al-muḥtār", S. 520 ff. (Fn.-Qadrī).

Reparatur geht allen anderen notwendigen Ausgaben zur Aufrechterhaltung der Moschee bzw. Schule voraus.[279]

Art. 118

Wenn zwei Ländereien oder zwei Häuser zur Nutzung für zwei unterschiedliche Ziele gestiftet werden, indem der eine Teil zugunsten einer bestimmten Personengruppe und der andere zugunsten eines gottgefälligen Werkes festgelegt wird, und sich der Stifter ausbedingt, dass im Bedarfsfalle der Ertrag aus dem einen Teil für den anderen zur Instandsetzung, Reparatur oder Rekonstruktion verwendet wird, dann ist die Bedingung wirksam und es ist danach zu handeln.

Gleiches gilt, wenn zwei Stiftungen errichtet werden, eine zugunsten einer bestimmten Moschee, die andere zugunsten einer bestimmten Schule, und sich der Stifter ausbedingt, dass im Falle eines zu geringen Ertrages einer der beiden Stiftungen und eines Reparaturbedarfs bzw. eines Bedarfs an Ausgaben für festgelegte religiöse Tätigkeiten und die festgelegte Ausübung von Funktionen der Ertrag der anderen Stiftung für die Reparatur oder die berechtigten Nutznießer der ersten Stiftung verwendet werden soll, ist die Bedingung wirksam und es ist danach zu handeln.[280]

Art. 119

Wenn jemand sein Haus oder Land stiftet und sich ausbedingt, dass kein Austausch[281] erfolgen darf, kann nur der Richter gegen dessen Bedingung im Falle einer Notwendigkeit oder eines Nutzens für die Stiftung verstoßen. Wenn sich der Stifter ausbedingt, dass der von ihm ernannte Aufseher nicht abgesetzt werden darf, kann der Richter bei Betrug oder Unfähigkeit des Aufsehers diesen absetzen, auch wenn er vom Stifter festgelegt worden ist.

Wenn sich der Stifter ausbedingt, dass sein Stiftung nicht länger als ein Jahr vermietet werden darf, eine solche Vermietung aber von den Menschen nicht gewünscht wird bzw. sich ein Nutzen für die Armen durch eine längere Vermietung ergibt, kann der Richter, nicht aber der Aufseher, gegen diese Bedingung verstoßen.

Wenn sich der Stifter ausbedingt, dass der Überschuss aus dem Ertrag der Stiftung an die Bettler in einer bestimmten Moschee als Almosen verteilt wird, kann der Amtswalter gegen dessen Bedingung verstoßen und das Almosen an die Bettler

---

279 Der Anfang des Artikels ist vorzugsweise in den erwähnten Seiten enthalten, der Rest ist in „Ad-durr al-muḫtār“ und „Radd al-muḥtār“, S. 520 ff. und in „Al-anqarawīya“, S. 221 erwähnt (Fn.-Qadrī).

280 Abgeleitet aus „Al-ḫairīya“, S. 164 (Fn.-Qadrī).

281 Arab.: al-istibdāl.

in anderen Moscheen oder außerhalb der Moschee sowie an andere Bedürftige verteilen.[282]

3. Abschnitt
Die Erhöhung und Verminderung der Anteile, die Hinzufügung, der Ausschluss, die Bevorzugung und die Festlegung von Bestifteten, die Gewährung und der Entzug von Anteilen sowie sonstige Bedingungen

Art. 120
Wenn sich der Stifter im Stiftungsakt ausbedingt, dass er die Löhne der Bestifteten und die Gehälter für diejenigen, die religiöse Tätigkeiten verrichten und Funktionen ausüben, nach eigenem Gutdünken erhöhen und vermindern kann, ist die Bedingung wirksam. Es ist zulässig, dass der Stifter diejenigen, deren Vergütung erhöht oder vermindert wird, selbst auswählt.
Wenn er solch eine Erhöhung oder Verminderung einmalig vorgenommen hat, kann er diese danach nicht verändern, es sei denn, dass er die Bedingung, zeit seines Lebens die mehrfache Erhöhung und Verminderung der Löhne und Gehälter auf eigenen Wunsch vornehmen zu können, für sich selbst im Stiftungsakt ausbedungen hat.[283]

Art. 121
Wenn jemand seine Stiftung dauerhaft zugunsten einer Gruppe von bestimmten Personen errichtet und für sich selbst im Stiftungsakt ausbedingt, nach eigenem Gutdünken Personen hinzuzufügen oder auszuschließen, wann immer er will, ist die Bedingung wirksam. Es ist zulässig, dass der Stifter diejenigen, die er hinzufügen will, und diejenigen, die er ausschließen will, selbst auswählt.
Wenn er in dieser Weise einmal gehandelt hat, kann er das nicht verändern und eine Person durch eine andere ersetzen. Wenn er also eine Person hinzufügt, kann er sie nicht ausschließen. Wenn er eine Person ausschließt, kann er sie danach nicht hinzufügen. Das geschieht unter der Voraussetzung, dass er nicht für sich selbst die mehrfache Hinzufügung oder den mehrfachen Ausschluss zeit seines Lebens ausbedungen hat. Wenn der Stifter verstirbt, bevor er etwas in seiner Stiftung verändert hat, wird der Ertrag unter den Bestifteten gleichmäßig aufgeteilt.
Wenn er sich nur die Hinzufügung von Bestifteten, nicht aber den Ausschluss von Bestifteten ausbedingt, ist die Bedingung wirksam. Er kann so eine von ihm gewünschte Person dauerhaft oder für eine bestimmte Zeitspanne hinzufügen, auch wenn sie vermögend ist. Er darf jedoch niemanden von den Bestifteten ausschließen.

---

[282] Erwähnt in „Ad-durr al-muḫtār“ und „Radd al-muḥtār“, S. 538 mit einer korrigierten Abweichung (Fn.-Qadrī). Vgl. Art. 215.

[283] Erwähnt in „Al-isᶜāf“, S. 29 und „Al-hindīya“, S. 325 (Fn.-Qadrī).

Wenn der Stifter sagt: „Ich füge diese Person und sogar[284] jene Person hinzu", so werden beide Personen hinzugefügt. Wenn er sagt: „Ich füge diese Person oder jene Person hinzu", so wird nur eine Person von beiden hinzugefügt. Er darf nicht beide Personen ausschließen, sondern ist gezwungen zu erläutern, welche er hinzufügen will. Wenn er verstirbt, ohne dass er eine Person benannt hat, wird der Ertrag unter den Bestifteten gleichmäßig aufgeteilt.[285]

Art. 122

Wenn zwei Miteigentümer eine Stiftung errichten und für sich zu Lebzeiten ausbedingen, Personen hinzuzufügen und auszuschließen, ist dies für beide zulässig. Wenn ein Stifter für sich selbst lediglich den Ausschluss, nicht aber die Hinzufügung ausbedingt, ist die Bedingung wirksam. Er kann nach eigenem Gutdünken eine Person ausschließen und ihr dauerhaft oder für eine Zeitspanne den Ertrag entziehen. Er kann auch alle Bestifteten ausschließen.

Wenn er aber einen oder mehrere Bestiftete ausschließt, kann er diese nicht wieder hinzufügen. Der Ertrag der Religiösen Stiftung geht dann an die übrigen Bestifteten. Wenn alle Bestifteten verstorben sind oder alle ausgeschlossen worden sind, geht der Ertrag an die Armen. Der von der Stiftung Ausgeschlossene hat zum Zeitpunkt seines Ausschlusses und danach keinen Anspruch auf den existierenden und entstehenden Ertrag.

Wenn der Stifter sagt: „Ich schließe diese und sogar jene Person aus", so werden beide Personen zusammen ausgeschlossen. Wenn der Stifter sagt: „Ich schließe diese oder jene Person aus", so wird nach seinem Willen nur eine von beiden Personen ausgeschlossen. Er kann beide ausschließen, aber nicht beide als Bestiftete belassen, weil der Ausschluss nicht persönlich erfolgt ist und der Stifter erläutern muss, wer ausgeschlossen werden soll.[286]

Wenn er verstirbt, ohne eine Person zu benennen, wird der Ertrag unter den verbliebenen Bestifteten aufgeteilt und ein Anteil für die beiden vorbehalten. Wenn sich die beiden einigen, nehmen sie diesen Anteil entgegen und teilen ihn unter sich auf. Wenn beide bzw. einer von beiden eine Einigung verweigern bzw. verweigert, ist die Sache bis zur Einigung schwebend unwirksam.

Wenn der Stifter verstirbt, bevor er jemanden ausgeschlossen hat, geht der Ertrag an alle Bestifteten.[287]

---

284 Arab.: bal.

285 Erwähnt in „Al-is^{c}āf", S. 29 und S. 106 ff. mit einer korrigierten Abweichung (Fn.-Qadrī).

286 Vgl. den vorangegangenen Art. 121.

287 Der Anfang des Artikels bis zur Aussage „dies (ist) für beide zulässig" ist den Aussagen, dass die Bedingung des Stifters als Gesetzesvorschrift gilt, entnommen. Der Rest ist erwähnt in „Al-is^{c}āf", S. 106 ff., ergänzt durch die Aussage in „Al-is^{c}āf" und in „Al-hindīya", S. 327 (Fn.-Qadrī).

Art. 123
Wenn der Stifter sein Land in ein gestiftetes Almosen für die Kinder einer Person und für deren Kinder und Abkömmlinge unter der Voraussetzung verwandelt, dass er nach eigenem Gutdünken einige bevorzugen kann, ist die Bedingung zulässig. Wenn er ein Kind, dessen Kind und dessen Abkömmlinge dauerhaft bevorzugt, ist das zulässig. Er kann diese Entscheidung nicht rückgängig machen.
Wenn er die Religiöse Stiftung auf die Kinder einer Person, aber nicht auf deren Abkömmlinge, beschränkt, so handelt er nicht wirksam, wenn er einem von ihnen ausschließlich den Ertrag zukommen lässt und den übrigen den Ertrag entzieht. Er muss jedem von ihnen etwas geben. Danach kann er nach eigenem Gutdünken den Anteil für einen von ihm Bevorzugten dauerhaft oder für eine bestimmte Zeitspanne mehr oder weniger erhöhen.
Wenn er einer Person den halben Ertrag für ein Jahr zuerkennt, ist dies zulässig. Danach erhält die Person den gleichen Anteil wie ihre Partner. Er kann die Person aber erneut bevorzugen. Falls der Stifter sagt: „Ich habe eine Person gegenüber ihren Brüdern bevorzugt, sodass diese Person die Hälfte des Ertrages zusätzlich erhält", so beansprucht der Bevorzugte bei insgesamt drei Geschwistern zwei Drittel des Ertrages und die beiden Brüder ein Drittel, weil dem Bevorzugten die Hälfte zusteht und die andere Hälfte gedrittelt wird, sodass jeder ein Sechstel dieser anderen Hälfte erhält. Die Hälfte und das Drittel ergeben zusammen zwei Drittel.
Wenn er die Hälfte des Ertrages an eine Person und die andere Hälfte an die übrigen Personen überträgt, erhält die eine Person die Hälfte. Die andere Hälfte wird unter den übrigen Personen gleichmäßig aufgeteilt. Wenn der Stifter seinen Wunsch auf Bevorzugung, den er als Bedingung aufgenommen hat, rückgängig macht, indem er sagt: „Ich will den Bestifteten nichts geben, ich gebe den Ertrag anderen Personen", so ist sein Wunsch unwirksam und nichtig, als hätte er keine Bedingung im Stiftungsakt verankert. Der Ertrag der Stiftung geht an die Bestifteten, die ihn gleichmäßig unter sich aufteilen.
Gleiches gilt, wenn der Stifter verstirbt, bevor er einige Bestiftete gegenüber anderen bevorzugt. Der Ertrag der Religiösen Stiftung wird unter den Bestifteten gleichmäßig verteilt.[288]

Art. 124
Wenn jemand seine Stiftung dauerhaft zugunsten einer Gruppe von bestimmten Personen und anschließend für die Armen errichtet und für sich selbst im Stiftungsakt ausbedingt, nach eigenem Gutdünken den Ertrag an eine bestimmte Person zu geben, dann wird nach der Bedingung verfahren. Der Stifter kann den Ertrag auf eine Person von ihnen für eine unbestimmte oder eine bestimmte Zeit übertragen. Er kann den Ertrag auch der Reihe nach an die Bestifteten geben. Eine

[288] Erwähnt in „Al-is^c^āf", S. 106 mit einer korrigierten Abweichung (Fn.-Qadrī).

nachträgliche Rückforderung ist ebenso wie der Ausschluss aller Bestifteten nicht möglich. Wenn der Stifter also einer Person für ein Jahr den Ertrag zuerkennt, ist dies zulässig. Für dieses Jahr erhält nur der eine Bestiftete den Ertrag. Die übrigen Bestifteten erhalten nichts. Nach Ablauf des Jahres kann der Stifter die Bestifteten wieder nach eigenem Wunsch festlegen.

Wenn der Stifter eine Person festgelegt hat und diese vor dem Stifter verstirbt, kann der Stifter erneut nach eigenem Wunsch entscheiden und eine andere Person aus der Personengruppe festlegen. Wenn der Stifter aber verstirbt, bevor er einen Bestifteten festgelegt hat, werden alle Bestifteten berücksichtigt. Dies ist auch der Fall, wenn der vom Stifter festgelegte Bestiftete verstirbt und der Stifter danach verstirbt, ohne seinen neuen Wunsch festgelegt zu haben. Der Ertrag geht dann an alle Bestifteten.[289]

Art. 125

Wenn der Stifter sein Land in ein gestiftetes Almosen für die Kinder einer Person verwandelt und für sich selbst ausbedingt, den Ertrag der Stiftung nach eigenem Gutdünken einem von ihnen zu geben, ist die Bedingung wirksam. Er kann den gesamten Ertrag oder einen Teil davon einem von ihnen für eine unbestimmte oder eine bestimmte Zeit geben. Er kann den Ertrag aber auch der Reihe nach an alle Bestifteten verteilen. Jedoch ist eine Veränderung seiner ausgeführten Entscheidung nicht möglich.

Wenn er einem von ihnen den Ertrag für eine bestimmte Frist übertragen hat und die Frist abgelaufen ist bzw. wenn der Bestiftete bei einer unbestimmten Zeit verstorben ist, kann er wieder nach eigenem Wunsch entscheiden. Wenn er aber auf seinen eigenen Wunsch verzichtet, indem er sagt: „Ich will keinem von ihnen etwas geben", ist sein Wunsch nichtig und der Ertrag geht an alle Kinder einer Person, die sich diesen gleichmäßig aufteilen.

Dies gilt auch, wenn er den Ertrag an andere Personen geben will. Sein Wunsch ist nichtig. Der Ertrag der Stiftung geht nur an die festgelegten Bestifteten, die er weiterhin auswählen kann. Wenn alle Bestifteten verstorben sind, bevor der Stifter etwas benannt hat, das an einen von ihnen geht, ist der Wunsch des Stifters unwirksam und der Ertrag der Religiösen Stiftung geht an die Armen.

Wenn der Stifter verstirbt, bevor er den Anteil benannt hat, der an einen von ihnen gehen soll, ist sein Wunsch hinfällig. Der Ertrag geht an die Bestifteten, die den Ertrag gleichmäßig unter sich aufteilen.

Wenn der Stifter einige der Bestifteten bevorzugt und verstirbt, danach diese bevorzugten Bestifteten versterben, so wird deren Anteil an die Armen, nicht aber an die anderen Bestifteten, verteilt.

---

[289] Erwähnt in „Al-isᶜāf", S. 106 ff. mit einer im Originalmanuskript korrigierten Abweichung (Fn.-Qadrī).

Wenn der Stifter in seinem Stiftungsakt erklärt: „Mein Land ist ein Gott gestiftetes Almosen unter der Bedingung, dass der Ertrag nach meinem Willen an die Kinder einer Person geht", ist die Bedingung ebenfalls wirksam. Er kann den Ertrag des Landes an die Personen seiner Wahl übertragen. Wenn er jedoch auf seinen Wunsch auf Übertragung an diese Personen verzichtet und den Ertrag auf andere Personen übertragen will, ist sein Wunsch nichtig. Eine Übertragung auf andere Personen ist nicht möglich, sodass der gesamte Ertrag an die Armen geht. Wenn die Übertragung an die gewünschten Personen erfolgt und eine von diesen Personen verstirbt, kann der Stifter deren Anteil nur an die anderen vorgesehenen Personen verteilen. Wenn er auf seinen Wunsch auf Übertragung dieses Anteils verzichtet, geht der Anteil an die Armen und Bedürftigen.[290]

Art. 126
Wenn der Stifter sein Land in ein gestiftetes Almosen unter der Bedingung verwandelt, dass der Amtswalter entscheiden kann, an wen er den Ertrag gibt, kann der Amtswalter den Ertrag an die Armen oder auch an die Vermögenden verteilen. Es ist zulässig, dass er den Ertrag an ein Kind des Amtswalters, an ein Kind des Stifters und an dessen Eltern verteilt. Der Amtswalter darf sich den Ertrag jedoch nicht selbst zuteilen. Wenn er den Ertrag an eine bestimmte lebende Person überträgt, ist dies zulässig. Er darf den Ertrag jedoch nicht an eine andere Person übertragen, solange die bestimmte Person am Leben ist. Wenn sie verstirbt, kann er wieder seinen Wunsch äußern und den Ertrag an eine Person seiner Wahl geben. Wenn er einer bestimmten Person für ein Jahr oder länger den Ertrag zuerkennt, ist eine andere Entscheidung bis zum Ablauf des Jahres unwirksam. Danach kann er wieder nach eigenem Gutdünken entscheiden.
Wenn er den Ertrag an zwei Personen überträgt, teilen sie sich den Ertrag zu Lebzeiten. Wenn eine von beiden verstirbt, erhält die überlebende Person die Hälfte des Ertrages. Die andere Hälfte kann der Amtswalter nach seinem Wunsch vergeben. Wenn der Stifter für den Amtswalter die Bedingung festlegt, dass dieser mit dem Ertrag nach eigenem Gutdünken verfahren kann, kann dieser den Ertrag so verteilen, wie er will. Er kann den Ertrag vollständig oder teilweise für eine unbestimmte oder bestimmte Zeit selbst übernehmen.[291]

Art. 127
Wenn sich der Stifter im Stiftungsvertrag für sich selbst die Erhöhung und Verminderung der Anteile, die Hinzufügung und den Ausschluss, den Wunsch der Bevorzugung und Festlegung von Bestifteten sowie die Gewährung und den Entzug von Anteilen nicht ausbedingt, darf er grundsätzlich keine dieser Handlungen vollziehen.

---

[290] Erwähnt in „Al-is^{c}āf", S. 107 ff. mit einer im Originalexemplar korrigierten Abweichung (Fn.-Qadrī).

[291] Erwähnt in „Al-is^{c}āf", S. 108 (Fn.-Qadrī).

Wenn er aber im Vertrag dies nur für sich ausbedingt, kann nur er selbst so handeln. Wenn er verstirbt, bevor er ein solches Recht ausgeübt hat, oder nach Ausübung eines solchen Rechts verstirbt, wird die Religiöse Stiftung so weitergeführt, wie sie zum Zeitpunkt seines Todes besteht. Derjenige, der danach die Verwaltung ausübt, kann ein solches Recht nur ausüben, wenn dies in der Stiftung für ihn als Bedingung festgelegt ist.
Wenn der Stifter diese zuvor erwähnten Angelegenheiten vollständig oder teilweise dem Verwalter nach seinem Tode überträgt, kann der Stifter zu Lebzeiten danach handeln, auch wenn er diese Rechte für sich selbst nicht ausbedungen hat. Der Verwalter kann anschließend nur so handeln, wie das für ihn festgelegt worden ist. Er kann diese Rechte nicht auf eine andere Person übertragen oder per Vermächtnis weitergeben.
Wenn sich der Stifter ausbedingt, dass der Verwalter nur zu Lebzeiten des Stifters diese Rechte ausübt, ist dies für ihn und den Verwalter nur zu Lebzeiten des Stifters zulässig. Nach dem Tode des Stifters darf der Verwalter nicht in dieser Weise handeln.[292]

Art. 128
Die Ernennung des Amtswalters gehört nicht zu den angeführten Voraussetzungen. Vielmehr kann der Stifter den Amtswalter ersetzen, ohne dass dies im Stiftungsakt als Bedingung aufgenommen ist.[293]

4. Abschnitt
Der Austausch von Stiftungsgütern[294]

Art. 129
Der Austausch von Stiftungsgütern ist aufgrund einer Bedingung des Stifters oder aufgrund eines Erfordernisses zulässig.
Wenn der Verfügende sein Land, ein Haus oder ein Ladengeschäft[295] stiftet und im Stiftungsakt für sich selbst ausbedingt, diese Immobilie auf Wunsch auszutauschen oder zu verkaufen und durch eine andere Immobilie als Stiftung zu ersetzen, oder aber für sich selbst ausbedingt, die Immobilie zu verkaufen und für den Preis eine andere Immobilie zu kaufen, ohne dass er erwähnt, dass die gekaufte Immobilie die ursprüngliche ersetzen soll, sind die Religiöse Stiftung und die Bedingung wirksam. Er kann die gestiftete Sache auf Wunsch austauschen und verkaufen und eine andere Sache dafür kaufen, die die Sache als Stiftung ersetzt, auch wenn die verkaufte oder ausgetauschte Sache einen Nutzen erbringt. Die zweite

---

[292] Erwähnt in „Al-isᶜāf", S. 29 ff. (Fn.-Qadrī).
[293] Erwähnt in „Radd al-muḥtār", S. 567. Besser wäre eine Anfügung an den vorangegangenen Artikel (Fn.-Qadrī).
[294] Arab.: istibdāl al-waqf.
[295] Arab.: dukkān.

Immobilie nimmt von Rechts wegen den Platz der ersten ein und wird durch den Kauf zur Religiösen Stiftung mit den Voraussetzungen der ersten Immobilie, ohne dass die Religiöse Stiftung erneuert werden muss. Der Stifter darf jedoch die Immobilie nicht durch eine dritte Immobilie ersetzen, es sei denn, er hat für sich in der Stiftungsurkunde den mehrmaligen Austausch angezeigt.[296]

Art. 130

Wenn sich der Stifter im Stiftungsakt für denjenigen, der die Aufsicht über die Stiftung übernimmt, ausbedingt, dass dieser den Austausch oder den Verkauf des Stiftungsgutes und den Kauf einer anderen Sache, die ersatzweise als Religiöse Stiftung dient, vornehmen kann, ist die Bedingung wirksam. Der Verwalter kann dies zu Lebzeiten des Stifters durchführen. Nach dem Tode des Stifters ist dies nur zulässig, wenn der Stifter ihn für seine Lebenszeit und für die Zeit nach seinem Tod dazu ermächtigt hat.

Wenn sich der Stifter den Austausch durch eine andere Person nach seinem Ableben ausbedingt, dieses Recht aber für sich selbst nicht festlegt, ist der Austausch durch den Stifter dennoch zu Lebzeiten zulässig. Der Verwalter kann den Austausch nach dem Tode durchführen, aber dieses Recht nicht auf eine andere Person übertragen oder per Vermächtnis weitergeben.

Wenn der Austausch durch den Stifter gemeinsam mit einer anderen Person ausbedungen wird, ist es zulässig, dass der Stifter auch allein handelt. Der anderen Person ist dies nicht erlaubt.

Wenn der Stifter für sich selbst den Austausch ausbedingt und eine andere Person zu Lebzeiten bevollmächtigt, ist die Vollmacht wirksam. Er darf dieses Recht aber nicht per Vermächtnis auf seinen Testamentsvollstrecker übertragen.[297]

Art. 131

Wenn sich der Stifter im Stiftungsakt ausbedingt, dass die Art der getauschten Immobilien übereinstimmen muss, ist seine Bedingung verbindlich. Wenn er etwa ein Stück Land stiftet und den Austausch mit einem anderen Stück Land ausbedingt, dürfen weder er noch derjenige, der die Aufsicht über seine Religiöse Stiftung wahrnimmt, dieses Stück Land durch ein Haus ersetzen.

Wenn er sich als Austauschobjekt ein Haus ausbedingt, darf dieses nicht durch ein Stück Land ersetzt werden. Wenn er das Land auf ein bestimmtes Dorf beschränkt, kann der Austausch nicht durch Land, das zu einem anderen Dorf gehört, erfolgen. Jedoch sollte der Austausch zulässig sein, wenn das Land in dem anderen Dorf wertvoller und für die Landwirtschaft besser geeignet ist.

---

[296] Erwähnt in „Al-hindīya“, S. 323, in „Ad-durr al-muḫtār“ und „Radd al-muḥtār“, S. 535 ff. und in „Al-isᶜāf“, S. 26 ff. (Fn.-Qadrī).

[297] Erwähnt in „Al-isᶜāf“, S. 28 ff. und in „Al-hindīya“, S. 324 mit einer im Originalmanuskript korrigierten Abweichung (Fn.-Qadrī).

Wenn das Stiftungsland *ḫarāǧ*-Land ist, kann der Stifter dieses durch *ᶜušr*-Land[298] ersetzen. Dies gilt auch für den umgekehrten Fall.[299]

Art. 132

Wenn der Stifter den Austausch generell erlaubt[300] und nicht auf Ländereien oder Häuser beschränkt, können er und der zum Austausch ermächtigte Verwalter die Immobilien von ihrer Art her – Land oder Haus – nach eigenem Wunsch austauschen.

Dies gilt auch, wenn der Stifter den Austausch nicht auf eine bestimmte Stadt oder ein bestimmtes Dorf beschränkt. Er kann so die Immobilie mit einer anderen in einer beliebigen Stadt oder in einem beliebigen Dorf austauschen.[301]

Art. 133

Wenn die Religöse Stiftung errichtet worden ist und sich der Stifter weder für sich noch für eine andere Person einen Austausch ausbedungen hat, kann er die Stiftung nicht verkaufen oder austauschen, auch wenn das Land unfruchtbar wird[302] oder das Haus zerfällt und keinen Nutzen bringt. Nur der Richter kann die Immobilie austauschen, wenn er ein Erfordernis hierfür oder einen Nutzen darin erkennt.

Wenn das gestiftete Land unfruchtbar wird, sich einer Nutzung durch die Landwirtschaft oder durch Verpachtung vollkommen entzieht und die Bestifteten keinen Nutzen erzielen oder aber wenn die Erträge zurückgehen, die Einkünfte gering sind, der Ertrag die Lasten und Kosten nicht deckt und das gestiftete Land aus dem Ertrag nicht rekultiviert werden kann, ist es zulässig, dass der Richter unter Berücksichtigung des Nutzens für die Religiöse Stiftung und die Bestifteten das Land unter diesen Voraussetzungen austauscht, auch wenn der Stifter diese Bedingung nicht festgelegt oder gar ausgeschlossen hat.

Dies gilt auch, wenn die Mauern das Haus nicht mehr tragen, der Bau zusammenbricht oder sich das Haus in einen Trümmerberg verwandelt, wenn ein Großteil des Hauses zerstört ist und nicht mehr genutzt werden kann, wenn die Religiöse Stiftung keinen Ertrag bringt, der für die Reparatur verwendet werden kann, wenn niemand das Haus langfristig mieten will und eine Summe im Voraus bezahlt, die für die Reparatur des Hauses verwendet und von den Mietzahlungen abgezogen

298 Vgl. Fn. 160.

299 Erwähnt in „Al-hindīya“, S. 323 ff. und in „Al-isᶜāf“, S. 27 mit einer korrigierten Abweichung (Fn.-Qadrī).

300 Arab.: aṭlaqa.

301 Erwähnt in „Al-hindīya“, S. 323 und in „Al-isᶜāf“, S. 27 (Fn.-Qadrī).

302 Dies bezieht sich auf die Versalzung von Böden. Dies ist in Ägypten seit Jahrhunderten ein großes Problem, welches zur Verminderung der Ackerfläche führt, die aus Klimagründen ohnehin kaum erweiterbar ist. Vgl. die URL http://www.grund-zum-leben.de/themen/wasser/aegypten/ (zuletzt abgerufen: 06.06.2017).

wird. In allen Fällen muss der Austausch einen Vorteil erbringen und einen Nutzen ausmachen. So kann der Richter das Haus austauschen, auch wenn der Stifter diese Bedingung nicht festgelegt oder gar ausgeschlossen hat.[303]

Art. 134
Der Richter muss beim Austausch eines Hauses, das Wohnzwecken dient, auf diese Art der Nutzung achten. Anders ist es in Bezug auf ein Haus, welches einen Gewinn erzielen soll.
Wenn er das Haus oder das Ladengeschäft gegen landwirtschaftlich nutzbares Land austauscht und einen Ertrag erhält, ist das wie die Miete des Hauses oder des Ladenlokals. Das kann sicherer, dauerhafter und günstiger als die Kosten für die Rekonstruktion und Reparatur sein.
Der Austausch des Hauses der Religiösen Stiftung gegen ein anderes Haus in einer schlechteren Lage ist nicht zulässig, auch wenn dieses Haus größer sein sollte, einen höheren Wert hat und eine höhere Miete erbringt.
Der Richter kann eine Sache gegen eine andere Sache oder gegen eine Geldsumme austauschen. Er kann dem Aufseher auch eine Person als Überwacher[304] zuordnen.[305]

Art. 135
Die bewirtschaftete Religiöse Stiftung, die einen Ertrag abwirft, kann nur in den folgenden vier Fällen ausgetauscht werden:
Wenn sich der Stifter den Tausch der Religiösen Stiftung ausbedingt, ist dies für ihn zulässig.
Wenn sich jemand das gestiftete Land widerrechtlich aneignet, es durch die Einleitung von Wasser für die Landwirtschaft unbrauchbar macht und der Verwalter den Wert der Stiftung in Besitz nimmt, kann dieser davon ersatzweise ein Stück Land kaufen.
Wenn sich jemand die Religiöse Stiftung widerrechtlich aneignet, der Verwalter nicht in der Lage ist, die Stiftung zurückzuerlangen oder den Zeugenbeweis zu erbringen, und derjenige, der sie sich widerrechtlich aneignet, ihren Wert erstattet, kann der Verwalter den Wert an sich nehmen oder sich auf einen Ausgleich einlassen. Danach kauft er aus dem Erlös eine andere Immobilie, die zur Religiösen Stiftung nach den Voraussetzungen der ursprünglichen Stiftung wird. Auf diese Weise wird das Stiftungsobjekt zum verbrauchten Objekt, dessen Wert man in Besitz nehmen kann.

---

303 Erwähnt in „Al-isᶜāf", S. 27 und in „Ad-durr al-muḫtār" und „Radd al-muḥtār", S. 535 und S. 537 (Fn.-Qadrī).

304 Arab.: mušrif.

305 Erwähnt in „Ad-durr al-muḫtār" und „Radd al-muḥtār", S. 537 ff. mit einer korrigierten Abweichung (Fn.-Qadrī).

Wenn jemand die Religiösen Stiftung erwerben möchte und als Ausgleich ein Stück Land oder ein Haus anbietet, welches einen höheren Ertrag abwirft und besser gelegen ist, oder welches einen zusätzlichen Wert verkörpert, kann er die Immobilie im Austausch gegen eine einen höheren Ertrag abwerfende oder besser gelegene Immobilie kaufen. Dies ist nach Meinung von Abū Yūsuf zulässig. Die überwiegende Meinung geht von der Unzulässigkeit aus.[306]

Art. 136
Die Religiöse Stiftung, deren Verkauf zum Austausch rechtlich zulässig ist, darf bei einer übermäßigen Schädigung nicht verkauft werden. Sie darf nicht an eine Person verkauft werden, die nicht als Zeuge zugunsten des Verkäufers[307] auftreten kann. Ebenso darf sie nicht an eine Person verkauft werden, die Gläubiger des Verkäufers ist und mit dem Kauf ihren Anspruch durchsetzen will. Der Verkauf ist nichtig, auch wenn der Richter als Verkäufer auftritt.[308]

Art. 137
Wenn der Amtswalter die Religiöse Stiftung, zu deren Verkauf und Austausch er ermächtigt ist, verkauft, ihren Preis in Besitz nimmt, für die Hälfte des Preises ein Stück Land, ein Haus oder ein Ladengeschäft kauft und durch Zeugen beweist, dass die Immobilie aus dem Austausch stammt, so ist dies zulässig. Mit dem Rest kauft er ein weiteres Austauschobjekt.[309]

Art. 138
Wenn der Amtswalter die Religiöse Stiftung zum Austausch verkauft und der Verkauf danach komplett annulliert wird, so durch die Rückgabe aufgrund eines Mangels, durch eine gerichtliche oder außergerichtliche Entscheidung vor der Inbesitznahme bzw. durch eine gerichtliche Entscheidung nach der Inbesitznahme, aufgrund der Widerrufbarkeit des Vertrages oder aufgrund eines vertraglichen Rücktrittsrechts bzw. eines Rücktrittsrechts wegen fehlender Inaugenscheinnahme[310], dann gilt der Verkauf als nicht vollzogen. Die verkaufte Immobilie wird wieder zur Religiösen Stiftung. Der Amtswalter kann sie ein zweites Mal verkaufen.

---

306 Erwähnt in „Ad-durr al-muḫtār" und „Radd al-muḥtār", S. 538 ff. mit einer Ergänzung gegenüber dem Original. Die Abweichung wurde, wie im Originalmanuskript vermerkt, korrigiert. (Fn.-Qadrī). Vgl. Yakan, Z., Al-waqf fi-š-šarīᶜa…, a.a.O., S. 128. In der Frage des Austausches folgen die Ḥanbaliten weitgehend den Ḥanafiten, indem sie neben den Willen das Interesse der Nutzer der Stiftung in den Mittelpunkt stellen. Vgl. Qadrī Pāšā, M., Qānūn al-ᶜadl…, a.a.O. (2006), S. 290.

307 Wörtlich: Des Austauschenden.

308 Erwähnt in „Radd al-muḥtār", S. 537 (Fn.-Qadrī).

309 Erwähnt in „Al-isᶜāf", S. 27 (Fn.-Qadrī).

310 Zu den Rücktrittsrechten vgl. Art. 329-342 der Zivilrechtskodifikation von Muḥammad Qadrī Pāšā: Ebert, H.-G., Hefny, A., Islamisches Zivilrecht…, a.a.O., S. 111-115.

Wenn die Immobilie durch einen neuen Vertrag, so durch die Rückgängigmachung nach der Inbesitznahme, wieder zur Stiftung wird, gilt dies als ein neuer Kauf. Der Amtswalter darf die zur Stiftung gewordene Immobilie nicht erneut verkaufen, es sei denn, der Stifter hat ihn zum mehrfachen Austausch ermächtigt.[311]

Art. 139
Wenn der Aufseher die gestiftete Immobilie zum Austausch verkauft und sie durch richterliche Entscheidung wegen eines Mangels zurückgegeben wird, so haftet der Aufseher bei Verlust des Preises mit seinem persönlichen Vermögen. Er kann die zurückgegebene Immobilie zu dem Preis, für den er haftet, verkaufen. Wenn sich jedoch eine Person die gestiftete Immobilie widerrechtlich aneignet, dem Amtswalter ihren Wert erstattet, weil sie nicht zurückgegeben werden kann, der Wert beim Aufseher verloren geht, der Usurpator danach aber die Immobilie zurückgibt und den Wert zurückfordert, so darf der Amtswalter die Immobilie nicht verkaufen. Sie verbleibt als Religiöse Stiftung. Ein Rückforderungsanspruch besteht nur in Bezug auf den Ertrag aus der Immobilie.[312]

Art. 140
Wenn der Verwalter den Preis der verkauften Immobilie in Besitz nimmt, eine andere Immobilie kauft und danach die erste Immobilie wegen eins Mangels aufgrund einer gerichtlichen Entscheidung zurückgegeben wird, wird die erste Immobilie wieder zur Religiösen Stiftung. Das, was der Verwalter gekauft hat, wird sein Privateigentum, das er nach seinem Wunsch nutzen kann.
Wenn die Immobilie aber ohne gerichtliche Entscheidung zurückgegeben wird, ist der Verkauf nicht nichtig, sondern der Amtswalter wird selbst zum Käufer der Immobilie, die in sein Eigentum übergeht. Er wird jedoch nicht zum Käufer des zweiten Landes. Dieses verbleibt als Religiöse Stiftung im Austausch zum ersten Land.
Wenn der Amtswalter das Land der Religiösen Stiftung verkauft und für den Preis anderes Land kauft, danach ein Anspruch auf das ursprüngliche Land entsteht und gerichtlich zugunsten des Anspruchsberechtigten entschieden wird, entfällt durch den Anspruch der Austausch. Die zweite Sache wird nicht zur Religiösen Stiftung.[313]

[311] Erwähnt in „Al-hindīya", S. 324 und in „Al-isᶜāf", S. 28 (Fn.-Qadrī). Die Art. 138 ff. beziehen sich in erster Linie auf den Austausch von Immobilien. Dies wurde in der Übersetzung berücksichtigt.
[312] Erwähnt in „Al-isᶜāf", S. 27 (Fn.-Qadrī).
[313] Erwähnt in „Al-hindīya", S. 324 und in „Al-isᶜāf", S. 28 (Fn.-Qadrī).

Art. 141
Wenn der Amtswalter die Religiöse Stiftung zum Austausch verkauft und danach verstirbt, ohne dass bekannt ist, was mit dem Preis geschehen ist, wird dieser zu einer Schuld, die aus seinem Nachlass beglichen wird.
Gleiches gilt, wenn er den Preis verbraucht hat. Wenn der Preis in seinem Besitz ohne seine Schuld verloren geht, haftet er nicht dafür. Die Religiöse Stiftung wird nichtig.[314]

Art. 142
Wenn die gestiftete Sache durch Gerichtsbeschluss entsprechend den für den Austausch geltenden rechtlichen Voraussetzungen verkauft wird, so wird der Preis dafür zur Religiösen Stiftung und nimmt die Stellung der ursprünglichen Sache ein. Weder der Stifter noch seine gesetzlichen Erben werden zum Eigentümer. Die Bestifteten können nicht darüber verfügen. Die vom Preis gekaufte Sache tritt an die Stelle der ursprünglichen Sache.
Das Vermögen aus dem Austausch wird nicht zur Rekonstruktion eines anderen Hauses, welches dem gleichen Zweck wie die verkaufte Sache dient, verwendet, falls die Rekonstruktion notwendig ist, aber mehrere Stifter vorhanden sind.[315]

Art. 143
Das aus dem durch Gerichtsbeschluss erwirkten zulässigen Verkauf der Religiösen Stiftung zum Austausch erzielte Geld wird zur Religiösen Stiftung und nimmt die Stellung der ursprünglichen Sache ein. Der Stifter erlangt kein Eigentum daran. Die berechtigten Nutznießer der Stiftung können nicht darüber verfügen, sondern es wird ein Austauschobjekt davon gekauft.
Wenn die durch Gerichtsbeschluss verkaufte Sache dem gleichen Stiftungszweck dient, der auch für eine andere Stiftung, die rekonstruiert werden muss, vorliegt, kann jenes Geld mit Einwilligung des Richters auch für diese Rekonstruktion verwendet werden, falls es sich um einen einzigen Stifter handelt. Danach wird aus dem Ertrag der Kauf des notwendigen Austauschobjektes finanziert.[316]

[314] Erwähnt in „Al-hindīya“, S. 324 (Fn.-Qadrī).
[315] Erwähnt in „Tanqīḥ al-ḥāmidīya“, S. 115 (Fn.-Qadrī).
[316] Erwähnt in „Tanqīḥ al-ḥāmidīya“, S. 115, ergänzt gegenüber dem Original (Fn.-Qadrī).

3. Kapitel
Die Verwaltung der Religiösen Stiftung, Verfügungen der Aufseher in den Angelegenheiten der Religiösen Stiftung, ihre Buchführung und Haftung

1. Abschnitt
Die Verwaltung der Religiösen Stiftung

Art. 144
Nur derjenige, der vertrauenswürdig und selbst bzw. durch seinen Vertreter in der Lage ist, die Angelegenheiten der Religiösen Stiftung zu lenken, kann als Verwalter der Religiösen Stiftung ernannt werden.
Der Verwalter kann männlich oder weiblich sein, blind sein oder über Sehkraft verfügen. Er muss aber über die erwähnten Eigenschaften verfügen, die als Voraussetzungen Priorität genießen.[317]

Art. 145
Als Voraussetzung für die Wirksamkeit der Ernennung als Verwalter muss dieser im Vollbesitz seiner geistigen Kräfte und volljährig[318] sein. Die Freiheit[319] und der Islam sind keine Voraussetzungen. So ist der Sklave zur Aufsicht grundsätzlich befähigt. Gleiches gilt für den Angehörigen einer Buchreligion. Beide können zur Aufsicht über die Religiöse Stiftung ernannt werden. Wenn der Richter sie beide ihres Amtes enthebt, wird durch die nachfolgende Freilassung des Sklaven und die Annahme des Islam durch den Angehörigen der Buchreligion die Verwaltung nicht auf sie zurück übertragen. Der Minderjährige ist zur Aufsicht grundsätzlich nicht befähigt, solange er sich im unvernünftigen Alter befindet.[320]

Art. 146
Die Ernennung des Amtswalters obliegt dem Stifter, danach seinem Testamentsvollstrecker, sollte dieser vorhanden sein, und danach dem Richter, sollte kein Testamentsvollstrecker festliegen. Der Stifter kann sich selbst die Verwaltung seiner Religiösen Stiftung übertragen. Auch wenn er für sich selbst oder für einen

---

[317] Erwähnt in „Radd al-muḥtār", S. 532 und in „Al-hindīya", S. 328 (Fn.-Qadrī).
[318] Arab.: bāliġ.
[319] Gemeint ist die Freiheit im Unterschied zum Sklavenverhältnis.
[320] Erwähnt in „Radd al-muḥtār", S. 532 und in „Al-hindīya", S. 328 (Fn.-Qadrī). Diese Formulierung im letzten Satz ist missverständlich, denn es geht nicht um die Unterscheidungsfähigkeit, sondern um die Volljährigkeit (al-bulūġ). Siehe dazu auch den Art. 152. Der Autor folgt der stufenweisen Entwicklung der Rechtspersönlichkeit des Menschen mit den Phasen des unvernünftigen Minderjährigen und des unterscheidungsfähigen Minderjährigen. Vgl. dazu Šalbī, M. M., Aḥkām al-usra fi-l-islām. Bairūt 1983, 4. Aufl., S. 799-800. In der Qadrī-Pāšā-Kodifikation zum Familienrecht werden diese Regelungen in den Art. 482-499 festgelegt: Ebert, H.-G., Die Qadrî-Pâshâ-Kodifikation. A.a.O., S. 159-163.

anderen die Verwaltung nicht ausbedungen hat, steht sie ihm zeit seines Lebens zu.[321]

Art. 147

Wenn der Stifter die Verwaltung an einen Amtswalter übertragen hat und danach verstirbt, ist die Übertragung an den Amtswalter mit seinem Tod nichtig, es sei denn, er hat sie für die Zeit seines Lebens und für die Zeit nach seinem Tod übertragen. Der Amtswalter wird als sein Vertreter zu Lebzeiten und als Testamentsvollstrecker nach dem Tode betrachtet.

Wenn der eingesetzte Amtswalter vor dem Stifter verstirbt, kann der Stifter einen anderen dafür ernennen. Er kann den Amtswalter und den Aufseher uneingeschränkt absetzen, unabhängig davon, ob dieser einen Fehler gemacht hat oder nicht, und unabhängig davon, ob er für sich selbst die Absetzung ausbedungen hat oder nicht oder ob er sogar für sich selbst dessen Nichtabsetzung festgelegt hat.[322]

Art. 148

Wenn jemand zwei Religiöse Stiftungen errichtet, für jede Religiöse Stiftung einen eigenen Amtswalter einsetzt und keinen von beiden als Testamentsvollstrecker ernennt, übernimmt jeder Amtswalter nur die ihm übertragenen Aufgaben der Religiösen Stiftung.[323]

Art. 149

Wenn jemand eine Religiöse Stiftung oder mehrere Religiöse Stiftungen errichtet, für jede von ihnen einen Verwalter einsetzt und danach einen Testamentsvollstrecker ernennt, der mit dem Tod die Funktion des ausgewählten ernannten Vormundes[324] für die Kinder und des Verantwortlichen für die Angelegenheiten seines Nachlasses übernimmt, dann obliegt diesem auch die Verwaltung seiner Religiösen Stiftungen im Zusammenwirken mit dem vom Stifter ernannten Verwalter. Dies gilt unabhängig davon, ob das Vermächtnis die Ernennung des Testamentsvollstreckers als Amtswalter vorsieht oder nicht.

Gleiches gilt, wenn der Stifter per Vermächtnis bestimmt, dass jemand mit einem von ihm festgelegten Vermögen eine Immobilie kaufen soll, die dieser in eine Religiöse Stiftung mit festgelegten Zielen verwandelt. Sein Vermächtnis muss

---

[321] Erwähnt in „Ad-durr al-muḫtār" und „Radd al-muḫtār", S. 566 und 568 (Fn.-Qadrī).

[322] Erwähnt in „Radd al-muḫtār", S. 567-570 mit dem Kommentar „Ad-durr" (Fn.-Qadrī).

[323] Erwähnt in „Al-hindīya", S. 329 und in „Al-isᶜāf", S. 43 mit einer korrigierten Abweichung (Fn.-Qadrī).

[324] Arab.: al-waṣī al-muḫtār.

durch Zeugen bewiesen werden. Der Testamentsvollstrecker muss das ihm Auferlegte ausführen und verwaltet die Religiöse Stiftung, auch wenn das nicht im Vermächtnis erwähnt ist.[325]

Art. 150
Wenn jemand per Vermächtnis eine Person bestimmt, die Angelegenheiten der Religiösen Stiftung zu verwalten, und eine andere Person für seinen Nachlass festlegt oder aber wenn jemand eine Person für eine bestimmte Religiöse Stiftung und eine andere für eine andere Stiftung festlegt, so sind sie beide Testamentsvollstrecker und haben die gemeinsame Verfügungsgewalt. Der Testamentsvollstrecker des Stifters kann seine ihm übertragenen Rechte per Vermächtnis weiter übertragen. Ihm, seinem Testamentsvollstrecker und dessen Testamentsvollstrecker stehen die gleichen Rechte sowohl bei der Ernennung als auch bei der Absetzung von Amtswaltern zu. Wenn der Stifter den Testamentsvollstrecker zur Absetzung und Ernennung ermächtigt hat, so ist er gegenüber dem Richter bei der Bestimmung des Amtswalters bevorrechtigt. Wenn der Stifter eine Stiftung mit einem bestimmten Ziel errichtet und deren Verwaltung einem Amtswalter überträgt und danach einen Testamentsvollstrecker festlegt, der sich *expressis verbis* nur auf die Angelegenheiten seines Nachlasses orientieren soll, übt der Amtswalter bzw. der Testamentsvollstrecker nur die ihm jeweils übertragene Verfügungsgewalt aus. Sie teilen sich nicht die Verfügungsgewalt über die Religiöse Stiftung.
Der Amtswalter kann die Aufsicht im Zustand der Todeskrankheit einem anderen Amtswalter übertragen, so wie der Testamentsvollstrecker per Vermächtnis einen anderen Testamentsvollstrecker ernennen kann. Wenn also der Amtswalter im Zustand der Todeskrankheit einem anderen die Aufsicht per Vermächtnis überträgt, ist sein Vermächtnis wirksam, unabhängig davon, ob ihm dieses Recht generell oder mit der Festlegung einer bestimmten Person übertragen worden ist. Der Testamentsvollstrecker des Amtswalters wird danach zum neuen Amtswalter. Wenn sich der Stifter ausbedingt, dass der Amtswalter bei seinem Tod niemanden per Vermächtnis ernennen darf, ist dessen Vermächtnis unzulässig. Bei Zuwiderhandlung ist sein Testamentsvollstrecker kein Amtswalter. Der Richter ernennt einen anderen.[326]

Art. 151
Wenn der Stifter eine Person als Amtswalter für seine Religiöse Stiftung zu Lebzeiten und nach dem Ableben ernennt und sich zur Verwaltung nach dem Tod des Stifters eine bestimmte Person bzw. mehrere bestimmte Personen, die der Reihe

[325] Erwähnt „Al-is^{c}āf“, S. 42 ff. mit einer korrigierten Abweichung (Fn.-Qadrī). Die Fußnote ist im Übersichtsteil der Ausgabe von 2006 nicht korrekt: Qadrī Pāšā, M., Qānūn al-^{c}adl…, a.a.O. (2006), S. 46. Korrekt in der arabischen Ausgabe von 2007, S. 108.
[326] Allgemein erwähnt auf S. 329 ff. in „Al-hindīya“ und S. 566 und S. 569 in „Radd al-muḥtār“ (Fn.-Qadrī).

nach folgen, ausbedingt, darf der Amtswalter durch Vermächtnis keine anderen als die vom Stifter bestimmten Personen zur Aufsicht festlegen.
Wenn er dagegen verstößt und per Vermächtnis eine andere Person festlegt, wird sein Testamentsvollstrecker nicht zum Amtswalter. Der Richter nominiert denjenigen, den der Stifter bestimmt hat, wenn dieser zur Aufsicht befähigt ist.[327]

Art. 152
Wenn der Stifter per Vermächtnis eines seiner minderjährigen Kinder zur Verwaltung nominiert, so ist das Vermächtnis nichtig. Der Richter ernennt eine Person, die die Verwaltung bis zu dem Zeitpunkt übernimmt, da der Minderjährige volljährig wird und die Fähigkeit, mit seinem Vermögen sinnvoll umzugehen, erkennbar ist.[328] Damit wird die Verwaltung auf ihn übertragen.
Diese Bestimmung für den Minderjährigen gilt auch für denjenigen aus der Nachkommenschaft des Stifters, der noch nicht geboren ist. Der Stifter, der die Aufsicht zu seinen Lebzeiten und nach seinem Tod einem Amtswalter überträgt, kann sich ausbedingen, dass sein Kind mit Erreichen der Volljährigkeit[329] gemeinsam mit dem Amtswalter oder allein die Aufsicht übernimmt.[330]

Art. 153
Wenn sich der Stifter ausbedingt, dass einer seiner Nachkommen, der dazu fähig ist, die Verwaltung seiner Religiösen Stiftung übernimmt und ein männlicher oder weiblicher Abkömmling sich als dazu fähig erweist, entscheidet der Richter für diese Person, die die Aufsicht wahrnimmt. Auch wenn sich nach seiner Ernennung ein anderer der Bestifteten als fähig erweist, wird er nicht abgesetzt. Wenn der Stifter die Verwaltung auf zwei seiner Kinder überträgt, so übernehmen zwei dazu Befähigte gemeinsam diese Aufgabe, auch wenn es sich um ein männliches und ein weibliches Kind handelt.
Wenn der Stifter die Verwaltung zu Lebzeiten und nach seinem Tod an eine Frau überträgt, dann übt sie die Verwaltung aus, solange sie nicht heiratet bzw. solange sie als Witwe nicht wieder heiratet. Wenn sie aber heiratet, erlischt ihre Verwaltung, auch wenn das in der Stiftungsurkunde nicht so vermerkt ist.[331]

---

327 Erwähnt in „Radd al-muḥtār“, S. 570 (Fn.-Qadrī).

328 Der Ausdruck rušd (geistige Reife) steht für die Fähigkeit, mit dem eigenen Vermögen vernünftig und sinnvoll umzugehen. Vgl. dazu Art. 154 ff. Diese Fähigkeit ist nach „klassischer“ Lehre zunächst nicht mit einer konkreten Altersgrenze verbunden. Spätestens im 25. Lebensjahr sollte nach ḥanafitischer Lehre aber eine solche Fähigkeit vorliegen. Ansonsten ist die Person vormundschaftlich zu betreuen. Vgl. al-Ǧazīrī, ᶜA. ar-R., Kitāb al-fiqh ᶜalā al-maḏāhib al-arbaᶜa. Al-Qāhira 1999, Bd. 2, S. 286-287.

329 Hier: in adraka.

330 Erwähnt in „Al-isᶜāf“, S. 44 und in „Al-hindīya“, S. 330 (Fn.-Qadrī).

331 Erwähnt in „Tanqīḥ al-ḥāmidīya“, S. 197 und in „Al-hindīya“, S. 330 (Fn.-Qadrī).

Art. 154

Wenn der Stifter die Verwaltung seiner Religiösen Stiftung an dasjenige seiner Kinder, welches die größte Reife und die beste Eignung dafür mitbringt, überträgt, dann entscheidet der Richter für dasjenige Kind, welches diese Eigenschaften aufweist. Wenn sich danach ein anderes Kind als geeigneter erweist, wird die Verwaltung auf dieses Kind übertragen. Mit dem Begriff der Reife ist der vernünftige Umgang mit dem Vermögen gemeint.

In den Büchern „*An-nahr*" und „*Al-is*ᶜ*āf*"[332] heißt es: Wenn die größte Reife und die beste Einsicht bei zwei Bestifteten gleichsam vorliegen, so übt der ältere von beiden die Verwaltung aus, unabhängig davon, ob es sich um einen Mann oder eine Frau handelt.

Wenn unter zwei Personen mit der gleichen Reife eine von beiden gottesfürchtiger und frommer ist, die andere dagegen besser mit den Angelegenheiten der Religiösen Stiftung vertraut und vertrauenswürdiger ist, so wird diese letztere Person vorgezogen.[333]

Art. 155

Wenn eines der Kinder seine größere Reife und bessere Eignung nachweist, das andere aber vor einer richterlichen Entscheidung zugunsten des ersten seine größere Reife und bessere Eignung ebenfalls nachweist, dann sind beide Zeugenaussagen widersprüchlich und keines von beiden wird dem jeweils anderen vorgezogen, sondern beide Kinder teilen sich die Aufsicht.

Wenn das zweite Kind nach der richterlichen Entscheidung zugunsten des ersten den Anspruch auf die Verwaltung erhebt und zwischen der Entscheidung und dem Anspruch nur eine kurze Zeit vergangen ist, dann wird der erste Nachweis vorgezogen und der zweite für nichtig erklärt. Wenn aber eine lange Zeit vergangen ist, sodass es möglich ist, dass das zweite Kind reifer als das erste ist, und die zweite Zeugenaussage den Nachweis erbringt, dass das zweite Kind nunmehr reifer als das erste ist, wird der Zeugenbeweis akzeptiert und danach entschieden. Die Aufsicht geht an dieses Kind über, das erste Kind wird abgesetzt.

Die Zeugenaussage zur besten Eignung erfordert, dass die Kinder und Kindeskinder dem Zeugen bekannt sein müssen, um den Nachweis zugunsten des reifsten von ihnen zu erbringen.[334]

---

[332] Siehe dazu die URL http://library.islamweb.net/newlibrary/display_book.php?bk_no=27&ID=315&idfrom=4189&idto=4528&bookid=27&startno=114 (zuletzt abgerufen: 06.06.2017).

[333] Erwähnt in „Tanqīḥ al-ḥāmidīya", S. 197 und in „Ad-durr al-muḫtār" und „Radd al-muḥtār", S. 595 ff. mit einer Korrektur, wie im Originalmanuskript enthalten (Fn.-Qadrī).

[334] Erwähnt in „Radd al-muḥtār", S. 596 (Fn.-Qadrī).

Art. 156
Wenn der Stifter die Verwaltung seiner Religiösen Stiftung dem Reifsten und dem am besten Geeigneten unter seinen Kindern überträgt, das reifste und am besten geeignete Kind aber die Übernahme ablehnt oder verstirbt, dann geht die Verwaltung an das in der Reihenfolge nächste reife und geeignete Kind über.
Die in der Reihenfolge reifste und am besten geeignete Person übernimmt die Verwaltung.
Wenn eine Frau ihre größere Reife und bessere Eignung gegenüber einem Minderjährigen, dem die Verwaltung zusteht, nachweist und die Aufsicht übernimmt, der Minderjährige danach volljährig wird und seine größere Reife und Eignung im Vergleich zur Aufsicht führenden Frau nachweist, wird diese abgesetzt und die Aufsicht gemäß der Bedingung des Stifters an die reifste Person übertragen.[335]

Art. 157
Die Reife ist eine Eigenschaft, die der Person innewohnt. Wenn die reifste Person die Aufsicht übernimmt und im Zustand der Todeskrankheit einen Minderjährigen oder einen Volljährigen ohne diese Reife ermächtigt, ist ihre Ermächtigung nicht wirksam. Die Aufsicht geht gemäß der Bedingung des Stifters an denjenigen Nachkommen über, der die größte Reife nachweist.
Wenn sich der Stifter aber ausbedingt, dass die Aufsicht an das reifste seiner Kinder geht, und danach vor seinem Tod die Aufsicht an eines seiner Kinder überträgt, dann ist seine Übertragung wirksam, auch wenn dieses Kind nicht das reifste ist. Ein anderes Kind kann nach dem Tod des Stifters nicht gegen seinen Bruder, der die Religiöse Stiftung verwaltet, vorgehen, auch wenn es reifer als dieser ist.
Wenn der Aufseher im kranken Zustand seinen Sohn zur Aufsicht ermächtigt, danach aber wieder gesund wird, ist die Ermächtigung nichtig. Verfügungen, die sein Sohn entsprechend dieser Ermächtigung getroffen hat, sind nichtig, es sei denn, der Stifter hat den Aufseher generell ermächtigt.
Wenn die Verwaltung dem Testamentsvollstrecker und dem Verwalter obliegt, kann keiner von beiden die Verwaltung der Stiftung allein wahrnehmen.[336]

Art. 158
Wenn sich der Stifter für die Verwaltung seiner Stiftung zwei Personen ausbedingt, dann darf keine von beiden allein in den Stiftungsangelegenheiten verfügen.
Wenn also eine Person allein den Verkauf des Ertrages der Stiftung oder die Verpachtung der Immobilien der Stiftung verfügt, ist ihre Verfügung nichtig, es sei denn, der andere Verwalter stimmt zu oder bevollmächtigt diese Person, an seiner Stelle zu handeln.

---

[335] Erwähnt in „Al-hindīya“, S. 330 und in „Radd al-muḥtār“, S. 595 (Fn.-Qadrī).
[336] Erwähnt in „Tanqīḥ al-ḥāmidīya“, S. 198 ff. und in „Al-hindīya“, S. 329, ergänzt gegenüber dem Original. Ich habe dies nach der Originalausgabe korrigiert (Fn.-Qadrī).

Wenn der Stifter einen Verwalter und einen Überwacher für seine Stiftung festlegt, dann kann der Verwalter in den Angelegenheiten der Stiftung keine Verfügung ohne Einwilligung, Meinung und Inkenntnissetzung des Überwachers treffen, so in Bezug auf den Verkauf, die Vermietung usw.
Der Verwalter hat die größere Verantwortung, das Vermögen der Religiösen Stiftung zu sichern und in seinem Besitz zu bewahren. Dies ist die vorherrschende Meinung.[337]

Art. 159
Wenn der Stifter per Vermächtnis die Aufsicht an zwei Personen überträgt, die eine die Aufsicht akzeptiert und die andere sie ablehnt, dann stellt der Richter der akzeptierenden Person eine andere Person bei, die den Platz der ablehnenden Person einnimmt. Wenn die akzeptierende Person in der Lage dazu ist und der Richter sie mit der Verwaltung der Stiftung allein ermächtigt, ist seine Ermächtigung zulässig.
Wenn der Stifter für die Verwaltung nach seinem Tod zwei Männer einsetzt, danach einer von beiden dem anderen per Vermächtnis die Verwaltung der Religiösen Stiftung überträgt und verstirbt, dann kann der Überlebende die Stiftung vollständig selbst verwalten.[338]

Art. 160
Wenn der Stifter verstirbt und für seine Religiösen Stiftung keinen Amtswalter eingesetzt und kein Vermächtnis zur Aufsicht durch eine Person errichtet hat, wenn er eine Person per Vermächtnis bestimmt hat und vor seinem Tod das Vermächtnis widerruft, wenn er einen Amtswalter eingesetzt hat, der nach dem Tod des Stifters verstirbt, ohne dass er per Vermächtnis in der Todeskrankheit einen anderen ernannt hat, oder wenn der Amtswalter kein Vermächtnis errichten darf, kann der Richter in allen diesen Fällen den Amtswalter ernennen, es sei denn, der Stifter hat sich einen Nachfolger des erwähnten Amtswalters ausbedungen.
Wenn der Richter einen Amtswalter ernennt und danach verstirbt oder entlassen wird, bleibt der ernannte Amtswalter im Amt.
Diese Regelung gilt, weil die Ernennung als Verwalter durch den Richter eine allgemeine gerichtliche Entscheidung ist, die weder durch den Tod des Richters noch durch seine Entlassung nichtig wird.[339]

---

[337] Erwähnt in „Al-hindīya", S. 329 und in „Radd al-muḥtār", S. 596 mit einer korrigierten Abweichung (Fn.-Qadrī).
[338] Erwähnt in „Al-hindīya", S. 329 und in „Al-isᶜāf", S. 42 (Fn.-Qadrī).
[339] Entnommen aus „Ad-durr al-muḫtār" und „Radd al-muḥtār", S. 568 und „Al-isᶜāf", S. 42 ff. (Fn.-Qadrī).

Art. 161

Wenn der Richter die Ernennung des Amtswalters vornimmt, darf er keine familienfremde Person[340] bestimmen, solange eines der Kinder oder ein Verwandter des Stifters existiert, der zur Verwaltung geeignet ist, auch wenn das Kind oder der Verwandte selbst kein berechtigter Nutznießer der Stiftung ist oder die Stiftung nicht zugunsten der Kinder des Stifters, sondern zugunsten einer Moschee oder Schule errichtet worden ist. Wenn unter diesen Personen niemand existiert, der zur Verwaltung der Stiftung geeignet ist, ernennt der Richter einen geeigneten Familienfremden.

Wenn er einen Familienfremden ernennt und danach eines der Kinder des Stifters zur Verwaltung geeignet ist, wird diesem die Verwaltung übertragen.[341]

Art. 162

Der Erbauer der Moschee, dessen Kinder und dessen nächste Verwandte[342] genießen das Vorrecht, den Vorbeter[343], den Prediger[344] und den Gebetsrufer[345] zu ernennen, es sei denn, die Gläubigen, denen der Nutzen zusteht, können jemanden ernennen, der besser geeignet ist als der vom Erbauer Ernannte. Es ist zulässig, dass die verschiedenen religiösen Funktionen zusammen ausgeführt werden. Ein einziger Mann kann zugleich Verwalter, Vorbeter und Prediger sein.

Wenn der Amtswalter der Moschee verstirbt und die Gläubigen dieser Moschee an seiner Stelle einen Amtswalter ohne Einwilligung des Richters ernennen, so wird diese Person kein Amtswalter und haftet für ihre Ausgaben aus dem Ertrag der Religiösen Stiftung zur Reparatur der Moschee, sollte er die Immobilien der Religiösen Stiftung verpachten und die Pachtsumme in Besitz nehmen. *Allāh* weiß es am besten.[346]

---

340 Arab.: min al-ağānib. Zum Begriff vgl. Kemke, A. H. E., Stiftungen im muslimischen…, S. 63, Fn. 27. Es geht in diesem Zusammenhang nicht um einen „Ausländer“ im Sinne der Nationalstaatlichkeit.

341 Erwähnt in „Ad-durr al-muhtār“ und in „Radd al-muḥtār“, S. 568 ff. (Fn.-Qadrī).

342 Arab.: al-ᶜašīra.

343 Arab.: al-imām.

344 Arab.: al-ḫaṭīb.

345 Arab.: al-mu’aḏḏin. Vgl. zu den Begriffen im Art. 162 Ebert, H.-G., Heilen, J., Islamisches Recht. A.a.O., S. S. 85 und 116.

346 Allgemein erwähnt auf S. 573 „Ad-durr al-muḫtār“ und „Radd al-muḥtār“, auf S. 207 „Tanqīḥ al-ḥāmidīya“ und auf S. 331 „Al-hindīya“ (Fn.-Qadrī). Arab.: Allāhu aᶜlam. Weshalb diese islamische Floskel den Art. 162 abschließt, ist inhaltlich nicht nachvollziehbar. Die Floskel wird sehr oft an Korankommentare angefügt und zeigt eine gewisse Unsicherheit hinsichtlich der dargestellten Auffassungen. Vgl. allgemein zu diesen Floskeln die URL http://arabic.speak7.com/islamic_expressions.htm (zuletzt abgerufen: 15.06.2017).

2. Abschnitt
Die Bevollmächtigung, Ermächtigung und Bestätigung der Aufsicht[347]

Art. 163
Der Aufseher kann eine Person bevollmächtigen, die ihm übertragenen Aufgaben bei der Verwaltung der Religiösen Stiftung zu übernehmen. Er kann ihr auch Teilaufgaben übertragen.
Er kann seinen Bevollmächtigten absetzen und durch einen anderen ersetzen oder ihn nicht durch einen anderen ersetzen.
Wenn der Aufseher seinen Verstand verliert[348], werden er und sein Bevollmächtigter abberufen. Dem Richter fällt die Aufgabe zu, einen anderen Aufseher zu nominieren.[349]

Art. 164
Für den Fall, dass der Stifter den Verwalter generell zur Verwaltung der Religiösen Stiftung ermächtigt, indem er ihm seine eigenen Kompetenzen überträgt und das Recht einräumt, einen Nachfolger zu Lebzeiten oder per Vermächtnis nach eigenem Wunsch zu bestimmen, so kann dieser selbstständig im Zustand der Gesundheit oder der letzten Krankheit einen Verwalter an seiner Stelle ermächtigen. Der so Ermächtigte benötigt keine richterliche Entscheidung. Der Verwalter kann den zur Verwaltung der Religiösen Stiftung von ihm Ermächtigten nur absetzen, wenn der Stifter ihm die Ermächtigung und die Absetzung ausdrücklich übertragen hat. Wenn die Ermächtigung für den Amtswalter nicht in genereller Weise erfolgte, ist dessen Ermächtigung nur während der Todeskrankheit wirksam.
Ebenso kann der Testamentsvollstrecker seine Kompetenzen per Vermächtnis an eine andere Person übertragen. Im Zustand der Gesundheit ist seine Ermächtigung ohne richterliche Zustimmung nicht wirksam. Falls aber der Verwalter eine andere Person in Gegenwart des Richters an seine Stelle setzt, so ist dies wirksam und wird wie eine eigene Entlassung behandelt, indem der Richter entscheidet, die Aufsichtsfunktion der vom Verwalter ermächtigten Person zu übertragen.[350]

Art. 165
Der Verzicht auf die Aufsicht und auf andere Funktionen ist nur mit einer richterlichen Entscheidung wirksam.

---

[347] In den verfügbaren arabischen Ausgaben (vgl. Fn. 7 und Fn. 43) enthält die Überschrift einen Druckfehler. Der Ausdruck az-zar[c] (Säen, Saat) ergibt in diesem Zusammenhang keinen Sinn und wurde daher nicht berücksichtigt.
[348] Arab.: in ǧunna an-nāẓir.
[349] Erwähnt in „Radd al-muḥtār“, S. 569 (Fn.-Qadrī). Die Fußnote ist im Übersichtsteil der Ausgabe von 2006 nicht korrekt: Qadrī Pāšā, M., Qānūn al-[c]adl…, a.a.O. (2006), S. 47.
[350] Erwähnt in „Ad-durr al-muḫtār“ und in „Radd al-muḥtār“, S. 569 ff. (Fn.-Qadrī).

Der Verzicht mit einer richterlichen Entscheidung bedeutet eine Absetzung desjenigen, der verzichtet, jedoch keine Ermächtigung. Der Aufseher und jeder andere, der eine religiöse Tätigkeit verrichtet, kann auf sein Amt verzichten und einem anderen seine Funktion übertragen, unabhängig davon, ob der Aufseher die Aufsichtsfunktion vom Stifter erhalten hat oder ob er vom Richter ernannt worden ist, bzw. unabhängig davon, ob derjenige, der die religiöse Tätigkeit verrichtet, durch den Stifter oder durch eine richterliche Entscheidung bestimmt worden ist. Der Verzicht ist nur zu berücksichtigen, wenn er in Gegenwart des Richters erfolgt, sollte es sich nicht um eine generelle Ermächtigung des Aufsehers handeln. Derjenige, zu dessen Gunsten verzichtet worden ist, wird nicht durch die Entscheidung des Verzichtenden, sondern nur durch die Entscheidung des Richters zum Aufseher. Wenn der Richter denjenigen, zu dessen Gunsten verzichtet worden ist, bestimmt, wird er durch die richterliche Entscheidung, nicht aber durch den Verzicht, zum Aufseher.
Der Richter entscheidet sich für denjenigen, zu dessen Gunsten verzichtet worden ist, nur dann, wenn dieser fähig ist, die Funktion auszuüben. Falls er fähig ist, muss sich der Richter nicht zwangsläufig für ihn entscheiden, sondern kann sich auch für eine andere Person entscheiden, die dazu fähig ist, sollte er darin einen Vorteil für die Religiöse Stiftung erkennen.[351]

Art. 166
Wenn der Richter eine Person ernennt und der Herrscher[352] danach eine andere, ist die Entscheidung des Richters maßgebend. Dies gilt auch für den Bevollmächtigten, wenn er im Namen des Vollmachtgebers handelt und dieser danach eine andere Entscheidung trifft. Die Verfügung des Bevollmächtigten ist maßgebend.
Derjenige, der von seiner Funktion in Gegenwart des Richters, des Herrschers oder des Aufsehers, der zur Ernennung der Posten und zur Absetzung ermächtigt worden ist, zurücktritt, verliert sein Recht daran nach dem Verzicht unwiderruflich, unabhängig davon, ob der Richter die vom Verzichtenden ernannte Person oder eine andere Person bestimmt.
Der Verzicht desjenigen, der von seiner Funktion nicht in Gegenwart des Richters zurücktritt, ist nicht wirksam. Sein Recht an dieser Funktion erlischt durch den Verzicht ohne gerichtliche Entscheidung nicht.[353]

Art. 167
Die Funktionen gelten als uneigennützige Rechte. Es ist nicht zulässig, für einen Verzicht Geld zu nehmen. Wenn eine Person, die eine Funktion ausübt, gegen die Annahme von Geld auf die Funktion verzichtet, steht demjenigen, zu dessen

[351] Erwähnt in „Radd al-muḥtār", S. 534, dem Original angefügt (Fn.-Qadrī).
[352] Arab.: as-sulṭān.
[353] Erwähnt in „Radd al-muḥtār", S. 534 mit einer korrigierten Abweichung, ergänzt gegenüber dem Original, wie das im Originalmanuskript erkennbar ist (Fn.-Qadrī).

Gunsten verzichtet worden ist, ein Rückforderungsanspruch auf den gezahlten Gegenwert des Verzichts zu, es sei denn, es handelt sich um eine Kompensation für eine Leistung oder um einen nachträglichen allgemeinen oder auf die Person des Verzichtenden bezogenen Schuldenerlass. Insofern besteht danach kein Rückgabeanspruch hinsichtlich des Gegenwerts des Verzichts.
Ebenso ist es nicht zulässig, dass jemand, der mit der Erhebung von *Tīmārāt*[354] betraut ist, darauf verzichtet. Derjenige, zu dessen Gunsten verzichtet worden ist, hat einen Rückforderungsanspruch gegenüber dem Verzichtenden für die an ihn geleistete Zahlung, auch wenn sein Verzicht die eigene Absetzung bedeutet.[355]

Art. 168
Wenn der Aufseher, der vom Stifter ernannt worden ist, eine andere Person anerkennt, dass diese mit ihm zusammen das Recht zur Aufsicht innehat und beide zustimmen, gilt mit dem Anerkenntnis das Recht nur in Bezug auf den Anerkennenden selbst, nicht aber für einen anderen.
Falls der Stifter zwei Aufseher ernannt hat und einer von beiden gegenüber dem anderen erklärt, dass er die volle Aufsicht ohne den anderen beansprucht, ist seine Erklärung für seinen Partner nicht gültig. Der Erklärende und sein Partner sind zeit ihres Lebens gemeinsam zuständig.
Wenn der Anerkennende verstirbt, ist sein Anerkenntnis nichtig. Seine Funktion wird auf denjenigen nach ihm übertragen, den der Stifter festgelegt hat.
Wenn der Anerkannte verstirbt, ist das Anerkenntnis ebenfalls nichtig. Die Funktion fällt aber nicht an den Anerkennenden zurück, sondern der Richter delegiert sie an denjenigen, den er unter den berechtigten Nutznießern der Religiösen Stiftung für geeignet hält.
Wenn er die Nominierung des Anerkennenden für geeignet ansieht, kann er dies tun.[356]

---

354 „Kleinpfründe": Im Osmanischen Reich werden damit Lehnsgüter zur Entlohnung von Staatsbeamten bezeichnet. Vor allem Reitersoldaten erhielten diese Ländereien als eine Form der Steuerpacht. Siehe Werner, E., Markov, W., Geschichte der Türken. Von den Anfängen bis zur Gegenwart. Berlin 1978, S. 24 und 111-115, Nizri, M., Defining Village Boundaries at the Time of the Introduction oft he *Malikane System*: The Struggle of the Ottoman State for Reaffirming Ownership of the Land. In: Law and Legality in the Ottoman Empire and Republic of Turkey. Ed. by K. F. Schull, M. S. Saraçoğlu, and R. Zens, Bloomington, Indiana 2016, S. 50-52. Vgl. weiterhin die URL https://www.osmanisches-reich.de/geschichte/16-17-jahrhundert/ (zuletzt abgerufen: 13.07.2017). Vgl. Fn. 597 und Art. 325-330.

355 Erwähnt in „Tanqīḥ al-ḥāmidīya", S. 215 mit einer korrigierten Abweichung (Fn.-Qadrī).

356 Erwähnt in „Tanqīḥ al-ḥāmidīya", S. 185 und in „Radd al-muḥtār", S. 583 mit einer korrigierten Abweichung (Fn.-Qadrī).

3. Abschnitt
Die Entlohnung des Aufsehers

Art. 169
Es ist zulässig, dass der Stifter für den Verwalter seiner Religiösen Stiftung einen bestimmten Betrag pro Jahr festlegt, damit dieser die Aufgaben und Interessen der Religiösen Stiftung wahrnimmt.
Nur der Stifter, nicht aber der Richter, kann demjenigen, der sich um die Angelegenheit der Religiösen Stiftung kümmert, einen höheren Betrag als den vergleichsweise üblichen[357] zuerkennen.[358]

Art. 170
Der Verwalter ist in seiner Tätigkeit verpflichtet, nach den vergleichsweise geltenden Gewohnheiten zu handeln, so bei der Renovierung und Nutzung der Religiösen Stiftung, beim Einbringen und Verkauf der Erträge und bei der Verteilung der Einkünfte für die Ziele der Religiösen Stiftung. Er darf dabei nicht nachlässig sein. Wenn die Verwaltung einer Frau übertragen und ihr ein bestimmter Lohn zugewiesen wird, muss sie nur so handeln, wie das Frauen üblicherweise tun.[359]

Art. 171
Der Verwalter der Religiösen Stiftung kann den für ihn festgelegten Lohn an denjenigen, den er aufgrund der Anordnung des Stifters als seinen Bevollmächtigten ernannt hat, geben. Er kann diesen absetzen und die Zahlung einstellen.
Wenn der Verwalter keinen Lohn für seinen Bevollmächtigten festgelegt hat, steht diesem kein Lohn aus der Stiftung zu, auch wenn er sich um die Angelegenheiten der Stiftung kümmert oder eine Tätigkeit ausübt.
Wenn sich der Stifter ausbedingt, dass der Amtswalter die Verwaltung der Religiösen Stiftung und den für ihn festgelegten Lohn an einen Dritten übertragen kann, so sind die Ermächtigung einer Person beim Tod des Amtswalters und die Übertragung des Lohnes zulässig. Der Amtswalter kann ihm den gesamten Lohn übertragen. Wenn er ihm nur einen Teil zuerkennt und über den Rest schweigt, so steht nach dem Tod des Amtswalters seinem Testamentsvollstrecker nur die genannte Summe zu. Der Rest geht an die Religiöse Stiftung.
Wenn der Lohn nur für den Amtswalter festgelegt ist und dieser den Lohn nicht an einen Dritten übertragen darf, kann er kein Vermächtnis errichten, um einer Person etwas von dem Lohn zu übertragen. Er kann nur mit Zustimmung des Stif-

---

357 Arab.: akṯar min aǧr miṯlihi. Der Vergleichswert bezieht sich sowohl auf die Lage, die Bedeutung und den Ort der Stiftung.
358 Erwähnt in „Tanqīḥ al-ḥāmidīya", S. 207 und in „Al-isᶜāf", S. 45 (Fn.-Qadrī).
359 Erwähnt in „Al-isᶜāf", S. 45 mit einer korrigierten Abweichung (Fn.-Qadrī).

ters ein solches Vermächtnis errichten. Sein Testamentsvollstrecker muss die Angelegenheit an den Richter leiten, der einen üblichen Lohn festlegt, wenn der Nachfolger die entsprechende Tätigkeit verrichtet.[360]

Art. 172
Wenn der Amtswalter einen Bevollmächtigten zur Verwaltung der Religiösen Stiftung ernennt oder per Vermächtnis bestimmt und den gesamten Lohn oder einen Teil davon dem Bevollmächtigten oder dem Testamentsvollstrecker überträgt, der Bevollmächtigte bzw. der Testamentsvollstrecker aber danach den Verstand für ein ganzes Jahr vollständig verliert, ist seine Bevollmächtigung bzw. sein Vermächtnis nichtig. Der Lohn, der dem Bevollmächtigten oder dem Testamentsvollstrecker übertragen wurde, geht zurück an den Ertrag der Religiösen Stiftung, es sei denn, der Stifter hat einen anderen bei Verhinderung des Amtswalters festgelegt, an den der Lohn ausgezahlt wird. Die Angelegenheit wird dem Richter zur Nominierung eines neuen Amtswalters und zur Festlegung seines Lohnes zugeleitet.[361]

Art. 173
Wenn der Amtswalter verstirbt, ohne ein Vermächtnis zu errichten, oder, in welcher Form auch immer, abgesetzt wird und der Richter seinen Platz einnimmt, dann muss der Richter aus dem Ertrag der Stiftung für denjenigen, der die Aufgabe übernimmt, einen anspruchsgemäßen Lohn festlegen.
Er muss ihm nicht die gesamte Summe, die der Stifter für den Amtswalter festgesetzt hat, übertragen, wenn diese Summe höher als der üblicherweise gezahlte Lohn ist. Wenn er ihm z.B. ein Zehntel aus dem Ertrag der Religiösen Stiftung für seine Tätigkeit bezahlt, dann bezieht sich das auf die Summe vor dem Abzug von weiteren Abgaben[362], sollte das Zehntel der übliche Lohn für seine Tätigkeit sein.
Wenn die Entlohnung über den üblichen Lohn hinausgeht, wird die darüber hinausgehende Summe an die Religiöse Stiftung zurückgegeben. Mit dem Zehntel an der Stiftung ist die übliche Entlohnung gemeint, nicht das Zehntel am gesamten Ertrag.[363]

Art. 174
Wenn der Richter einen Amtswalter wegen dessen Untauglichkeit zur Verwaltung der Religiösen Stiftung absetzt und durch einen anderen ersetzt, und der Amtswalter danach vor einem anderen Richter erklärt, dass der Richter, der ihn zuvor

---

360 Erwähnt in „Al-isᶜāf", S. 45 ff. mit einer korrigierten Abweichung (Fn.-Qadrī).
361 Erwähnt in „Al-hindīya", S. 338 ff. und in „Al-isᶜāf", S. 46 mit einer Korrektur (Fn.-Qadrī).
362 Es handelt sich also um den Bruttoertrag. Die Kennzeichnung als ein Beispiel ergibt sich aus dem zweiten Teil des Art. 173.
363 Erwähnt in „Al-isᶜāf", S. 46 und in „Tanqīḥ al-ḥāmidīya", S. 208 (Fn.-Qadrī).

von der Verwaltung der Religiösen Stiftung abgesetzt hat, gegen ihn nichts vorbringen konnte, was seine Absetzung rechtfertigt hätte, so ist die Aussage des neuen Richters unzulässig. Der Amtswalter erlangt die Aufsicht erst zurück, wenn der nachweist, dass er dazu fähig ist. Wenn er dies nachweist, ist seine Aufsicht wirksam.
Gleiches gilt, wenn ihn der Richter wegen Lasterhaftigkeit oder Untreue[364] absetzt. Wenn er sich nach einiger Zeit wieder reuevoll *Allāh* zuwendet und den Beweis erbringt, dass er nunmehr dazu fähig ist, setzt der Richter ihn wieder ein.[365]

Art. 175
Wenn der Richter der Auffassung ist, dem Aufseher, an dessen Zuverlässigkeit gezweifelt wird, eine vertrauenswürdige Person beizuordnen, dann ist nichts dagegen einzuwenden, wenn er der vertrauenswürdigen Person ein bestimmtes Honorar aus dem Ertrag der Stiftung zuerkennt. Er muss dabei die wirtschaftliche Situation beachten, wenn die Entlohnung des Aufsehers geringfügig ist.
Wenn die Entlohnung des Amtswalters aber hoch ist und der Richter die Auffassung vertritt, dem Beigeordneten einen Teil davon als Lohn zuzuwenden, dann ist nichts dagegen einzuwenden.[366]

Art. 176
Wenn der Richter einen Amtswalter wegen dessen Untauglichkeit zur Verwaltung der Religiösen Stiftung absetzt und der Amtswalter danach vor einem anderen Richter erklärt, dass er wegen einer Verleumdung abgesetzt worden sei, obwohl er kein Vergehen oder Verbrechen begangen habe, das die Absetzung von der Verwaltung der Religiösen Stiftung rechtfertigt, ist die Aussage nur dann zulässig, wenn er die Fähigkeit zur Verwaltung der Religiösen Stiftung nachweist. Wenn er seine Fähigkeit nachweist, erlangt er die Aufsicht zurück und erhält die bisherige Vergütung aus dem Ertrag.
Diese Bestimmung gilt auch, falls er seine Fähigkeit vor dem Richter, der ihn abgesetzt hat, nachweist, indem er reuevoll auftritt und das, was seine Absetzung erforderlich gemacht hat, unterlässt.[367]

Art. 177
Wenn der Stifter für den Verwalter ein Honorar festlegt, dann kann er dieses beanspruchen, auch wenn es höher als die übliche Entlohnung ist. Falls er ein geringeres als das übliche Honorar festlegt, kann der Richter auf Antrag des Verwalters hin dieses bis zur Höhe der üblichen Entlohnung ergänzen.

---

[364] Arab.: li-fisq au-ḫiyāna.
[365] Erwähnt in „Al-hindīya", S. 339 und in „Al-isᶜāf", S. 46 (Fn.-Qadrī).
[366] Erwähnt in „Al-isᶜāf", S. 45 und in „Radd al-muḥtār", S. 580 mit einer Korrektur (Fn.-Qadrī).
[367] Eine Wiederholung von Art. 174 (Fn.-Qadrī).

Wenn der Richter für den Aufseher einen üblichen Lohn festlegt, dann kann er ihn im Falle der Tätigkeit in der Religiösen Stiftung beanspruchen.
Wenn der Aufseher aber keine Tätigkeit verrichtet, indem er etwa den berechtigten Nutznießern der Stiftung die Entgegennahme der Miete, die die Bewohner der Stiftungsimmobilien leisten, überträgt, hat er keinen Anspruch auf einen Lohn.
Wenn den Verwalter ein Unglück heimsucht wie Blindheit oder Stummheit, er aber dennoch die Verwaltung unumschränkt auszuüben imstande ist und die geschäftlichen Beziehungen gestalten kann[368], erhält er weiterhin seine Entlohnung. Wenn er nicht mehr dazu in der Lage ist, erhält er keine Entlohnung. Wenn der Richter kein Honorar für den Verwalter festgelegt hat, aber bekannt ist, dass dieser eine Honorartätigkeit ausübt, dann steht ihm das übliche Honorar zu. Anderenfalls[369] steht ihm kein Honorar zu.[370]

Art. 178
Wenn der Richter einen Amtswalter rechtmäßig absetzt, wird die Entlohnung, die der Stifter ihm zuerkannt hat, eingestellt. Wenn er danach wieder dazu fähig ist und ihm die Verwaltung der Stiftung zurückgegeben wird, erhält er auch wieder seine Entlohnung.[371]

Art. 179
Die Entlohnung des Verwalters wird eingestellt, wenn er abgesetzt wird oder verstirbt, es sei denn, der Stifter hat ihm zu dessen Lebzeiten und seinen Kindern nach dem Tod des Verwalters eine Entlohnung zuerkannt. Wenn sich der Stifter im Stiftungsvertrag ausbedungen hat, dass die Entlohnung für den Amtswalter zu dessen Lebzeiten fortgeführt werden soll, wird die Zahlung an ihn nicht eingestellt, auch wenn ihm die Religiöse Stiftung nicht mehr untersteht oder der Richter ihm eine andere Person an die Seite stellt. Seine Bedingung muss berücksichtigt werden. Der Amtswalter erhält auch nach seiner Absetzung zeit seines Lebens die Entlohnung.
Wenn sich der Stifter die Entlohnung für das Kind und die nachfolgenden Abkömmlinge des Amtswalters ausbedingt, ist seine Bedingung zu beachten. Die Entlohnung für das Kind und die nachfolgenden Abkömmlinge des Amtswalters erfolgt gemäß der Bedingung des Stifters. Wenn der Aufseher innerhalb eines Jahres verstirbt und vor seinem Tod tatsächlich für die Stiftung tätig war, hat er

---

368 Arab.: al-aḫḏ wa-l-iʿṭāʾ.

369 D.h., wenn er gewöhnlich nicht für ein Honorar arbeitet.

370 Allgemein erwähnt auf S. 208 in „Tanqīḥ al-ḥāmidīya“, auf S. 578 in „Radd al-muḥtār“, auf S. 338 „Al-hindīya“ und auf S. 45 in „Al-isʿāf“ mit einer Korrektur (Fn.-Qadrī). In der Ausgabe Qadrī Pāšā, M., Qānūn al-ʿadl…, a.a.O. (2006), S. 335 ist die Quellenangabe fehlerhaft.

371 Eine Wiederholung von Art. 174 (Fn.-Qadrī). In der Ausgabe Qadrī Pāšā, M., Qānūn al-ʿadl…, a.a.O. (2006), S. 336 ist die Artikelangabe fehlerhaft.

einen Anspruch auf die Entlohnung entsprechend der Zeitspanne, in der er tätig war.[372]

4. Abschnitt[373]
Zulässige und unzulässige Verfügungen des Aufsehers der Religiösen Stiftung

Art. 180
Die Funktion des Aufsehers der Religiösen Stiftung besteht darin, die Interessen der Stiftung zu wahren und sich um ihre Angelegenheiten zu kümmern, so um die Verpachtung ihrer Liegenschaften, die Eintreibung der Pachtsummen und Erträge sowie die Verteilung der Einnahmen gemäß der vom Stifter vorgegebenen Bedingung.
Das erste, was der Stifter in Bezug auf den Ertrag der Religiösen Stiftung tun muss, ist die Reparatur und die Verbesserung der Immobilien, die Bezahlung der Löhne für ihre Bediensteten und die Begleichung der auf der Religiösen Stiftung lastenden Verbindlichkeiten. Sollte der Ertrag für die Reparatur nicht vorgesehen sein, dann wird mit Zustimmung des Richters die Reparatur der Immobilien erfolgen, auch wenn sich der Stifter dies nicht ausbedungen hat.
Der Aufseher muss in all seinen Verfügungen das Interesse der Religiösen Stiftung verfolgen. Daran ist seine Verwaltung gebunden. Er sollte bei der ihm übertragenen Tätigkeit nicht weniger als allgemein üblich tun.[374]

Art. 181
Der Aufseher der Religiösen Stiftung muss die Bedingung des Stifters beachten. Nur in Ausnahmefällen kann er dagegen verstoßen.[375]

Art. 182
Nur der Aufseher der Religiösen Stiftung kann ihre Liegenschaften verpachten. Keiner der Bestifteten besitzt dieses Recht, auch wenn nur eine einzige Person einen solchen Anspruch als Bestifteter hat, es sei denn, die Stiftung benötigt keine Reparatur und der Ertrag muss nicht geteilt werden. In einem solchen Fall kann

---

372 Erwähnt in „Al-isᶜāf“, S. 46 und in „Radd al-muḥtār“, S. 562 (Fn.-Qadrī).

373 In der Ausgabe von 2006 fälschlicherweise als 2. Abschnitt deklariert. Vgl. Qadrī Pāšā, M., Qānūn al-ᶜadl…, a.a.O. (2006), S. 339. In der Ausgabe von 2007 sind die Angaben der einzelnen Abschnitte des dritten Kapitels korrekt angegeben. Darauf wird im Folgenden nicht noch einmal verwiesen.

374 Entnommen aus „Al-isᶜāf“, S. 47 und „Radd al-muḥtār“, S. 520 (Fn.-Qadrī).

375 Erwähnt in „Radd al-muḥtār“, S. 538, ergänzt gegenüber dem Original (Fn.-Qadrī). Es handelt sich inhaltlich um die sog. „10 Bedingungen“ (aš-šurūṭ al-ᶜašara), die im 2. Kapitel dieses Textes behandelt werden (Art. 98-143). Vgl. die Übersicht in Ḥarīz, S., Al-waqf. Dirāsāt…, a.a.O., S. 67-73.

der Bestiftete Häuser, Ladenlokale und Ländereien vermieten bzw. verpachten, wenn der Stifter nicht die vorherige Zahlung der *ᶜušr*- und *ḫarāǧ*-Steuer[376] sowie anderer Abgaben festgelegt hat. Der einzelne Bestiftete, der durch den Stifter oder durch einen Aufseher bzw. einen Richter, der das Recht der Vermietung bzw. Verpachtung innehat, ermächtigt worden ist, kann die Verpachtung vornehmen. Bei zwei Aufsehern kann keiner allein die Liegenschaften der Religiösen Stiftung verpachten.
Wenn einer von beiden die Liegenschaften verpachtet, ist der Vertrag nichtig, es sei denn, der Aufseher ermächtigt oder bevollmächtigt seinen Partner zur Verpachtung. Dann ist dessen Vertrag wirksam.[377]

Art. 183
Der Bestiftete, dem der Ertrag zusteht, darf die Liegenschaften der Religiösen Stiftung nicht verpachten, auch wenn er nur allein einen Anspruch auf den Ertrag hat. Dies ist die vorherrschende Meinung.
Der Aufseher bzw. der Steuererheber[378], nicht aber der Bestiftete, hat das Recht, die Pachtzahlung von den Pächtern entgegenzunehmen und in Besitz zu nehmen, es sei denn, der Aufseher willigt ein, dass der Bestiftete die Zahlung in Besitz nimmt.
Wenn der Aufseher die Liegenschaften verpachtet, danach abgesetzt wird und ein anderer Aufseher ernannt wird, so steht dem neu ernannten Aufseher die Inbesitznahme der Pachtsumme zu.[379]

Art. 184
Der Verwalter der Religiösen Stiftung kann das Land der Religiösen Stiftung selbst bewirtschaften und aus dem Erlös die hierfür notwendigen Geräte wie Pflüge und Maschinen zur Aussaat kaufen.
Er kann Lohnarbeiter zu einem üblichen Lohn anstellen, um das Land zu kultivieren, um etwa Brunnen und Wasserkanäle zu graben, den Boden zu bestellen, zu lockern und zu ebnen. Die Lohnarbeiter können aus dem Ertrag bezahlt werden.
Er kann auf dem Land aus den Einkünften ein Dorf oder ein Landgut[380] errichten, um die Einwohnerschaft zu vermehren, den Landarbeitern Wohnraum zur Verfügung zu stellen und bei Bedarf den Ertrag der Stiftung zu speichern.[381]

---

376 Vgl. Fn. 160.

377 Erwähnt in „Ad-durr al-muḫtār" und in „Radd al-muḥtār", S. 554 und in „Al-isᶜāf", S. 56 ff., ergänzt durch das im Originalmanuskript Enthaltene (Fn.-Qadrī).

378 Arab.: al-ǧābī.

379 Der Anfang des Artikels ist eine Wiederholung des vorangegangenen. Der Rest ist erwähnt in „Tanqīḥ al-ḥāmidīya", S. 228 und S. 231 und in „Al-hindīya", S. 331 (Fn.-Qadrī).

380 Arab.: al-ᶜizba.

381 Erwähnt in „Al-isᶜāf", S. 58 und in „Al-hindīya", S. 331 ff. (Fn.-Qadrī).

Art. 185
Der Amtswalter kann das Land der Religiösen Stiftung für eine bestimmte Zeit einer Person, die es bebauen will, in Form einer Partnerschaft für die Landwirtschaft[382] unter der Bedingung zur Verfügung stellen, dass sowohl diese Person als auch die Religiöse Stiftung einen Anteil am Gewinn erhalten.
Er kann auch das Land und das Saatgut in Form einer Partnerschaft für die Landwirtschaft zur Verfügung stellen, wobei der Anteil keine Begünstigung[383] sein darf, die größer als die übliche ist. Die Frist für die Partnerschaft für die Landwirtschaft kann mehr als drei Jahre betragen, wenn dies für die Religiöse Stiftung nützlich und vorteilhaft ist.[384]

Art. 186
Der Amtswalter kann selbst Bäume in den Gärten und Weinbergen der Religiösen Stiftung pflanzen.
Er kann aber auch einer Person die Pflanzung der Bäume und der Dattelpalmen für eine bestimmte Zeit unter der Bedingung übertragen, dass der Ertrag der Bäume und der Früchte zwischen der Person und der Stiftung hälftig geteilt wird.
Wenn zu befürchten ist, dass die Dattelpalmen oder Bäume eingehen, kann er neue kaufen und die alten ersetzen, damit weiterhin Bäume wachsen.
Er kann die Bäume und Dattelpalmen auch für eine bestimmte Zeit so verpachten, dass ein Ertragsanteil für die Stiftung und ein anderer für den Arbeiter festgelegt wird,[385] wenn das im Interesse der Religiösen Stiftung liegt.[386]

Art. 187
Wenn das gestiftete Land nahe an einer Stadt[387] liegt, die Menschen Häuser auf diesem Land mieten wollen und der Ertrag aus den Häusern größer als der Ertrag aus der landwirtschaftlichen Nutzung ist, kann der Verwalter unter Berücksichtigung des Interesses der Religiösen Stiftung darauf Wohnhäuser bauen und den Nutzen aus der Vermietung ziehen.

---

382 Arab.: al-muzāraᶜa. Damit ist ein Vertragsverhältnis zwischen dem Inhaber des Landes, also der Religiösen Stiftung, und einem Bauern gemeint. Vgl. den Abschnitt zu dieser Rechtsfigur in der Zivilrechtskodifikation von Muḥammad Qadrī Pāšā (Art. 712-730): Ebert, H.-G., Hefny, A., Islamisches Zivilrecht…, a.a.O., S. 212-216.

383 Arab.: muḥābāt.

384 Erwähnt in „Al-isᶜāf", S. 58 und in „Al-hindīya", S. 337 (Fn.-Qadrī).

385 Hierbei handelt es sich um eine Partnerschaft für die Bewässerung und Pflege (al-musāqāt), wie das in der Zivilrechtskodifikation von Muḥammad Qadrī Pāšā (Art. 731-743) ausgestaltet ist: Ebert, H.-G., Hefny, A., Islamisches Zivilrecht…, a.a.O., S. 216-220.

386 Allgemein erwähnt auf S. 593 in „Radd al-muḥtār", auf S. 173 in „Tanqīḥ al-ḥāmidīya" und auf S. 47 ff. in „Al-isᶜāf" (Fn.-Qadrī).

387 Der arabische Ausdruck al-miṣr steht hier für eine größere Stadt.

Wenn das Land abseits einer Stadt liegt, darf er darauf keine Häuser bauen, um die Miete einzunehmen, sondern muss das Land landwirtschaftlich nutzen.[388]

Art. 188

Es ist zulässig, dass der Aufseher die Übertragung der vom Nutzer der Religiösen Stiftung geforderten Pacht akzeptiert, wenn der Angewiesene[389] zahlungsfähig[390] ist. Er kann den Pächter verpflichten, eine Bürgschaft in Höhe der Pacht zu leisten. Wenn der Aufseher Schuldner des Pächters ist und die Art der Schuld mit der Pacht übereinstimmt, kann er sie mit der Pacht verrechnen, unabhängig davon, ob es sich um die gesamte oder einen Teil der Pacht handelt. Er kann den Pächter auch wirksam von der Pacht freistellen. Der Aufseher haftet für die Pacht, es sei denn, der Ertrag der Religiösen Stiftung steht ihm allein zu, weil er Aufseher und zugleich berechtigter Nutznießer ist.[391]

Art. 189

Der Aufseher darf den Pachtvertrag mit dem Pächter rückgängig machen, wenn dies für die Religiöse Stiftung von Vorteil ist und ihren Interessen dient. Dies gilt unabhängig davon, ob der Aufseher oder sein Vorgänger den Vertrag abgeschlossen hat und ob die Pacht im Voraus bezahlt worden ist oder nicht.[392]

Art. 190

Wenn das Haus der Religiösen Stiftung eine notwendige Reparatur erforderlich macht und keine Einkünfte generiert, mit denen die Reparatur bezahlt werden kann, wird die Angelegenheit an den Richter geleitet, um das Haus auf seine Anordnung hin zu beleihen.[393]

Art. 191

Wenn vom Ertrag der Religiösen Stiftung zugunsten einer Moschee, nachdem die Kosten für die Instandhaltung und für diejenigen, die religiöse Tätigkeiten verrichten, bezahlt worden sind, ein Überschuss verbleibt und der Verwalter davon mit Zustimmung des Richters ein Haus oder eine andere ertragbringende Sache für die Religiöse Stiftung kauft, so ist sein Kauf wirksam. Diese Kaufsache wird

---

388 Erwähnt in „Al-hindīya“, S. 332 (Fn.-Qadrī).

389 Arab.: al-muḥtāl ᶜalaihi. Vgl. zu diesem Begriff Ebert, H.-G., Hefny, A., Islamisches Zivilrecht…, a.a.O., S. 256 (Fn. 1054).

390 Arab.: malī'. In der Ausgabe Qadrī Pāšā, M., Qānūn al-ᶜadl…, a.a.O. (2006), S. 346 fehlerhaft, korrekt in der Ausgabe von 2007: Qadrī Pāšā, M., Qānūn al-ᶜadl…, a.a.O., S. 130.

391 Der Anfang des Artikels ist in „Al-hindīya“, S. 337, der hintere Teil des Artikels in „Tanqīḥ al-ḥāmidīya“, S. 224 erwähnt (Fn.-Qadrī).

392 Erwähnt in „Radd al-muḥtār“, S. 593 (Fn.-Qadrī).

393 Erwähnt in „Radd al-muḥtār“, S. 580 und in „Al-hindīya“, S. 338 (Fn.-Qadrī).

nicht der Stiftung zugeordnet. Sie kann im Bedarfsfall wieder verkauft und für die rechtmäßigen Kosten der Stiftung verwendet werden.
Wenn der Verwalter aber mit dem Geld aus dem Verkauf einer für den Austausch bestimmten Immobilie der Religiösen Stiftung eine andere Immobilie kauft, so wird diese zur ursprünglichen Religiösen Stiftung. Wenn der Amtswalter die Immobilie, die er aus dem Ertrag der Religiösen Stiftung für diese gekauft hat, verkauft, so kann er den Verkauf gegenüber dem Käufer rückgängig machen[394], wenn der Preis dafür nicht über dem üblicherweise gezahlten liegt.
Wenn der Amtswalter abgesetzt und durch einen anderen ersetzt wird, so kann dieser den Verkauf ebenfalls rückgängig machen, sollte das im Interesse der Religiösen Stiftung liegen.[395]

Art. 192
Wenn der Stifter den Amtswalter ermächtigt, nach eigenem Gutdünken im Interesse einer Moschee zu handeln, so kann dieser aus dem Ertrag der Religiösen Stiftung Lampen und Matten zur Ausstattung kaufen.
Wenn die Religiöse Stiftung zum Bau oder zur Reparatur einer Moschee errichtet worden ist, darf der Amtswalter ihren Ertrag nicht für etwas anderes verwenden.
Wenn die Bedingung des Stifters nicht bekannt ist, so soll der Amtswalter seinem Vorgänger folgen. Wenn dieser aus dem Ertrag der Stiftung Matten und Lampen gekauft hat, kann er das auch tun. Anderenfalls soll er darauf verzichten.[396]

Art. 193
Wenn der Verwalter im Besitz von Vermögen ist, welches aus dem Ertrag der Religiösen Stiftung für die Armen oder für eine Freitagsmoschee verwendet werden soll, und danach der Islam von einem Feind heimgesucht wird, der sich seiner Besitztümer bemächtigt, und Vermögen zur Abwehr des Unheils benötigt wird, dann kann der Richter das Vermögen in Form eines zinslosen Darlehens[397] zur Abwehr des Unglücks verwenden, sollte die Moschee dieses Vermögen nicht benötigen. Das Darlehen ist eine Geldforderung der Religiösen Stiftung, die nach dem Ende der Krise beglichen werden muss.[398]

Art. 194
Wenn die Religiöse Stiftung zugunsten eines wohltätigen Zweckes oder für freiwillige Almosen errichtet worden ist, sie einen Ertrag erbringt, der Verwalter ein

394 In der arabischen Ausgabe von 2006 fehlerhaft (S. 342).
395 Insgesamt erwähnt auf S. 47 „Al-isᶜāf“ auf S. 562 und S. 592 „Ad-durr al-muḫtār“ und „Radd al-muḥtār“ und auf S. 334 „Al-hindīya“ (Fn.-Qadrī).
396 Erwähnt in „Al-isᶜāf“, S. 47 (Fn.-Qadrī).
397 Arab.: al-qarḍ.
398 Erwähnt in „Al-isᶜāf“, S. 49 (Fn.-Qadrī).

dringliches gutes Werk verrichten will, wie etwa die Freilassung eines Gefangenen oder die Hilfe für einen verlorenen Kämpfer, so kann er den Ertrag für diesen guten Zweck verwenden, sollte die Stiftung nicht reparaturbedürftig sein. Dies gilt auch, wenn sie reparaturbedürftig ist, aber die Reparatur auf das nächste Jahr verschoben werden kann, ohne dass die Stiftung offensichtlichen Schaden nimmt, der die Zerstörung der Stiftung befürchten lässt.
Wenn in der Verschiebung der Reparatur auf das nächste Jahr ein erkennbarer Schaden liegt, wird der Ertragserlös für die Reparatur verwendet. Wenn dabei ein Rest verbleiben sollte, wird er für dieses gute Werk ausgegeben.
Der Ertrag der Religiösen Stiftung für einen wohltätigen Zweck darf nur für etwas ausgegeben werden, was als Eigentum erworben werden kann, nicht aber für die Reparatur einer Moschee, einer Festungsanlage, eines Brunnens u.a.[399]

5. Abschnitt[400]
Unzulässige Verfügungen des Amtswalters

Art. 195
Der Amtswalter darf die Immobilien der Religiösen Stiftung weder selbst mieten noch darin wohnen, auch wenn er eine übliche Miete bezahlt. Eine Vermietung an ihn durch den Richter ist jedoch wirksam.
Es ist ihm nicht erlaubt, die Religiöse Stiftung an einen seiner Vorfahren oder Nachfahren zu vermieten, es sei denn, die Miete für die Religiöse Stiftung ist höher als die übliche Miete. Die beiden Gelehrten[401] sagen: Die Vermietung mit einer üblichen Miete ist wirksam.[402]

Art. 196
Der Verwalter darf den Ertrag eines Jahres nicht in einem anderen Jahr ausgeben, es sei denn, der Stifter hat sich dies ausbedungen.
Er soll den Stiftungsimmobilien durch Rekonstruktion nichts hinzufügen, was selbst wichtiger ist als das zum Zeitpunkt des Stifters Existierende, es sei denn, der Stifter hat dies als Bedingung festgelegt oder die Bestifteten sind damit einverstanden.

---

[399] Erwähnt in „Al-is^cāf“, S. 49 und in „Al-hindīya“, S. 332 mit einer Korrektur (Fn.-Qadrī).
[400] In der Ausgabe von 2006 fälschlicherweise als 4. Abschnitt deklariert. Vgl. Qadrī Pāšā, M., Qānūn al-ᶜadl…, a.a.O. (2006), S. 351.
[401] Damit sind Abū Yūsuf und Muḥammad aš-Šaibānī gemeint. In der französischen Übersetzung werden beide expressis verbis im Art. 195 genannt: Kadri Pacha, M., Du wakf. A.a.O., S. 118. In der arabischen Ausgabe von 2006 wird lediglich im Kommentar indirekt darauf hingewiesen: Qadrī Pāšā, M., Qānūn al-ᶜadl…, a.a.O. (2006), S. 352
[402] Erwähnt in „Radd al-muḥtār“, S. 594 und in „Al-hindīya“, S. 336 (Fn.-Qadrī). Die Literaturangabe in der französischen Übersetzung ist fehlerhaft (S. 118).

Er darf den vom Stifter oder vom Richter festgelegten Löhnen für diejenigen, die religiöse Tätigkeiten verrichten und Funktionen ausüben, nichts hinzufügen.[403]

Art. 197
Es ist nicht zulässig, dass der Verwalter die Immobilien der Religiösen Stiftung als Garantie für Schulden der Stiftung oder eines berechtigten Nutznießers der Stiftung verpfändet. Er darf kein Gebäude der Religiösen Stiftung, welches nicht zerstört ist, verkaufen. Er darf auch die Trümmer der Religiösen Stiftung nur mit Einwilligung des Richters verkaufen. Der Richter willigt in den Verkauf der Trümmer nur ein, wenn ein Wiederaufbau mit den Trümmern unmöglich ist oder der Verlust der Trümmer zu befürchten ist. Der Amtswalter darf keine gesunden Bäume und Dattelpalmen der Religiösen Stiftung abschneiden lassen, es sei denn, ihr Schatten stört die anderen Pflanzen und der Ernteertrag der abgeschnittenen Bäume ist geringer als der dieser Pflanzen.
Er darf dem Käufer von nutzbaren Blättern der Bäume nicht erlauben, die Bäume herauszureißen und ihre Äste abzuschneiden. Eine solche Verfügung ist nichtig. Der Verwalter gilt als unzuverlässig und wird abgesetzt.[404]

Art. 198
Weder der Aufseher noch der Richter darf den Ertragsüberschuss aus einer von zwei Stiftungen, die unterschiedlichen Zielen dienen, zur Reparatur und im Interesse der anderen Stiftung verwenden, unabhängig davon, ob es sich um zwei Stifter oder einen einzigen Stifter handelt.
Wenn es sich um einen Stifter und ein Ziel handelt, indem z.B. zwei Stiftungen zugunsten einer bestimmten Moschee errichtet worden sind, eine zur Rekonstruktion der Moschee, die anderen für ihren Unterhalt, und die Löhne für den Vorbeter, den Prediger, den Gebetsrufer usw. nicht ausreichend gezahlt werden können, ist es zulässig, dass der Richter den Überschuss aus einer Stiftung für die andere verwendet.[405]

Art. 199
Wenn eine Religiöse Stiftung zugunsten einer Moschee oder einer Schule errichtet wird und sich der Stifter ausbedingt, dass der Amtswalter die Funktionäre fest-

---

403 Erwähnt in „Tanqīḥ al-ḥāmidīya“, S. 219 und in „Radd al-muḥtār“, S. 520 und S. 578 (Fn.-Qadrī).

404 Allgemein erwähnt auf S. 48 in „Al-isᶜāf“, auf S. 333 ff. in „Al-hindīya“ und auf S. 529 in „Radd al-muḥtār“ (Fn.-Qadrī).

405 Erwähnt in „Ad-durr al-muḫtār“ und in „Radd al-muḥtār“, S. 515 mit einer Korrektur (Fn.-Qadrī). In der arabischen Ausgabe von 2006 ist noch ein dritter Absatz eingefügt, der aber lediglich eine Wiederholung der ersten beiden Absätze bildet. Es handelt sich dabei um den Kommentar von M. Z. al-Ibyānī (S. 354).

legt, kann dieser ohne Zustimmung des Richters diejenigen, die religiöse Tätigkeiten verrichten, ernennen. Wenn sich der Stifter die Festlegung der Funktionäre durch den Amtswalter nicht ausbedingt, kann dieser auch bei Bedarf keinen Posten der Religiösen Stiftung rechtmäßig mit einer Person besetzen, sondern muss dem Richter die Angelegenheit zur Entscheidung vorlegen.
Der Richter kann nur einen neuen Posten besetzen, den der Stifter nicht vorgesehen hat, wenn eine Notwendigkeit oder ein Interesse vorliegt, so zum Dienst im Heiligen Viertel der Moschee[406], zur Koranrezitation[407] oder zur Erfassung der Steuern und Abgaben. Auf diese Weise bestimmt er eine für den Posten geeignete Person und legt eine übliche Entlohnung fest oder ermächtigt den Amtswalter, dies zu tun.[408]

Art. 200
Wenn der Stifter dem Amtswalter nicht erlaubt hat, ein Darlehen aufzunehmen, darf der Amtswalter dies nur mit Einwilligung des Richters tun. Der Richter willigt in die Aufnahme eines Darlehens nur ein, wenn ein solches Darlehen im Interesse der Religiösen Stiftung notwendig ist, so in den folgenden Fällen:
Erstens: Wenn ein Haus der Religiösen Stiftung einer notwendigen Reparatur bedarf, die Religiöse Stiftung keinen Ertrag im Besitz des Amtswalters hervorbringt, um die Reparatur zu bezahlen, und keine Vermietung – auch keine langfristige – möglich ist, um die Miete für die Reparatur zu verwenden, kann der Amtswalter mit Zustimmung des Richters ein Darlehen für die Religiöse Stiftung in Höhe der für die Reparatur benötigten Summe aufnehmen.
Zweitens: Wenn Spezialisten den Amtswalter auf das Niederreißen einer Moschee hinweisen, indem sie sagen, dass der Schaden in Zukunft größer werde, wenn die Moschee jetzt nicht zerstört wird. So kann er sie niederreißen lassen, auch wenn die Bewohner des Viertels, in welcher sich die Moschee befindet, dagegen sind. Wenn er die Moschee niederreißen lässt, muss er sich um ihre Rekonstruktion aus dem erzielten Ertrag der Religiösen Stiftung bemühen. Wenn aber kein Ertrag in seinem Besitz existiert, um die Rekonstruktion sofort durchzuführen, soll er die Angelegenheit an den Richter leiten, damit dieser die Aufnahme eines Darlehens für die Rekonstruktion bewilligt. Er kann aber auch mit Einwilligung des Richters ein Darlehen aufnehmen, um die Gehälter des Vorbeters, des

[406] Arab.: ḫidmat ar-rabᶜa aš-šarīfa. Damit ist der Bereich innerhalb und außerhalb von Moscheen gemeint, in welchem sich Grabstätten von besonderen Persönlichkeiten, besonders des mystischen Islam (aṣ-ṣūfī), befinden. Vgl. Huda, Q., Striving for Divine Union. Spiritual Exercises for Suhrawardī Ṣūfīs. London, New York 2003, S. 15-16.

[407] Arab.: qirā'at al-ᶜušr. Bezieht sich auf die Koranlesungen zu bestimmten Anlässen, auch außerhalb der Moschee. Die Angaben in den Fn. 406 und 407 verdanke ich Herrn Ahmed Abd El Aal (Leipzig/Kairo) und Herrn Mohammad Edris (Leipzig/Damaskus).

[408] Erwähnt in „Radd al-muḥtār“, S. 534 und S. 577 mit einer Korrektur (Fn.-Qadrī).

Predigers, des Gebetsrufers, des Lehrers und anderer Personen, die religiöse Tätigkeiten verrichten, zu bezahlen, wenn sie nicht aus dem Ertrag der Stiftung vergütet werden können und zu befürchten ist, dass bei Verzögerung der Lohnzahlung das Interesse der Moschee verletzt wird.
Drittens: Wenn der rechtzeitige Kauf von Saatgut für die Bestellung des Landes der Religiösen Stiftung notwendig ist, der Verwalter aber keinen Ertrag rechtzeitig zur Verfügung hat, kann er mit Zustimmung des Richters ein Darlehen in Höhe des Preises für das notwendige Saatgut[409] aufnehmen.
Viertens: Wenn der Amtswalter eine Anordnung zu befolgen hat, so die Forderung nach einer *ḫarāǧ*- oder *ᶜušr*-Steuer, und keinen Ertrag zur Verfügung hat, kann er ebenfalls mit Zustimmung des Richters ein Darlehen in Höhe der geforderten Zahlung aufnehmen, um die Forderung in Bezug auf das Land zu begleichen. Er darf jedoch keinesfalls ein Darlehen aufnehmen, um die berechtigten Nutznießer der Stiftung zu bezahlen. Wenn er zu ihren Gunsten ein Darlehen aufnimmt, lastet die Schuld nicht auf der Religiösen Stiftung, auch wenn dies mit Zustimmung des Richters erfolgt ist.
Das vom Amtswalter mit Zustimmung des Richters aufgenommene Darlehen für die Religiöse Stiftung wird aus dem Erlös der Stiftung zurückgezahlt. Diese Rückzahlung geht den Zahlungen an die berechtigten Nutznießer und an die Personen, die religiöse Tätigkeiten verrichten, voran. Wenn der Amtswalter die Zustimmung des Richters behauptet, die berechtigten Nutznießer aber diese Zustimmung leugnen, muss der Amtswalter den Beweis durch Zeugenaussage erbringen, auch wenn er als vertrauenswürdig gilt.
Die Darlehensaufnahme ohne Zustimmung des Richters führt nicht zur Rückzahlung aus dem Ertrag der Religiösen Stiftung, es sei denn, der Stifter hat die Darlehensaufnahme angeordnet oder der Amtswalter konnte aufgrund einer großen Entfernung zum Richter keine Zustimmung einholen. Die Darlehensaufnahme bedeutet, dass der Amtswalter keinen Ertrag aus der Religiösen Stiftung besitzt und um ein zinsloses Darlehen bittet[410] oder auf Kredit[411] die zur Reparatur oder zur Landwirtschaft notwendigen Dinge kauft.
Wenn der Amtswalter aus seinem eigenen Vermögen Geld für die Reparatur und den Unterhalt der Religiösen Stiftung aufwendet, so sind seine Aufwendungen keine Kreditaufnahme. Er besitzt einen Rückforderungsanspruch für seine Aufwendungen aus dem Ertrag der Religiösen Stiftung, auch wenn keine Zustimmung des Richters vorliegt, sollte er sich den Rückforderungsanspruch bei Zahlung ausbedungen haben und durch Zeugen beweisen können, dass die Aufwen-

---

409 Arab.: at-taqāwī (ägyptisch).

410 Arab.: al-istiqrāḍ.

411 Arab.: nasī'atan. Wichtig ist hierbei, dass es sich nicht um ein Zinsgeschäft handelt. Vgl. Vogel, F. E., Hayes, S. L., Islamic Law and Finance. Religion, Risk, and Return. The Hague, London, Boston 1998, S. 74, besonders die Überlieferung in Fn. 9.

dungen aus seinem Vermögen von der Religiösen Stiftung zurückgefordert werden. Wenn er den Zeugenbeweis dafür nicht erbringt, so werden seine Aufwendungen als Schenkung betrachtet. Dies gilt, wenn die Religiöse Stiftung einen Ertrag erbringt. Anderenfalls geht es um eine Darlehensaufnahme, die der Zustimmung des Richters bedarf.[412]

Art. 201

Wer eine Handlung anerkennt, für die er keine Berechtigung besitzt, handelt unzulässig, wenn die Haftung einem anderen übertragen wird. Dagegen ist es zulässig, wenn die Haftung des Anerkannten ausgeschlossen wird. Auf dieser Grundlage ist das Anerkenntnis einer Schuld oder einer geschuldeten Sache, die die Religiöse Stiftung belastet, unwirksam, unabhängig davon, ob der Aufseher abgesetzt oder im Amt ist.

Wenn also der im Amt befindliche Aufseher für die verpachtete Religiöse Stiftung die Pacht für die laufende Nutzung der Stiftung über eine bestimmte Zeitspanne fordert, der Pächter erklärt, dass er die Pachtsumme an den vorangegangenen Aufseher bezahlt habe, und keinen Beweis dafür erbringt und der vorangegangene Aufseher anerkennt, dass er die Pachtsumme erhalten hat, wird sein Anerkenntnis gegenüber der Religiösen Stiftung nicht vollstreckt und der Pächter nicht entlastet.

Wenn der Aufseher sagt: „Ich habe die Pacht erhalten und an die berechtigten Nutznießer der Stiftung ausgezahlt", so ist seine Aussage durch seinen Eid zulässig und der Pächter wird entlastet, sollte der Aufseher vertrauenswürdig sein.

Wenn der Pächter behauptet, dass ihm von der Religiösen Stiftung ein Darlehen[413] zur Verfügung gestellt worden sei, das er mit Einwilligung des Aufsehers zur Reparatur der Religiösen Stiftung verwendet habe, er keinen Zeugenbeweis für seine Behauptung vorbringen kann und der Aufseher die Darlehensaufnahme bestätigt, ist die Bestätigung des Aufsehers nicht wirksam.

Wenn der Aufseher anerkennt, dass eine fremde Person gemeinsam mit den Bestifteten Anspruch auf den Ertrag der Religiösen Stiftung hat, die Bestifteten dies aber leugnen, so wird sein Anerkenntnis zu Lasten der Bestifteten nicht vollstreckt.

Wenn jemand behauptet, Eigentümer einer Sache der Religiösen Stiftung zu sein bzw. dass die Sache zu seiner Religiösen Stiftung gehört, einen rechtsgültigen

---

[412] Erwähnt auf S. 580 ff. in „Ad-durr al-muḫtār" und „Radd al-muḥtār", auf S. 47 ff. in „Al-isᶜāf", ergänzt zur Korrektur, wie im Originalmanuskript erwähnt, und auf S. 200 in „Tanqīḥ al-ḥāmidīya" (Fn.-Qadrī).

[413] Arab.: al-murṣad. Zum Inhalt und zur Form dieses Darlehens vgl. Bonine, M. E., *Waqf* and its Influence on the Built Environment in the *Medina* of the Islamic Middle Eastern City. In: Urban Space in the Middle Ages and the Early Modern Age. Ed. by A. Classen, Berlin 2009, S. 622. Vgl. Art. 709 der Zivilrechtskodifikation von Muḥammad Qadrī Pāšā: Ebert, H.-G., Hefny, A., Islamisches Zivilrecht…, a.a.O., S. 229-234.

Beweis dafür aber nicht erbringt und der Aufseher der Religiösen Stiftung dies anerkennt, so ist dessen Anerkenntnis in Bezug auf die Religiöse Stiftung nichtig. Wenn der Aufseher etwas anerkennt, was mit der Bedingung des Stifters übereinstimmt, wird nach seinem Anerkenntnis gehandelt.[414]

Art. 202
Wenn sich ein Ertrag aus der Religiösen Stiftung im Besitz des Verwalters befindet, der Verwalter aus seinem eigenen Vermögen die notwendige Reparatur der Stiftung unter der Bedingung bezahlt, dass seine Ausgaben aus dem Ertrag der Religiösen Stiftung zurückgefordert werden, dann hat er einen Rückforderungsanspruch, auch wenn keine Zustimmung des Richters vorliegt. Wenn er keinen Zeugenbeweis dafür erbringen kann, hat er keinen Rückforderungsanspruch.
Wenn sich der Ertrag aus der Religiösen Stiftung nicht im Besitz des Verwalters befindet und dieser aus seinem Vermögen ohne Einwilligung des Richters die notwendige Reparatur bezahlt, dann hat er die Ausgaben freiwillig gespendet und keinen Rückforderungsanspruch gegenüber der Religiösen Stiftung.[415]

Art. 203
Wenn das Haus der Religiösen Stiftung einer dringenden Reparatur bedarf, die Religiöse Stiftung keinen Ertrag erbringt, aus dem die Reparatur bezahlt werden kann, der Aufseher den Pächter aber nicht auffordern will, die notwendige Reparatur der Religiösen Stiftung aus dem Vermögen des Pächters zu bezahlen, um die Reparaturausgaben als Darlehen gegenüber der Religiösen Stiftung zurückzufordern, kann der Aufseher mit Einwilligung des Richters die Reparatur aus seinem eigenen Vermögen vornehmen. Er besitzt dadurch einen Rückforderungsanspruch gegenüber der Religiösen Stiftung.[416]

Art. 204
Die vorherrschende Meinung[417] besagt, dass die Einwilligung des Aufsehers gegenüber dem Pächter, die Reparatur durchzuführen, ausreicht. Wenn die Religiöse Stiftung einen Ertrag erbringt, bedarf es keiner Einwilligung des Richters.
Wenn die Religiöse Stiftung aber keinen Ertrag erbringt, genügt die Einwilligung des Aufsehers nicht.[418]

---

414 Allgemein erwähnt auf S. 588 ff. in „Ad-durr al-muḫtār“ und „Radd al-muḥtār“, auf S. 201 ff. und auf S. 212 ff. in „Tanqīḥ al-ḥāmidīya“ (Fn.-Qadrī). Die Quellenangabe in der französischen Übersetzung ist fehlerhaft: Kadri Pacha, M., Du wakf. A.a.O., S. 124.
415 Erwähnt in „Al-isᶜāf“, S. 48 und in „Radd al-muḥtār“, S. 581 (Fn.-Qadrī).
416 Erwähnt auf S. 581 „Radd al-muḥtār“ mit einer Korrektur (Fn.-Qadrī).
417 Arab.: ar-rāǧiḥ.
418 Entnommen aus S. 581 in „Radd al-muḥtār“, ergänzt gegenüber dem Original (Fn.-Qadrī).

Art. 205
Der Verwalter darf die auf dem Land erzeugten Produkte nur bei den Familienmitgliedern, denen er vertraut, verwahren. Er darf das Vermögen der Religiösen Stiftung nicht als Darlehen vergeben, es sei denn, das Vermögen ist dadurch besser geschützt als bei ihm selbst.
Wenn er das Vermögen bei einer nicht vertrauenswürdigen Person verwahrt und es geht verloren, haftet der Verwalter dafür. Gleiches gilt, wenn er es als Darlehen vergibt und es durch den Tod des Darlehensnehmers, der in Konkurs gegangen ist, oder infolge anderer Gründe verloren geht, es sei denn, die Darlehensvergabe erfolgte mit Zustimmung des Richters. In diesem Falle haftet der Verwalter nicht.[419]

Art. 206
Wenn der Richter den Amtswalter auffordert, eine bestimmte Handlung zu vollziehen, und sich danach herausstellt, dass diese Aufforderung nicht rechtmäßig war oder dass daraus ein Schaden für die Religiöse Stiftung resultiert, haftet der Amtswalter nicht.[420]

6. Abschnitt[421]
Gebäude und Pflanzen des Verwalters oder des Stifters auf dem Land der Religiösen Stiftung

Art. 207
Die Gebäude und Bäume, die vom Stifter auf dem Land der Religiösen Stiftung errichtet bzw. gepflanzt worden sind, sind Teil der Stiftung, unabhängig davon ob sie aus dem Vermögen der Religiösen Stiftung oder aus dem Vermögen des Stifters, der sie als zur Religiösen Stiftung gehörig deklariert, stammen. Wenn sie aus dem Vermögen des Stifters stammen und er sie nicht als zur Religiösen Stiftung gehörig deklariert, sind sie sein Privateigentum.[422]

Art. 208
Die Gebäude und Bäume, die der Verwalter der Religiösen Stiftung auf dem Land der Religiösen Stiftung mit dem Vermögen der Religiösen Stiftung errichtet bzw. pflanzt, sind Teil der Religiösen Stiftung, unabhängig davon, ob er sie für die Religiöse Stiftung oder für sich selbst errichtet bzw. nichts darüber aussagt.

---

[419] Erwähnt auf S. 229 in „Tanqīḥ al-ḥāmidīya“ und auf S. 226 ff. in „Al-anqarawīya“ (Fn.-Qadrī).
[420] Erwähnt auf S. 229 in „Tanqīḥ al-ḥāmidīya“ mit einer Korrektur (Fn.-Qadrī).
[421] In der Ausgabe von 2006 fälschlicherweise als 5. Abschnitt deklariert. Vgl. Qadrī Pāšā, M., Qānūn al-ᶜadl…, a.a.O. (2006), S. 363.
[422] Erwähnt auf S. 593 in „Radd al-muḥtār“ und auf S. 19 in „Al-isᶜāf“ (Fn.-Qadrī).

Wenn er sie aus seinem Vermögen errichtet oder pflanzt und erklärt, dass sie zur Religiösen Stiftung gehören, oder aber gar nichts erklärt, sind sie auch Teil der Religiösen Stiftung. Wenn er vor dem Bau und der Pflanzung vor Zeugen erklärt, dass sie ihm gehören, werden sie zu seinem Privateigentum. Aber er überschreitet damit seine Kompetenzen und wird aufgefordert, die Gebäude niederzureißen und die Bäume zu entfernen, wenn dies dem Land nicht schadet. Wenn ein Schaden entstehen kann, darf er sie nicht niederreißen und nicht nutzen. So verliert er sein Vermögen. Er muss abwarten, bis die Gebäude in Trümmer fallen und er diese in Besitz nehmen kann bzw. bis die Bäume umfallen, um ihr Brennholz zu erhalten. Der Verwalter wird dadurch unzuverlässig und kann abgesetzt werden.[423]

7. Abschnitt[424]
Das Verfügungsrecht des Richters in den Angelegenheiten der Religiösen Stiftung und die Fälle, in denen er gegen die Bedingung des Stifters verstoßen kann

Art. 209
Das Verfügungsrecht des Richters in den Angelegenheiten der Religiösen Stiftung ist an den Vorteil für die Stiftung gebunden. Er darf nicht gegen die Bedingung des Stifters verstoßen, es sei denn, es liegt ein offensichtlicher Vorteil vor. Er besitzt in den Angelegenheiten der Religiösen Stiftung kein Verfügungsrecht, wenn ein Aufseher, sogar von ihm selbst, ernannt worden ist, sollte dieser im Einklang mit dem Gesetz handeln.[425]

Art. 210
Wenn sich der Stifter das Recht des Austauschs der Religiösen Stiftung nicht für sich selbst ausbedungen hat, kann er keinen Austausch vornehmen, auch wenn das Gestiftete vollständig nutzlos ist. Aber der Richter kann, wenn die gesetzlichen Rechtfertigungsgründe für ihn vorliegen, den Austausch vornehmen.
Mit dem Begriff des Richters ist jede Person gemeint, die der Herrscher oder sein Vertreter per Dekret ernannt hat, um die Amtswalter oder Testamentsvollstrecker einzusetzen, und die er in den Angelegenheiten der Religiösen Stiftungen ermächtigt hat.

---

423 Erwähnt auf S. 592 ff. in „Ad-durr al-muḫtār“ und „Radd al-muḥtār“ und auf S. 204 in „Tanqīḥ al-ḥāmidīya“ (Fn.-Qadrī).

424 In der Ausgabe von 2006 fälschlicherweise als 6. Abschnitt deklariert. Vgl. Qadrī Pāšā, M., Qānūn al-ᶜadl…, a.a.O. (2006), S. 365.

425 Erwähnt auf S. 211 in „Tanqīḥ al-ḥāmidīya“ und auf S. 527 in „Radd al-muḥtār“ (Fn.-Qadrī).

Wenn sich der Stifter ausbedungen hat, dass kein Austausch seiner Religiösen Stiftung erfolgt, so kann der Richter gegen dessen Bedingung verstoßen und den Austausch vornehmen, wenn er darin einen Vorteil erkennt.[426]

Art. 211
Der Richter kann gegen die Bedingung des Stifters verstoßen, wenn darin eine Behinderung für die Religiösen Stiftung oder eine Beeinträchtigung des Interesses der Bestifteten liegt.
Wenn der Stifter etwa die Bedingung aufstellt, dass seine Religiöse Stiftung nicht länger als ein Jahr verpachtet werden darf, niemand aber eine Pacht für ein Jahr anstrebt oder in einer längeren Pachtzeit ein Nutzen für die Bestifteten liegt, kann der Richter, nicht aber der Aufseher, die Stiftung länger als ein Jahr verpachten, auch wenn er gegen die Bedingung des Stifters verstößt.[427]

Art. 212
Der Richter kann gegen die Bedingung des Stifters verstoßen, wenn die Bedingung dem Gesetz widerspricht. Wenn sich der Stifter die Verwaltung der Religiösen Stiftung durch sich oder einen Dritten ausbedingt, der vom Richter oder vom Herrscher nicht abgesetzt werden darf, so kann der Richter gegen dessen Bedingung verstoßen und den Stifter bzw. den von ihm ernannten Aufseher absetzen, sollte der Stifter bzw. der von ihm ernannte Aufseher nicht vertrauenswürdig oder nicht zur Verwaltung geeignet sein.
Gleiches gilt, wenn in der Stiftungsurkunde formuliert ist, dass dem vom Stifter ernannten Aufseher niemand zur Seite gestellt werden darf, um eine Mitsprache in der Verwaltung der Religiösen Stiftung zu haben. Wenn der Richter erkennt, dass dem Aufseher ein Partner zur Seite gestellt werden sollte, so ist dies für ihn zulässig, obwohl er gegen die Bedingung des Stifters verstößt.[428]

Art. 213
Weder der Aufseher noch der Richter darf den Überschuss aus dem Ertrag einer von zwei Stiftungen, die unterschiedlichen Zielen dienen, zur Reparatur der Anlagen oder zum Unterhalt der anderen Religiösen Stiftung verwenden, unabhängig davon, ob es sich um einen oder um mehrere Stifter handelt. Wenn die beiden Stiftungen den gleichen Stifter haben und ein gleiches Ziel verfolgen, indem beispielsweise eine Person zwei Stiftungen zugunsten einer Moschee errichtet, wobei die erste ihrer Reparatur, die zweite ihrem Unterhalt dient, und wenn kaum Mittel für den Vorbeter, den Prediger, den Gebetsrufer und für andere Personen, die religiöse Tätigkeiten verrichten, vorhanden sind, weil die Anlagen einer der beiden

---

[426] Erwähnt auf S. 324 in „Al-hindīya“ und auf S. 535 ff. in „Ad-durr al-muḫtār“ und „Radd al-muḥtār“ (Fn.-Qadrī).
[427] Erwähnt auf S. 536-538 in „Radd al-muḥtār“ (Fn.-Qadrī).
[428] Erwähnt auf S. 538 in „Radd al-muḥtār“ und auf S. 42 in „Al-isᶜāf“ (Fn.-Qadrī).

Religiösen Stiftungen zerstört sind und zu befürchten ist, dass die religiösen Tätigkeiten nicht fortgeführt werden können, kann der Richter, nicht aber der Aufseher, den Überschuss aus der Stiftung, die die Reparatur finanziert, an den Vorbeter, den Prediger und den Gebetsrufer verteilen.
Der Richter kann auch den Lohn des Vorbeters mit Billigung der rechtschaffenen Menschen des Viertels, in welchem die Moschee liegt, erhöhen, sollte der Vorbeter arm und der Lohn für ihn nicht ausreichend sein, sollte die Moschee ohne ihn nicht funktionieren, weil kein anderer Vorbeter gefunden werden kann, oder sollte der Vorbeter als besonders gottesfürchtig[429] bekannt sein, auch wenn ein anderer Vorbeter zu diesem Lohn arbeiten würde.
Das, was für den Vorbeter gilt, gilt auch für den Prediger, den Gebetsrufer und andere Personen, die religiöse Tätigkeiten verrichten. Wenn eine Funktion der Moschee durch ihr Fehlen nicht mehr ausgeübt werden kann, kann der Richter ihren Lohn erhöhen, sollte der festgelegte Lohn nicht mehr ausreichend sein und würden die Personen ohne eine Erhöhung nicht mehr arbeiten können.
Wenn verschiedene Religiöse Stiftungen zugunsten einer bestimmten Moschee errichtet worden sind, kann der Amtswalter die Erträge der Stiftungen vermischen. So kann nach vorherrschender Auffassung ein Ladenlokal, welches zerstört ist, mit dem Ertrag eines anderen repariert werden. Wenn es sich um verschiedene Stifter, aber um ein Stiftungsziel handelt, indem zwei Personen zwei Religiöse Stiftungen zugunsten einer Moschee, wobei die eine der Reparatur, die andere dem Unterhalt dient, so ist diese Vermischung für den Amtswalter zulässig. Wenn es sich um einen Stifter handelt, aber die Ziele der Stiftungen unterschiedlich sind, indem der Stifter eine Schule und eine Moschee baut und für beide Einrichtungen jeweils eine Stiftung errichtet wird, wenn sich die Stifter und die Stiftungsziele unterscheiden, indem zwei Personen zwei Moscheen bauen und jede von beiden zugunsten ihrer Moschee eine Religiöse Stiftung errichtet, wenn unterschiedliche Stifter und ein einheitliches Stiftungsziel existieren, wenn ein Stifter und unterschiedliche Stiftungsziele vorhanden sind oder wenn sich Stifter und Stiftungsziele unterscheiden, dann ist es in all diesen Fällen nicht zulässig, gegen die Bedingung des Stifters zu verstoßen und den Überschuss, sollte er sich in einer der beiden Religiösen Stiftungen ergeben, zugunsten der anderen Stiftung zu verteilen.
Das, was für den Fall des unterschiedlichen Stiftungsziels bei einem einzigen Stifter gilt, gilt auch für die Errichtung von zwei Religiösen Stiftungen zugunsten einer Moschee mit der Bedingung, dass der Überschuss aus dem Unterhalt der Moschee an die Abkömmlinge[430] des Stifters und der Überschuss aus dem Ertrag der anderen Religiösen Stiftung an die dem Stifter nächste Generation seiner Ab-

[429] Arab.: in kāna ᶜāliman taqīyan.
[430] Arab.: aḏ-ḏurrīya.

kömmlinge geht, sollten Abkömmlinge unterschiedlicher Generationen vorhanden sein, oder aber dass der Überschuss für ein anderes Ziel vorgesehen ist. Wenn eine der beiden Religiösen Stiftungen eine notwendige Reparatur erfordert, die den Stiftungsertrag eines Jahres übersteigt, darf der Verwalter den Überschuss aus dem Ertrag der anderen Stiftung nicht zur dringend erforderlichen Reparatur der anderen Stiftung verwenden, weil es sich um unterschiedliche Stiftungsziele handelt, für die der Überschuss ausgegeben werden würde, und kein Einverständnis über die Verwendung des Überschusses, der an die Abkömmlinge gehen soll, für die andere Religiöse Stiftung vorliegt.
Gleiches gilt, wenn die Religiöse Stiftung zwei Häuser umfasst, wobei das eine Wohnzwecken, das andere der Vermietung dient. Der Überschuss des einen Hauses kann nicht für das andere Haus verwendet werden.[431]

Art. 214
Wenn der Herrscher oder sein Vertreter Land, welches Staatsland ist und heute als *mīrī*-Land[432] bekannt ist, für einen öffentlichen Nutzen stiftet, kann der nachfolgende Herrscher des Stifters gegen dessen Bedingung verstoßen, indem er die Löhne für die berechtigten Nutznießer der Stiftung erhöht und vermindert. Aber er darf die Stiftung nicht annullieren und die Einkünfte nicht für einen anderen als den festgelegten Zweck ausgeben.[433]

Art. 215
Wenn sich der Stifter ausbedingt, dass der Ertragsüberschuss für die Bettler in einer bestimmten Moschee gespendet wird, kann der Amtswalter den Überschuss auch an die Bettler einer anderen Moschee, an diejenigen außerhalb der Moschee oder an andere Bedürftige verteilen.[434]

---

431 Allgemein erwähnt auf S. 515 und S. 578 in „Radd al-muḥtār“ und S. 172 in „Tanqīḥ al-ḥāmidīya“. Die Textstelle: „Wenn es sich um einen Stifter handelt“ bis zur Textstelle „(Das, was für den Fall) des unterschiedlichen Stiftungsziels“ muss allerdings gestrichen werden, weil es sich um eine Wiederholung des Beginns des Artikels handelt und mit ihm im Widerspruch steht. Das ist auch ein Verweis auf das im Originalmanuskript Gestrichene. Der Anfang des Artikels ist eine Wiederholung des Art. 198 (Fn.-Qadrī). Diese Anmerkung bezieht sich auf den zweiten Teil des vierten Absatzes des Art. 213, der offensichtlich dem zuvor aufgestellten Prinzip, dass eine Vermischung des Ertrages von zwei Religiösen Stiftungen bei einem gleichen Stiftungsziel nicht ausgeschlossen ist, widerspricht. Vgl. den Kommentar in Qadrī Pāšā, M., Qānūn al-ᶜadl…, a.a.O. (2006), S. 369.

432 Arab.: al-arāḍī al-amīrīya. Vgl. Liebesny, H. J., Stability and Chance in Islamic Law. In: The Middle East Journal (MEJ), Washington, D. C. 21(Winter 1967)1, S. 16-34, Ebert, H.-G., Heilen, J., Islamisches Recht. A.a.O., S. 190-191.

433 Erwähnt auf S. 578 ff. in „Ad-durr al-muḫtār“ und „Radd al-muḥtār“ (Fn.-Qadrī).

434 Erwähnt auf S. 538 in „Radd al-muḥtār“ und auf S. 231 in „Al-anqarawīya“ (Fn.-Qadrī).

Art. 216
Wenn sich der Stifter ausbedingt, dass die berechtigten Nutznießer der Stiftung täglich eine bestimmte Ration Fleisch und Brot erhalten sollen, die Nutznießer aber einen Geldbetrag bevorzugen, kann der Amtswalter ihnen den Wert des Fleisches und des Brotes in Geld ihrem Wunsch entsprechend auszahlen.[435]

8. Abschnitt[436]
Die Buchführung des Aufsehers über die Einkünfte der Religiösen Stiftung auf der Grundlage seiner Anordnungen und Verfügungen

Art. 217
Der Aufseher der Religiösen Stiftung muss immer dann, wenn der Richter es für notwendig erachtet, eine Aufstellung über den Jahresertrag aus den Miet- und Pachteinnahmen und über die daraus geleisteten Aufwendungen für den Unterhalt, die Aufgaben und die Reparaturen der Stiftung sowie die Ausgaben an die berechtigten Nutznießer der Stiftung und an diejenigen, die religiöse Tätigkeiten verrichten und Funktionen ausüben, vorlegen.[437]

Art. 218
Wenn der Aufseher als gerecht und zuverlässig gilt, kann sich der Richter mit einer allgemeinen Rechnungslegung zufrieden geben, sollte eine detaillierte Aufstellung der Ausgaben und Einnahmen unmöglich sein.
Wenn der Aufseher als nicht zuverlässig gilt, genügt eine allgemeine Rechnungslegung nicht. Der Aufseher wird verpflichtet, die einzelnen Ausgabenposten des Stiftungsertrages genau anzugeben. Er wird nicht inhaftiert, aber für zwei oder drei Tage vom Richter vorgeladen und von ihm verwarnt, wenn er dies nicht tut. Wenn er die Ausgaben detailliert angibt, ist die Angelegenheit erledigt. Wenn nicht, kann sich der Richter mit seinem Eid bei denjenigen Ausgaben zufrieden geben, die offensichtlich keine Täuschung darstellen.
Wenn der Aufseher behauptet, dass er den Ertrag in Besitz genommen und einen Teil an die bestifteten Abkömmlinge des Stifters und einen anderen Teil zur Reparatur und Verbesserung der Stiftungsanlagen ausgegeben habe, die letzteren Ausgaben in Bezug auf die Frist eine übliche Höhe aufweisen und augenschein-

435 Erwähnt auf S. 538 in „Radd al-muḥtār" und auf S. 231 in „Al-anqarawīya" (Fn.-Qadrī). Die Quellenangabe in der französischen Übersetzung ist fehlerhaft: Kadri Pacha, M., Du wakf. A.a.O., S. 133. Vgl. Art. 115.

436 In der Ausgabe von 2006 fälschlicherweise als 7. Abschnitt deklariert. Vgl. Qadrī Pāšā, M., Qānūn al-ᶜadl…, a.a.O. (2006), S. 373.

437 Erwähnt auf S. 588 in „Ad-durr al-muḫtār" und „Radd al-muḥtār", ergänzt zum Original (Fn.-Qadrī).

lich keine Täuschung darstellen, keiner der Bestifteten einen bestimmen Anspruch erhebt und die Ausgaben abstreitet, wird die Aussage des Aufsehers ohne Zeugenbeweis und ohne Eid in Bezug auf die behaupteten Ausgaben anerkannt. Wenn der Richter an der Aussage des Aufsehers zweifelt, wird dieser zum Eid verpflichtet, auch wenn kein konkreter Vorwurf besteht.[438]

Art. 219

Wenn der Aufseher zuverlässig ist und behauptet, dass er den Ertrag, den er in Besitz genommen hat, an die berechtigten Nutznießer der Stiftung unter den Kindern des Stifters und deren Abkömmlingen ausgezahlt habe, diese aber insgesamt oder teilweise die Zahlung an sie leugnen, wenn der Aufseher behauptet, dass er den Ertrag unter den berechtigten Nutznießern vor deren Tod verteilt habe, die gesetzlichen Erben dies aber insgesamt oder teilweise leugnen, oder wenn der Aufseher behauptet, dass der in Besitz genommene Ertrag gestohlen wurde bzw. ohne sein Verschulden verloren gegangen sei, die Nutznießer ihm aber nicht glauben, so wird in diesen Fällen seine Aussage durch seinen Eid bestätigt, auch wenn er bereits abgesetzt ist. Wenn er den Eid leistet, wird der von der Haftung befreit. Wenn er den Eid verweigert, haftet er mit seinem Vermögen für die verleugneten Beträge.[439]

Dem vertrauenswürdigen Aufseher wird durch den Eid Glauben geschenkt, wenn er behauptet, den in seinem Besitz befindlichen Teil des Stiftungsertrages verteilt zu haben.

Wenn er behauptet, die Ausgaben aus seinem Vermögen bestritten zu haben und einen Rückforderungsanspruch in Bezug auf den Ertrag der Religiösen Stiftung für seine Ausgaben erhebt, wird seine Aussage nur durch den Zeugenbeweis akzeptiert.[440]

Art. 220

Wenn der Aufseher ein korrupter Verschwender ist und behauptet, den von ihm in Besitz genommenen Stiftungsertrag rechtmäßig verteilt zu haben bzw. an alle oder einige zur Inbesitznahme berechtigte Bestiftete gegeben zu haben, diese aber den Empfang ihrer vollständigen oder unvollständigen Anteile leugnen, wird seine Aussage nicht akzeptiert, auch wenn er einen Eid spricht, dass er den Ertrag

---

[438] Erwähnt auf S. 588 in „Ad-durr al-muḫtār“ und „Radd al-muḥtār“ und auf S. 201 und S. 227 in „Tanqīḥ al-ḥāmidīya“ (Fn.-Qadrī).

[439] Das hier dargestellte Verfahren entspricht den Regelungen des islamischen Verfahrensrechts. Siehe dazu Falaturi, A., May, R., Gerichtsverfahren und Richter im traditionellen islamischen Recht. In: Beiträge zu Islamischem Rechtsdenken. Fachwiss. Betreuung: A. Falaturi, Redaktion: R. May, Stuttgart 1986, S. 47-92.

[440] Erwähnt auf S. 588 und S. 581 in „Ad-durr al-muḫtār“ und „Radd al-muḥtār“ und auf S. 201 ff. in „Tanqīḥ al-ḥāmidīya“ (Fn.-Qadrī).

der Religiösen Stiftung so verteilt habe. Er wird aufgefordert, den Zeugenbeweis für seine Behauptung zu erbringen.
Wenn er den Beweis erbringt und der Richter dies bestätigt, wird er von der Haftung befreit. Wenn er den Zeugenbeweis nicht erbringen kann, entscheidet der Richter auf eine Haftung durch ihn.
Wenn der Betrag, den er ausgegeben haben will, größer als der übliche ist oder sich auf einen unmöglichen Zeitraum bezieht, dann besteht ihm gegenüber ein Rückforderungsanspruch für seine Ausgaben, die im Widerspruch zur Bedingung des Stifters stehen.[441]

Art. 221
Wenn der Aufseher behauptet, dass er den Ertrag in Besitz genommen und zur Rekonstruktion und Reparatur der Stiftungsanlagen verwendet habe, die berechtigten Nutznießer der Stiftung aber die für die Rekonstruktion angeblich verwendete Summe bezweifeln oder sagen „Die Rekonstruktion war nicht notwendig" bzw. behaupten, dass die Rekonstruktion den zum Zeitpunkt der Stiftung vorgegebenen Rahmen übersteige, ohne dass hierfür eine vom Stifter festgelegte Bedingung existiert und ein Einverständnis der berechtigten Nutznießer vorliegt, so kann der Richter einen vertrauensvollen Spezialisten zur Prüfung der umstrittenen Rekonstruktion ernennen, sollten die berechtigten Nutznießer die Prüfung der Rekonstruktion auf ihre Richtigkeit hin fordern. Dieser Spezialist beurteilt, ob die Rekonstruktion notwendig oder nicht notwendig war, den zum Zeitpunkt der Stiftung vom Stifter vorgegebenen Rahmen eingehalten oder überstiegen hat und die ausgegebene Summe üblich war oder das Übliche überstiegen hat. Der Bericht geht an den Richter, der über den Streit entscheidet.[442]

Art. 222
Wenn der Aufseher den Ertrag der Religiösen Stiftung in Besitz genommen hat und behauptet, diejenigen, die religiöse Tätigkeiten verrichten und Funktionen ausüben, so den *Imam*, den Vorbeter, den Gebetsrufer, den Lehrer und anderes vorgesehenes Arbeits- und Dienstpersonal, entlohnt zu haben, diese Personen aber insgesamt oder teilweise die Bezahlung der Löhne an sie abstreiten, dann gilt die Aussage des Aufsehers nicht, auch wenn sie unter Eid erfolgt ist, sondern der Aufseher muss den Zeugenbeweis für seine Zahlungen erbringen. Gelingt der Beweis, werden der Aufseher und die Religiöse Stiftung von der Haftung befreit. Gelingt der Zeugenbeweis nicht, wird der Aufseher in Bezug auf die abgestrittenen Summen persönlich von der Haftung befreit. Er hat die Summen erneut aus dem Ertrag der Religiösen Stiftung zu bezahlen.[443]

---

441 Erwähnt auf S. 588 in „Radd al-muḥtār" (Fn.-Qadrī).
442 Entnommen aus S. 206 in „Tanqīḥ al-ḥāmidīya" mit einer Korrektur (Fn.-Qadrī).
443 Erwähnt auf S. 589 in „Ad-durr al-muḥtār" und „Radd al-muḥtār" und auf S. 202 in „Tanqīḥ al-ḥāmidīya" (Fn.-Qadrī).

Art. 223

Wenn der Aufseher offensichtlich lügt, verliert er seine Vertrauenswürdigkeit und erweist sich als unzuverlässig. Seiner Aussage wird kein Glauben geschenkt und sein Eid nicht akzeptiert. Für das, was er entgegen der Bedingung des Stifters ausgegeben hat, besteht ihm gegenüber ein Rückforderungsanspruch.[444]

Art. 224

Die Aussage des vertrauenswürdigen Einnehmers[445] der Pacht und Miete wird durch dessen Eid akzeptiert.

Wenn er also die Miet- und Pachtsummen für die Stiftungsanlagen in Besitz genommen hat und behauptet, sie vollständig oder teilweise an die berechtigen Nutznießer der Stiftung oder an den Amtswalter der Stiftung übergeben zu haben, die berechtigten Nutznießer oder der Amtswalter dies aber leugnen, oder wenn der Einnehmer behauptet, dass die Übergabe an den Amtswalter vor dessen Tod erfolgt sei, und kein Zeugenbeweis vorliegt, so wird der Aussage des Einnehmers durch dessen Eid Glauben geschenkt, sollte es sich nicht um eine offensichtliche Falschaussage handeln.[446]

Art. 225

Die Aussage des Abgesandten des Aufsehers, die Zahlung an den Empfänger geleistet zu haben, wird durch den Eid des Abgesandten akzeptiert. Wenn also der Aufseher einen Abgesandten schickt, um eine Summe an eine bestimmte Person zu bezahlen und der Empfänger den Erhalt der Summe bestreitet, dann gilt die Aussage des Abgesandten in Bezug auf dessen Befreiung von der Haftung. Die Aussage des Empfängers gilt in Bezug auf die Nichtinbesitznahme.

Wenn der Aufseher der Meinung des Abgesandten Glauben schenkt und den Empfänger der Lüge bezichtigt, muss dieser einen Eid vor *Allāh* über die Inbesitznahme ablegen. Wenn er den Eid leistet, wird dies behandelt, als hätte er die Summe nicht in Besitz genommen. Sein Anspruch erlischt nicht. Wenn er den Eid verweigert, gilt dies als Inbesitznahme. Sein Anspruch erlischt.

Wenn der Aufseher dem Empfänger hinsichtlich der Nichtinbesitznahme Glauben schenkt, muss der Abgesandte den Eid vor *Allāh* leisten, dass er die Summe an den Empfänger gezahlt hat. Wenn er den Eid leistet, wird er von der Haftung befreit. Wenn er den Eid verweigert, muss er die an ihn gezahlte Summe ersetzen.[447]

---

444 Entnommen aus S. 227 zur Religiösen Stiftung und aus S. 290 zum Amt des Testamentsvollstreckers in „Tanqīḥ al-ḥāmidīya" (Fn.-Qadrī).

445 Arab.: al-ǧābī al-amīn.

446 Erwähnt auf S. 228 in „Tanqīḥ al-ḥāmidīya" (Fn.-Qadrī).

447 Erwähnt auf S. 230 in „Tanqīḥ al-ḥāmidīya" (Fn.-Qadrī).

Art. 226
Der Aufseher oder sein Bevollmächtigter kann die Religiöse Stiftung mit solchen Beträgen belasten, die üblicherweise auszugeben sind, um Rechtsgutachten einzuholen, Klagen anzustrengen, Gerichtsverfahren durchzuführen und andere Gebühren oder Zahlungen zu leisten, die ursprünglich nicht vorgesehen waren, um der Religiösen Stiftung einen Nutzen zu erbringen oder Verluste zu vermeiden.[448]

Art. 227
Wenn der Aufseher der Religiösen Stiftung mit den berechtigten Nutznießern die Einkünfte der Stiftung für ein bestimmtes Jahr, seine rechtmäßigen Ausgaben und die jedem einzelnen Nutznießer zustehende Summe aus dem Ertragsgewinn abgerechnet hat und jeder einzelne Nutznießer dem zustimmt, wird entsprechend der Zustimmung gehandelt. Die berechtigten Nutznießer dürfen danach nur wegen eines rechtmäßigen Grundes Widerspruch gegen die Abrechnung einlegen.[449]

Art. 228
Die Rechnungsbücher, die vom Richter unterschrieben werden, sind maßgebend. Wenn also der Verwalter die Einnahmen der Religiösen Stiftung und seine rechtmäßigen Ausgaben jährlich in einem vom Richter bestätigten Buch eingetragen hat, kann derjenige, der die Aufsicht nach ihm oder an seiner Stelle übernimmt, keine neue Abrechnung über die Einnahmen und Ausgaben in den vergangenen Jahren, für die die Abrechnung der erwähnten Religiösen Stiftung erfolgt ist, fordern.[450]

9. Abschnitt[451]
Die Schulden[452]

Art. 229
Die Schulden werden durch gleichartige Objekte beglichen. Das heißt, dass mit Bezahlung der Schuld an den Gläubiger für den Schuldner eine Verpflichtung seines Gläubigers entsteht, die der Verpflichtung des Schuldners an den Gläubiger

---

448 Erwähnt auf S. 206 und S. 230 in „Tanqīḥ al-ḥāmidīya" (Fn.-Qadrī).

449 Erwähnt auf S. 203 ff. in „Tanqīḥ al-ḥāmidīya" (Fn.-Qadrī).

450 Erwähnt in „Tanqīḥ al-ḥāmidīya", S. 204 (Fn.-Qadrī).

451 In der Ausgabe von 2006 fälschlicherweise als 8. Abschnitt deklariert. Vgl. Qadrī Pāšā, M., Qānūn al-ᶜadl…, a.a.O. (2006), S. 385. Dieser Abschnitt hat keine direkte Verbindung zur Thematik der Religiösen Stiftung und ist eher einer zivilrechtlichen Gesetzgebung zuzuordnen.

452 Zu den arabischen Ausdrücken ad-dain (Schuld, Gattung, Gattungsschuld) und aḏ-ḏimma (hier: Verpflichtung) siehe Fn. 126 und Wichard, J. C., Zwischen Markt…, a.a.O., S. 134-142). Im Mittelpunkt steht die in Geld ausgedrückte Schuld. Je nach Bezug kann der Begriff ad-dain auch mit „Forderung" übersetzt werden.

entspricht. Es erfolgt ein gegenseitiger Ausgleich, der eine wechselseitige Forderung gegenstandslos macht.
Falls der Gläubiger demnach den Schuldner nach Bezahlung der Schuld durch einen Verzicht entlastet, hat dieser einen Rückforderungsanspruch gegenüber dem Gläubiger. Gleiches gilt, wenn der Gläubiger etwas vom Schuldner kauft, was von der Art her seiner Forderung entspricht. Er erfolgt ein gegenseitiger Ausgleich. Wenn aber der Gläubiger etwas kauft und die Schuld als Kaufpreis bestimmt wird, entsteht für den Schuldner keine Verpflichtung des Gläubigers. Der Preis kann nichts anderes als die Schuld sein. Die Verpflichtung des Schuldners wird notwendigerweise aufgehoben, so als hätte ihn der Gläubiger von der Schuld befreit. Damit wird ein Unterschied zwischen der Inbesitznahme der Schuld und dem Kauf für die Schuld deutlich, weil die Schuld keinen Vermögenswert darstellt, sondern als Verpflichtung angesehen wird, deren Inbesitznahme nicht tatsächlich vorstellbar ist.
Daher wird gesagt, dass die Schulden durch gleichartige Objekte beglichen werden müssen. Das bedeutet, dass das in Besitz Genommene den Gläubiger belastet, weil die eigene Inbesitznahme wie eine Eigentumsübertragung wirkt. Da der Forderungsinhaber vom Schuldner ein gleichartiges Objekt fordern kann, werden die Schulden gegenseitig ausgeglichen.[453]

Art. 230
In sieben Fällen bedarf es trotz des Anerkenntnisses einer Zeugenaussage:

- Wenn ein gesetzlicher Erbe eine Schuld des Toten anerkennt, ist die Zeugenaussage anzuhören, weil sich die Entscheidung zugunsten der Schuld auch auf die anderen gesetzlichen Erben bezieht.
- Der Testamentsvollstrecker oder der ernannte Vormund muss den Beweis erbringen, auch wenn der Beklagte die Testamentsvollstreckung oder ernannte Vormundschaft anerkennt.
- Der Bevollmächtigte muss bestätigt werden, auch wenn der Beklagte die Bevollmächtigung anerkennt, um einen Schaden zu vermeiden.
- Derjenige, der einen Anspruch geltend macht, muss den Beweis führen, auch wenn der Besitzer der beanspruchten Sache dies anerkennt, damit der Besitzer einen Rückforderungsanspruch gegenüber seinem Verkäufer durchsetzen kann.
- Falls ein Prozess gegen ein Recht des Kindes, das vom Vater vormundschaftlich vertreten wird, geführt wird und der Vater dieses Recht aner-

[453] Erwähnt auf S. 119 ff. im Kapitel zum Eid beim Essen, Trinken usw. und auf S. 190 im Kapitel zum Eid beim Schlagen und Töten usw. „Radd al-muḥtār“, Teil 3 mit einer Korrektur (Fn.-Qadrī). Für Hinweise in Bezug auf die Interpretation dieses Artikels danke ich Herrn Mohammad Edris (Leipzig/Damaskus) und Herrn Ahmed Abdelemam Ali (Leipzig/Kairo).

kennt, so wird der Prozess nicht eingestellt. Der Zeugenbeweis muss erbracht werden, es sei denn, es handelt sich um einen ernannten Vormund und um einen vom Richter ernannten Bevollmächtigten[454].

- Der Vermächtnisnehmer muss den Zeugenbeweis erbringen, auch wenn der gesetzliche Erbe[455] das Vermächtnis anerkennt.
- Falls ein Reittier von einer Person und danach von einer anderen Person gemietet wird, hat der erste Mieter den Beweis gegenüber dem Vermieter zu erbringen, auch wenn der Vermieter den ersten Mieter anerkennt.[456]

10. Abschnitt[457]
Die Haftung des Aufsehers und die Fälle, in denen er einen Rückforderungsanspruch in Bezug auf den Ertrag der Religiösen Stiftung hat

Art. 231

Der Ertrag der Religiösen Stiftung gelangt treuhänderisch in den Besitz des Aufsehers. Wenn der Ertrag ohne Nachlässigkeit des Aufsehers vernichtet wird, haftet er nicht. Die Ansprüche der berechtigten Nutznießer der Stiftung werden hinfällig.

Wenn er den Ertrag verbraucht, mit seinem Vermögen vermischt oder der Ertrag durch seine schuldhafte Rechtsverletzung bzw. infolge höherer Gewalt untergeht, nachdem der Ertrag von ihm eingefordert worden ist, sind die berechtigten Nutznießer der Stiftung die Eigentümer des Ertrages. Der Aufseher haftet dafür.

Wenn der Aufseher eine Sache der Religiösen Stiftung zum Austausch verkauft, den Preis der Sache in Besitz nimmt und diese Sache ohne seinen Fehler vernichtet wird, haftet er nicht. Die Religiöse Stiftung wird nichtig.[458] Wenn er die Sache verbraucht oder sie durch seine schuldhafte Rechtsverletzung untergeht, so haftet er dafür.

Die Bürgschaft für die Treuhandgüter ist nicht wirksam. Der Verwalter darf nicht zum Bürgen für den Ertrag der Religiösen Stiftung und für das Austauschvermögen verpflichtet werden.[459]

---

[454] Arab.: al-amīn.

[455] Diese Aussage ist unklar (vgl. die Formulierung im ersten Anstrich des Art. 230). Wenn alle Erben das Vermächtnis anerkennen oder nur ein gesetzlicher Erbe existiert, der das Vermächtnis anerkennt, ist das Vermächtnis zu erfüllen. Es geht also um das Anerkenntnis durch einen der gesetzlichen Erben. Die französische Übersetzung weicht vom Original ab und korrigiert den Fehler: Kadri Pacha, M., Du wakf. A.a.O., S. 141.

[456] Erwähnt auf S. 242 im Kapitel zur Strafe bei Verleumdung in „Radd al-muḥtār", Teil 3 (Fn.-Qadrī).

[457] In der Ausgabe von 2006 fälschlicherweise als 9. Abschnitt deklariert. Vgl. Qadrī Pāšā, M., Qānūn al-ᶜadl…, a.a.O. (2006), S. 387.

[458] Dies bezieht sich auf die konkrete Sache der Stiftung.

[459] Allgemein erwähnt auf S. 57 in „Al-isᶜāf", auf S. 228 ff. in „Al-anqarawīya" und auf S. 227 in „Tanqīḥ al-ḥāmidīya" (Fn.-Qadrī).

Art. 232
Wenn der Verwalter einer Religiösen Stiftung, die zugunsten einer Moschee errichtet worden ist, den Ertrag in Besitz genommen hat und ohne eine Aufstellung des Ertrages verstirbt, indem keine Ertragsgegenstände in seinem Nachlass gefunden werden und nicht bekannt ist, was er mit dem Ertrag gemacht hat, so haftet er nicht mit seinem Nachlass dafür.
Wenn der Ertrag der Stiftung gemäß der Bedingung des Stifters für die rechtmäßigen Nutznießer der Stiftung errichtet worden ist, der Verwalter den Ertrag in Besitz genommen hat, er ohne Aufstellung des Ertrages verstirbt und keine Ertragsgegenstände in seinem Nachlass gefunden werden, dann haftet der Verwalter mit seinem Nachlass, sollten die berechtigten Nutznießer ihre Ansprüche vor dem Tod des Verwalters, der keine Aufstellung erstellt hat, geltend gemacht haben und nicht befriedigt worden sein. Wenn sie aber ihre Ansprüche vor dem Tod des Verwalters nicht geltend gemacht haben, haftet er nicht mit seinem Nachlass. Dies ist die Meinung der meisten Juristen.[460]
Wenn der Verwalter eine Immobilie der Religiösen Stiftung zum Austausch verkauft, den Preis hierfür in Besitz nimmt und vor dem Kauf einer anderen Immobilie, die ersatzweise zur Religiösen Stiftung wird, ohne Angabe des Preises verstirbt, wird der Preis zur Nachlassschuld des Verwalters.[461]

Art. 233
Wenn der Amtswalter einen Arbeiter zur Rekonstruktion der Moschee mit einem Lohn anstellt,[462] der unverhältnismäßig über dem üblichen Niveau liegt, so hat er keinen Rückforderungsanspruch auf den aus seinem Vermögen bezahlten Lohn gegenüber der Religiösen Stiftung. Wenn er den Lohn aus dem Ertrag der Religiösen Stiftung bezahlt, haftet er in vollem Umfang dafür.
Wenn die Erhöhung moderat ausfällt, haftet er dafür nicht. Die gleichen Bestimmungen und Details gelten, wenn er einen Gebetsrufer oder andere Bedienstete der Moschee für einen bestimmen Lohn jährlich anstellt.[463]

Art. 234
Wenn der Aufseher nicht imstande ist, das Vermögens der Religiösen Stiftung aus der Zahlungsverpflichtung der Pächter zu erlangen oder die Forderungen gegenüber den Pächtern einzutreiben, sodass das Vermögen vernichtet wird, haftet der Aufseher nicht dafür.

---

460 Arab.: ᶜibārat akṯar al-kutub.

461 Erwähnt auf S. 208 ff. in „Tanqīḥ al-ḥāmidīya“ (Fn.-Qadrī).

462 Das Verhältnis zwischen Arbeitgeber und Arbeitnehmer kann islamisch-rechtlich als ein Mietvertrag im Sinne einer Personenmiete dargestellt werden. Vgl. Ebert, H.-G., Heilen, J., Islamisches Recht. A.a.O., S. 198.

463 Erwähnt auf S. 232 in „Al-anqarawīya“, auf S. 329 in „Al-hindīya“ und auf S. 55 in „Al-isᶜāf“ (Fn.-Qadrī).

Wenn er bei einer Stiftungssache nachlässig handelt und die Stiftungssache beschädigt bzw. vernichtet wird, so haftet er dafür.
Falls der Aufseher den Teppich der Moschee[464] nicht reinigen lässt, sodass dieser von Schädlingen befallen wird, haftet er für den Wert des Teppichs, sollte er dafür vergütet werden.
Gleiches gilt für den Bibliothekar von Stiftungsbüchern. Wenn er die Sorgfalt vernachlässigt und die Bücher beschädigt werden, haftet er für ihren Wert.[465]

Art. 235
Wenn die Religiöse Stiftung keinen Ertrag erbringt, der eine dringend notwendige Reparatur ermöglicht, der Amtswalter ein Darlehen im Sinne eines Weiterverkaufs mit Gewinnaufschlag[466] aufnimmt, indem er z.B. für zehn (*Dīnār*) dreizehn (*Dīnār*) zurückzahlen will und so vom Darlehensgeber eine geringer wertige Sache mit einem Aufschlag von drei (*Dīnār*) kauft, dann hat der Amtswalter einen Rückforderungsanspruch gegenüber der Religiösen Stiftung in Höhe von zehn (*Dīnār*). Er haftet für den Gewinnaufschlag mit seinem eigenen Vermögen.[467]

Art. 236
Wenn der Aufseher das Haus einer Religiösen Stiftung so rekonstruiert, dass die Rekonstruktion über das Niveau zum Zeitpunkt der Stiftung hinausgeht, indem er den Bau erneuert, das Gebäude weißt, anstreicht, bemalt oder andere Arbeiten ausführt, die der Stifter nicht getan hat und die der Stiftung keinen Vorteil bringen und nicht der Stabilität des Baus dienen, so muss er dies aus seinem eigenen Vermögen bezahlen und hat keinen Rückforderungsanspruch in Bezug auf seine Ausgaben für die Religiöse Stiftung, sollten die berechtigten Nutznießer der Stiftung nicht ihr Einverständnis für die Erweiterungen gegeben haben. Wenn er den Ertrag der Religiösen Stiftung dafür verwendet, haftet er dafür.[468]

---

464 Arab.: bisāṭ al-masǧid.
465 Erwähnt auf S. 580 in „Radd al-muḥtār" und auf S. 228 in „Al-anqarawīya" (Fn.-Qadrī).
466 Arab.: al-murābaḥa. Diese Form eines islamkonformen Bankproduktes, welches ein doppeltes Verkaufsgeschäft darstellt, wird bis heute im islamischen Bankwesen genutzt. Es tritt in vielfältigen Unterformen in Erscheinung. Vgl. Ebert, H.-G., Islamische Bankprodukte: Quellen, Normen und Begriffe. In: Ebert, H.-G., Thießen, F., Das islamkonforme Finanzgeschäft. Aspekte von Islamic Finance für den deutschen Privatkundenmarkt, Stuttgart 2010, S. 70-71.
467 Erwähnt auf S. 581 in „Radd al-muḥtār" (Fn.-Qadrī). Diese Regelung behindert die Reparatur und Modernisierung der Religiösen Stiftungen und deutet auf die Problematik zinsloser wirtschaftlicher Verhältnisse und entsprechender Umgehungsgeschäfte (ḥiyal) hin.
468 Erwähnt auf S. 190 in „Tanqīḥ al-ḥāmidīya" und auf S. 520 in „Radd al-muḥtār" (Fn.-Qadrī).

Art. 237
Wenn der Amtswalter einen Kredit für die Religiöse Stiftung aufnimmt, ohne dass eine Bedingung des Stifters und eine Einwilligung des zuständigen Richters vorliegen, haftet er für die Schuld mit seinem Vermögen. Er darf die Schuld nicht aus dem Ertrag der Religiösen Stiftung begleichen. Wenn er ein Darlehen aufnimmt, das für die berechtigten Nutznießer der privatnützigen Stiftung bestimmt ist, haftet er für das Darlehen mit seinem Vermögen. Er hat keinerlei Rückforderungsanspruch gegenüber dem Ertrag der Religiösen Stiftung, wohl aber gegenüber den berechtigten Nutznießern, die das Darlehen von ihm in Besitz genommen haben.[469]

Art. 238
Wenn das Haus einer Religiösen Stiftung einer notwendigen Reparatur bedarf, die im Falle der Verzögerung einen offensichtlichen Schaden hervorrufen würde, der zur Zerstörung führt, der Aufseher aber die Reparatur hinauszögert und den in Besitz genommenen Ertrag an die berechtigten Nutznießer verteilt, die erst nach der notwendigen Reparatur Anspruch auf den Ertrag haben, so haftet er gegenüber der Religiösen Stiftung für seine Zahlungen an sie. Er hat einen Rückforderungsanspruch gegenüber den berechtigen Nutznießern für seine Leistungen. Das, was noch *in natura* vorliegt, wird zurückgegeben, für das, was zerstört oder verbraucht ist, wird mit seinem Gegenwert gehaftet. Das ist die vorherrschende Auffassung. Wenn die Reparatur nicht notwendig ist und aus der Verschiebung auf den Ertrag des folgenden Jahres kein offensichtlicher Schaden für die Religiöse Stiftung erwächst, dann kann sie verschoben und der Ertrag an die berechtigten Nutznießer verteilt werden. Der Aufseher haftet nicht und hat keinen Rückforderungsanspruch gegenüber denjenigen berechtigten Nutznießern, die den Ertrag in Besitz genommen haben.[470]

Art. 239
Wenn auf der Religiösen Stiftung eine Kreditschuld lastet, die der Aufseher mit Einwilligung des Richters zur notwendigen Reparatur der Religiösen Stiftung bzw. zur Urbarmachung ihres Landes aufgenommen hat, oder wenn die Stiftung eine Person, die auf ihre Kosten die notwendige Reparatur mit Einwilligung des Verwalters ausführt, anstellt, weil kein Ertrag der Religiösen Stiftung, aus der die Reparatur bezahlt werden kann, existiert, so haftet der Verwalter mit seinem Vermögen gegenüber dem Forderungsinhaber oder gegenüber demjenigen, der die Kosten für die Reparatur bezahlt, sollte der Verwalter den Ertrag in Besitz genommen, an die berechtigten Nutznießer verteilt und die für die Forderung oder

[469] Erwähnt auf S. 218, S. 221 und S. 222 in „Tanqīḥ al-ḥāmidīya“ (Fn.-Qadrī).
[470] Erwähnt auf S. 217 ff. in „Tanqīḥ al-ḥāmidīya“ (Fn.-Qadrī).

die Kosten notwendige Summe daraus nicht entnommen haben. Die Haftung bezieht sich auf die Summe, die er an die berechtigten Nutznießer bezahlt hat, die erst nach Begleichung der auf der Religiösen Stiftung lastenden Schuld einen Anspruch auf den Ertrag haben. Er hat einen Rückforderungsanspruch gegenüber den berechtigten Nutznießern für das, was noch existiert, *in natura* und für das, was zerstört oder verbraucht ist, im Gegenwert.[471]

Art. 240
Wenn sich der Stifter nicht ausbedungen hat, dass der Ertrag eines Jahres in einem anderen Jahr ausgegeben werden kann, der zuständige Aufseher der Religiösen Stiftung die in Besitz genommenen Einkünfte des laufenden Jahres als ausstehende Löhne des vergangenen Jahres für diejenigen, die religiöse Tätigkeiten verrichtet haben, ausgibt, ohne dass die Bediensteten diese Löhne vom vorangegangenen Aufseher, der ohne Angabe des eingenommenen Ertrages verstorben ist, in Besitz genommen haben, dann haftet der zuständige Aufseher. Er hat einen Rückforderungsanspruch gegenüber diesen Bediensteten auf das von ihm vermeintlich pflichtgemäß Bezahlte. Es steht ihm aus dem Ertrag des Folgejahres zu oder es wird mit den Ansprüchen der Bediensteten im Folgejahr verrechnet. Einen Rückforderungsanspruch hat er auch gegenüber einem Bediensteten, an den er eine höhere Summe als die ihm zustehende bezahlt hat.[472]

Art. 241
Eine Person, die ohne Verpflichtung eine Sache übergibt, kann sie zurückfordern, es sei denn, es handelt sich um eine Schenkung[473], die der Beschenkte verbraucht hat.[474]

Art. 242
Derjenige, der im Glauben an eine Rechtspflicht eine Schuld bezahlt, obwohl diese nicht vorliegt, hat einen Rückforderungsanspruch auf die Sache *in natura*. Sollte sie verbraucht sein, hat er einen Anspruch auf ihren Gegenwert.[475]

Art. 243
Wenn der Aufseher die Gelder der Stiftung für den eigenen Bedarf ausgibt und danach aus seinem Vermögen eine den Geldern der Stiftung entsprechende Summe für die Rekonstruktion der Stiftung verwendet, wird er von der Haftung

---

[471] Erwähnt auf S. 218 ff. in „Tanqīḥ al-ḥāmidīya" (Fn.-Qadrī).

[472] Erwähnt auf S. 219 und S. 231 in „Tanqīḥ al-ḥāmidīya" (Fn.-Qadrī).

[473] Arab.: al-hiba. Das Islamische Recht kennt verschiedene Formen der Schenkung. Dazu as-Saiyid Sābiq, Fiqh as-sunna. Bairūt 1985, 7. Aufl., Bd. 3, S. 534-559. Zur Schenkung vgl. auch Fn. 173.

[474] Erwähnt auf S. 219 in „Tanqīḥ al-ḥāmidīya" (Fn.-Qadrī).

[475] Erwähnt auf S. 219 in „Tanqīḥ al-ḥāmidīya" (Fn.-Qadrī).

freigestellt. Wenn er seine Ausgaben mit den Geldern der Religiösen Stiftung vermischt, wird er erst mit der Verwendung der gesamten Summe für die Rekonstruktion der Religiösen Stiftung von der Haftung freigestellt.[476]

Art. 244
Wenn ein Unglück die Religiöse Stiftung heimsucht, welches nur durch die Verwendung einer Sache aus dem Ertrag der Religiösen Stiftung abgewehrt werden kann, und der Aufseher oder sein Bevollmächtigter dies tut, haftet er nicht dafür. Wenn er dafür eine Summe aus seinem eigenen Vermögen aufwendet, hat er einen Rückforderungsanspruch gegenüber dem Ertrag der Religiösen Stiftung.[477]

Art. 245
Wenn der Aufseher der Religiösen Stiftung aus seinem eigenen Vermögen die erforderlichen Ausgaben für die Religiöse Stiftung und ihre notwendige Rekonstruktion bestreitet, dann hat er einen Rückforderungsanspruch in üblicher Höhe, sollte er sich diesen Anspruch ausbedungen und den Zeugenbeweis hierfür erbracht haben, dass er die Ausgaben in der Absicht ihrer Rückforderung aus dem Ertrag der Religiösen Stiftung getätigt hat.
Wenn er sich die Rückforderung nicht ausbedungen und den Zeugenbeweis hierfür nicht erbracht hat, hat er keinen Rückforderungsanspruch in Bezug auf seine Ausgaben. Die Rekonstruktion durch seinen Bevollmächtigten aus dessen Vermögen gilt als eine Rekonstruktion des Aufsehers, die einen Rückforderungsanspruch bewirkt, auch wenn sich der Bevollmächtigte diesen nicht ausbedungen hat, sollte der größte Nutzen daraus der Religiösen Stiftung zugutekommen. Sollte der größte Nutzen dem Bevollmächtigten zugutekommen, besteht nur dann ein Rückforderungsanspruch, wenn dieser ausbedungen worden ist.
Wenn der Aufseher, der die Rekonstruktion bewilligt hat, verstirbt, hat der die Arbeiten ausführende Mieter oder haben nach dessen Tod seine gesetzlichen Erben einen Rückforderungsanspruch in Bezug auf ihre Ausgaben aus dem Nachlass des Aufsehers. Die gesetzlichen Erben des Aufsehers können für ihre Zahlungen einen Rückforderungsanspruch gegenüber dem neuen Aufseher aus dem Ertrag der Religiösen Stiftung geltend machen.
Wenn die Person, die die Rekonstruktion bewilligt, nicht zur Verwaltung der Religiösen Stiftung ermächtigt ist, dann sind die Ausgaben des bevollmächtigten Mieters eine freiwillige Spende, die weder von der Religiösen Stiftung noch von demjenigen, der die Bevollmächtigung ausgesprochen hat, zurückgefordert werden kann.[478]

[476] Erwähnt auf S. 219 in „Tanqīḥ al-ḥāmidīya“ und auf S. 49 „Al-is^cāf“ (Fn.-Qadrī).
[477] Erwähnt auf S. 230 in „Tanqīḥ al-ḥāmidīya“ (Fn.-Qadrī).
[478] Erwähnt auf S. 221 ff. in „Tanqīḥ al-ḥāmidīya“ (Fn.-Qadrī).

Art. 246
Wenn der Aufseher, der die Rekonstruktion durch den Mieter bewilligt hat, verstirbt und der Mieter nachweist, dass er übliche Kosten aufgewendet hat und zur Rekonstruktion ermächtigt worden ist, dann hat er einen Rückforderungsanspruch gegenüber den gesetzlichen Erben des Aufsehers. Diese wiederum haben einen Rückforderungsanspruch gegenüber der Religiösen Stiftung.
Wenn der Verwalter das Haus nach Ablauf des Mietverhältnisses an einen anderen als den Gläubiger[479] vermietet, der Gläubiger die Erfüllung seiner Forderung verlangt, der Aufseher den neuen Mieter ermächtigt, die Forderung zu erfüllen, um selbst durch die Zahlung eine Forderung gegenüber der Religiösen Stiftung zu erheben, so hat der neue Mieter einen Rückforderungsanspruch gegenüber dem Aufseher der Religiösen Stiftung für seine Zahlung.
Wenn der Verwalter verstirbt, dann hat der neue Mieter einen Rückforderungsanspruch aus dem Nachlass des ursprünglichen Verwalters, dessen gesetzliche Erben einen solchen gegenüber dem neuen Verwalter aus dem Vermögen der Religiösen Stiftung.[480]

11. Abschnitt[481]
Die Gründe für die Absetzung des Verwalters der Religiösen Stiftung

Art. 247
Der Stifter kann den Aufseher, den er für seine Religiöse Stiftung ernannt hat, absetzen, unabhängig davon, ob dies aufgrund einer Pflichtverletzung geschieht oder nicht, ob sich der Stifter die Absetzung bzw. Nichtabsetzung ausbedungen hat oder nicht und ob überhaupt eine Bedingung formuliert worden ist.
Der Stifter darf aber denjenigen Aufseher, den der Richter ernannt hat, nicht absetzen. Dieser wiederum darf den vom Stifter festgelegten Aufseher nur dann absetzen, wenn ein Treuebruch seitens des Aufsehers vorliegt. Der Richter kann den von einem anderen Richter ernannten Aufseher nur bei Vorliegen eines Grundes hierfür absetzen.[482]

Art. 248
Wenn der Treuebruch des Aufsehers der Religiösen Stiftung feststeht, sich dessen Lasterhaftigkeit zeigt oder er nicht imstande ist, die Angelegenheiten der Religiösen Stiftung zu verwalten, muss der Richter ihn absetzen, ihm die Religiöse Stiftung aus den Händen nehmen und ihn durch einen anderen Aufseher ersetzen. Wenn sich der Stifter selbst die Verwaltung der Religiösen Stiftung ausbedungen

479 Damit ist derjenige gemeint, der Rekonstruktionsarbeiten ausgeführt hat.
480 Erwähnt auf S. 222 in „Tanqīḥ al-ḥāmidīya“ mit einer Korrektur (Fn.-Qadrī).
481 In der Ausgabe von 2006 fälschlicherweise als 10. Abschnitt deklariert. Vgl. Qadrī Pāšā, M., Qānūn al-ᶜadl…, a.a.O. (2006), S. 399.
482 Erwähnt auf S. 533 ff. in „Ad-durr al-muḫtār“ und „Radd al-muḥtār“ (Fn.-Qadrī).

hat, aber nicht als vertrauenswürdig erscheint oder sich dessen Lasterhaftigkeit zeigt, dann kann ihn der Richter absetzen und durch einen anderen ersetzen, auch wenn in der Stiftungsurkunde eine Nichtabsetzung als Bedingung aufgenommen wurde. Der Richter kann ihm aber auch einen anderen Aufseher zur Seite stellen. Wenn der Richter einen Aufseher seines Amtes enthebt, darf ein anderer Richter ihn nicht erneut zur Verwaltung einsetzen, es sei denn, er weist diesem nach, dass er zur Verwaltung befähigt ist. In diesem Falle erhält er die Funktion der Verwaltung zurück und führt sie wie vorgesehen aus. Gleiches gilt, wenn er seine Fähigkeit zur Verwaltung vor dem Richter, der ihn abgesetzt hat, nachweist, Reue zeigt und all das unterlässt, was zur Absetzung geführt hat.[483]

Art. 249
Derjenige Aufseher, der für mehrere Religiöse Stiftungen eingesetzt ist, wird bei Treuebruch in einer der Stiftungen für alle Stiftungen abgesetzt.[484]

Art. 250
Wenn der Stifter oder der Richter den Aufseher absetzt, so gilt die Absetzung erst mit seiner Kenntnisnahme. Seine vorherigen Verfügungen bleiben in Bezug auf die Religiöse Stiftung wirksam.
Wenn der Aufseher selbst zurücktritt, wirkt der Rücktritt erst nach Information an den Stifter, der ihn zuvor bestimmt hat, oder an den Richter. Ohne diese Information ist der eigene Rücktritt nicht wirksam.[485]

Art. 251
Wenn die Bestifteten[486] die Vertrauenswürdigkeit des Aufsehers anfechten, entlässt ihn der Richter nicht aufgrund der Anfechtung, sondern dann, wenn der Treuebruch erwiesen ist.
Er kann dem Aufseher jedoch aufgrund ihrer Beschwerde eine vertrauenswürdige Person zur Seite stellen. Der Aufseher erhält aber weiterhin seinen Lohn. Wenn der Richter der Auffassung ist, einen Teil des Lohnes des Aufsehers an die vertrauenswürdige Person an seiner Seite zu geben, ist nichts dagegen einzuwenden. Wenn der für den Aufseher festgelegte Lohn gering ist, kann der Richter der vertrauenswürdigen Person einen bestimmten Betrag aus dem Ertrag der Religiösen Stiftung unter Beachtung wirtschaftlicher Sparsamkeit zuwenden.

---

[483] Erwähnt auf S. 532 ff. in „Ad-durr al-muḫtār“ und „Radd al-muḥtār“ und auf S. 46 in „Al-isᶜāf“ (Fn.-Qadrī).
[484] Erwähnt auf S. 532 in „Radd al-muḥtār“ (Fn.-Qadrī).
[485] Erwähnt auf S. 205 in „Tanqīḥ al-ḥāmidīya“ und auf S. 571 in „Ad-durr al-muḫtār“ und „Radd al-muḥtār“ (Fn.-Qadrī).
[486] Hier arab.: ahl al-waqf.

Wenn der Richter dem Aufseher eine vertrauenswürdige Person, d.h. einen Pfleger[487], zur Stelle stellt, darf der Aufseher in den Angelegenheiten der Religiösen Stiftung nur verfügen, wenn er die vertrauenswürdige Person informiert und deren Meinung einholt. Der Aufseher ist jedoch bevorrechtigt, den Ertrag der Religiösen Stiftung einzubehalten und bei sich zu verwahren.[488]

Art. 252

Die Gründe für die Entlassung des Aufsehers sind folgende:

Der Aufseher verfügt in den Angelegenheiten der Religiösen Stiftung wissentlich gegen die Bedingung des Stifters.

Der Aufseher verpfändet eine Immobilie der Religiösen Stiftung oder verkauft vollständig bzw. teilweise gewinnbringende Stiftungsanlagen, oder aber er verkauft intakte Gebäude oder Trümmer eingestürzter Gebäude ohne Einwilligung des Richters.

Der Aufseher schneidet Früchte tragende Bäume oder Dattelpalmen in den Gärten der Religiösen Stiftung ab und verkauft sie, ohne den Vorteil daraus für die Religiöse Stiftung zu beachten. Er ermöglicht dem Käufer von nutzbringenden Blättern von Bäumen, die Äste dieser Bäume abzuschneiden.

Der Aufseher behauptet, dass eine Sache aus der Religiösen Stiftung, die er verwaltet, sein Eigentum sei und dass er das Land der Religiösen Stiftung für sich selbst landwirtschaftlich nutze.

Der Aufseher bewohnt ein Haus der Religiösen Stiftung, auch wenn er dafür eine übliche Miete zahlt, und vermietet es an einen seiner Vorfahren oder Nachkommen, die ihm gegenüber nicht zeugnisfähig sind, ohne dass sich dadurch für die Religiöse Stiftung ein Vorteil ergibt.

Wenn er nach einem der erwähnten Punkte verfährt, liegt seinerseits ein Treuebruch vor und die Entlassung wird erforderlich.[489]

Art. 253

Der Aufseher gilt als sündhaft, wenn er die notwendige Rekonstruktion der Religiösen Stiftung verweigert, obwohl er den Ertrag in seinem Besitz hat, wenn er die berechtigten Nutznießer gegenüber der Rekonstruktion oder der Bezahlung der von der Religiösen Stiftung geforderten Schuld bevorzugt, wenn er die Eintreibung der Mieten aus den gewinnbringenden Stiftungsanlagen vernachlässigt und diese so den Vermietern verloren gehen, wenn er den in Besitz genommenen

---

[487] Arab.: al-mušrif.

[488] Erwähnt auf S. 580 und S. 596 in „Ad-durr al-muḫtār" und „Radd al-muḥtār" (Fn.-Qadrī).

[489] Allgemein erwähnt auf S. 231 in „Tanqīḥ al-ḥāmidīya", auf S. 533 in „Radd al-muḥtār", auf S. 333-335 in „Al-hindīya", auf S. 50 in „Al-isᶜāf" und auf S. 594 in „Radd al-muḥtār" (Fn.-Qadrī).

Ertrag für sich selbst ausgibt und wenn er den Bestifteten und berechtigten Nutznießern der Stiftung ihre festgelegten Anteile verweigert. Wenn er nach einem der erwähnten Punkte verfährt, wird seine Entlassung erforderlich.[490]

Art. 254
Der Aufseher, dessen vollständige Geisteskrankheit[491] mindestens ein Jahr anhält, wird abgesetzt.
Wenn er im Zustand vollständiger Geisteskrankheit einen Bevollmächtigten in den Angelegenheiten der Religiösen Stiftung bestellt oder per Vermächtnis ernannt hat, so sind die Bevollmächtigung und das Vermächtnis nichtig.
Wenn der Hinderungsgrund entfällt und er seinen Verstand zurückerlangt, wird ihm auch die Aufsicht zurückgegeben, wie sie vom Stifter festgelegt worden ist.[492]

Art. 255
Wenn der Aufseher eine Krankheit oder einen Schaden erleidet, der die Wahrnehmung der Angelegenheiten und Interessen der Religiösen Stiftung verhindert, kann ihn der Richter absetzen und eine andere Person dafür ernennen.
Der vertrauenswürdige Aufseher, der erblindet, aber zur Verwaltung der Religiösen Stiftung imstande ist, wird nicht abgesetzt.[493]

Art. 256
Wenn der Stifter oder der Verwalter gewinnbringende Stiftungsanlagen zu einem Mietpreis vermietet, der unter dem üblichen, der keinen gegenseitigen Betrug bewirkt, liegt, oder die Stiftungsanlagen für viele Jahre vermietet, was sich ungünstig auf die Religiöse Stiftung auswirken kann, dann ist der Mietvertrag unwirksam. Der Richter kann den Vertrag annullieren und die Stiftung einer zuverlässigen Person übergeben, wenn der Verwalter nicht vertrauenswürdig ist.
Wenn der Verwalter aber vertrauenswürdig ist und nur unaufmerksam und achtlos gehandelt hat, kann er den Vertrag annullieren, aber den Verwalter in seiner Funktion belassen.
Wenn sich herausstellt, dass vom Mieter eine Gefahr für die Mietsache ausgeht, kann der Richter die Vermietung annullieren und die Mietsache dem Mieter aus der Hand nehmen.[494]

---

490 Erwähnt auf S. 219 ff. in „Tanqīḥ al-ḥāmidīya" (Fn.-Qadrī).

491 Arab.: al-ǧunūn al-muṭbiq. Vgl. dazu die Auffassungen der einzelnen Rechtsschulen in al-Ǧazīrī, ᶜA. ar-R., Kitāb al-fiqh…, a.a.O., Bd. 2, S. 297-298. Diese Person wird nach ḥanafitischer Lehre rechtlich dem nicht unterscheidungsfähigen Minderjährigen gleichgestellt.

492 Erwähnt auf S. 46 in „Al-isᶜāf" und auf S. 532 in „Radd al-muḥtār" (Fn.-Qadrī).

493 Erwähnt auf S. 199 ff. in „Tanqīḥ al-ḥāmidīya" und auf S. 45 in „Al-isᶜāf" (Fn.-Qadrī).

494 Erwähnt auf S. 220 in „Tanqīḥ al-ḥāmidīya" und auf S. 47 in „Al-isᶜāf" (Fn.-Qadrī). Die Seitenangabe für die erste Quelle ist in der Ausgabe von 2006 in der Übersicht falsch. Siehe Qadrī Pāšā, M., Qānūn al-ᶜadl…, a.a.O. (2006), S. 53.

Art. 257
Der Stifter kann den von ihm ernannten Vorbeter, Gebetsrufer und Lehrer absetzen und andere Personen dafür ernennen, wenn diese die Wahrnehmung ihrer Funktionen vernachlässigt haben oder andere Personen hierfür geeigneter sind. Der Richter darf eine Person, die religiöse Tätigkeiten verrichtet oder eine Funktion ausübt, nur wegen eines Vergehens oder einer Untauglichkeit absetzen. Wenn der Vorbeter oder der Gebetsrufer sechs Monate lang seine Tätigkeit nicht ausüben kann, obwohl ein Entschuldigungsgrund hierfür vorliegt, kann der Stifter ihn absetzen. Allerdings wird eine Frist von einem Monat für die Zulässigkeit seiner Absetzung bevorzugt.[495]

12. Abschnitt[496]
Die Abwesenheit und Ruhezeit von Amtspersonen der Stiftung

Art. 258
Wenn sich der Funktionsinhaber in der Stadt aufhält und seine Funktion für legale wissenschaftliche Studien aufgibt, die Stadt für weniger als fünfzehn Tage, aber mit der Absicht auf Rückkehr, grundlos verlässt oder aber für mehr als fünfzehn Tage und weniger als drei Monate legal abwesend ist, um etwa Pensionsgelder zu beantragen, dann ist diese Abwesenheit entschuldbar. Die Funktion wird nicht vakant, der Funktionsinhaber wird nicht abgesetzt, sein Dienstsitz wird ihm nicht genommen. Seine Funktion bleibt unverändert.
In Bezug auf den für die Funktion festgelegten Lohn kann der Abwesende nach seiner Rückkehr den ihm in der Zeit seiner Abwesenheit zustehenden Lohn beanspruchen, wenn die Religiöse Stiftung unbeschränkt, d.h. ohne Festlegung einer Bedingung, errichtet worden ist.
Wenn die Stiftung mit einer Bedingung errichtet worden ist, etwa dergestalt, dass der Stifter einen bestimmten Betrag für den Lehrer pro Tag festgelegt hat oder dass bei einem Ausfall der Lehre ihm der Lohn abgezogen wird, ist die Bedingung des Stifters zu beachten. In den Tagen, in denen der Lehrer abwesend ist und keinen Unterricht erteilt, erhält er nichts.[497]

Art. 259
Wenn ein Funktionsinhaber abwesend ist und die Stadt für eine Reise verlässt und zurückkehrt, wenn er die Pflicht der Großen Wallfahrt erfüllt oder die Verwandtschaft besucht, so wird er ebenfalls nicht seiner Funktion enthoben und die Funktion wird wegen der Abwesenheit des Funktionsinhabers nicht vakant, sollte die

[495] Erwähnt auf S. 571 und auf S. 597 in „Radd al-muḥtār" (Fn.-Qadrī). Vgl. Art. 269.
[496] In der Ausgabe von 2006 fälschlicherweise als 11. Abschnitt deklariert. Vgl. Qadrī Pāšā, M., Qānūn al-ᶜadl…, a.a.O. (2006), S. 409.
[497] Erwähnt auf S. 525 und auf S. 564 ff. in „Radd al-muḥtār" (Fn.-Qadrī).

Abwesenheit drei Monate nicht überschreiten. Der für den Funktionsinhaber festgelegte Lohn entfällt in der Zeit der Abwesenheit aber dann, wenn er keinen Vertreter eingesetzt hat.
Wenn die Person, die sich in der Stadt aufhält, aber ihre Funktion aufgibt, ohne legale wissenschaftliche Studien zu betreiben, oder die Stadt für mehr als drei Monate verlässt, auch wenn ein Rechtfertigungsgrund vorliegt, ohne für die Zeit ihrer Abwesenheit einen Vertreter einzusetzen, dann geht der vorherige Anspruch verloren, die Person wird abgesetzt und die Funktion wird vakant. Wenn sie aber einen Vertreter einsetzt, wird die Funktion nicht vakant und kann nicht von einem anderen wahrgenommen werden.[498]

Art. 260
Wenn der Vorbeter seinen gesamten Jahreslohn in Empfang nimmt, aber vor Ablauf des Jahres abwesend ist, wird von ihm der Teil für das restliche Jahr, in welchem er nicht als Vorbeter tätig war, nicht zurückgefordert. Der Teil steht ihm aber nur zu, wenn er arm ist.
Gleiches gilt für Studierende, die jedes Jahr einen Betrag aus dem Ertrag zur Erntezeit erhalten. Wenn einer von ihnen seinen Anteil entgegennimmt und die Schule[499] verlässt, wird nichts von ihm zurückgefordert.
Gleiches gilt für den Lehrer an der Schule. Wenn er seinen gesamten Jahreslohn in Empfang nimmt und vor Ablauf des Jahres abwesend ist, wird davon nicht zurückgefordert, sollte die Religiöse Stiftung unbeschränkt sein.
Wenn die Stiftung aber beschränkt[500] ist, indem der Stifter für den Lehrer einen bestimmten Betrag pro Tag festlegt, dann steht ihm kein Honorar für die Tage, an denen er nicht gelehrt hat, zu.[501]

Art. 261
Der Funktionsinhaber hat auch Anspruch auf den für ihn festgelegten Lohn, wenn ein Hinderungsgrund für die Tätigkeit vorliegt. Der Lohn kann nicht gekürzt werden, unabhängig davon, ob es sich um einen Aufseher, einen Lehrer oder einen anderen Funktionsinhaber handelt.[502]

---

498 Erwähnt auf S. 564 in „Radd al-muḥtār“ (Fn.-Qadrī).

499 Arab.: al-madrasa.

500 Arab.: muqaiyad. Dies bezieht sich auf die Festlegung einer Bedingung durch den Stifter.

501 Erwähnt auf S. 563 in „Radd al-muḥtār“ (Fn.-Qadrī). Die Fußnote in der arabischen Ausgabe von 2007 ist fehlerhaft (S. 172).

502 Erwähnt auf S. 574 in „Ad-durr al-muḥtār“ und „Radd al-muḥtār“ (Fn.-Qadrī). Die französische Übersetzung fügt sinnvollerweise hinzu, dass der Hinderungsgrund objektiver Natur sein muss. Siehe Kadri Pacha, M., Du wakf. A.a.O., S. 157.

Art. 262
Falls der Amtswalter Stummheit, Erblindung, Geisteskrankheit, Lähmung oder einen anderen Schaden erleidet, aber imstande ist, zu sprechen, zu verwalten, zu verbieten, zu nehmen und zu geben, so steht ihm sein Lohn zu. Wenn er nicht dazu imstande ist, erhält er keinen Lohn.
Aṭ-Ṭarsūsī[503] sagt: „Es ist entsprechend erforderlich, dass der Lehrer oder ein anderer Funktionsinhaber, der wegen einer Krankheit oder der Großen Wallfahrt nicht imstande ist, seine Aufgaben zu erfüllen, keinen Lohn beanspruchen kann, weil die Bestimmung zum Lohn auf diese Erfüllung abstellt." Wenn die Aufgaben also erfüllt werden, steht ihm der Lohn zu, wenn nicht, steht im kein Lohn zu. Die islamische Jurisprudenz[504] folgt mehrheitlich dieser Auffassung.[505]

Art. 263
Wenn der Gebetsrufer oder der Vorbeter verstirbt, ohne seinen ihm zustehenden Lohn erhalten zu haben, wird dieser nicht hinfällig, sondern er wird jedem von beiden entsprechend der Aufgabenerfüllung zuerkannt und als Nachlass behandelt, weil er einer Vergütung entspricht. Bei den modernen Gelehrten wird er als eine einseitige Verpflichtung ohne Gegenleistung[506] angesehen. Bei den älteren Gelehrten wird für beide der Lohn hinfällig, weil sie die Annahme einer Vergütung für fromme Handlungen ablehnen.
Die modernen Gelehrten haben die Zulässigkeit der Lohnzahlung für die Lehre, für den Gebetsrufer und den Vorbeter durch Rechtsgutachten entschieden. Aber der Lebensunterhalt des Richters wird generell nicht als eine Entlohnung angesehen, da niemand die Annahme einer Vergütung für ein Gerichtsverfahren befürwortet.[507]

Art. 264
Lehrer und andere Funktionsinhaber, die während des Jahres versterben, erhalten entsprechend ihrer zeitlichen Aufgabenerfüllung eine Vergütung.

[503] Naǧm ad-Dīn aṭ-Ṭarsūsī (gest. 1357) ist ein bekannter ḥanafitischer Jurist, der in Damaskus wirkte und viele juristische Werke hinterlassen hat. Vgl. die URL http://shamela.ws/index.php/author/621 (zuletzt abgerufen: 06.06.2017). In der französischen Übersetzung fälschlicherweise als Al Tartoussi bezeichnet: Kadrı Pacha, M., Du wakf. A.a.O., S. 157.

[504] Arab.: al-fiqh.

[505] Erwähnt auf S. 564 in „Radd al-muḥtār" (Fn.-Qadrī).

[506] Arab.: aṣ-ṣila. Auch als eine staatliche Leistung verstanden. Vgl. Johansen, B., Contingency in a Sacred Law. Legal and Ethical Norms in the Muslim Fiqh. Leiden, Boston, Köln 1999, S. 119-124,

[507] Erwähnt auf S. 562 in „Radd al-muḥtār" mit einer Korrektur (Fn.-Qadrī). Die Unterscheidung zwischen älteren (al-mutaqaddimūn) und modernen (al-muta'aḫḫirūn) Gelehrten ist eher willkürlich. Im Allgemeinen endet für viele muslimische Gelehrte und Orientalisten die „klassische" Phase in der Formierung des Islamischen Rechts am Ende des 12. Jh. Vgl. Johansen, B., Contingency…, a.a.O., S. 423.

Der Rest ist hinfällig.
Aber bei einer Religiösen Stiftung zugunsten der Kinder und der Familie ist der Ertragseingang maßgeblich. Wer von ihnen nach dem Ertragseingang verstirbt, gibt seine Ansprüche an seine gesetzlichen Erben weiter, auch wenn die Güte des Ertrages noch nicht erkennbar ist. Anderenfalls ist der Anspruch hinfällig. Falls die Religiöse Stiftung etwas zu festgelegten Ratenzahlungen verpachtet, gilt jede einzelne Rate als Ertragseingang. Wer zu diesem Zeitpunkt am Leben ist, besitzt einen Anspruch.[508]

Art. 265
Der bestiftete Verstorbene hat Anspruch auf seinen Anteil an den Einkünften[509], die in seinen Lebensjahren und im Jahr seines Todes erzielt worden sind. Wenn es sich jedoch um eine karitative Leistung des Herrschers[510] handelt, ist sein Anteil für die gesetzlichen Erben nicht zu berücksichtigen.
Wenn jemand anordnet, die Bedürftigen seiner Moschee zu registrieren, eine Registrierung ihrer Namen erfolgt ist und eine Geldsumme für sie überlassen wird, dann gilt für einen verstorbenen Bedürftigen der Grundsatz, dass sein gesetzlicher Erbe den Teil erhält, wenn er nach der Registrierung verstorben ist.
Dies gilt auch für karitative Leistungen für die Bewohner von Mekka und Medina. Für denjenigen Adressaten, der danach verstirbt, erhält dessen Kind diese Summe.[511]

Art. 266
Wenn sich der Stifter den Lohn für einen Funktionsinhaber, unabhängig davon, ob es sich um einen Lehrer, einen Aufseher oder eine andere Person handelt, ausbedingt, hat dieser einen Anspruch, auch wenn er an der Ausübung der Funktion gehindert wird. Eine Kürzung des Lohnes ist nicht statthaft.[512]

Art. 267
Der Lehrer, der selbst freigestellt ist, indem er die betreffende Schule aufsucht, um den Unterricht zu erteilen, aber keine Schüler vorfindet, hat Anspruch auf den Lohn.

---

[508] Erwähnt auf S. 563 in „Radd al-muḥtār“. Besser wäre es, den Artikel an den vorangegangenen Artikel anzufügen (Fn.-Qadrī).

[509] Arab.: aṣ-ṣarr wa-l-ḥabb. Es bezieht sich auf Geld und Getreide, aber im Allgemeinen auf alle Vermögensarten. Den Hinweis verdanke ich Herrn Mohammad Edris (Leipzig/Damaskus).

[510] In der Ausgabe von 2006 ist das Wort „as-sulṭān“ fehlerhaft: Qadrī Pāšā, M., Qānūn al-ʿadl…, a.a.O. (2006), S. 412.

[511] Erwähnt auf S. 563 in „Radd al-muḥtār“ mit einer Korrektur, wie im Originalmanuskript enthalten (Fn.-Qadrī).

[512] Eine Wiederholung von Art. 261 (Fn.-Qadrī).

Ebenso gilt dies, falls an der durch die Religiöse Stiftung vorgesehenen Schule ein anderer Lehrer seine Schüler unterrichtet, sodass er selbst an einer anderen Schule unterrichtet, weil die Lehre an der vorgesehenen Schule unmöglich ist. Ihm und nicht den Armen steht die Versorgung zu.
Wenn der Aufseher dem Lehrer die Arbeit verweigert, gilt die eidliche Aussage des Lehrers bzw. seiner gesetzlichen Erben. Gleiches findet auf alle Funktionäre Anwendung.[513]

Art. 268
Der Lehrer hat ebenso wie der Richter Anspruch auf den Lohn für seine Tätigkeit während der üblichen Feiertage, wie am Freitag, zu den beiden Festen[514], im Monat *Ramaḍān* sowie an Tagen, die gewöhnlich der Erholung dienen.
Gleiches gilt, falls der Lehrer an einem Werktag nicht unterrichtet, um seinen Unterricht vorzubereiten, es sei denn, der Stifter hat die Bezahlung des Lehrers pro Tag, an dem der Unterricht erfolgt, als Bedingung festgelegt. So ergibt sich der Betrag aus der Summe für jeden Tag der Lehre.
Wenn er aber sagt: „Der Lehrer erhält jeden Tag einen bestimmten Betrag", dann sollte er auch an den oben genannten Feiertagen diesen erhalten.[515]

Art. 269
Der Stifter kann den Lehrer, den Vorbeter und den Gebetsrufer, die von ihm ernannt worden sind, absetzen, falls andere Personen geeigneter sind oder die ernannten ihre Aufgaben vernachlässigt haben. In *Lisān al-ḥukkām*[516] heißt es: „Wenn der Vorbeter oder der Gebetsrufer sechs Monate verhindert ist, seine Aufgabe zu erfüllen, kann ihn der Verwalter absetzen und eine andere Person ernennen." Es ist bereits erwähnt worden, dass die Absetzung zulässig ist, wenn die Abwesenheit einen Monat währt.[517]

---

513 Erwähnt auf S. 525 in „Radd al-muḥtār" und auf S. 574 in „Ad-durr al-muḫtār" mit einer korrigierten Abweichung (Fn.-Qadrī).

514 Gemeint ist das Fest des Fastenbrechens (ᶜīd al-fiṭr) und das Opferfest (ᶜīd al-aḍḥā). Vgl. Ebert, H.-G., Heilen, J., Islamisches Recht. A.a.O., S. 128-129.

515 Erwähnt auf S. 525 in „Ad-durr al-muḫtār" und „Radd al-muḥtār" (Fn.-Qadrī). Es bestehen unterschiedliche Auffassungen unter den Rechtsgelehrten, ob eine solche Lohnfortzahlung statthaft ist. Vgl. Qadrī Pāšā, M., Qānūn al-ᶜadl…, a.a.O. (2006), S. 413-414, Fn. 3. Die Quellenangabe ist in der genannten Ausgabe (S. 54) fehlerhaft.

516 Es handelt sich um das Werk Lisān al-ḥukkām fī maᶜrifat al-aḥkām von Ibrāhīm Abī al-Walīd, bekannt als Ibn Šiḥna (gest. 1477). Im Internet unter der URL http://shamela.ws/index.php/book/6179 (zuletzt abgerufen: 06.06.2017) abrufbar.

517 Die Rechtsgelehrten sind in der Frage also unterschiedlicher Auffassung.

In *Al-mu'aiyadīya*[518] findet sich die Erlaubnis, falls die andere Person besser geeignet ist.[519]

13. Abschnitt[520] Wohltätige Handlungen des Stifters

Art. 270

Zu den gemeinnützigen Handlungen zählen die Errichtung von Herbergen[521] für Reisende, der Bau von Häusern in Mekka für die Unterkunft der Pilger, die Errichtung von Grenzbefestigungen[522] und Hafenanlagen für Kämpfer und Truppen, die Anlage von Brunnen, der Bau von Schulen zur Unterrichtung der Schüler und von Unterkünften für sie, der Bau von Wasserversorgungsanlagen und Wasserbassins[523] zur Tränkung der Tiere, der Bau von Dämmen und Brücken, die Anlage von Wegen für Passanten und weitere gemeinnützige Leistungen sowie die Errichtung von gewinnbringenden Stiftungsanlagen zugunsten dieser gemeinnützigen Bauten und für deren notwendigen Unterhalt.
Zu den wohltätigen Zielen wird auch der Bau von Heilstätten[524] und Krankenhäusern, um die Kranken und die Gebrechlichen zu behandeln, sowie die Errichtung von gewinnbringenden Stiftungsanlagen gerechnet, um die erforderlichen Kosten der Medikamente für die Kranken aufzubringen, die Löhne der Ärzte zu bezahlen und den Rest an die Armen zu verteilen.[525]

---

518 Es handelt sich um eine ḥanafitische Fatwā-Sammlung von ^{c}A. ar-R., b. ^{c}A. b. Mu'aiyad al-Amāsī, genannt Mu'aiyad Zadeh (gest. 1516). Vgl. die URL http://www.almajidcenter.org/search_details.php?keyword=الفتاوى%20المؤيدية&how=1&by=1 (zuletzt abgerufen: 06.06.2017).

519 Dieser Artikel ist nach seiner Korrektur im Originalmanuskript eine Wiederholung des Art. 257 (Fn.-Qadrī). In der französischen Übersetzung wird auf S. 571 und 597 in „Radd al-muḥtār" verwiesen. Vgl. Kadri Pacha, M., Du wakf. A.a.O., S. 161.

520 In der Ausgabe von 2006 fälschlicherweise als 12. Abschnitt deklariert. Vgl. Qadrī Pāšā, M., Qānūn al-^{c}adl…, a.a.O. (2006), S. 415.

521 Arab.: al-ḫānāt.

522 Arab.: ar-ribāṭāt. Sie wurden nicht selten in Armenhäuser, Hospize und Zentren religiösen Gelehrsamkeit verwandelt.

523 Arab.: al-ḥiyāḍ. Bezeichnet u.a. in Ägypten solche Bassins, welche durch Erdwälle das Flutwasser des Nils zurückhalten.

524 Arab.: al-māristānāt, oft im Sinne von sog. Irrenhäusern verwendet.

525 Entnommen aus S. 547 ff. in „Ad-durr al-muḫtār" und „Radd al-muḥtār", aus „Al-hindīya" im 12. Kapitel zu den Grenzbefestigungen und aus „Al-is^{c}āf" im Kapitel zum Bau von Moscheen und Grenzbefestigungen (Fn.-Qadrī).

4. Kapitel
Die Verpachtung der Stiftungsgüter

Art. 271
Der Aufseher hat das Recht, die Religiöse Stiftung zu verpachten. Einem Bestifteten steht dieses Recht nur zu, wenn er durch den Stifter als Verwalter eingesetzt worden ist oder wenn er von demjenigen, der als Aufseher oder Richter für die Verpachtung zuständig ist, dazu ermächtigt worden ist.[526]

Art. 272
Der Aufseher, nicht aber der Bestiftete, hat das Recht, die Pacht in Besitz zu nehmen, es sei denn, der Aufseher hat ihn zur Inbesitznahme ermächtigt.[527]

Art. 273
Die Bedingung des Stifters zur Verpachtung seiner Stiftung ist zu berücksichtigen. Wenn der Stifter eine Dauer der Verpachtung festlegt, ist seine Bedingung zu beachten. Der Verwalter darf der Bedingung nicht zuwiderhandeln.[528]

Art. 274
Wenn jemand die Religiöse Stiftung nicht für die Dauer, die der Stifter festgelegt hat, pachten will und die längere Verpachtung für die Religiöse Stiftung und ihre Nutznießer vorteilhaft ist, soll der Verwalter die Angelegenheit an den Richter leiten, damit dieser die Stiftung für eine Dauer verpachtet, die ihm vorteilhaft für die Religiöse Stiftung erscheint.[529]

Art. 275
Wenn der Stifter die Dauer festlegt und sich ausbedingt, dass keine Verpachtung für eine längere Dauer erfolgen darf, sollte dies nicht von Vorteil für die Religiöse Stiftung und ihre Nutznießer sein, dann kann der Amtswalter die Religiöse Stiftung für eine Frist, die er als die beste für die Religiöse Stiftung und ihre Nutznießer ansieht, ohne Einwilligung des Richters verpachten.[530]

Art. 276
Wenn der Stifter die Festlegung einer Dauer der Verpachtung in der Stiftungsurkunde unterlässt, werden ein Haus und ein Ladenlokal[531] für ein Jahr vermietet,

[526] Erwähnt auf S. 554 in „Ad-durr al-muḫtār“ und „Radd al-muḥtār“ und auf S. 179 in „Tanqīḥ al-ḥāmidīya“ (Fn.-Qadrī).
[527] Erwähnt auf S. 179 in „Tanqīḥ al-ḥāmidīya“ (Fn.-Qadrī).
[528] Erwähnt auf S. 548 in „Ad-durr al-muḫtār“ und „Radd al-muḥtār“ (Fn.-Qadrī).
[529] Erwähnt auf S. 548 in „Radd al-muḥtār“ (Fn.-Qadrī).
[530] Erwähnt auf S. 549 „in Radd al-muḥtār“ (Fn.-Qadrī).
[531] Arab.: al-ḥānūt.

das Land für drei Jahre verpachtet, es sei denn, das Wohl der Stiftung macht eine Erhöhung der Vermietungsdauer des Hauses oder des Ladenlokals bzw. eine Verringerung der Pachtdauer für das Land erforderlich.[532]

Art. 277
Solange keine Notwendigkeit vorliegt, ist es nicht zulässig, das Haus einer Religiösen Stiftung oder das Land einer Religiösen Stiftung langfristig, auch nicht durch aufeinanderfolgende Verträge, zu vermieten bzw. zu verpachten.
Wenn eine Notwendigkeit vorliegt, um die erforderliche Rekonstruktion einer zerstörten Religiösen Stiftung, für die der Ertrag hierfür nicht ausreicht, zu finanzieren, ist mit Einwilligung des Richters eine langfristige Vermietung oder Verpachtung gemäß dem Reparaturbedarf zulässig.[533]

Art. 278
Die Verpachtung der Religiösen Stiftung zu einer Pacht, die unter der üblichen Pacht liegt, ist nur bei einem geringfügigen Verlust, der ein Fünftel nicht übersteigen soll, wirksam, auch wenn der Verpächter der berechtigte Nutznießer der Stiftung ist, der die Religiöse Stiftung verwaltet.[534]

Art. 279
Wenn der Verwalter die Religiöse Stiftung mit einem übermäßigen Verlust, der ein Fünftel in Bezug auf die übliche Pacht[535] übersteigt, verpachtet, dann ist die Verpachtung widerruflich[536]. Der Pächter ist verpflichtet, die Differenz zur üblichen Pachtsumme für die zurückliegende Dauer des Vertrages zu bezahlen.[537]

Art. 280
Wenn der Verwalter das Haus oder das Land der Religiösen Stiftung für eine bestimmte Dauer vermietet bzw. verpachtet hat und die übliche Miet- bzw. Pacht-

[532] Erwähnt auf S. 549 in „Ad-durr al-muḫtār“ und „Radd al-muḥtār“ (Fn.-Qadrī). In dieser Frage gibt es in der ḥanafitischen Lehre unterschiedliche Meinungen. Während die „älteren“ Gelehrten (vgl. Fn. 507) die Auffassung vertreten, dass der Verwalter eigenmächtig die Fristen festlegen kann, gehen die „modernen“ Gelehrten von dieser in Art. 276 beschriebenen Regelung aus. Vgl. Ḥarīz, S., Al-waqf. Dirāsāt…, a.a.O., S. 191.
[533] Erwähnt auf S. 549 ff. in „Ad-durr al-muḫtār“ und „Radd al-muḥtār“ (Fn.-Qadrī).
[534] Erwähnt auf S. 550 ff. in „Ad-durr al-muḫtār“ und „Radd al-muḥtār“ (Fn.-Qadrī).
[535] Arab.: aǧr al-miṯl.
[536] Arab.: fāsid. In anderen Zusammenhängen, besonders im Familienrecht, mit „fehlerhaft“ zu übersetzen.
[537] Erwähnt auf S. 554 in „Ad-durr al-muḫtār“ und „Radd al-muḥtār“ (Fn.-Qadrī).

summe vor Beendigung der Miete bzw. Pacht niedriger als die während des Vertrages bezahlte Summe war, wird die festgelegte Miete bzw. Pacht nicht vermindert und der Vertrag nicht annulliert.[538]

Art. 281
Wenn die übliche Pachtsumme wegen der großen öffentlichen Nachfrage, nicht aber aufgrund von äußerer Einflussnahme, während der Pachtdauer von selbst beträchtlich steigt, wird diese Steigerung an den Pächter herangetragen. Wenn er mit der erhöhten Pachtsumme einverstanden ist, genießt er gegenüber allen anderen den Vorzug. Mit ihm wird ein neuer Vertrag mit der neuen Pachtsumme abgeschlossen, die der Pächter vom Zeitpunkt der Annahme der neuen Pachtsumme bis zum Ende der Pachtzeit zu bezahlen hat. Für die vorangegangene Zeit hat er nur die ursprünglich festgelegte Pacht zu zahlen.[539]

Art. 282
Wenn der Pächter die während der Pachtdauer entstehende übliche Steigerung nicht annimmt, wird der Vertrag annulliert und mit einer anderen Person ein Pachtvertrag abgeschlossen. Dies gilt, wenn das verpachtete Land nicht bestellt ist.
Anderenfalls wird bis zur Reife der Früchte gewartet. Die Steigerung wird für die Zeit des Änderungsvorschlages bis zur Ernte der Früchte hinzugefügt und der Vertrag wird annulliert.[540]

Art. 283
Wenn die Pachtdauer abgelaufen ist, erfolgt eine Verpachtung an eine Person, die dies wünscht, zu einer üblichen Pacht, auch wenn es sich nicht um den ersten Pächter handelt, es sei denn, der erste Pächter hat ein weiterführendes Bodenrecht[541] an der verpachteten Sache.

---

[538] Erwähnt in „Tanwīr al-abṣār“ und im Kommentar „Ad-durr al-muḫtār“, S. 551 (Fn.-Qadrī). Vgl. zu den Werken Abschnitt 3 der Einführung S. 20-24.

[539] Erwähnt auf S. 551 ff. in „Ad-durr al-muḫtār“ und „Radd al-muḥtār“ (Fn.-Qadrī).

[540] Erwähnt auf S. 552 in „Radd al-muḥtār“ (Fn.-Qadrī).

[541] Arab.: ḥaqq al-qarār. Ein solches Bodenrecht (auch: Nutzungsrecht) für waqf-Immobilien entsteht durch die Errichtung eines Gebäudes oder durch eine Pflanzung auf dem Grundstück. Vgl. die Erläuterung in der kuwaitischen Fiqh-Enzyklopädie (al-mausūʿa al-fiqhīya). Al-Kuwait 1995, 1. Aufl., Bd. 33, S. 79 unter der URL https://books.google.de/books?id=RKdJCwAAQBAJ&pg=PT78&lpg=PT78&dq=حق+القرار&source=bl&ots=6OQcfzfPlO&sig=C4ANfXX5ACe-ICCm5gAmq1lQbfb0&hl=de&sa=X&ved=0ahUKEwinuNb25JjQAhVF6xoKHS-mUCf84ChDoAQg1MAQ#v=onepage&q=%D8%AD%D9%82%20%D8%A7%D9%84%D9%82%D8%B1%D8%A7%D8%B1&f=false (zuletzt abgerufen: 06.06.2017) und die URL http://arabicmegalibrary.com/pages-4465-08-20945.html (zuletzt abgerufen: 06.06.2017).

Wenn durch die Errichtung eines Gebäudes oder durch eine Pflanzung ein solches weiterführendes Bodenrecht für den ersten Pächter vorliegt, dann wird er in der Verpachtung gegenüber den anderen unter der Bedingung bevorzugt, dass er die übliche Pacht bezahlt.[542]

Art. 284

Wenn die Pachtdauer beendet ist und der Pächter aus seinem Vermögen ein Gebäude errichtet oder Bäume auf dem Land der Religiösen Stiftung angepflanzt hat, ohne dass der Aufseher die Einwilligung gegeben hat, wird er aufgefordert, das Gebäude abzureißen und die Bäume zu entfernen, sollte mit dem Abriss und der Entfernung der Bäume kein Schaden für das Land der Religiösen Stiftung entstehen. Wenn dadurch ein Schaden entsteht, darf er das Gebäude nicht abreißen und die Bäume nicht entfernen. Er ist gezwungen zu warten, bis das Gebäude und die Bäume einstürzen und kann dann die Trümmer bzw. das Holz entnehmen. Die Errichtung des Gebäudes oder die Pflanzung der Bäume durch den Pächter ist kein Hinderungsgrund für eine wirksame Verpachtung des Landes an einen anderen Pächter.

Der Aufseher kann, wenn dies die Religiöse Stiftung erforderlich macht, das Gebäude bzw. die Bäume auch zwangsweise vom Pächter in Besitz nehmen. Der Preis hierfür darf nicht höher sein als der kleinere Wert im Vergleich zwischen dem Wert des Gebäudes und der Bäume, wenn sie auf dem Grundstück verbleiben, und dem Wert des Materials bzw. des Holzes.[543]

Art. 285

Wenn der Pächter auf dem Land der Religiösen Stiftung aus seinem Vermögen mit Einwilligung des Aufsehers der Religiösen Stiftung für sich ein Gebäude errichtet oder Bäume angepflanzt hat, so wird nach Ablauf der Pachtdauer das Land nicht an einen anderen verpachtet, sollte er mit der üblichen Pachtsumme einverstanden sein.

Wenn der Pächter die Bezahlung der üblichen Pachtsumme verweigert und der Abriss des Gebäudes bzw. die Entfernung der Bäume einen Schaden für das Land hervorruft, hat der Aufseher die Wahl, das Gebäude bzw. die Bäume zwangsweise vom Pächter gegen Zahlung des geschätzten Wertes des abgerissenen Gebäudes bzw. der entfernten Bäume in Besitz zu nehmen oder aber das Gebäude bzw. die Bäume auf dem Grundstück zu belassen, bis sie von selbst einstürzen. Der Pächter kann dann die Trümmer bzw. das Holz entnehmen.[544]

---

[542] Erwähnt auf S. 552 in „Radd al-muḥtār“ (Fn.-Qadrī).

[543] Erwähnt auf S. 593 in „Radd al-muḥtār“ (Fn.-Qadrī).

[544] Erwähnt auf S. 541 ff. in „Ad-durr al-muḫtār“ und „Radd al-muḥtār“ (Fn.-Qadrī).

Art. 286
Wenn der Verwalter ein Gebäude mit Zustimmung von dessen Eigentümer zusammen mit dem Grundstück der Religiösen Stiftung verpachtet, ist dies zulässig. Die Pachtsumme wird entsprechend festgelegt. Der Teil, der das Gebäude betrifft, geht an den Inhaber des Gebäudes, den Teil, der das Grundstück betrifft, erhält der Aufseher der Religiösen Stiftung.[545]

Art. 287
Wenn das Haus einer Religiösen Stiftung einer Rekonstruktion bedarf und der Aufseher dem Mieter die Rekonstruktion aus dessen Vermögen erlaubt, so hat dieser nach erfolgter Rekonstruktion einen Rückforderungsanspruch gegenüber dem Aufseher für seine Ausgaben zur Rekonstruktion, die aus dem Ertrag der Religiösen Stiftung beglichen werden. Dies gilt auch, wenn der Rückforderungsanspruch nicht ausbedungen worden ist, aber der größte Nutzen aus der Rekonstruktion der Religiösen Stiftung zugutekommt. Wenn jedoch der größte Nutzen dem Mieter zugutekommt, besteht ein Rückforderungsanspruch nur dann, wenn dieser ausbedungen worden ist.[546]

Art. 288
Wenn der Pächter auf dem Land der Religiösen Stiftung aus dem dort befindlichen Material ein Gebäude errichtet hat, das bei einer Zerstörung keinen höheren als den ursprünglichen Materialwert besitzen würde, so gehört das Gebäude zur Religiösen Stiftung.
Der Pächter besitzt keinen Rückforderungsanspruch für seine Ausgaben zur Rekonstruktion und für seine Aufwendungen.[547]

Art. 289
Wenn der Pächter die Einrichtungen der Religiösen Stiftung verändert, indem er diese vollständig oder teilweise zerstört und in anderer Form wieder errichtet, so gehört das neu Errichtete zur Religiösen Stiftung, sollte die Veränderung für die Religiöse Stiftung von Vorteil sein. Seine Ausgaben gelten als eine freiwillige Spende. Er hat eine übliche Pacht in voller Höhe zu bezahlen. Ein Ausgleich für seine Ausgaben für die Rekonstruktion erfolgt nicht. Wenn die Veränderung für die Religiösen Stiftung nicht von Vorteil ist und keinen höheren Ertrag abwirft, wird er aufgefordert, die Veränderung zu zerstören und den vorhergehenden Zustand wiederherzustellen. Der Richter kann zusätzlich eine Strafe verhängen.[548]

---

[545] Erwähnt auf S. 138 im Abschnitt zur Verpachtung in „Al-ḫairīya“ (Fn.-Qadrī).
[546] Erwähnt auf S. 333 in „Al-hindīya“, eine Wiederholung von Art. 245 (Fn.-Qadrī).
[547] Entnommen aus S. 587 in „Radd al-muḥtār“ und aus S. 134 in „Al-ḫairīya“ (Fn.-Qadrī).
[548] Erwähnt auf S. 587 in „Radd al-muḥtār“ (Fn.-Qadrī).

Art. 290
Die Instandsetzung eines Brunnens, einer Abflussöffnung[549] und einer Abfallgrube obliegt der Religiösen Stiftung und nicht dem Pächter. Der Pächter ist dazu nicht verpflichtet. Auch wenn die Instandsetzung erforderlich ist, kann weder der Eigentümer noch der Stifter dazu gezwungen werden. Der Pächter kann aber den Pachtvertrag unter Beachtung der Bedingung der Verpachtung aufkündigen, wenn sich der Eigentümer oder der Stifter weigert.[550]

Art. 291
Die Verpachtung wird durch den Tod des Aufsehers oder dessen Absetzung nicht aufgelöst, wohl aber durch den Tod des Pächters.[551]

---

[549] Arab.: al-bālūᶜa.
[550] Erwähnt auf S. 129 im Abschnitt zur Verpachtung in „Al-ḫairīya", Teil 2 (Fn.-Qadrī).
[551] Erwähnt auf S. 177 in „Tanqīḥ al-ḥāmidīya" (Fn.-Qadrī).

5. Kapitel
Die Entwicklung und nutzbringende Verwertung[552] der Religiösen Stiftung

1. Abschnitt
Die Partnerschaft für die Landwirtschaft[553]

Art. 292
Die auf dem Land der Religiösen Stiftung gebildete Partnerschaft für die Landwirtschaft mit einem Anteil an der aus der Bewirtschaftung erzielten Ernte ist wirksam, vorausgesetzt, dass die Dauer der Partnerschaft und die Höhe des Anteils angegeben werden und die übrigen Bedingungen der Partnerschaft für die Landwirtschaft Beachtung finden.[554]

Art. 293
Der Aufseher kann über das Land der Religiösen Stiftung so verfügen, wie das für die Religiöse Stiftung am besten und am nützlichsten ist, sei es durch die Verpachtung mit einer üblichen Pacht oder durch die Bildung einer Partnerschaft für die Landwirtschaft.[555]

Art. 294
Es ist zulässig, dass der Verwalter das Land als Partnerschaft für die Landwirtschaft einbringt, damit es der Bauer mit seinem Saatgut bestellt. Bedingung hierfür ist, dass der Ertrag zur einen Hälfte an die Religiöse Stiftung und zur anderen Hälfte an den Bauern geht.
Gleiches gilt, wenn der Verwalter das Saatgut und das Land in die Partnerschaft für die Landwirtschaft einbringt und der Ertrag geteilt wird. Das ist zulässig, wenn es sich um eine Begünstigung handelt, die keinen übermäßigen Schaden hervorruft. Anderenfalls ist die Partnerschaft unzulässig.[556]

Art. 295
Es ist zulässig, dass der Verwalter Bäume der Religiösen Stiftung in die Partnerschaft einbringt, deren Früchte hälftig Berücksichtigung finden, auch wenn der

---

552 Arab.: at-taṯmīr. Vgl. die Begriffserläuterung unter der URL http://fiqh.islammessage.com/NewsDetails.aspx?id=11447 (zuletzt abgerufen: 04.05.17).

553 Arab.: al-muzāraᶜa. Vgl. dazu den 1. Abschnitt des „Buches zur Partnerschaft für die Landwirtschaft und zur Partnerschaft für die Bewässerung und Pflege" (Art. 712-730) in Muršid al-ḥairān. Ebert, H.-G., Hefny, A., Islamisches Zivilrecht…, a.a.O., S. 212-216.

554 Erwähnt in „Al-isᶜāf", S. 58 (Fn.-Qadrī). Die Bedingungen für die Partnerschaft für die Landwirtschaft werden in Qadrī Pāšā, M., Qānūn al-ᶜadl…, a.a.O. (2006), S. 433-434 in acht Punkten beschrieben, die zusammengefasst den Art. 713 in Muršid al-ḥairān betreffen.

555 Erwähnt auf S. 330 in „Al-fatāwā al-ḫānīya" (Fn.-Qadrī). Die Seitenangabe in der französischen Übersetzung (S. 171) ist fehlerhaft.

556 Erwähnt in „Al-isᶜāf", S. 58 (Fn.-Qadrī).

Amtswalter die Bäume mit Sämlingen der Nutznießer der Religiösen Stiftung gepflanzt hat.
Wenn Bäume in die Partnerschaft für die Landwirtschaft eingebracht werden, dann ist die *ḫarāğ*- oder die *ᶜušr*-Steuer[557] vom Anteil der Nutznießer der Religiösen Stiftung zu bezahlen. Die *ᶜušr*-Steuer erlischt nicht durch die Errichtung einer Religiösen Stiftung.[558]

Art. 296
Der gesamte Ertrag des vom Amtswalter als Partnerschaft für die Landwirtschaft eingebrachten *ᶜušr*-Landes ist gemäß Abū Ḥanīfa aus dem Anteil der Religiösen Stiftung zu versteuern. Dagegen ist nach Auffassung seiner beiden Schüler[559] zunächst der Ertrag zu versteuern, nicht aber aus dem Anteil der Religiösen Stiftung zu entnehmen.[560]

Art. 297
Wenn das Land und das Saatgut vom Verwalter in die Partnerschaft eingebracht werden und der Bauer nach der Bestellung des Landes nichts zur Bewässerung und zur Beschneidung der Bäume tut, dann kann er auch nichts beanspruchen.
Wenn das Saatgut aber vom Bauern und nicht vom Stifter stammt, kann er den festgelegten Anteil beanspruchen.
Wenn der Bauer die üblichen Arbeiten auf dem Land, wie die Bewässerung u.a., vernachlässigt, sodass die Pflanzen eingehen, haftet er dafür.[561]

Art. 298
Die langfristige Partnerschaft für die Landwirtschaft ist wirksam, wenn der festgelegte Anteil fortgesetzt entrichtet wird.[562]

Art. 299
Es ist nicht zulässig, dass der Verwalter das Land, welches bereits in eine Partnerschaft für die Landwirtschaft eingebracht worden ist, ohne Zustimmung des Bauern, der an dieser Partnerschaft beteiligt ist, zu verpachten.[563]

---

557 Vgl. Fn. 160.
558 Erwähnt auf S. 58 in „Al-isᶜāf" (Fn.-Qadrī).
559 Gemeint sind Abū Yūsuf und Muḥammad aš-Šaibānī.
560 Erwähnt auf S. 337 in „Al-hindīya" (Fn.-Qadrī).
561 Erwähnt auf S. 187 im Abschnitt zur Partnerschaft für die Landwirtschaft in „Tanqīḥ al-ḥāmidīya", Teil 2 (Fn.-Qadrī).
562 Erwähnt auf S. 337 in „Al-hindīya" (Fn.-Qadrī).
563 Erwähnt auf S. 98 im Abschnitt zur Verpachtung in „Tanqīḥ al-ḥāmidīya", Teil 2 (Fn.-Qadrī).

Art. 300

Das Recht des Bauern in einer Partnerschaft für die Landwirtschaft erlischt in Bezug auf seinen Anteil, wenn er das Land freiwillig verlässt, unabhängig davon, ob es sich um Land einer Religiösen Stiftung oder um Staatsland[564] handelt. Ein Erbrecht wird nicht begründet.[565]

Art. 301

Der Pächter des zur Landwirtschaft bestimmten Landes der Religiösen Stiftung hat ein Wasserentnahmerecht und ein Wegerecht, auch wenn das im Pachtvertrag nicht ausbedungen worden ist.[566]

Art. 302

Wenn die Frist der Partnerschaft für die Landwirtschaft vor der Reife der Früchte abgelaufen ist, verbleibt das Land bis zur Reife im Besitz des Bauern, der eine Pacht entsprechend seinem Anteil am Land bezahlen muss. Die Kosten für die Bewirtschaftung tragen bis zur Reife beiden Seiten.[567]

Art. 303

Wenn der Bauer in einer Partnerschaft für die Landwirtschaft verstirbt und damit die Frist der Partnerschaft für die Landwirtschaft abläuft, aber die Pflanzen bereits hervorsprießen, treten die gesetzlichen Erben des Bauern bis zur Reife der Früchte mit den gleichen Bedingungen in den Vertrag ein, auch wenn der Aufseher dies verweigert. Eine Pacht für das Land obliegt ihnen nicht.[568]

Art. 304

Wenn der Amtswalter das Land der Religiösen Stiftung für sich selbst bewirtschaftet oder zwischen den Bäumen einer anderen Religiösen Stiftung Landwirtschaft betreibt, so haftet er, sollten die Bäume durch seine Bewirtschaftung vertrocknen. Der Amtswalter der anderen Religiösen Stiftung, auf der sich die Bäume befinden, hat die Wahl: Entweder er nimmt das Holz für die Religiöse Stiftung und verlangt die Zahlung der Differenz zum Wert der Bäume vor dem Vertrocknen oder er verlangt vom Verursacher den vollen Wert der Bäume vor dem Vertrocknen.

---

564 Arab.: arḍ bait al-māl.

565 Erwähnt auf S. 122 „Al-ḫairīya" (Fn.-Qadrī).

566 Erwähnt auf S. 24 im Abschnitt zur Verpachtung in „Ad-durr al-muḫtār" und „Radd al-muḥtār", Teil 5 (Fn.-Qadrī). Die Quellenangabe in der französischen Übersetzung (S. 174) ist falsch.

567 Erwähnt in „At-tanwīr" und „Radd al-muḥtār" S. 244 im Abschnitt zur Partnerschaft für die Landwirtschaft, Teil 5 (Fn.-Qadrī).

568 Erwähnt auf S. 244 im Abschnitt zur Partnerschaft für die Landwirtschaft in „Radd al-muḥtār" (Fn.-Qadrī).

Der Verursacher haftet auch für eine dadurch erfolgte Wertminderung des Landes. Dies ist eine der beiden Auffassungen, die von den älteren Gelehrten vertreten wird.
Nach Auffassung der modernen Gelehrten[569] ist der Verursacher verpflichtet, eine übliche Pacht zu zahlen. Die Haftungssumme für die Bäume geht an die Religiöse Stiftung. Sie wird zur Wiederbepflanzung und Urbarmachung des Landes eingesetzt, nicht aber an die berechtigten Nutznießer der Stiftung gegeben.[570]

Art. 305
Es ist zulässig, dass der Amtswalter das Land der Religiösen Stiftung als Partnerschaft für die Landwirtschaft einbringt, wenn es sich nicht um eine Begünstigung handelt, die das übliche Maß übersteigt. Gleiches gilt für Bäume.[571]

Art. 306
Wenn der Amtswalter das Land als Partnerschaft für die Landwirtschaft für mehrere Jahre einbringt, so ist dies zulässig, sollte sich das als günstig und vorteilhaft in Bezug auf die Ansprüche der Armen herausstellen.
Die Partnerschaft für die Landwirtschaft über einen festgesetzten Zeitraum von mehreren Jahren hinaus ist zulässig, ohne an die Bedingung von drei Jahren gebunden zu sein.[572]

Art. 307
Die Verpachtung des Landes der Religiösen Stiftung, das mit Pflanzen bebaut ist, die einer anderen Person als derjenigen, die die Pacht anstrebt, gehören, ist nicht wirksam, sollte die Bepflanzung der anderen Person auf einen Anspruch zurückgehen, etwa auf einen Pachtvertrag, der sogar widerruflich sein kann, und sollten die Pflanzen noch nicht reif sein.
Wenn für die Bepflanzung kein Anspruch vorliegt, ist die Verpachtung wirksam. Derjenige, der die Pflanzen gesetzt hat, muss sie herausreißen, unabhängig davon, ob die Pflanzen reif sind oder nicht.

---

569 Vgl. Fn. 507.

570 Erwähnt auf S. 143 in „Al-ḫairīya“ mit einer korrigierten Abweichung. Wegen der Wiederholung im Art. 314 wurde das Ende des Artikels gestrichen (Fn.-Qadrī).

571 Erwähnt auf S. 337 in „Al-hindīya“ und auf S. 58 in „Al-isᶜāf“. Der Anfang des Artikels ist eine Wiederholung von Art. 294 (Fn.-Qadrī).

572 Erwähnt auf S. 333 in „Al-hindīya“. Dieser Artikel oder der Art. 298 könnte besser weggelassen werden, weil einer von beiden ausreicht (Fn.-Qadrī). Die Quellenangabe in der arabischen Ausgabe von 2006 (S. 56) ist falsch.

Die Verpachtung des Landes mit den Pflanzen der anderen Person ist als Pachtvertrag, der sich auf die Zukunft bezieht, wirksam, wenn das Land abgeerntet und damit unbebaut ist.[573]

Art. 308
Siehe zur Annullierung und Nichtigkeit der Partnerschaft für die Landwirtschaft und der Partnerschaft für die Bewässerung und Pflege[574] den letzten Artikel im Abschnitt zur Partnerschaft für die Bewässerung und Pflege. [575]

2. Abschnitt
Die Partnerschaft für die Bewässerung und Pflege[576]

Art. 309
Die Partnerschaft für die Bewässerung und Pflege ist ein Vertrag, bei dem Bäume und Weinstöcke einer Person anvertraut werden, die sie gegen einen Anteil an den Früchten pflegt.
Die Partnerschaft ist in Bezug auf Weinstöcke, Bäume, Auberginenpflanzen[577] und Dattelpalmen wirksam, falls ihre Früchte noch nicht reif sind. Wenn sie reif sind, ist die Partnerschaft nicht wirksam.[578]

Art. 310
Die Partnerschaft für die Bewässerung und Pflege ist entsprechend ihren Bedingungen für Bäume, Dattelpalmen und Weinstöcke der Religiösen Stiftung mit einem festgelegten Anteil für denjenigen, der die Pflege durchführt, wirksam.[579]

---

573 Erwähnt auf S. 109 im Abschnitt zur Verpachtung in „Tanqīḥ al-ḥāmidīya" und auf S. 24 im Abschnitt zur Verpachtung in „At-tanwīr" und „Radd al-muḥtār", Teil 5 (Fn.-Qadrī). In der arabischen Ausgabe von 2006 ist der zweite Absatz des Art. 307 versehentlich nicht fett gedruckt. Qadrī Pāšā, M., Qānūn al-ᶜadl…, a.a.O. (2006), S. 439-440. Vgl. Art. 669-671 in Muršid al-ḥairān. Ebert, H.-G., Hefny, A., Islamisches Zivilrecht…, a.a.O., S. 299-200.

574 Arab.: al-musāqāt.

575 Dieser Artikel ist besser zu streichen (Fn.-Qadrī). Siehe dazu Art. 324.

576 Vgl. dazu den 2. Abschnitt des „Buches zur Partnerschaft für die Landwirtschaft und zur Partnerschaft für die Bewässerung und Pflege" (Art. 731-743) in Muršid al-ḥairān. Ebert, H.-G., Hefny, A., Islamisches Zivilrecht…, a.a.O., S. 216-220. Weitere Bezeichnungen für diese islamische Rechtsfigur sind „Pachtvertrag bei einer Pflanzung gegen einen prozentualen Anteil am Ertrag", „Gesellschaftsvertrag für Bewässerungen", „Partnerschaft für die Pflanzung" und „Gesellschaftsvertrag für Bewässerungen". Vgl. ebenda, S. 216, Fn. 865.

577 Arab.: al-bāḏinǧān.

578 Erwähnt in „At-tanwīr" und „Radd al-muḥtār" am Beginn des Buches zur Partnerschaft für die Bewässerung und Pflege (Fn.-Qadrī). Die Angabe einer Seitenzahl erfolgt in dieser Fußnote nicht.

579 Entnommen aus „Al-isᶜāf", S. 58 und aus dem Abschnitt zur Partnerschaft für die Landwirtschaft in „Ad-durr al-muḫtār" und „Radd al-muḥtār", S. 251 (Fn.-Qadrī).

Art. 311
Wenn sich inmitten des Landes Bäume befinden, ist die Verpachtung des Landes nur mit einer Partnerschaft für die Bewässerung und Pflege wirksam.[580]

Art. 312
Das Anpflanzen von Bäumen auf dem Land der Religiösen Stiftung, ist unabhängig davon, ob sich darauf bereits Bäume befinden oder nicht, mit einer Aufteilung[581] des Ertrages unter der Bedingung wirksam, dass die Dauer der Partnerschaft und die Höhe des Anteils für die Religiöse Stiftung und für denjenigen, der die Pflege durchführt, angegeben werden.[582]

Art. 313
Das Land der Religiösen Stiftung, das von Bäumen bewachsen ist, kann nur wirksam verpachtet oder als Partnerschaft für die Landwirtschaft eingebracht werden, wenn die Bäume dem Bauern als Partnerschaft für die Bewässerung und Pflege überlassen werden.
Wenn der Vertrag der Partnerschaft für die Bewässerung und Pflege dem Verpachtungsvertrag oder dem Vertrag der Partnerschaft für die Landwirtschaft vorausgeht, sind die Partnerschaft für die Bewässerung und Pflege und die Partnerschaft für die Landwirtschaft wirksam. Wenn der Vertrag der Partnerschaft für die Landwirtschaft der Partnerschaft für die Bewässerung und Pflege vorausgeht, ist der Vertrag der Partnerschaft für die Landwirtschaft widerruflich.[583]

Art. 314
Die Verpachtung von Land, in dessen Mitte sich Bäume befinden, ist nicht wirksam. Wenn die Bäume aber an einem Wasserlauf[584] wachsen, ist die Verpachtung wirksam.
Gleiches gilt, falls das Land als eine Partnerschaft für die Landwirtschaft unter Einschluss von Bäumen eingebracht wird, ohne dass für diese eine Partnerschaft für die Bewässerung und Pflege besteht. Die Verpachtung ist nicht wirksam, es sei denn, die Bäume befinden sich an Wasserläufen oder Bächen. Dann ist die Partnerschaft für die Landwirtschaft ebenso wie die Partnerschaft für die Bewässerung und Pflege zulässig.

---

580 Eine Wiederholung von Art. 314.
581 Arab.: munāṣafatan. In der arabischen Ausgabe von 2006 versehentlich munāṣabatan (S. 443).
582 Erwähnt auf S. 199 in „Al-ḫairīya" und auf S. 196 im Abschnitt zur Partnerschaft für die Bewässerung und Pflege in „Tanqīḥ al-ḥāmidīya" (Fn.-Qadrī).
583 Erwähnt auf S. 6 ff. im Abschnitt zur Verpachtung in „Ad-durr al-muḫtār" und „Radd al-muḥtār" und auf S. 94 im Abschnitt zur Verpachtung in „Tanqīḥ al-ḥāmidīya" (Fn.-Qadrī).
584 Arab.: al-musannāt.

Wenn sich aber inmitten des Landes ein kleiner Baum befindet oder wenn sich auf dem Land zwei kleine Bäume befinden, die nur ein oder zwei Jahre alt sind, ist die Verpachtung bzw. die Partnerschaft für die Landwirtschaft zulässig. Bei einem großen Baum inmitten des Landes ist sie dagegen unzulässig.[585]

Art. 315
Wenn die Partnerschaft für die Bewässerung und Pflege der Verpachtung oder der Partnerschaft für die Landwirtschaft vorausgeht, ist die Verpachtung oder die Partnerschaft für die Landwirtschaft wirksam. Die Verpachtung bzw. die Partnerschaft für die Landwirtschaft ist nicht wirksam, wenn sie nach der Partnerschaft für die Bewässerung abgeschlossen wird.[586]

Art. 316
Es ist nicht zulässig, dass derjenige, der die Pflege der Bäume durchführt, einem anderen diese Aufgabe für das Land der Religiösen Stiftung überträgt, es sei denn, es liegt eine Einwilligung oder eine Ermächtigung seitens des Aufsehers dafür vor.
Wenn er ohne Einwilligung und Ermächtigung die Pflege überträgt, dann steht der Religiösen Stiftung der gesamte Ertrag zu. Derjenige, der die Aufgabe übernimmt, erhält einen üblichen Lohn, den der ursprüngliche Pfleger bezahlen muss. Diesem steht kein Honorar zu.[587]

Art. 317
Wenn die Dauer der Partnerschaft für die Bewässerung und Pflege abgelaufen ist und die Früchte noch unreif sind, hat der Pfleger die Wahl, bis zur Reife der Früchte wie bisher weiter tätig zu sein oder diese Tätigkeit aufzugeben.
Wenn er bis zur Reife der Früchte weiter tätig ist, erhält er kein Honorar und muss keinen Anteil an der Pacht für das Land bezahlen.[588]

---

585 Erwähnt auf S. 93 und S. 94 im Abschnitt zur Verpachtung in „Tanqīḥ al-ḥāmidīya" und auf S. 6 im Abschnitt zur Verpachtung in „Radd al-muḥtār" (Fn.-Qadrī).

586 Erwähnt auf S. 94 im Abschnitt zur Verpachtung in „Tanqīḥ al-ḥāmidīya" und auf S. 7 im Abschnitt zur Verpachtung in „Radd al-muḥtār" (Fn.-Qadrī). Vgl. auch die vorangegangenen Artikel, insbesondere Art. 313.

587 Erwähnt auf S. 194 im Abschnitt zur Partnerschaft für die Bewässerung und Pflege in „Tanqīḥ al-ḥāmidīya" (Fn.-Qadrī).

588 Erwähnt auf S. 191 im Abschnitt zur Partnerschaft für die Bewässerung und Pflege in „Tanqīḥ al-ḥāmidīya" und auf S. 253 im Abschnitt zur Partnerschaft für die Bewässerung und Pflege in „Ad-durr al-muḫtār" und „Radd al-muḥtār", S. 251 (Fn.-Qadrī). Die Quellenangaben in der arabischen Ausgabe von 2007 sind in den Art. 315 bis 317 nicht korrekt (S. 195). Damit erhält der Pfleger seinen Anteil, wenn er weiterhin in der Bewässerung und Pflege tätig ist. Anderenfalls treten die im Art. 318 genannten Optionen ein. Vgl. dazu den Kommentar in Qadrī Pāšā, M., Qānūn al-ᶜadl…, a.a.O. (2006), S. 445.

Art. 318

Wenn der Pfleger der Bäume verstirbt, die Partnerschaft für die Bewässerung und Pflege hinfällig wird und die Früchte noch unreif sind, treten die gesetzlichen Erben des Pflegers an dessen Stelle. Sie können auf Wunsch die Tätigkeit bis zur Reife der Früchte fortsetzen, auch wenn der Aufseher dies ablehnt.

Wenn sie aber die unreifen Früchte von den Bäumen herunterreißen wollen, hat der Aufseher die Wahl, die unreifen Früchte[589] entsprechend der Vorgabe zu teilen, den Erben den Wert ihres Anteils an den unreifen Früchten zu geben oder die Früchte bis zur Reife zu pflegen und die Kosten hierfür vom Anteil der Erben an den reifen Früchten abzuziehen.[590]

Art. 319

Sollte der Verwalter die Bäume mit den Wurzeln, jedoch ohne das Land, verkauft haben und danach das Land an den Käufer verpachten, ist die Verpachtung nur wirksam, wenn sie nicht langfristig erfolgt.

Wenn er die Bäume vom Erdboden an verkauft hat und die Wurzeln im Boden verbleiben müssen, ist eine Verpachtung nicht wirksam. Wenn er die Bäume für eine festgelegte Dauer von einem Jahr oder von zwei Jahren in eine Partnerschaft für die Bewässerung und Pflege eingebracht hat und danach das Land für eine übliche Pachtsumme verpachtet, ist die Verpachtung zulässig.[591]

Art. 320

Wenn der Verwalter das Land der Religiösen Stiftung als Partnerschaft für die Landwirtschaft und die Bäume der Stiftung als Partnerschaft für die Bewässerung und Pflege einbringt, sich aber daraus für die Religiöse Stiftung kein Nutzen ergibt, so ist dies für die Religiöse Stiftung nicht zulässig. Der Pächter gilt als derjenige, der das Land widerrechtlich in Besitz nimmt.

Wenn das Land keinen Schaden nimmt, haftet er nicht. Wenn eine Schädigung des Landes damit verbunden ist, haftet er pflichtgemäß. Er kann gegenüber dem Verwalter oder gegenüber demjenigen, der diesen Schadensersatz entgegennimmt, einen Rückforderungsanspruch geltend machen. Den berechtigten Nutznießern der Stiftung steht dieser Schadensersatz nicht zu.

Dagegen erhalten die berechtigten Nutznießer der Stiftung die Erträge. Der Bauer bzw. der Pfleger erhält nichts aus den Erträgen, sondern nur ein übliches Honorar, das der Verwalter selbst aufbringen muss, ohne es von der Stiftung zurückfordern zu können.[592]

---

589 Arab.: al-busr. Der Ausdruck bezieht sich im Konkreten auf unreife Datteln.

590 Erwähnt auf S. 252 ff. im Abschnitt zur Partnerschaft für die Bewässerung und Pflege in „Ad-durr al-muḫtār“ und „Radd al-muḥtār“ (Fn.-Qadrī).

591 Erwähnt auf S. 337 in „Al-hindīya“ (Fn.-Qadrī).

592 Erwähnt auf S. 337 in „Al-hindīya“ (Fn.-Qadrī).

Art. 321
Die Partnerschaft für die Bewässerung und Pflege ist wirksam, wenn es sich nicht um eine Begünstigung handelt, die das übliche Maß übersteigt.[593]

Art. 322
Die Partnerschaft für die Bewässerung und Pflege ist nur zulässig, wenn die Bäume, auf die sie sich bezieht, festgelegt sind.[594]

Art. 323
Wenn der Verwalter ein mit Bäumen und Palmen bewachsenes Land verpachtet und mit dem Pächter übereinkommt, dass im Gegensatz zu den neu gepflanzten Bäumen die alten vollständig der Religiösen Stiftung zustehen, während die neu gepflanzten Bäume zu einem Viertel der Religiösen Stiftung und zu drei Vierteln dem Pächter zustehen, so ist diese Übereinkunft nicht wirksam, sollten die alten Bäume von den neu gepflanzten nicht zu unterscheiden sein und einer der beiden Vertragspartner keine Kenntnis davon haben.
Die Übereinkunft ist auch dann nicht wirksam, wenn die Dauer der Verpachtung bzw. der Partnerschaft für die Bewässerung und Pflege abgelaufen ist und der Aufseher das erwähnte Land erneut an diesen Pächter verpachtet und dieser sämtliche Bäume bewässert und pflegt.
Es handelt sich dabei ebenso um eine Verpachtung und eine Partnerschaft für die Bewässerung und Pflege, weil eine Unterscheidung der Bäume nicht möglich ist.[595]

Art. 324
Wenn der Amtswalter verstirbt, ist die Partnerschaft für die Bewässerung und Pflege bzw. die Partnerschaft für die Landwirtschaft nicht nichtig.
Wenn der Bauer oder derjenige, der die Pflege durchführt, verstirbt, ist sie nichtig.[596]

---

593 Erwähnt auf S. 337 in „Al-hindīya“, eine Wiederholung von Art. 305 (Fn.-Qadrī). Der Art. 305 bezieht sich aber auf die Partnerschaft für die Landwirtschaft. Generell gilt, dass diese beiden Formen der Partnerschaft rechtlich gleich oder ähnlich bewertet werden und Unterformen der muḍāraba sind. Vgl. Fn. 182.

594 Erwähnt auf S. 94 im Abschnitt zur Verpachtung in „Tanqīḥ al-ḥāmidīya“ (Fn.-Qadrī). Ab Art. 322 ergibt sich in der arabischen Ausgabe von 2006 eine fälschliche Verschiebung der Fußnoten in der Übersicht S. 57 ff.

595 Erwähnt auf S. 94 im Abschnitt zur Verpachtung in „Tanqīḥ al-ḥāmidīya“ mit einer Korrektur (Fn.-Qadrī).

596 Erwähnt auf S. 337 in „Al-hindīya“ (Fn.-Qadrī).

3. Abschnitt
Der *tīmār*-Inhaber,[597] der Steuerpächter[598] u.a.

Art. 325
Derjenige, der auf unkultiviertem *tīmār*-Land ein Ackerbaurecht[599] besitzt und jährlich die vorgesehene Abgabe entrichtet, darf nicht von diesem Land vertrieben und durch einen anderen Nutzer ersetzt werden.[600]

Art. 326
Zwei Partner, die *tīmār*-Land bewirtschaften, haben einen Teil des Ertrages gemäß dem herrschaftlichen Register zu entrichten. Wenn einer von beiden einen Teil des Landes selbst mit seinem Saatgut und seinen Angestellten bebaut, kann sein Partner den ihm zustehenden Teil der Ernte entsprechend dem Gesetz beanspruchen.[601]

Art. 327
Die Bauern, die ein Stück Land innerhalb einer Religiösen Stiftung bebauen, müssen jährlich einen festgelegten Anteil am Ertrag an die Stiftung entrichten. Wenn einige von ihnen das Land bebauen und sich weigern, den Anteil zu entrichten, aber der Anteil für die Stiftung günstiger als eine übliche Pacht ist, sind sie verpflichtet, den entsprechenden Anteil an die Stiftung zu entrichten.[602]

---

597 Es handelt sich um ein Lehnsgut, welches einem Beamten im Osmanischen Reich gegen die Zahlung einer festgelegten Steuer zur Nutzung auf Lebenszeit überlassen wurde. Der Nutzer wurde so zum Steuereintreiber. 1831 wurde das *tīmār*-System abgeschafft.
Vgl. die URL http://www.tuerkenbeute.de/kun/kun_ges/TimarSystem_de.php (zuletzt abgerufen: 06.06.2017).

598 Arab.: al-multazim. Unter dem Begriff al-iltizām wird eine Steuerpacht verstanden, die bis zum Jahr 1856 im Osmanischen Reich verbreitet war. Vgl. Khan, M. A., Islamic Economics and Finance. A Glossary. London 1990, S. 88. Der gesamte 3. Abschnitt (Art. 325-330) hat somit eher eine historische Bedeutung.

599 Arab.: mišadd al-maska. Vgl. die URL http://arabicmegalibrary.com/pages-4465-08-11864-0.html (zuletzt abgerufen: 06.06. 2017). Siehe dazu auch die Definition in Art. 330. Dieses Ackerbaurecht darf weder verkauft noch verschenkt oder vererbt werden. Vgl. Qadrī Pāšā, M., Qānūn al-ᶜadl…, a.a.O. (2006), S. 454.

600 Erwähnt auf S. 313 im Abschnitt zu verschiedenen Fragen der Gerichtsbarkeit in „Tanqīḥ al-ḥāmidīya“ und auf S. 167 im Abschnitt zur Partnerschaft für die Landwirtschaft in „Al-ḫairīya“ (Fn.-Qadrī).

601 Erwähnt im Abschnitt zu verschiedenen Fragen der Gerichtsbarkeit in „Tanqīḥ al-ḥāmidīya“, S. 314 ff. (Fn.-Qadrī).

602 Erwähnt im Abschnitt zu verschiedenen Fragen der Gerichtsbarkeit in „Tanqīḥ al-ḥāmidīya“, S. 313 (Fn.-Qadrī).

Art. 328
Für ein bestimmtes Stück landwirtschaftlich genutztes Land innerhalb einer privatnützigen Religiösen Stiftung, für das die Bauern einen festgelegten Ertragsanteil an die Stiftung entrichten müssen und für das an den *tīmār*-Inhaber ein Zehntel des Ertrages zu bezahlen ist, gilt, dass der *tīmār*-Inhaber nur mit Einwilligung des Aufsehers diesen Anteil am Ertrag der Religiösen Stiftung entgegennehmen kann.[603]
Der Inhaber eines Bodenrechts[604], das als Ackerbaurecht zur Kultivierung von *tīmār*-Land gestaltet ist, kann nicht ohne Einwilligung des *tīmār*-Inhabers dieses Recht auf eine andere Person übertragen.[605]

Art. 329
Keiner der Bauern, die ein Stück *tīmār*-Land bebauen und jedes Jahr den Anteil an den *tīmār*-Inhaber entrichten, darf eigenmächtig ohne Genehmigung des *tīmār*-Inhabers darin liegendes altes Brachland[606] bebauen.[607]

Art. 330
Der Ausdruck *mišadd al-maska* bedeutet den Anspruch auf Ackerbau[608] auf dem Land eines anderen.[609]

4. Abschnitt
Al-ḥikr

Art. 331
Al-iḥtikār ist ein Pachtvertrag, der darauf abzielt, das Land der Religiösen Stiftung in Besitz zu nehmen, um Tief- und Hochbauten darauf zu errichten und/oder Bäume darauf zu pflanzen.[610]

---

603 Eine solche Aneignung hat jedoch in der Praxis oft stattgefunden. Vgl. Qadrī Pāšā, M., Qānūn al-ᶜadl…, a.a.O. (2006), S. 453.

604 Arab.: ṣāḥib ḥaqq al-qarār. Vgl. Fn. 541.

605 Erwähnt im Abschnitt zu verschiedenen Fragen der Gerichtsbarkeit in „Tanqīḥ al-ḥāmidīya“, S. 313 (Fn.-Qadrī).

606 Arab.: marǧ qadīm muᶜaṭṭal.

607 Erwähnt im Abschnitt zu verschiedenen Fragen der Gerichtsbarkeit in „Tanqīḥ al-ḥāmidīya“, S. 313 (Fn.-Qadrī).

608 Arab.: al-ḥirāṯa: Ackerbau, Bodenbestellung, Pflügen.

609 Erwähnt auf S. 199 im Kapitel zum Anspruch auf Ackerbau auf dem Land eines anderen in „Tanqīḥ al-ḥāmidīya“ (Fn.-Qadrī). Diese Rechtsfigur wird bisweilen auch nur als al-maska bezeichnet und bedeutet etwa „an etwas festhalten“ (tamassaka bihi). Vgl. Ḥarīz, S., Al-waqf. Dirāsāt…, a.a.O., S. 208. At-tamassuk ist auch die Schuldverpflichtung.

610 Erwähnt auf S. 27 im Abschnitt zur Verpachtung in „Radd al-muḥtār“, Teil 5 (Fn.-Qadrī). Es handelt sich um eine Art Erbbauvertrag. Zu den Einzelheiten vgl. Ebert, H.-G., Hefny, A., Islamisches Zivilrecht…, a.a.O., S. 208-209 (Art. 700-705) und insbesondere Fn. 824.

Art. 332
Wenn das Haus der Religiösen Stiftung zerstört ist und eine Nutzung vollständig ausgeschlossen ist, die Religiöse Stiftung keinen Ertrag erbringt, um das Haus zu rekonstruieren, niemand das Haus gegen eine Vorauszahlung der Miete, mit der die Rekonstruktion erfolgen kann, wünscht und ein Austausch des Hauses unmöglich ist, dann ist ein *ḥikr*-Vertrag mit einer üblichen Miete zulässig.
Gleiches gilt für Stiftungsland, welches keinen Ertrag abwirft und eine Nutzung durch die Bestifteten vollständig ausgeschlossen ist. Wenn niemand das Land pachten will, um es zu sanieren, oder eine Partnerschaft für die Landwirtschaft begründet, ist der *ḥikr*-Vertrag zulässig.[611]

Art. 333
Das, was der Erbbaupächter[612] mit Einwilligung des Richters oder des Aufsehers auf dem Erbbauland errichtet oder anpflanzt, ist sein Privateigentum. Er kann das Erbaute oder Gepflanzte an seinen Miteigentümer oder an einen anderen verkaufen, das Erbaute oder Gepflanzte verschenken, stiften oder vererben.[613]

Art. 334
Das Bodenrecht des Erbbaupächters wird durch die Errichtung des Gebäudes und der Mauer auf dem Land bestätigt. Er ist verpflichtet, eine für das Land übliche Pacht zu zahlen, solange sich das Fundament des Hauses darauf befindet.[614]

Art. 335
Der Erbbaupächter ist nicht verpflichtet, sein Gebäude zu beseitigen oder seine Pflanzen herauszureißen, solange er die für die gepachtete Fläche die übliche Pacht bezahlt.[615]

Art. 336
Der Erbbauvertrag ist nur wirksam, wenn eine Pachtsumme, die nicht unter der üblichen liegt, verlangt wird. Die übliche Pacht bleibt nicht unverändert, sondern erhöht oder vermindert sich in Abhängigkeit von Ort und Zeit.[616]

---

611 Für diesen Artikel sind im Manuskript von Qadrī Pāšā keine Verweise enthalten.
612 Arab.: al-muḥtakir.
613 Erwähnt auf S. 541 in „Ad-durr al-muḫtār“ und „Radd al-muḥtār“ im Abschnitt zur Religiösen Stiftung und im Abschnitt zur Gesellschaft, S. 461 (Fn.-Qadrī). Die Quellenangabe in der französischen Übersetzung ist fehlerhaft. Der Artikel stimmt inhaltlich (abgesehen von einigen sprachlichen Unterschieden) mit dem Art. 701 in Muršid al-ḥairān überein. Vgl. Ebert, H.-G., Hefny, A., Islamisches Zivilrecht…, a.a.O., S. 208-209.
614 Erwähnt auf S. 131 im Abschnitt zur Verpachtung in „Tanqīḥ al-ḥāmidīya“ (Fn.-Qadrī).
615 Erwähnt auf S. 541 ff. „Ad-durr al-muḫtār“ und „Radd al-muḥtār“ (Fn.-Qadrī). Vergleichbar mit Art. 702 in Muršid al-ḥairān: Ebert, H.-G., Hefny, A., Islamisches Zivilrecht…, a.a.O., S. 209.
616 Entnommen aus S. 541 ff. in „Ad-durr al-muḫtār“ und „Radd al-muḥtār“ (Fn.-Qadrī).

Art. 337

Wenn die übliche Pacht beträchtlich steigt und die Erhöhung durch die Rekonstruktion oder den Bau seitens des Erbbaupächters verursacht wird, ist er nicht verpflichtet, die Erhöhung zu bezahlen.

Wenn die Erhöhung der Pacht für das Land aber unabhängig davon erfolgt, so durch eine erhöhte Nachfrage in der Region[617], hat der Erbbaupächter die Erhöhung zur bisherigen Pachtsumme zu zahlen.

Wenn er die Zahlung der erhöhten Pachtsumme verweigert, wird eine Entscheidung getroffen. Wenn das Land im Falle der Beseitigung des Gebäudes nicht mit einer erhöhten Pacht verpachtet werden kann, verbleibt es im Besitz des Gebäudeeigentümers mit der festgelegten Pachtsumme, weil beide Seiten dadurch nichts verlieren. Wenn das Land mit einer erhöhten Pachtsumme verpachtet werden kann und der Pächter der Erhöhung zustimmt, ist er bevorrechtigt, um einen Schaden von ihm abzuwenden. Wenn er aber der Erhöhung nicht zustimmt, ist er verpflichtet, sein Gebäude zu beseitigen, um Schaden von der Religiösen Stiftung abzuwenden, sollte damit keine Beschädigung des Landes verbunden sein. Wenn die Beseitigung des Gebäudes das Land beschädigt, darf er es nicht abreißen.

Wenn das Gebäude für die Religiöse Stiftung nützlich ist und die Religiöse Stiftung einen Ertrag abwirft, kann der Aufseher mit Zustimmung des Pächters den Wert des Gebäudes bezahlen und das Gebäude in das Eigentum der Religiösen Stiftung überführen. Der Preis richtet sich nach dem kleineren Wert im Vergleich zwischen dem Wert des bestehenden Gebäudes und dem Wert des abgerissenen Gebäudes.

Wenn der Verwalter die Eigentumsübertragung zum kleineren der beiden Werte verweigert, so muss er keine Miete bezahlen. Der Eigentümer des Hauses muss abwarten, bis das Haus zusammenstürzt, und kann dann die Trümmer entnehmen. Der Verwalter kann das Land und das Haus mit Zustimmung seines Eigentümers verpachten. Die Pachtsumme wird zwischen dem Eigentümer des Hauses und der Religiösen Stiftung nach dem jeweiligen Anteil des Hauses und des Grundstücks aufgeteilt.[618]

Art. 338

Wenn der Bau, den der Erbbaupächter auf dem Land der Religiösen Stiftung errichtet hat, komplett zerstört wird und keine Spuren hinterlässt, so fällt das Land, auf dem sich der Bau befand, mit dem Auslaufen der Pachtzeit an die Religiöse Stiftung zurück.

Gleiches gilt, wenn die Bäume auf dem gepachteten Land vertrocknen und eingehen. Das Land fällt an die Religiöse Stiftung zurück. Wenn der Erbbaupächter den

---

617 Arab.: fi-ṣ-ṣuq^{c}.

618 Erwähnt auf S. 541 ff. in „Ad-durr al-muḫtār“ und „Radd al-muḥtār“ in Verbindung mit S. 137 ff. im Abschnitt zur Verpachtung in „Al-ḫairīya“ (Fn.-Qadrī).

ursprünglichen Vertrag fortführen will, wird diesem Wunsch nicht nachgekommen.[619]

Art. 339
Wenn die für das Land übliche Pacht steigt, weil der Erbbaupächter ein Gebäude errichtet oder etwas angepflanzt hat, ist die Erhöhung für ihn nicht verpflichtend. Wenn aber die übliche Pacht unabhängig davon beträchtlich steigt, ist er zur Zahlung verpflichtet. Wenn die Erhöhung durch ein Angebot eines Konkurrenten in ungebührlicher Form verursacht wird, dann ist sie nicht zu akzeptieren. Der Konkurrent wird an einer solchen Erhöhung, die einen Schaden hervorruft, gehindert. Dies steht in Übereinstimmung mit einer herrschaftlichen Anordnung.[620]

Art. 340
Die Aussage des Erbbaupächters, dass er die übliche Pacht bezahlt, gilt, es sei denn, der Aufseher liefert den Gegenbeweis für die Erhöhung.[621]

Art. 341
Wenn der Erbbaupächter verstirbt, bevor er auf dem gepachteten Land ein Haus baut oder etwas anpflanzt, so wird die Verpachtung annulliert. Seine gesetzlichen Erben dürfen nur mit Einwilligung des Aufsehers etwas bauen oder anpflanzen.[622]

Art. 342
Für das, was auf dem Land der Religiösen Stiftung errichtet oder angepflanzt worden ist,[623] besteht kein Vorkaufsrecht[624], aber ein Bodenrecht.[625]

---

[619] Der Anfang des Artikels ist S. 131 im Abschnitt zur Verpachtung in „Tanqīḥ al-ḥāmidīya" entnommen. Der Rest muss überprüft werden (Fn.-Qadrī).

[620] Erwähnt auf S. 541 in „Ad-durr al-muḫtār" und „Radd al-muḥtār" und auf S. 118 im Abschnitt zur Verpachtung in „Tanqīḥ al-ḥāmidīya" (Fn.-Qadrī). Der erste Teil des Artikels stimmt mit Art. 337 überein.

[621] Erwähnt auf S. 129 im Abschnitt zur Verpachtung in „Tanqīḥ al-ḥāmidīya" und auf S. 125 im Abschnitt zur Verpachtung in „Al-ḫairīya" (Fn.-Qadrī). Der im Art. 340 der arabischen Ausgabe von 2006 erwähnte zweite Teil ist lediglich ein Kommentar zum ersten Teil. Vgl. Qadrī Pāšā, M., Qānūn al-ᶜadl…, a.a.O. (2006), S. 460. Darauf deutet auch die nach dem ersten Teil gesetzte Fußnote.

[622] Erwähnt auf S. 131 im Abschnitt zur Verpachtung in „Tanqīḥ al-ḥāmidīya" (Fn.-Qadrī).

[623] Muḥammad Qadrī Pāšā verwendet hierfür den (persischen) Ausdruck al-kirdār. Begründet wird dies in der ḥanafitischen Lehre mit dem Hinweis darauf, dass es sich bei Häusern und Pflanzen nicht um unbewegliche Sachen (al-ᶜaqārāt) handele. Vgl. Art. 347.

[624] Arab.: aš-šufᶜa. Vgl. Debs, R. A., Ziadeh, F. J., Dilger, K., Der Begriff des Eigentums im islamischen Recht. In: Beiträge zu Islamischem Rechtsdenken. Fachwiss. Betreuung: A. Falaturi, Redaktion: R. May, Stuttgart 1986, S. 110-111.

[625] Erwähnt auf S. 166 im Abschnitt zum Vorkaufsrecht und auf S. 199 im Kapitel zum Anspruch auf Ackerbau auf dem Land eines anderen in „Tanqīḥ al-ḥāmidīya" (Fn.-Qadrī).

Art. 343
Der Verkauf von Häusern oder Pflanzen auf dem Land der Religiösen Stiftung durch den Erbbaupächter ist zulässig, wenn diese genau bezeichnet werden. Ein Vorkaufsrecht kann jedoch nicht bestellt werden.[626]

Art. 344
Solche Tätigkeiten, die der Bearbeitung des Bodens zur Vorbereitung der Landwirtschaft dienen, so das Befeuchten, das Pflügen und das Eggen des Landes, sind nicht selbst in Geld messbar und können weder verkauft noch vererbt werden. Derjenige, der sie längerfristig ausübt, erwirbt jedoch dadurch ein Bodenrecht.[627]

Art. 345
Das Pflügen und Befeuchten des Bodens sowie das Einbringen des Düngers in den Boden sind keine Tätigkeiten, die selbst einen Wert verkörpern. Der Pächter hat keinen Rückforderungsanspruch gegenüber dem Amtswalter. Ein Anspruch auf Ackerbau auf dem Land eines anderen begründet kein Bodenrecht. Der Anspruchsberechtigte kann keinen Rückforderungsanspruch gegenüber dem Verwalter der Religiösen Stiftung geltend machen.[628]

Art. 346
Der Ausdruck *mišadd al-maska* bedeutet den Anspruch auf Ackerbau auf dem Land eines anderen.[629]

5. Abschnitt
Al-kadik und *as-suknū*[630]

Art. 347
Der Ausdruck *al-kadik*[631] wird auf solche Sachen angewendet, die in den Ladengeschäften fest, dauerhaft und unverrückbar installiert sind, wie ein Bau, den der Pächter mit Einwilligung des Verwalters aus seinem Vermögen errichtet. Dazu zählen auch industrielle und kommerzielle Anlagen usw., die nicht dauerhaft mit

---

626 Ebenda erwähnt (Fn.-Qadrī).

627 Erwähnt auf S. 199 ff. in „Tanqīḥ al-ḥāmidīya" (Fn.-Qadrī).

628 Entnommen aus S. 133 im Abschnitt zur Verpachtung in „Tanqīḥ al-ḥāmidīya" (Fn.-Qadrī). Vgl. Art. 450.

629 Erwähnt im Kapitel zum Anspruch auf Ackerbau auf dem Land eines anderen in „Tanqīḥ al-ḥāmidīya" auf S. 198 (Fn.-Qadrī). Der Artikel ist eine Wiederholung des Art. 330. Die unterschiedlichen Seitenangaben bei den Quellen sind nicht erklärbar.

630 Es geht hierbei (vgl. Art. 347) nicht um das Wohnrecht, wie das in Art. 24 bis 27 in Muršid al-ḥairān ausgeführt wird. Vgl. Ebert, H.-G., Hefny, A., Islamisches Zivilrecht..., a.a.O., S. 33-34.

631 Auch al-ǧadik. Zur Erläuterung vgl. die URL http://arabicmegalibrary.com/pages-4465-08-21847.html (zuletzt abgerufen: 03.01.2017).

dem Ladengeschäft verbunden sind. Die fest installierten Sachen in den Ladengeschäften heißen *suknā*, diejenigen auf dem Ackerland *kirdār*.[632]

Art. 348
Der *kadik* ist fest angebaut oder installiert, der *kirdār* ist ein Bau oder eine Anpflanzung. Der Wert von Obstgärten besteht in den werthaltigen Sachen, die von deren Inhabern ohne Bestellung eines Vorkaufsrechts verkauft, verschenkt oder vererbt werden können und ein Bodenrecht der Inhaber begründen. Die Inhaber können gegen eine übliche Pacht, die ohne *kadik* und *kirdār* berechnet wird, die Anlagen oder Pflanzen auch gegen den Willen des Aufsehers behalten, wenn damit keine Schädigung der Religiösen Stiftung verbunden ist.[633]

6. Abschnitt
Das Nutzungsrecht

Art. 349
Das Nutzungsrecht[634] besteht darin, eine Sache der Religiösen Stiftung durch einen Vertrag für eine bestimmte Zeit gegen eine im Voraus fällige oder später fällige Gebühr zu besitzen.

Art. 350
Die notwendigen Kosten für den Unterhalt und die Bewahrung der genutzten Sache trägt der Inhaber des Nutzungsrechts.[635]

Art. 351
Falls jemand eine Sache gegen eine später fällige Gebühr mietet und diese Sache gegen eine Gebühr im Voraus weitervermietet, kann der Amtswalter das vom ersten Mieter Verlangte nicht vom zweiten Mieter einfordern.[636]

Art. 352
Der Eigentümer am Nutzen kann diesen Nutzen einem anderen übertragen. So darf der Mieter eines Wohnhauses einer Religiösen Stiftung andere Personen darin wohnen lassen.
Wenn er das Haus renoviert oder etwas darin verbessert, ist es zulässig, dass er es gegen eine höhere Miete weitervermietet. Er darf darin alle Arbeiten ausführen,

---

632 Erwähnt im Kapitel zum Anspruch auf Ackerbau auf dem Land eines anderen in „Tanqīḥ al-ḥāmidīya" auf S. 199 ff. mit einer korrigierten Abweichung (Fn.-Qadrī).

633 Ebenda erwähnt. Die darin enthaltene Abweichung wurde korrigiert (Fn.-Qadrī).

634 Arab.: ḥaqq al-intifāᶜ. Der Ausdruck ḥaqq al-manfaᶜa ist gleichbedeutend.

635 Die Art. 349 und 350 verweisen auf keine Quellenangabe.

636 Erwähnt auf S. 122 im Abschnitt zur Verpachtung in „Tanqīḥ al-ḥāmidīya" (Fn.-Qadrī). Die Quellenangabe in der arabischen Ausgabe von 2007 ist fehlerhaft (S. 208).

solange diese keinen Schaden hervorrufen und die Gebäudekonstruktion gefährden. Die Mieterhöhung steht dem Eigentümer am Nutzen, nicht aber der Religiösen Stiftung, zu.[637]

Art. 353
Derjenige, dem gemäß Vertrag ein bestimmter Nutzen zusteht, kann den gesamten Nutzen, einen üblichen Nutzen oder einen geringeren Nutzen geltend machen, jedoch keinen größeren Nutzen beanspruchen.
Wenn er etwa ein Ladengeschäft für eine Schmiede mietet, kann er ein vergleichbares Handwerk oder ein weniger Schaden verursachendes Handwerk ausüben. Wenn er das Ladengeschäft für eine Drogerie mietet, darf er keine Schmiede darin einrichten.[638]

Art. 354
Wenn die gemietete Sache einen Mangel aufweist, der die Nutzung nicht beeinträchtigt, wie z.B. der Einsturz einer Mauer ohne Auswirkung auf die Wohnung, so hat der Mieter nicht das Recht, den Mietvertrag zu annullieren.
Wenn der Mangel den Nutzen minimiert und beeinträchtigt, indem etwa ein Gebäudeteil einstürzt, hat der Mieter die Wahl, den Mietvertrag zu annullieren oder weiterhin aufrechtzuerhalten und die Miete entsprechend der Nutzungsminimierung zu kürzen. Diese Auffassung widerspricht der in *Ẓāhir ar-riwāya*[639] vertretenen Meinung. Danach ist die festgelegte Miete zu zahlen, wenn der Vertrag nicht annulliert worden ist. Wenn der Mangel beseitigt ist, entfällt das Wahlrecht.[640]

Art. 355
Wenn der Nutzen an der gemieteten Sache vollständig ausbleibt, ist die Miete vom Zeitpunkt des Ausbleibens an hinfällig.
Gleiches gilt, wenn die Wasserzufuhr für das gepachtete Land unterbrochen wird, sodass in der Zeit des Pachtvertrages keine Landwirtschaft möglich ist.

---

[637] Erwähnt auf S. 23 ff. im Abschnitt zur Verpachtung in „Ad-durr al-muḫtār“ und „Radd al-muḥtār“ (Fn.-Qadrī).

[638] Erwähnt auf S. 23 und S. 30 im Abschnitt zur Verpachtung in „Ad-durr al-muḫtār“ und „Radd al-muḥtār“ (Fn.-Qadrī).

[639] Die unter dem Titel Ẓāhir ar-riwāya (Die offenkundige Überlieferung) zusammengefassten Bücher gehen auf Muḥammad aš-Šaibānī zurück und bilden eine Grundlage für die ḥanafitische Rechtslehre. In diesem Artikel zeigen sich die Unterschiede in der ḥanafitischen Lehre. Muḥammad Qadrī Pāšā folgt im Allgemeinen der Auffassung von Ibn ᶜĀbidīn, der sich auf Ẓāhir ar-riwāya stützt. Vgl. die URL http://www.ilmgate.org/ibn-abidins-division-of-hanafi-legal-rulings/ (zuletzt abgerufen: 03.01.2017) und Ebert, H.-G., Heilen, J., Islamisches Recht. A.a.O., S. 30.

[640] Erwähnt auf S. 65 im Abschnitt zur Verpachtung in „Ad-durr al-muḫtār“ und „Radd al-muḥtār“ (Fn.-Qadrī).

Wenn das Wasser ausreicht, um einen Teil des Landes landwirtschaftlich zu nutzen, hat der Pächter die Wahl, den Pachtvertrag zu annullieren oder ihn aufrechtzuerhalten und eine Pachtsumme entsprechend der bewässerten Fläche zu bezahlen.[641]

Art. 356
Wenn durch die schuldhafte Rechtsverletzung des Mieters oder durch einen Fehler des Mieters in der Bewahrung oder in der außergewöhnlichen Verwendung der Sache diese Sache zerstört oder in ihrem Wert gemindert wird, haftet der Mieter. Er hat den Verlust auszugleichen.[642]

Art. 357
Das Nutzungsrecht endet mit dem Tod des Nutzers, mit Ablauf der vertraglich festgelegten Nutzungsfrist und mit dem Untergang der genutzten Sache.[643]

Art. 358
Wenn die festgelegte Frist für die Nutzung endet oder der Nutzer während dieser Frist verstirbt, das Land landwirtschaftlich genutzt wird und die Pflanzen aufgegangen, aber noch nicht reif sind, so gehen die Pflanzen bis zur Reife und Ernte im ersten Fall auf den Nutzer und im zweiten Fall auf seine gesetzlichen Erben über. Im ersten Fall ist eine übliche Pacht, im zweiten Fall ist die festgelegte Pacht für die restliche Zeit zu bezahlen.[644]

Art. 359
Das Durchgangsrecht[645], die Grunddienstbarkeiten[646], das Wasserentnahmerecht[647], das Recht am Wasserlauf[648], das Abflussrecht[649] und andere Rechte sind

---

641 Erwähnt auf der vorher genannten Seite und auf S. 100 im Abschnitt zur Verpachtung in „Ad-durr al-muḫtār“ und „Radd al-muḥtār“ (Fn.-Qadrī).
642 Entnommen aus „Ad-durr al-muḫtār“ und „Radd al-muḥtār“, S. 29-34 im Abschnitt zur Verpachtung (Fn.-Qadrī).
643 Für diesen Artikel ist keine Quelle angegeben. Er stimmt wörtlich mit dem Art. 35 in Muršid al-ḥairān überein. Vgl. Ebert, H.-G., Hefny, A., Islamisches Zivilrecht…, a.a.O., S. 36.
644 Erwähnt auf S. 27 im Abschnitt zur Verpachtung in „Ad-durr al-muḫtār“ und „Radd al-muḥtār“ mit einer Korrektur, die einen Zusatz und eine Streichung enthält, so wie das im Originalmanuskript vermerkt ist (Fn.-Qadrī).
645 Arab.: ḥaqq al-murūr.
646 Arab.: ḥaqq al-irtifāq.
647 Arab.: ḥaqq aš-širb.
648 Arab.: ḥaqq al-maǧrā.
649 Arab.: ḥaqq al-masīl. In den vorliegenden arabischen Ausgaben handelt es sich wohl um einen Druckfehler.

im Buch *Muršid al-ḥairān ilā ma^crifat aḥwāl al-insān fi-l-mu^cāmalāt aš-šar^cīya* angegeben.[650]

7. Abschnitt
Al-ḫulū

Art. 360
Al-ḫulū bedeutet die Bevorrechtigung des Pächters bzw. Mieters und die Besitzergreifung einer Sache durch ihn, um die Sache uneingeschränkt zu nutzen. Als Gegenleistung ist ein Betrag an den Stifter oder den Aufseher zu zahlen, um die Instandsetzung der Religiösen Stiftung zu befördern.[651]

Art. 361
Der Verkauf der *ḫulū*-Immobilie ist nicht wirksam. Der *ḫulū*-Inhaber hat nur ein Bodenrecht. Er kann dieses Recht aber mit Einwilligung des Aufsehers nach eigenem Wunsch abtreten. Der Subpächter nimmt seine Stelle ein, darf die Immobilie aber nicht selbst verpachten. Er hat eine übliche Pacht, unabhängig von ihrer Höhe, zu zahlen.
Al-ḫulū ist ein juristischer Begriff für den Anspruch desjenigen, der eine Geldsumme aus der Nutzung als Gegenleistung zum Wohle der Religiösen Stiftung bezahlt. Der Inhaber des *ḫulū*-Anspruchs hat das Bodenrecht an der Immobilie

---

[650] In Muršid al-ḥairān werden diese Begriffe im Kapitel zu den Grunddienstbarkeiten im Einzelnen erläutert. Siehe Ebert, H.-G., Hefny, A., Islamisches Zivilrecht…, a.a.O., S. 37-44. Eine Quellenangabe findet sich im Originalmanuskript wegen des Verweises nicht.

[651] Entnommen aus dem Kapitel zum Anspruch auf Ackerbau auf dem Land eines anderen in „Tanqīḥ al-ḥāmidīya“, S. 200 und aus „Radd al-muḥtār“, S. 21 zu Verkaufsverträgen, Teil 4 (Fn.-Qadrī). Die Quellenangabe in der arabischen Ausgabe von 2007 ist fehlerhaft (S. 212). Hin und wieder wird der Ausdruck al-ḫulū auch als „Garantiesumme“ übersetzt: Umstätter, A., Das Testament im ägyptischen Erbrecht. Frankfurt am Main, Berlin, Bern, Bruxelles, New York, Oxford, Wien 2000, S. 113. Der ḫulū-Vertrag ähnelt einem Darlehen (al-murṣad). Der ḫulū-Pächter konnte die Immobilie vererben, aber nicht verkaufen. Vgl. Ḥarīz, S., Al-waqf. Dirāsāt…, a.a.O., S. 209-210. Im jordanischen Zivilgesetzbuch Nr. 43/1976 sind die ḫulū al-intifā^c-Verträge entsprechend geregelt (Art. 1265-1270). The Jordan Civil Code of Moslem Jurisprudence. Translated and Annotated by H. R. Hashem. Amman 1990, S. 191-192. Vgl. auch Kogelmann, F., Islamische fromme Stiftungen…, a.a.O., S. 30. Siehe in Bezug auf Ägypten: Debs, R. A., Islamic Law and Civil Code. The Law of Property in Egypt. New York 2010, S. 121. Vgl. die kuwaitische Fiqh-Enzyklopädie (siehe Fn. 541) unter der URL https://books.google.de/books?id=zkRKCwAAQBAJ&pg=PT278&lpg=PT278&dq=الخلو&source=bl&ots=Lty5fzQQu1&sig=wgZpdgrQaJJ_Drxi-MumE6JuDrgc&hl=de&sa=X&ved=0ahUKEwjh0trG4uLUAhUHch-QKHVi8Bm44KBDoAQg-MAQ#v=onepage&q=%D8%A7%D9%84%D8%AE%D9%84%D9%88&f=false (zuletzt abgerufen: 29.06.2017)

und kann diesen Anspruch vererben. Solange er eine übliche Pacht bezahlt, kann er über die Immobilie verfügen, die nicht an einen anderen verpachtet werden darf. Wenn ihm der Aufseher die Nutzung entzieht, kann der Pächter die gezahlte *ḫulū*-Summe zurückfordern.[652]

8. Abschnitt
Die Annahme[653] und Ausschlagung[654] der Religiösen Stiftung

Art. 362
Die Annahme der Religiösen Stiftung durch die Bestifteten ist keine Voraussetzung für deren Wirksamkeit, wenn die Religiöse Stiftung nicht zugunsten einer bestimmten Person, also z.B. für die Armen und die Bedürftigen, oder wenn sie für irgendeinen wohltätigen Zweck errichtet worden ist.
Wenn die Religiöse Stiftung zugunsten einer bestimmten Person und danach zugunsten der Armen errichtet worden ist, ist die Annahme durch diese Person Voraussetzung für ihren Anspruch. Wenn sie also annimmt, steht ihr der Ertrag zu. Wenn sie die Stiftung ausschlägt, wird sie wie eine verstorbene Person behandelt und der Ertrag wird an die Armen verteilt. Derjenige, der das Bestiftete annimmt, kann es nach der Annahme nicht ausschlagen. Derjenige, der das Bestiftete erstmalig ausschlägt, kann es danach nicht annehmen.[655]

Art. 363
Wenn der Stifter den Nutzen aus seiner Religiösen Stiftung zunächst einer bestimmten Personengruppe und danach den Armen zur Verfügung stellt, wenn er etwa ein Stück Land als Almosen an die Kinder von Zaid[656] und an dessen Nachkommen und Enkel und danach an die Armen gibt, so geht der Ertrag vollständig an diejenigen Personen, die das Gestiftete annehmen, sollten einige von ihnen das Gestiftete annehmen und einige von ihnen das Gestiftete ausschlagen. Wenn alle Personen das Gestiftete ausschlagen, geht es an die Armen. Wenn Kinder oder Abkömmlinge von Zaid vorhanden sind und eine Teil von ihnen oder alle das Gestiftete annehmen, so haben diejenigen, die von ihnen annehmen, Anspruch auf das Gestiftete. Dies gilt analog bis zum Aussterben der Bestifteten.
Dies steht im Widerspruch zum Vermächtnis. Falls jemand ein Drittel seines Vermögens per Vermächtnis an eine bestimmte Personengruppe überträgt und einige von ihnen das Vermächtnis ausschlagen, so geht deren Anteil an die gesetzlichen

---

652 Entnommen aus dem Kapitel zum Anspruch auf Ackerbau auf dem Land eines anderen in „Tanqīḥ al-ḥāmidīya“, S. 200 und aus „Radd al-muḥtār“, Teil 4, S. 21 ff. (Fn.-Qadrī).
653 Arab.: al-qabūl.
654 Arab.: ar-radd.
655 Erwähnt in „Al-isᶜāf“, S. 15 (Fn.-Qadrī).
656 Vgl. Fn. 104.

Erben des Testators. Gleiches gilt, wenn alle Personen das Vermächtnis ausschlagen. Der Unterschied zwischen dem Testator und dem Stifter besteht darin, dass der Testator nur zugunsten der bestimmten Personen das Vermächtnis errichtet hat. Das, was davon hinfällig wird, geht an seine gesetzlichen Erben. Der Stifter hat aber das Vermögen nach den bestimmten Personen für die Armen festgelegt. Wenn der Teil für die festgelegten Personen hinfällig wird, geht dieser auf die Armen über.[657]

Art. 364
Wenn jemand eine gottgefällige Stiftung errichtet und sie danach zwei bestimmten Personen zuspricht, indem er ein Stück Land als gestiftetes Almosen für Gott den Personen Zaid und ᶜAmr zu deren Lebzeiten überträgt und danach für die Armen stiftet, so kann in dem Falle, da der eine das Gestiftete annimmt und der andere das Gestiftete ausschlägt oder aber verstirbt, der Annehmende nur seinen eigenen Anteil beanspruchen. Der Anteil des Ausschlagenden oder des Verstorbenen geht an die Armen. Die andere Person hat keinen Anspruch darauf. Wenn diese auch verstirbt, geht der Ertrag vollständig an die Armen.[658]

Art. 365
Wenn der Stifter seine Religiöse Stiftung zugunsten einer bestimmten Person und deren Kinder und danach zugunsten der Armen errichtet und diese Person für sich und ihre Kinder das Bestiftete ausschlägt, so ist das Ausschlagen dieser Person nur für sie selbst wirksam. Die volljährigen Kinder dieser Person können selbst ausschlagen oder annehmen. Den minderjährigen Kindern steht der Anteil immer zu.
Wenn jemand seine Stiftung zugunsten von zwei bestimmten Personen und danach für die Armen errichtet und eine von beiden bereits verstorben war, steht der Ertrag vollständig dem Lebenden von beiden zu und nach ihm den Armen.[659]

9. Abschnitt
Der Anspruch der Bestifteten[660]

Art. 366
Der Anspruch ist an den Zeitpunkt geknüpft, an dem sich der Ertrag einstellt. Als solcher gilt der Tag, an dem die Pflanzen werthaltig sind, sofern es sich um Getreide handelt, bzw. der Tag, an dem sich die Früchte als solche herausgebildet haben.

---

657 Erwähnt auf S. 15 in „Al-isᶜāf" mit einer geringfügigen Korrektur (Fn.-Qadrī).
658 Erwähnt auf S. 15 in „Al-isᶜāf" mit einer geringfügigen Korrektur (Fn.-Qadrī).
659 Erwähnt in „Al-isᶜāf", S. 15 ff. (Fn.-Qadrī). Der Unterschied zum Art. 364 bezieht sich auf den Zeitpunkt der Errichtung der Religiösen Stiftung.
660 Der 9. Abschnitt lautet wörtlich nur „Der Anspruch".

Wenn das Haus oder das Land der Religiösen Stiftung an eine Person vermietet bzw. verpachtet ist, die das Land gegen eine in festgelegten Raten zu zahlende Pachtsumme bewirtschaftet, dann gilt für die Fälligkeit der Zeitpunkt der jeweiligen Rate.[661]

Art. 367
Jeder, der vor dem Termin, an dem sich der Ertrag einstellt, bzw. vor dem Zeitpunkt der fälligen Rate bereits als Kind gezeugt ist und im Bauch seiner Mutter lebt, hat einen Anspruch auf den Ertrag oder die Rate. Wenn der Zeitraum bis zur Geburt weniger als sechs Monate beträgt, vom Zeitpunkt des Ertrages oder der Rate an gerechnet, und die Mutter dieses Kindes eine legitime Beziehung als Ehefrau oder als eine in der Wartezeit nach der widerruflichen Verstoßung befindliche Frau unterhalten hat, dann steht dem Kind sein Anteil zu, auch wenn es vor der Aufteilung verstirbt. In diesem Falle geht der Anteil des Kindes an dessen gesetzliche Erben.[662]

Art. 368
Das Kind, welches sechs Monate bzw. mehr als sechs Monate nach dem Zeitpunkt des Ertrages oder der fälligen Frist geboren wird und dessen Mutter eine legitime Beziehung als Ehefrau oder als eine in der Wartezeit nach der widerruflichen Verstoßung befindliche Frau unterhalten hat, wird bei der Aufteilung nicht berücksichtigt.[663]

Art. 369
Das Kind einer unwiderruflich geschiedenen Frau[664] oder einer durch die Geburt des Kindes von ihrem Herrn freigelassenen Frau[665] hat innerhalb von zwei Jahren

[661] Erwähnt auf S. 606 ff. in „Radd al-muḥtār“ (Fn.-Qadrī).
[662] Erwähnt auf S. 606 ff. in „Radd al-muḥtār“ mit einer geringfügigen Korrektur (Fn.-Qadrī).
[663] Ebenda erwähnt (Fn.-Qadrī).
[664] Arab.: al-mubāna.
[665] Arab.: umm al-walad al-muᶜtaqa. Zum Begriff vgl. Schacht, J., “Umm al-Walad”, in: Encyclopaedia of Islam, Second Edition, Edited by: P. Bearman, Th. Bianquis, C.E. Bosworth, E. van Donzel, W.P. Heinrichs. Consulted online on 06 January 2017 http://dx.doi.org/10.1163/1573-3912_islam_COM_1290 (zitiert gemäß Verlagsvorgabe). Auch dieser Gesetzestext zum Recht der Religiösen Stiftungen enthält, wie auch die Texte zum Personalstatut und zum Zivilrecht, einzelne Elemente des Sklavenrechts, weil bis zum Ende des 19. Jh. einige Sklavenverhältnisse fortexistierten. Vgl. hierzu die URL http://liberalarts.utexas.edu/hemispheres/_files/pdf/slavery/Slavery_in_Ottoman_Egypt.pdf (zuletzt abgerufen: 06.01.2017). Siehe weiterhin Fn. 254.

nach der unwiderruflichen Scheidung bzw. der Freilassung Anspruch auf den anteiligen Gesamtertrag in dieser Zeit, auch wenn seit dem Zeitpunkt des Ertrages oder der Rate mehr als sechs Monate vergangen sind.[666]

Art. 370
Die Religiöse Stiftung zugunsten der Kinder umfasst auch das bereits gezeugte, aber noch nicht geborene Kind[667] hinsichtlich seines verwandtschaftlichen Anspruchs.[668]

Art. 371
Falls der Stifter zugunsten seiner Kinder stiftet, gilt für den Anspruch auf den Ertrag nicht der Tag der Stiftung, sondern der Tag, an welchem sich der Ertrag einstellt. So hat das zum Zeitpunkt der Errichtung der Religiösen Stiftung existierende Kind den gleichen Anspruch wie ein danach geborenes Kind, wenn es zum Zeitpunkt des Ertrages bereits existierte.[669]

Art. 372
Wenn der Stifter zugunsten der Armen in seiner Familie stiftet, wird die Armut zum Zeitpunkt des Ertrages festgestellt. Derjenige, der zu diesem Zeitpunkt arm ist, erhält seinen Anteil, auch wenn er danach reich wird oder davor reich war. Dies ist die dominierende Auffassung der Rechtsgelehrten.[670]

Art. 373
Wenn sich die Teilung des Ertrages um Jahre verzögert, so hat derjenige, der zum Zeitpunkt des Ertrages in diesen Jahren arm war, Anspruch auf den jährlichen Ertrag. Er wird in Bezug auf seinen Anspruch nicht als reich bewertet. Wenn also der Tag der Teilung kommt und er reich ist, steht ihm das in den vergangenen Jahren der Armut Beanspruchte zu.

666 Erwähnt auf S. 606 ff. in „Ad-durr al-muḫtār“ und „Radd al-muḥtār“ (Fn.-Qadrī). Hier wird deutlich, wie die ḥanafitische Lehre in Bezug auf die Abstammung des Kindes vom Vater auf eine „großzügige“ Zweijahresfrist zurückgreift. Vgl. Art. 344 der Qadrī-Pāšā-Kodifikation: Ebert, H.-G., Die Qadrî-Pâshâ-Kodifikation. A.a.O., S. 117. In der arabischen Ausgabe von 2007 fehlt das Wort „umm“ (Mutter); S. 217.

667 Arab.: al-ḥaml: Fötus, Nasciturus.

668 Erwähnt auf S. 609 in „Radd al-muḥtār“ (Fn.-Qadrī).

669 Erwähnt auf S. 609 in „Ad-durr al-muḫtār“ (Fn.-Qadrī).

670 Erwähnt auf S. 609 in „Ad-durr al-muḫtār“ (Fn.-Qadrī). Der letzte Satz im Art. 372 lautet wörtlich: ᶜalaihi al-fatwā.

Dem armen Kind, welches weniger als ein halbes Jahr nach dem Zeitpunkt des Ertrages geboren wird, steht kein Anteil am erzielten Ertrag zu. Es ist das ungeborene Kind im Bauch seiner Mutter. Dies ist die Auffassung von Hilāl. Al-Ḫaṣṣāf[671] ist dagegen der Auffassung, dass das Kind einen Anspruch hat.[672]

Art. 374
Die Nutznießer der Religiösen Stiftung und diejenigen, die religiöse Tätigkeiten verrichten, haben nur dann einen Anspruch auf die Erträge und Einnahmen der Stiftung, wenn nach Begleichung der Kosten für notwendige Reparaturen und den Unterhalt, die Bezahlung der *ᶜušr*- oder der *ḫarāǧ*-Steuer für die Immobilie und die Tilgung einer möglichen Schuld oder eines Darlehens aus dem Ertrag der Religiösen Stiftung ein Nettoüberschuss verbleibt.[673]

Art. 375
Der Reinertrag wird unter den berechtigten Nutznießern der Religiösen Stiftung geteilt. Jeder von ihnen erhält seinen Anteil, wie das der Stifter entsprechend vorgesehen hat.[674]

Art. 376
Der von einer abwesenden oder verschollenen Person[675] erworbene Anspruch wird nicht auf eine andere Person übertragen, es sei denn, es liegt ein gesetzlicher Grund hierfür vor.[676]

Art. 377
Der berechtigte Nutznießer der Stiftung kann vom Aufseher seinen Anteil erst nach Inbesitznahme des Ertrages durch den Aufseher und nach Eintritt des Termins für den Anspruch einfordern. Vor Eintritt des Termins für den Anspruch darf

671 Bei den beiden erwähnten ḥanafitischen Gelehrten handelt es sich zum einen um Hilāl ar-Ra'y (gest. 859) aus Baṣra und um Abū Bakr al-Ḫaṣṣāf (gest. 874), der vor allem durch seine adab-al-qāḍī-Veröffentlichung bekannt ist. Besonders sein Werk „Kitāb aḥkām al-auqāf" (Kairo 1904) wurde eine wichtige Quelle für Studien zur Religiösen Stiftung. Vgl. Hennigan, P. C., The Birth of a Legal Institution. *The Formation of the Waqf in Third-Century A.H. Ḥanafī Legal Discourse.* Leiden, Boston 2004, S. 1-14 und S. 203-214.

672 Erwähnt auf S. 609 in „Ad-durr al-muḫtār" und „Radd al-muḥtār" (Fn.-Qadrī).

673 Abgeleitet aus „Radd al-muḥtār", S. 520, „Al-hindīya", S. 336 und „Tanqīḥ al-ḥāmidīya", S. 189 (Fn.-Qadrī).

674 Abgeleitet aus „Ad-durr al-muḫtār" und „Radd al-muḥtār", S. 522 und „Tanqīḥ al-ḥāmidīya", S. 188 (Fn.-Qadrī).

675 Vgl. zum Abwesenden (al-ġā'ib) und zum Verschollenen (al-mafqūd) Art. 571-581 der Qadrī-Pāšā-Kodifikation: Ebert, H.-G., Die Qadrî-Pâshâ-Kodifikation. A.a.O., S. 184-186.

676 Erwähnt auf S. 193 ff. in „Tanqīḥ al-ḥāmidīya" (Fn.-Qadrī).

er diesen Anteil nicht vom Aufseher einfordern, auch wenn dieser die Pacht im Voraus erhalten hat.[677]

Art. 378
Es ist zulässig, dass der berechtigte Nutznießer der Stiftung im Falle einer Schuld seinen Gläubiger bevollmächtigt, seinen Anteil am Ertrag der Religiösen Stiftung vom Aufseher in Besitz zu nehmen. Er kann die Schuld gegenüber seinem Gläubiger auch auf den Aufseher übertragen.[678]

Art. 379
Die Schuldanweisung ist aber nur wirksam, wenn sich die beanspruchte Summe im Besitz des Aufsehers befindet und der Aufseher die Schuldanweisung akzeptiert.[679]

Art. 380
Die Schuldanweisung an den Aufseher ist in Bezug auf die Ansprüche des Bestifteten, die zukünftig entstehen, grundsätzlich nicht wirksam.[680]

Art. 381
Es ist nicht zulässig, dass der berechtigte Nutznießer der Stiftung seinen Gläubiger ermächtigt, die Erträge der Religiösen Stiftung von den Pächtern entgegenzunehmen, es sei denn, er ist der Verwalter und ihm stehen allein alle Erträge zu. Die Stiftung darf keine Reparatur erforderlich haben. Eine solche führt dazu, dass der Bestiftete nichts erhält.[681]

Art. 382
Wenn einer der Bestifteten nach dem Zeitpunkt des Ertrages verstirbt, geht sein Anteil an seine gesetzlichen Erben. Wenn er vor dem Ende der Pachtdauer verstirbt, wird das ihm bis dahin Zustehende durch den Tod nicht hinfällig, sondern zum Anspruch seiner gesetzlichen Erben. Der Anteil nach dem Tod wird entsprechend dem Stiftungszweck verteilt.[682]

---

[677] Erwähnt auf S. 195 in „Tanqīḥ al-ḥāmidīya" (Fn.-Qadrī). Vgl. Art. 371.
[678] Erwähnt auf S. 194 und auf S. 294 im Abschnitt zur Schuldanweisung in „Tanqīḥ al-ḥāmidīya" (Fn.-Qadrī).
[679] Erwähnt auf S. 294 im Abschnitt zur Schuldanweisung in „Tanqīḥ al-ḥāmidīya" (Fn.-Qadrī). Die Quellenangabe in der arabischen Ausgabe von 2006 (S. 60) ist fehlerhaft.
[680] Erwähnt auf S. 294 im Abschnitt zur Schuldanweisung in „Tanqīḥ al-ḥāmidīya" (Fn.-Qadrī). Der Art. 888 in Muršid al-ḥairān entspricht inhaltlich und weitgehend wörtlich den Art. 378-380. Siehe Ebert, H.-G., Hefny, A., Islamisches Zivilrecht…, a.a.O., S. 259.
[681] Für diesen Artikel liegt keine Quellenangabe vor.
[682] Erwähnt in „Al-isᶜāf", S. 55, in „Al-hindīya", S. 334 und in „Ad-durr al-muḫtār" und „Radd al-muḥtār", S. 562 ff. mit einer Korrektur (Fn.-Qadrī).

Art. 383
Wenn eine Person, die Tätigkeiten für die Stiftung ausübt, innerhalb eines Jahres nach Ausübung dieser Tätigkeiten verstirbt, kann sie den Lohn entsprechend der Tätigkeitsdauer beanspruchen.[683]

Art. 384
Wenn die Pacht im Voraus bezahlt und an die berechtigten Nutznießer der Stiftung verteilt worden ist und einer von ihnen nach Inbesitznahme seines Anteils und vor dem Ende der Pachtdauer verstirbt, so wird sein Anteil nicht annulliert und kann nicht aus den Händen seiner gesetzlichen Erben zurückgefordert werden.[684]

Art. 385
Gleiches gilt, wenn einer derjenigen, die religiöse Tätigkeiten verrichten und Funktionen ausüben, den vollständigen Jahreslohn in Besitz genommen hat und innerhalb des Jahres verstirbt. Der Anteil für die restliche Zeit kann nicht zurückgefordert werden.[685]

Art. 386
Der Aufseher kann das, was er ungerechtfertigt und versehentlich an einen Bestifteten bezahlt hat, zurückfordern. Er haftet dafür nicht. Seine Forderung begründet keine Haftung gegenüber den anderen Bestifteten durch ihn.[686]

Art. 387
Wenn der Aufseher vorsätzlich einige berechtigte Nutznießer der Stiftung berücksichtigt und andere ausschließt, so haben die Ausgeschlossenen die Wahl: Sie können einen Rückforderungsanspruch gegenüber dem Aufseher oder gegenüber denjenigen berechtigten Nutznießern, die ihre Anteile in Besitz genommen haben, geltend machen.[687]

Art. 388
Wenn einer der Abkömmlinge des Stifters[688] seinen berechtigten Anspruch auf die Nutznießung der Religiösen Stiftung nachweist, der Richter zu seinen Gunsten

---

683 Erwähnt auf S. 562 in „Ad-durr al-muḫtār“ und „Radd al-muḥtār“ (Fn.-Qadrī). Der entsprechende Lohnanteil würde dann in seinen Nachlass übergehen. Vgl. den Kommentar in Vgl. Qadrī Pāšā, M., Qānūn al-ᶜadl…, a.a.O. (2006), S. 492.
684 Erwähnt auf S. 334 in „Al-hindīya“ und auf S. 55 in „Al-isᶜāf“ (Fn.-Qadrī).
685 Erwähnt auf S. 577 in „Ad-durr al-muḫtār“ und „Radd al-muḥtār“ (Fn.-Qadrī). Die Quellenangabe in der arabischen Ausgabe von 2007 ist fehlerhaft (S. 221).
686 Erwähnt auf S. 203 in „Tanqīḥ al-ḥāmidīya“ (Fn.-Qadrī).
687 Erwähnt auf S. 203 in „Tanqīḥ al-ḥāmidīya“ (Fn.-Qadrī).
688 Arab.: ḏurrīyat al-wāqif.

entscheidet, der Anspruch feststeht und sich die Entscheidung auf den Zeitraum der Existenz der Religiösen Stiftung bezieht, kann der Abkömmling einen Rückforderungsanspruch für seinen Anteil, der ihm in den vergangenen Jahren zugestanden hätte, gegenüber den berechtigten Nutznießern der Stiftung, die den Anteil erhalten haben, geltend machen. Gegenüber dem Verwalter steht ihm kein Rückforderungsanspruch zu, wenn die Zahlung aufgrund eines gerichtlichen Urteils erfolgt ist.[689]

Art. 389
Wenn nachgewiesen wird, dass die Erträge der Religiösen Stiftung zu gleichen Teilen an zwei Personen gehen und eine von beiden einen höheren Anteil erhalten hat als ihr für eine bestimmte Zeit zusteht, dann hat die andere Person einen Rückforderungsanspruch gegenüber dieser Person in Bezug auf den in der Vergangenheit zu viel bezahlten Anteil.[690]

Art. 390
Wenn die Religiöse Stiftung zugunsten der Kindeskinder[691] errichtet worden ist und eine gerichtliche Entscheidung getroffen wird, dass die Kinder der Töchter mit einbezogen werden, dann entfaltet die Entscheidung keine Wirkung im Hinblick auf die Vergangenheit, sollte der Ertrag der Stiftung bereits verbraucht worden sein. Für die zukünftige Zeit steht den Kindern der Töchter der zukünftige Ertrag zu. Ihnen stehen aber der Ertrag, der im Jahr der Entscheidung erzielt worden ist, sowie der Ertrag der vergangenen Jahre, soweit dieser noch nicht verbraucht worden ist, zu.[692]

Art. 391
Wenn ein berechtigter Nutznießer der Stiftung anerkennt, dass eine andere Person seinen Anteil allein beansprucht, und die diesbezügliche Zustimmung erteilt, sind das Anerkenntnis des Nutznießers und die Zustimmung in Bezug auf den eigenen Anspruch wirksam, auch wenn die Stiftungsurkunde anderes besagt. Der Nutznießer verliert seinen Anspruch zeit seines Lebens.[693]

---

689 Ebenda erwähnt, ergänzt und korrigiert. Auch auf S. 292 in „Radd al-muḥtār" erwähnt (Fn.-Qadrī).

690 Erwähnt auf S. 591 ff. in „Radd al-muḥtār" (Fn.-Qadrī).

691 Der verwendete Begriff aulād al-aulād wird bisweilen nur im Sinne von Sohneskindern verwendet. Vgl. dazu die URL https://vb.tafsir.net/tafsir46329/#.WRRf7_snOUk (zuletzt abgerufen: 11.05.2017). Daraus ergibt sich die Problematik, dass Kinder der Töchter durch den Verwalter praktisch ausgeschlossen worden sind.

692 Erwähnt auf S. 591 in „Ad-durr al-muḫtār" und „Radd al-muḥtār" mit einer korrigierten Abweichung (Fn.-Qadrī).

693 Erwähnt auf S. 582 in „Ad-durr al-muḫtār" und „Radd al-muḥtār" (Fn.-Qadrī). Dies ist die vorherrschende ḥanafitische Auffassung. Die „modernen" ḥanafitischen Autoren bevorzugen die ḥanbalitische Interpretation, wonach ein solches Anerkenntnis nichtig ist. Vgl. Qadrī

Art. 392
Wenn der Anerkennende vor dem Anerkannten verstirbt, geht der Ertrag an denjenigen, den der Stifter festgelegt hat. Der Anerkannte hat keinen Anspruch.[694]

Art. 393
Der Verzicht auf einen Anspruch auf die Nutznießung zugunsten eines Dritten ist weder mit einer Gegenleistung noch ohne eine solche wirksam.[695]

Art. 394
Die Zustimmung zum Anspruch auf die Nutznießung wird mit dem Tod des Anerkennenden nichtig.[696]

Art. 395
Wenn einer der berechtigten Nutznießer der Stiftung anerkennt, dass eine andere Person seinen Anteil allein beansprucht, und die diesbezügliche Zustimmung erteilt, so gilt die Zustimmung nur in Bezug auf den Anspruch des Anerkennenden.[697]

Art. 396
Wenn der Aufseher der Religiösen Stiftung anerkennt, dass eine andere Person mit ihm die Stiftung beaufsichtigt, wird sein Anerkenntnis berücksichtigt. Beide teilen sich die Aufgabe der Aufsicht, solange sie am Leben sind. Wenn der Anerkennende verstirbt, ist das Anerkenntnis nichtig. Die Aufsicht geht an denjenigen, den der Stifter festgelegt hat. Wenn der Anerkannte verstirbt, ist das Anerkenntnis auch nichtig. Aber der Anerkennende darf nicht allein die Aufsicht übernehmen, sondern der Richter ernennt einen anderen Mitaufseher unter den Nutznießern der Religiösen Stiftung, der dazu befähigt ist, oder eine andere Person, die der Richter für befähigt hält.[698]

Art. 397
Der festgelegte Anspruch auf Nutznießung kann wie das Erbrecht nicht übertragen werden. Der Nutznießer am Ertrag der Stiftung darf seinen Anspruch nicht

Pāšā, M., Qānūn al-ᶜadl…, a.a.O. (2006), S. 496-497. Das ägyptische Gesetz Nr. 48 von 1946 folgt in Art. 20 dieser ḥanbalitischen Richtung: „Das Anerkenntnis des Bestifteten, dass ein Dritter einen vollständigen oder teilweisen Anspruch besitzt, ist ebenso wie der Verzicht nichtig." Vgl. Qānūn raqm 48 li-sana 1946 bi-aḥkām al-waqf. In: Qawānīn al-waqf…, a.a.O., S. 8.

694 Ebenda erwähnt (Fn.-Qadrī). Dies bezieht sich auf die Fußnote im Original.

695 Erwähnt in „Radd al-muḥtār", S. 583 (Fn.-Qadrī).

696 Dieser Artikel kann aus Art. 392 abgeleitet werden. So ist eine Erwähnung nicht notwendig (Fn.-Qadrī).

697 Eine Wiederholung von Art. 391 (Fn.-Qadrī).

698 Erwähnt auf S. 583 in „Radd al-muḥtār" (Fn.-Qadrī).

auf eine andere Person seines Willens übertragen bzw. mit oder ohne eine Gegenleistung darauf verzichten. Er kann seinen beanspruchten Anteil jedoch einem anderen spenden, indem er diesen bevollmächtigt, für ihn den Ertrag in Besitz zu nehmen, und ihn dann auffordert, diesen für sich selbst zu übernehmen.[699]

Art. 398
Der berechtigte Nutznießer der Religiösen Stiftung darf seinen Anspruch nicht auf einen anderen übertragen.[700]

Art. 399
Die Klage auf Nutznießung der Religiösen Stiftung ist nach Ablauf von fünfzehn Jahren unzulässig[701], wenn sie in dieser Zeit hätte erhoben werden können.[702]

Art. 400
Die berechtigten Nutznießer der Stiftung haben keinen Anspruch auf den Ertrag der Religiösen Stiftung, wenn dieser noch nicht vorhanden ist oder die Pacht noch nicht fällig ist. Der Anspruch entsteht mit dem Vorhandensein des Ertrages und der Fälligkeit der Pacht.[703]

Art. 401
Der Ertrag der Religiösen Stiftung wird mit seiner Inbesitznahme durch den Aufseher zum Eigentum der berechtigten Nutznießer der Stiftung, auch wenn eine Teilung des Ertrages noch nicht erfolgt ist. Wenn ein berechtigter Nutznießer einer Nachkommenschaftsstiftung[704] oder ein Funktionsinhaber, der eine in der Re-

---

[699] Erwähnt auf S. 186 ff. in „Tanqīḥ al-ḥāmidīya“ und auf S. 583 in „Radd al-muḥtār“. Dieser Artikel macht den Art. 393 überflüssig. Der Art. 393 hätte besser gestrichen und auf diesen Artikel beschränkt werden können. (Fn.-Qadrī).

[700] Eine Wiederholung des vorangegangenen Artikels. Er hätte besser gestrichen werden können (Fn.-Qadrī).

[701] Arab.: lā tusmaᶜu daᶜwa al-istiḥqāq fi-l-waqf. Es handelt sich um eine Formulierung, die in neuerer Zeit zumeist durch die Formulierung lā tuqbalu daᶜwā… ersetzt wird. Vgl. Elwan, O., Die Form von zwischen Ägyptern und Deutschen geschlossenen Ehen aus dem Blickwinkel des deutschen Kollisionsrechts. In: Festschrift für Eric Jayme. Hrsg. von Mansel, H.-P., Pfeiffer, T., Kronke, H., Köhler, C., Hausmann, R., München 2004, Bd. 1, S. 163-165.

[702] Erwähnt auf S. 193 in „Tanqīḥ al-ḥāmidīya“. Der Artikel ist eine Wiederholung von Art. 638. Er hätte hier besser gestrichen und auf den dort stehenden Artikel im Zusammenhang mit seinem Gegenstand beschränkt werden können. (Fn.-Qadrī).

[703] Erwähnt auf S. 320 im Kapitel zum Gewinn und seiner Aufteilung in „Radd al-muḥtār“, Teil 3 und auf S. 562 ff. im Abschnitt zur Religiösen Stiftung (Fn.-Qadrī).

[704] Arab.: waqf aḏ-ḏurrīya. Der Begriff ist von A. H. E. Kemke übernommen. Vgl. Kemke, A. H. E., Stiftungen im muslimischen…, a.a.O., S. 20. Siehe dazu auch Fn. 73.

ligiösen Stiftung vorgesehene Tätigkeit verrichtet, verstirbt, nachdem der Amtswalter den Ertrag in Besitz genommen hat, so geht sein Anteil an seine gesetzlichen Erben.[705]

Art. 402
Der Ertrag im Besitz des Aufsehers ist ein Treuhandgut. Eigentümer sind die berechtigten Nutznießer der Stiftung. Wenn sie einen Anspruch darauf haben, können sie das Treuhandgut einfordern. Der Aufseher wird inhaftiert, wenn er die Leistung des Treuhandgutes verweigert. Er haftet dafür, wenn er das Treuhandgut verbraucht hat oder wenn es durch höhere Gewalt nach der Forderung vernichtet wird.[706]

Art. 403
Die Übertragung von Ansprüchen ist nicht wirksam, wenn diese nicht nachgewiesen sind. So kann der Aufseher der Religiösen Stiftung einem berechtigten Nutznießer der Stiftung nur dann einen Anspruch übertragen, wenn dieser gegenüber den Pächtern nachgewiesen worden ist.[707]

Art. 404
Wenn der Aufseher den Ertrag in Besitz genommen hat und ihn mit seinem eigenen Vermögen vermischt oder verbraucht, sodass er zum Schuldner wird, so kann er in diesem Fall seine Schuld gegenüber dem Anspruchsinhaber an eine andere Person seiner Wahl übertragen.[708]

Art. 405
Wenn der berechtigte Nutznießer des Ertrages der Religiösen Stiftung ein Darlehen aufnimmt und seinem Gläubiger seinen festgelegten Anspruch überträgt, so ist die Schuldanweisung wirksam. Der Aufseher ist nur verpflichtet, die angewiesene Summe zu bezahlen, wenn sich der Ertrag in seinem Besitz befindet, dem Anweisenden die Leistung zusteht und der Aufseher die Schuldanweisung akzeptiert.
Wenn sich der Ertrag der Religiösen Stiftung nicht im Besitz des Aufsehers befindet oder aber der Ertrag im Besitz des Aufsehers noch nicht beansprucht werden kann, ist er nur dann zur Zahlung gezwungen, wenn er sich selbst verpflichtet hat, die Schuldanweisung zu akzeptieren. In diesem Falle ist er verpflichtet, die angewiesene Schuld aus seinem Vermögen zu begleichen.[709]

---

[705] Siehe den vorangegangenen Artikel (Fn.-Qadrī). Vgl. Fn. 683.
[706] Erwähnt im Abschnitt zur Schuldanweisung in „Radd al-muḥtār", Teil 4, S. 404 (Fn.-Qadrī).
[707] Erwähnt im Abschnitt zur Schuldanweisung in „Radd al-muḥtār", S. 403, Teil 4 (Fn.-Qadrī).
[708] Erwähnt im Abschnitt zur Schuldanweisung in „Radd al-muḥtār", S. 404 (Fn.-Qadrī).
[709] Für diesen Artikel findet sich keine Quellenangabe im Manuskript.

Art. 406
Wenn der berechtigte Nutznießer der Stiftung die Bezahlung des Gläubigers aus seinem Anspruch gegenüber der Stiftung an den Aufseher überträgt und der Aufseher die Schuldanweisung akzeptiert, dann darf der berechtigte Nutznießer der Stiftung den Anteil nicht vom angewiesenen Aufseher einfordern. Der Aufseher darf den Anteil nicht an den anweisenden Nutznießer bezahlen. Wenn er es aber tut, haftet er gegenüber dem Gläubiger.[710]

Art. 407
Wenn der angewiesene Aufseher die Schuldanweisung akzeptiert, wird der anweisende Nutznießer der Stiftung von der Schuld und der Forderung unter der Bedingung befreit, dass der Anspruch des Gläubigers erfüllt wird. Wenn der Anspruch des Gläubigers nicht erfüllt wird, weil das Vermögen im Besitz des Aufsehers untergegangen ist, dann hat der Gläubiger einen Rückforderungsanspruch gegenüber dem Anweisenden. Gleiches gilt, wenn sich der Gläubiger den Rückforderungsanspruch ausbedungen hat und sich die Erfüllung der Forderung wegen der Verarmung des Angewiesenen verzögert, auch wenn das Vermögen nicht untergegangen ist. Der Rückforderungsanspruch ist dann nur mit einer solchen Bedingung durchsetzbar.[711]

---

[710] Erwähnt in „Ad-durr al-muḫtār“ und „Radd al-muḥtār“, S. 407 im Abschnitt zur Schuldanweisung (Fn.-Qadrī).

[711] Erwähnt im Abschnitt zur Schuldanweisung in „Ad-durr al-muḫtār“ und „Radd al-muḥtār“, S. 404-407 (Fn.-Qadrī). Die Formulierung des Art. 407 in der französischen Übersetzung ergänzt in Bezug auf den Rückforderungsanspruch bei einem Untergang des Vermögens im Besitz des Aufsehers dessen Schuldlosigkeit. Kadri Pacha, M., Du wakf. A.a.O., S. 207.

6. Kapitel
Die Instandsetzung und Reparatur der Religiösen Stiftung

1. Abschnitt
Die Rekonstruktion von nutzbaren Häusern, Moscheen und Schulen

Art. 408
Aus dem Ertrag der Religiösen Stiftung wird zunächst deren Rekonstruktion bezahlt, wenn die Immobilien der Religiösen Stiftung eine notwendige Rekonstruktion erfordern, bevor eine Verteilung des Ertrages an die berechtigten Nutznießer der Stiftung erfolgt. Dies gilt unabhängig davon, ob sich der Stifter die Bevorzugung der Rekonstruktion gegenüber den berechtigten Nutznießern der Stiftung ausbedungen hat oder nicht.[712]

Art. 409
Wenn sich der Stifter die Bevorzugung der Rekonstruktion gegenüber den berechtigten Nutznießern der Stiftung und die Verteilung des Überschusses aus dem Ertrag an die berechtigten Nutznießer der Stiftung ausbedungen hat, wird die Rekonstruktion zunächst ausgeführt, sollten die Immobilien der Religiösen Stiftung zum Zeitpunkt der Teilung des Ertrages eine notwendige Rekonstruktion erfordern. Wenn nach Beendigung der Rekonstruktion etwas vom Ertrag übrig bleibt, wird der Überschuss an die berechtigten Nutznießer der Stiftung verteilt. Jeder Anspruchsberechtigte erhält gemäß den Bedingungen des Stifters seinen Anteil, wenn der Überschuss für alle ausreicht. Anderenfalls geht es nach dem Grad der Bedürftigkeit.[713]
Wenn die Immobilien der Religiösen Stiftung zum Zeitpunkt der Teilung des Ertrages keine Rekonstruktion erfordern, bildet der Amtswalter eine Rücklage, die nach seiner Auffassung jährlich notwendig ist, um bei einem in der Zukunft möglichen Ausfall des Stiftungsertrages einen Ersatz zu haben, sollte dies erforderlich sein. Der Rest des Ertrages geht an die berechtigten Nutznießer der Stiftung.
Dies gilt, wenn die Bevorzugung der Rekonstruktion ausbedungen worden ist. Wenn sie dagegen nicht ausbedungen wurde, geht der Ertrag an die berechtigten Nutznießer der Stiftung, ohne dass eine Zurückstellung erfolgt.[714]

---

712 Erwähnt auf S. 520 ff. und auf S. 525 in „Ad-durr al-muḫtār“ und „Radd al-muḥtār“ (Fn.-Qadrī).

713 Arab.: qaddama al-ahamm.

714 Erwähnt auf S. 524 in „Ad-durr al-muḫtār“ und „Radd al-muḥtār“ mit einer Korrektur (Fn.-Qadrī). Aus den Art. 409 und 410 geht hervor, dass die Religiöse Stiftung keine gesetzliche Rücklage bildet.

Art. 410
Wenn sich der Stifter die Bevorzugung der Rekonstruktion nicht ausbedungen hat oder er dazu schweigt, wird die Rekonstruktion, falls erforderlich, gegenüber den berechtigten Nutznießern der Stiftung bevorzugt. Wenn die Immobilien der Religiösen Stiftung zum Zeitpunkt der Inbesitznahme und Verteilung des Ertrages keiner Rekonstruktion bedürfen, wird keine Rücklage gebildet, sondern der gesamte Ertrag an die berechtigten Nutznießer der Stiftung verteilt.
Gleiches gilt, wenn der Stifter die Bevorzugung der erforderlichen Rekonstruktion als Bedingung festgelegt hat. Sollte kein Erfordernis vorliegen, wird auch keine Rücklage gebildet. Der Ertrag wird vollständig an die berechtigten Nutznießer der Stiftung verteilt, wenn zum Zeitpunkt der Inbesitznahme und Verteilung des Ertrages keine Rekonstruktion der Religiösen Stiftung erforderlich ist.[715]

Art. 411
Die Reparatur eines Hauses der Religiösen Stiftung wird aus deren Ertrag bezahlt, wenn das Haus nicht durch das Wirken einer Person zerstört worden ist. Anderenfalls muss derjenige, der es zerstört hat, seine Rekonstruktion bezahlen. Wenn also eine Person durch ihr Wirken das Haus zerstört, ist sie selbst zur Rekonstruktion verpflichtet.[716]

Art. 412
Wird die Rekonstruktion aus dem Ertrag der Religiösen Stiftung bezahlt, dann hat sie so zu erfolgen, wie die Immobilie zu Zeiten des Stifters beschaffen war. Zusätzliches kann nur mit Zustimmung der berechtigten Nutznießer der Stiftung eingefügt werden, auch wenn die Stiftung zugunsten der Armen errichtet worden ist. So dürfen die Wände des Hauses nicht gekalkt, geweißt bzw. rot o.ä. gestrichen werden, es sei denn, der Stifter hat dies so getan oder sich einen möglichen Zusatz bei der Rekonstruktion ausbedungen. Wenn sich der Stifter den Zusatz ausbedungen hat, ist es zulässig, dass der Amtswalter etwas hinzufügt, was der Religiösen Stiftung Vorteil und Nutzen bringt.
Wenn sich das Tünchen und Weißen der Wände des gestifteten Hauses oder das Einsetzen von Fenstern positiv auswirkt und eine Mieterhöhung wünschenswert

[715] Erwähnt auf S. 109 in „Al-ašbāh wa-n-naẓā'ir" (Fn.-Qadrī). Das Werk „Al-ašbāh wa-n-naẓā'ir" (Ähnliche und vergleichbare Fälle) stammt von Zain ad-Dīn b. Ibrāhīm b. Nuǧaim (gest. 1563). Siehe die URL http://alhindy.net/wp-content/uploads/2015/12/الأشباه-والنظائر-لابن-نجيم.pdf (zuletzt abgerufen: 19.01.2017). Es spielte auch bei der Formulierung des osmanischen Zivilgesetzbuches (Mecelle) in den Jahren 1869 bis 1876 eine wichtige Rolle. Vgl. Krüger, H., Zum zeitlich-räumlichen Geltungsbereich der osmanischen Mejelle. In: Liber Amicorum Gerhard Kegel, München 2002, 43-63. Im Unterschied zum Art. 409 wird im Art. 410 auf eine Bedingung des Stifters Bezug genommen, die auf eine *erforderliche* Rekonstruktion abstellt.

[716] Erwähnt auf S. 520 in „Radd al-muḥtār" (Fn.-Qadrī).

ist, kann der Amtswalter dies aus dem Vermögen der Religiösen Stiftung in Umsetzung der Bedingung des Stifters durchführen.[717]

Art. 413

Wenn das Land der Religiösen Stiftung versalzt[718] und nichts darauf wächst, kann der Aufseher aus dem Ertrag der Stiftung den Boden kultivieren, bevor die Verteilung des Ertrages an die berechtigten Nutznießer der Stiftung erfolgt.
Wenn die Religiöse Stiftung Bäume umfasst, die am Absterben sind, kann der Aufseher aus dem Ertrag der Stiftung junge Bäume kaufen, die er als Ersatz für die absterbenden Bäume pflanzt, um so die Nutzungsdauer zu verlängern.[719]

Art. 414

Wenn die Religiöse Stiftung zugunsten einer Moschee oder einer Schule errichtet worden ist und die Moschee oder die Schule eine Rekonstruktion erfordert, wird die Rekonstruktion vorrangig aus dem Ertrag der Religiösen Stiftung finanziert. Wenn nach Beendigung der Rekonstruktion ein Überschuss verbleibt, der ausreicht, um alle diejenigen, die religiöse Tätigkeiten verrichten und Funktionen ausüben, zu bezahlen, verteilt der Aufseher an jeden von ihnen den festgelegten Lohn. Wenn der Überschuss nicht ausreicht, um alle in gleicher Weise ohne Bevorzugung des einen oder des anderen zu bezahlen, verteilt der Aufseher mit Einwilligung des Richters entsprechend angepasste Beträge. Wenn der Ertrag der Stiftung ausreicht, um die Rekonstruktion und diejenigen, die religiöse Tätigkeiten verrichten, zu bezahlen, erfolgt auch während der Rekonstruktion eine Entlohnung der Bediensteten in festgelegter oder entsprechend angepasster Höhe.[720]

Art. 415

Wenn die Einkünfte der Religiösen Stiftung so gering sind, dass der in Besitz genommene Ertrag nicht ausreicht, um die notwendige Rekonstruktion und alle diejenigen, die religiöse Tätigkeiten verrichten und Funktionen ausüben, zu bezahlen, richtet sich die Verteilung nach der Bedeutung. Zunächst erfolgt die notwendige Rekonstruktion. Danach werden diejenigen, die die wichtigsten religiösen Tätigkeiten verrichten, bezahlt. Solche Bedienstete, deren Ausscheiden einen offensichtlichen Schaden hervorrufen und die religiösen Tätigkeiten unterbrechen würde, wie der Vorbeter, der Prediger, der Gebetsrufer, der Lehrer u.a., werden dabei den anderen, deren Ausscheiden keinen solchen Schaden bewirkt, vorgezogen.

---

717 Erwähnt auf S. 520 in „Radd al-muḥtār“ (Fn.-Qadrī).

718 Arab.: in kānat al-arḍ sabḫatan. Damit ist solches Land gemeint, auf dem keine Landwirtschaft mehr betrieben werden kann.

719 Erwähnt auf S. 520 in „Radd al-muḥtār“ mit einer Korrektur (Fn.-Qadrī).

720 Erwähnt auf S. 523 und auf S. 578 in „Ad-durr al-muḫtār“ und „Radd al-muḥtār“ (Fn.-Qadrī).

Falls der Stifter eine Gleichbehandlung aller festgelegt hat, aber der Ertrag gering ist, erhält jeder, der seine Tätigkeit verrichtet hat, einen entsprechend angepassten Betrag. Derjenige, dem dieser Betrag zum Leben nicht ausreicht, erhält eine Zulage, demjenigen, der damit über der Grundsicherung liegt, wird der Lohn gekürzt.[721] Wenn danach noch ein Überschuss verbleibt, geht er an diejenigen Bediensteten, die nicht unverzichtbar sind. Anderenfalls bleiben sie vollkommen unberücksichtigt und erhalten in der Zeit der Rekonstruktion nichts.[722]

Art. 416
Folgende Personen, die religiöse Tätigkeiten verrichten, werden nach der Rekonstruktion vorrangig berücksichtigt, unabhängig davon, ob der Stifter diesen Vorrang festgelegt hat oder nicht: Der Vorbeter, der Prediger, der Gebetsrufer, derjenige, der die Lampen in der Moschee entzündet[723], der Teppichbreiter[724], der Türhüter[725], der Wasserträger, der Angestellte zur Reinigung der Wasserbecken und der Aufseher. Dazu zählen auch die Kosten für das Öl, die Leuchter, die Matten, das Wasser für die Waschung sowie für den Transport des Wassers in das Becken zur rituellen Waschung[726]. Danach folgen diejenigen, die keine religiösen Tätigkeiten verrichten, so der Angestellte der Religiösen Stiftung, der Angestellte, der für den Unterricht verantwortlich ist, derjenige, der die Pacht eintreibt, und der Bibliothekar.[727]

Art. 417
Wenn die Einkünfte der Stiftung, die für eine Schule vorgesehen sind, gering sind, diese Schule eine Rekonstruktion erfordert und ein Lehrer, ein Aufseher, ein Schreiber, ein Angestellter, ein *ḥadīṯ*-Rezitator und ein Koran-Rezitator beschäftigt sind, wird nach der notwendigen Rekonstruktion der für den Unterricht notwendige Lehrer, ohne den die Schule geschlossen werden müsste, der Verwalter und der Schreiber bevorzugt, nicht jedoch der *ḥadīṯ*-Rezitator und der Koran-Rezitator. Diejenigen, die religiöse Tätigkeiten verrichten, werden nach der Rekonstruktion bei zu geringen Erträgen entsprechend ihrer Bedeutung in der erwähnten Reihenfolge bezahlt.[728]

---

721 Diese Aussage bezieht sich auf die für die Stiftung unverzichtbaren Bediensteten.
722 Erwähnt auf S. 523 ff. in „Radd al-muḥtār" und auf S. 189 in „Tanqīḥ al-ḥāmidīya" (Fn.-Qadrī).
723 Arab.: al-waqqād.
724 Arab.: al-farrāš.
725 Arab.: al-bauwāb.
726 Arab.: al-mīḍā'a.
727 Erwähnt auf S. 524 ff. in „Ad-durr al-muḫtār" und „Radd al-muḥtār" (Fn.-Qadrī).
728 Erwähnt auf S. 187 ff. in „Tanqīḥ al-ḥāmidīya" mit einer Korrektur (Fn.-Qadrī).

Art. 418
Wenn die erforderliche Rekonstruktion einer Moschee oder einer Schule nicht sofort notwendig ist, sodass ihre Unterlassung nicht zu einer Zerstörung des Gebäudes führt, falls die Rekonstruktion auf den Ertrag des nächsten Jahres verschoben wird, werden die unverzichtbaren Stellen bevorzugt oder bei ausreichenden Erträgen die Rekonstruktion und die unverzichtbaren Stellen bezahlt. Derjenige, dessen Ausscheiden einen offensichtlichen Schaden hervorrufen und die religiösen Tätigkeiten unterbrechen würde, erhält einen ausreichenden Betrag zur Grundsicherung.[729]

Art. 419
Derjenige, der sich als berechtigter Nutznießer der Stiftung oder als eine Person, die religiöse Tätigkeiten verrichtet, mit Einwilligung des Aufsehers als Handwerker oder Arbeiter an der Rekonstruktion beteiligt, erhält einen für die verrichtete Arbeit entsprechenden Lohn, der weder der Vergütung laut Bedingung des Stifters noch einer Grundsicherung entsprechen muss. Gleiches gilt für den Aufseher, wenn er mit Einwilligung des Richters Rekonstruktionsarbeiten durchführt. Ihm steht ein für die verrichtete Arbeit entsprechender Lohn zu.
Wenn der Aufseher seine zur Rekonstruktion der Moschee oder der Schule angestellten Arbeitskräfte außergewöhnlich hoch vergütet, so haftet er für den gesamten Lohn mit seinem Vermögen. Die Religiöse Stiftung ist dagegen nicht verpflichtet.
Wenn das Ausscheiden eines Bediensteten keinen Schaden hervorrufen würde, ist die Rekonstruktion zu bevorzugen, auch wenn sie auf das nächste Jahr verschoben werden könnte. Die verzichtbaren Bediensteten erhalten nichts, solange die Rekonstruktion erforderlich ist, auch wenn sie ihre Aufgaben erfüllen.[730]

Art. 420
Wenn die Einkünfte der Religiösen Stiftung gering sind und eine notwendige Rekonstruktion erforderlich ist, die den gesamten eingenommenen Ertrag erschöpft, wird die Rekonstruktion bevorzugt und werden alle unverzichtbaren und verzichtbaren Stellen gestrichen. Während der Rekonstruktion wird nichts an die berechtigten Nutznießer der Stiftung und an diejenigen, die religiöse Tätigkeiten verrichten und Funktionen ausüben, verteilt, unabhängig davon, ob dadurch ein offensichtlicher Schaden für die Durchführung der religiösen Tätigkeiten oder anderweitig entsteht.[731]

---

729 Erwähnt auf S. 523 ff. in „Radd al-muḥtār“ (Fn.-Qadrī).

730 Erwähnt auf S. 523 ff. in „Radd al-muḥtār“ und auf S. 55 in „Al-isʿāf“. Der letzte Absatz des Artikels hätte besser an das Ende des Art. 418 angefügt werden sollen (Fn.-Qadrī).

731 Entnommen aus S. 523 in „Radd al-muḥtār“ (Fn.-Qadrī). Vgl. Art. 408.

Art. 421
Die in der Zeit der Rekonstruktion suspendierten Löhne für diejenigen, die religiöse Tätigkeiten verrichten und Funktionen ausüben, werden komplett gestrichen. Diese Personen können keine Forderung gegenüber der Religiösen Stiftung geltend machen. Sie erhalten keine Entschädigung aus einem Ertragsüberschuss des nächsten Jahres.[732]

Art. 422
Wenn die Löhne für diejenigen, die religiöse Tätigkeiten verrichten, in einem bestimmten Jahr vollständig oder teilweise suspendiert sind, so werden sie komplett gestrichen und können nicht als Forderung gegenüber der Religiösen Stiftung geltend gemacht werden. Falls demnach der Ertrag im nächsten Jahr nach der Verteilung der Löhne für dieses nächste Jahr einen Überschuss hervorbringt, wird nichts davon als Entschädigung für das Streichen der Löhne im vergangenen Jahr ausgezahlt.[733]

Art. 423
Wenn ein einzelner Stifter zwei Religiöse Stiftungen zugunsten des gleichen Ziels stiftet, indem die eine Stiftung für die Rekonstruktion einer bestimmen Moschee und die andere für den Unterhalt dieser Moschee errichtet wird, und eine von beiden Religiösen Stiftungen eine notwendige Rekonstruktion erforderlich macht, kann mit Zustimmung des Richters der Ertrag einer der beiden Stiftungen für die Rekonstruktion der anderen verwendet werden. Gleiches gilt, wenn für diejenigen, die religiöse Tätigkeiten verrichten, das Geld nicht ausreicht. Der Richter, nicht aber der Aufseher, kann ihre Löhne aus dem Ertrag der anderen Stiftung bezahlen.[734]

Art. 424
Wenn zugunsten eines einzigen Ziels, etwa zugunsten einer Moschee, mehrere Stifter unterschiedliche Religiöse Stiftungen errichten, kann der Amtswalter den Ertrag aus den Stiftungen vollständig vermischen. Wenn also ein Ladengeschäft oder ein Haus zerstört ist, kann die jeweilige Rekonstruktion aus dem Ertrag des anderen Ladengeschäftes bzw. des anderen Hauses erfolgen.[735]

---

[732] Erwähnt auf S. 524 in „Ad-durr al-muḫtār“ und „Radd al-muḥtār“ (Fn.-Qadrī).
[733] Ebenda. Der Artikel ist eine Wiederholung von Art. 421. Er wäre besser, sich auf einen von beiden zu beschränken (Fn.-Qadrī).
[734] Erwähnt auf S. 515 in „Ad-durr al-muḫtār“ und „Radd al-muḥtār“. Der Artikel ist eine Wiederholung von Art. 213 (Fn.-Qadrī).
[735] Erwähnt auf S. 515 in „Radd al-muḥtār“, eine Wiederholung von Art. 213 (Fn.-Qadrī).

Art. 425
Wenn ein Stifter zugunsten mehrerer Ziele stiftet, wenn z.B. eine Person eine Moschee und eine Schule baut und zugunsten der beiden Objekte Religiöse Stiftungen errichtet, dann darf der Überschuss aus dem Ertrag der Stiftungen für eines der beiden Objekte nur dann für die Rekonstruktion des anderen Objektes verwendet werden, falls sich der Stifter dies ausbedungen hat.[736]

Art. 426
Das Stiftungsziel gilt auch als unterschiedlich, wenn die Religiöse Stiftung zwei Häuser umfasst, eines für Wohnzwecke, das andere zur Vermietung. Der Ertrag des einen wird nicht zur Rekonstruktion des anderen und für dessen berechtigte Nutznießer ausgegeben.
Wenn sich die Stifter und die Stiftungsziele unterscheiden, indem zwei Personen zwei unterschiedliche Moscheen bauen und zugunsten einer jeden von ihnen Religiöse Stiftungen errichten, darf der Ertrag für eine von beiden nicht für die Rekonstruktion der anderen bzw. für diejenigen, die religiöse Tätigkeiten darin verrichten, verwendet werden.[737]

Art. 427
Wenn die obere Etage eines Hauses Privateigentum, das Erdgeschoss aber eine Religiöse Stiftung ist, so hat im Falle der Zerstörung von Balken und Bauelementen im Erdgeschoss die Religiöse Stiftung die Rekonstruktion zu übernehmen. Sie obliegt nicht dem Eigentümer der oberen Etage.[738]

Art. 428
Wenn der Verwalter Einrichtungsgegenstände kauft und später zu einem Preis bezahlt, der höher als der Wert bei einer Barzahlung ist, so hat die Religiöse Stiftung den Gewinn (des Verkäufers) nicht zu tragen, sondern lediglich den Wert. Gleiches gilt, falls die Religiöse Stiftung keinen sofortigen Ertrag erzielt. Wenn der Verwalter in dem Jahr zehn *Dīnār* entgegennimmt und später dafür dreizehn *Dīnār* gibt, indem er vom Darlehensgeber[739] eine weniger wertvolle Sache mit

[736] Erwähnt auf S. 515 in „Ad-durr“ und „Ḥāšiyatuhu“ (Die Glosse dazu <von Ibn ᶜĀbidīn>). Dieser Artikel ist auch eine Wiederholung von Art. 213 (Fn.-Qadrī).

[737] Ebenda erwähnt. Der letzte Absatz des Artikels ist eine Wiederholung von Art. 213 (Fn.-Qadrī).

[738] Erwähnt auf S. 192 in „Tanqīḥ al-ḥāmidīya“ (Fn.-Qadrī).

[739] Arab.: al-muqriḍ. Da das Darlehen grundsätzlich nur unverzinslich ausgereicht werden darf, ist der Kauf einer Sache mit einem entsprechenden Aufschlag ein Umgehungsgeschäft (al-ḥīla). Solche Umgehungsgeschäfte sind gerade in der ḥanafitischen Lehre sehr verbreitet. Vgl. aš-Šaibānī, M. I. al-Ḥ., Kitāb al-maḫāriǧ fi-l-ḥiyal. Hrsg. von. J. Schacht. Reprograf. Nachdruck der Ausgabe 1930. Hildesheim 1968. Vgl. dazu auch Art. 235.

drei *Dīnār* Aufschlag kauft, dann hat er gegenüber der Religiösen Stiftung einen Rückforderungsanspruch von zehn *Dīnār*.
Wenn der Aufseher zur Rekonstruktion der Religiösen Stiftung ein Darlehen in Form eines doppelten Verkaufsgeschäftes[740] aufnimmt, so hat er keinen Rückforderungsanspruch hinsichtlich des fiktiven Zinses aus dem Ertrag der Stiftung, sondern muss diesen fiktiven Zins selbst bezahlen. Wenn er eine nicht notwendige Rekonstruktion ausführt, etwa die Wände weißt, anstreicht oder bemalt, ohne dass ein Nutzen für die Religiöse Stiftung entsteht, der Stifter die Arbeiten nicht selbst ausführt und die Arbeiten nicht zur Vollendung des Baus beitragen, so kann er die Rechnung hierfür nicht aus dem Ertrag der Religiösen Stiftung begleichen, sondern muss sie selbst bezahlen.[741]

Art. 429
Wenn eine Moschee verfällt, kein Vermögen zur Rekonstruktion vorhanden ist und die Menschen eine andere Moschee besuchen oder aber wenn sie verfällt, die Menschen das Stadtviertel verlassen und zu befürchten ist, dass die Trümmer verloren gehen oder gestohlen werden, dann kann der Verwalter mit Zustimmung des Richters die Trümmer abtransportieren, um sie zur Rekonstruktion der nächst gelegenen Moschee zu verwenden. Er kann sie auch verkaufen und den Preis dafür zugunsten einer anderen Moschee verwenden.
Wenn eine Herberge zur Unterkunft von Reisenden eine Rekonstruktion und eine Reparatur erfordert und nichts vorhanden ist, um diese zu bezahlen, kann der Verwalter ein Haus oder zwei Häuser davon vermieten, um aus der Miete eine Rekonstruktion und Reparatur zu finanzieren. Nach der *Riwāya*[742] erlaubt der Verwalter den Menschen die Unterkunft in einem Jahr, im anderen Jahr vermietet er die Herberge, um aus der Miete die Reparatur und Rekonstruktion zu bezahlen.[743]

Art. 430
Wenn das Haus der Religiösen Stiftung eine notwendige und unumgängliche Rekonstruktion erfordert, kein Ertrag dafür vorhanden ist und keiner die Immobilie mieten will, um aus der Miete die Rekonstruktion zu bezahlen, kann der Aufseher mit Einwilligung des Richters zu Lasten der Religiösen Stiftung Schulden machen, indem ein Darlehen aufgenommen wird oder ein Kauf auf Kredit[744] erfolgt.

---

740 Arab.: al-murābaḥa. Ein solches doppeltes Verkaufsgeschäft stellt eine typische Finanzierungsform im islamischen Finanzwesen dar. Siehe dazu Ebert, H.-G., Islamische Bankprodukte: Quellen..., a.a.O., S. 70-71.

741 Erwähnt auf S. 581 in „Ad-durr al-muḫtār" und „Radd al-muḥtār" und auf S. 190 in „Tanqīḥ al-ḥāmidīya" (Fn.-Qadrī).

742 Vgl. Fn. 639.

743 Erwähnt auf S. 513 ff. und auf S. 529 in „Radd al-muḥtār" mit einer Korrektur (Fn.-Qadrī).

744 Arab.: nasī'atan.

Gleiches gilt, wenn der vorherige Kauf von Saatgut für die Bewirtschaftung des Landes der Religiösen Stiftung oder die Begleichung der festgelegten *ᶜušr*- oder *ḫarāǧ*-Steuer[745] erforderlich ist, aber kein Ertrag der Religiösen Stiftung vorliegt, aus dem das Saatgut oder die Steuer bezahlt werden kann. In diesem Fall kann der Verwalter mit Zustimmung des Richters Schulden machen, um das Saatgut zu kaufen und die festgelegten Gebühren zu entrichten.
Die Begleichung der mit Zustimmung des Richters aufgenommenen Darlehensschuld wird gegenüber der Verteilung an die berechtigten Nutznießer der Stiftung bevorzugt. Gleiches gilt, wenn eine Schuld zulasten der Religiösen Stiftung gegenüber einem Mieter besteht, der das Haus der Religiösen Stiftung mit Einwilligung des Aufsehers aufgrund des fehlenden Ertrages der Religiösen Stiftung zur Rekonstruktion mit seinem Vermögen rekonstruiert hat. Diese Forderung hat Vorrang vor der Bezahlung der berechtigten Nutznießer der Stiftung. Die Begleichung der Schuld aus dem Ertrag der Stiftung kann auch durch jährliche Zahlungen erfolgen, bis die Religiöse Stiftung schuldenfrei ist.[746]

Art. 431
Wenn die Rekonstruktion notwendig ist und aus ihrer Verzögerung die Zerstörung des Objektes der Religiösen Stiftung folgt, so haftet der Aufseher für das von ihm an die berechtigten Nutznießer der Stiftung und an diejenigen, die religiöse Tätigkeiten verrichten und Funktionen ausüben, Gezahlte, sollte er die Rekonstruktion verzögert und den Ertrag an die Genannten verteilt haben. Er hat einen Rückforderungsanspruch für die von ihm erfolgte Zahlung gegenüber denjenigen, die sie in Besitz genommen haben, unabhängig davon, ob das in Besitz Genommene noch existiert oder verbraucht worden ist.[747]

Art. 432
Wenn die Rekonstruktion für die Religiöse Stiftung notwendig ist und der Verwalter diese verweigert, obwohl sich ein ausreichender Ertrag hierfür in seinem Besitz befindet, ist er zur Rekonstruktion verpflichtet. Wenn er weiterhin nichts tut, wird ihm die Gewalt über die Religiöse Stiftung entzogen. Nach seiner Rechenschaftslegung übernimmt ein anderer die Verwaltung und den in seinem Besitz befindlichen Ertrag der Religiösen Stiftung.[748]

---

[745] Vgl. Fn. 160.
[746] Erwähnt auf S. 580 ff. und auf S. 520 in „Ad-durr“ und auf S. 47 ff. in „Al-isᶜāf“ (Fn.-Qadrī).
[747] Erwähnt auf S. 524 in „Ad-durr al-muḫtār“ und „Radd al-muḥtār“ und auf S. 217 ff. in „Tanqīḥ al-ḥāmidīya“ (Fn.-Qadrī).
[748] Entnommen aus „Tanqīḥ al-ḥāmidīya“, S. 219 (Fn.-Qadrī).

Art. 433

Der Bestiftete, dem der Ertrag des Hauses zusteht, ist nicht verpflichtet, die Rekonstruktion des Hauses aus seinem Vermögen zu bezahlen. Wenn es sich um einen einzelnen Bestifteten handelt, der das Haus der Religiösen Stiftung bewohnt, und dieses Haus eine Rekonstruktion erfordert, dann verlangt der Aufseher von ihm eine Miete, um damit das Haus zu rekonstruieren.

Wenn der Bestiftete zugleich der Aufseher ist, muss er die Rekonstruktion aus der ihm auferlegten Miete bezahlen. Wenn er aber dazu nicht in der Lage ist, vermietet der Richter das Haus an einen anderen und rekonstruiert das Haus mit der Miete. Danach wird es an den Bestifteten zurückgegeben. Wenn sich der Bestiftete weigert, ernennt der Richter einen anderen Aufseher, der das Haus vermietet und rekonstruiert.[749]

2. Abschnitt
Die Rekonstruktion von Häusern für Wohnzwecke

Art. 434

Die Rekonstruktion von für Wohnzwecke gestifteten Häusern obliegt derjenigen Person, die diesen Anspruch hat. Sie hat die Rekonstruktion aus dem eigenen Vermögen, nicht aber aus dem Ertrag der Stiftung, zu bezahlen.

Wenn der Stifter das Wohnrecht für jeweils eine Person nacheinander festgelegt hat, ist die Rekonstruktion, Reparatur oder Instandsetzung zunächst von demjenigen vorzunehmen, für den der Stifter das Wohnrecht vorgesehen hat, wenn das Haus während der Nutzung durch diese Person rekonstruiert werden muss.

Wenn der Stifter den Bestifteten ohne Reihenfolge ein Wohnrecht einräumt, obliegt die Rekonstruktion und Reparatur des Hauses allen Nutznießern der Stiftung, unabhängig davon, ob sie das Haus bewohnen oder nicht.

Die Rekonstruktion des Hauses muss so erfolgen, wie das Haus in der Zeit des Stifters beschaffen war. Zusätzliches kann nur mit Einverständnis der berechtigten Nutznießer der Stiftung eingefügt werden.[750]

Art. 435

Wenn das für Wohnzwecke bestimmte Haus zusammengestürzt ist und es einer der berechtigten Nutznießer der Stiftung aus seinem Vermögen wieder erbaut, so wird es zu seinem Eigentum und zum Eigentum seiner gesetzlichen Erben. Wenn der Erbauer verstirbt und ein anderer das Wohnrecht beansprucht, kann dieser im Einverständnis mit den gesetzlichen Erben den Bau als Eigentum durch Bezahlung seines Wertes übernehmen. Wenn die Erben die Eigentumsübertragung an

---

[749] Erwähnt auf S. 526 ff. in „Ad-durr al-muḫtār“ und „Radd al-muḥtār“ (Fn.-Qadrī).

[750] Erwähnt auf S. 526 in „Ad-durr al-muḫtār“ und „Radd al-muḥtār“ (Fn.-Qadrī).

ihn zum Wert des Baus verweigern, dürfen die gesetzlichen Erben diejenigen Materialien und Balken übernehmen, die ohne Beschädigung des Baus entfernt werden können.[751]

Art. 436
Wenn das Haus eine Reparatur erfordert und es der berechtigte Nutznießer mit beträchtlichem Vermögen repariert, indem er etwa die Wände mit Steinen oder Ziegeln abstützt, Balken zur Dachstabilisierung einzieht und anderes anbringt, was nicht ohne Beschädigung entnommen und entfernt werden kann, so dürfen nach dem Tod des Nutznießers dessen gesetzliche Erben diese Anbauten nicht entfernen, sollte ein anderer das Wohnrecht beanspruchen. Der andere Nutznießer haftet für den Wert der Reparatur gegenüber den gesetzlichen Erben.
Wenn der andere Nutznießer diese Kosten bezahlt, werden die Reparaturleistungen sein Eigentum.
Wenn er die Kosten verweigert, vermietet der Aufseher oder, wenn kein Aufseher vorhanden ist, der Richter das Haus und verteilt die Miete daraus an die gesetzlichen Erben bis zur Höhe der Reparaturkosten. Danach fällt das Wohnrecht wieder an den Nutznießer des Hauses zurück. Der Nutznießer darf der Zerstörung und Entnahme dieser Konstruktionen nicht zustimmen, auch wenn die gesetzlichen Erben dies wünschen.
Wenn der Nutznießer eine Reparatur ausführt, die kein beträchtliches Vermögen verlangt, wie etwas das Kalken und Weißen der Wände, das Streichen der Dachterrasse oder ähnliche Arbeiten, die man nicht an sich nehmen kann und die nach der Entfernung keinen Wert verkörpern, so haben seine gesetzlichen Erben nach seinem Tod keinen Rückforderungsanspruch.
Wenn einer der berechtigten Nutznießer der Stiftung mit seinem Vermögen das Haus mit Steinen oder Ziegeln befestigt, einige Zimmer mit Steinplatten ausrüstet und einige Wände kalkt und der andere Nutznießer diesen Anteil fordert, um darin zu wohnen, so kann derjenige, der diese Arbeiten verrichtet hat, dem anderen Nutznießer den Anteil am Haus nicht verweigern, damit sich dieser an den Aufwendungen beteiligt.
Derjenige, der diese Arbeiten verrichtet hat, kann die Ziegel, Steine und Steinplatten entnehmen, wenn dadurch kein Schaden angerichtet wird. Der Lehm und der Gips werden jedoch Teil der Religiösen Stiftung.[752]

Art. 437
Wenn derjenige, der ein Wohnrecht besitzt, die Rekonstruktion des für seine Wohnzwecke gestifteten Hauses verweigert, so kann dieser nicht gezwungen wer-

---

[751] Erwähnt auf S. 526 in „Radd al-muḥtār" (Fn.-Qadrī).
[752] Erwähnt auf S. 526 in „Ad-durr al-muḫtār" und „Radd al-muḥtār" (Fn.-Qadrī).

den, sein eigenes Vermögen für die Rekonstruktion aufzuwenden. Vielmehr vermietet der Aufseher oder in dessen Abwesenheit der Richter das Haus und rekonstruiert es aus der Miete im Sinne einer Rekonstruktion der Religiösen Stiftung. Nur mit Zustimmung des berechtigten Nutznießers der Stiftung sind zusätzliche Veränderungen erlaubt.
Gleiches gilt, wenn der berechtigte Nutznießer der Stiftung aufgrund seiner Armut zur Rekonstruktion des Hauses außerstande ist. Der Aufseher oder – falls dieser nicht vorhanden ist – der Richter rekonstruiert es aus der Miete. Danach gibt er es an den Wohnrechteinhaber zurück. So wird dessen Anspruch und der Anspruch der Religiösen Stiftung gewahrt.
Wenn es mehrere berechtigte Nutznießer der Stiftung gibt und einer von ihnen die Rekonstruktion bzw. die Reparatur verweigert oder dazu außerstande ist, wird das Haus aufgeteilt. Sein Anteil am Haus wird für eine Zeitspanne vermietet, die die Summe erbringt, die er zu bezahlen hätte. Nach der Rekonstruktion aus der Miete erhält er seinen Anteil am Haus zurück.
Die Rekonstruktion durch den Aufseher oder den Richter aus der Miete gilt als Äquivalent für die Nutzung und wird zum Eigentum des Wohnrechteinhabers und nach dessen Tod das seiner gesetzlichen Erben, so als hätte er das Haus selbst rekonstruiert.[753]

Art. 438
Wenn das für Wohnzwecke bestimmte Haus einstürzt, der berechtigte Nutznießer der Stiftung die Rekonstruktion aus seinem Vermögen verweigert und das Haus in keiner Weise genutzt werden kann, darf der Richter die Fläche, auf der sich das Haus befindet, und die Trümmer des Hauses verkaufen, sollte er niemanden finden, an den er das Haus vermieten kann, um daraus die Rekonstruktion zu bezahlen.
Aus dem Verkaufserlös kauft er ein anderes Haus, welches ersatzweise zur Religiösen Stiftung wird.
Der Verkaufserlös wird weder an die gesetzlichen Erben des Stifters zurückgezahlt noch in Ermangelung von gesetzlichen Erben für die Armen gespendet.[754]

[753] Erwähnt auf S. 526 ff. in „Ad-durr al-muḫtār“ und „Radd al-muḥtār“ (Fn.-Qadrī).
[754] Erwähnt auf S. 528 in „Ad-durr al-muḫtār“ und „Radd al-muḥtār“ (Fn.-Qadrī). Die Regelungen in den Art. 434 bis 438 sind in der Praxis schwierig umsetzbar, sodass sich der Verfall von Häusern, Gebäuden und Liegenschaften der Religiösen Stiftungen häufig als Folgeerscheinung herausstellte. Viele Stiftungen konnten nicht entsprechend der Vorgaben des Stifters bewirtschaftet werden. Zur wirtschaftlichen Bedeutung der Religiösen Stiftungen vgl. Ṣaqr, ᶜA. ᶜA. al-Ḥ, Iqtiṣādīyāt al-waqf (Die Ökonomie der Religiösen Stiftung). Al-Qāhira 1998.

3. Abschnitt
Die widerrechtliche Aneignung der Religiösen Stiftung[755]

Art. 439
Derjenige, der sich etwas aus der Religiösen Stiftung widerrechtlich aneignet[756], sei es ein Haus, ein Ladengeschäft oder ein Stück Land, muss dieses als Sache zurückgeben.
Wenn die Sache in seinem Besitz vernichtet wird, haftet er für ihren Wert, auch wenn es sich um höhere Gewalt handelt. Wenn sich die Einkünfte der Religiösen Stiftung dadurch vermindern, haftet er für diese Minderung.[757]

Art. 440
Der Amtswalter kann denjenigen, der sich ein Stück Land widerrechtlich aneignet und es landwirtschaftlich nutzt, beauflagen, die darauf wachsenden Pflanzen herauszureißen, wenn damit kein Schaden für das Land verbunden ist, unabhängig davon, ob die Pflanzen ausgereift sind oder nicht. Nach der Reife gehören die Pflanzen demjenigen, der sich das Land widerrechtlich angeeignet hat. Der Amtswalter kann ihn aber für die Minderung des Bodenwertes haftbar machen. Die Einnahmen werden für die Verbesserung des Bodens, jedoch nach Auffassung der älteren Gelehrten[758] nicht für die berechtigten Nutznießer der Stiftung ausgegeben. Die dominierende Auffassung der Rechtsgelehrten besteht jedoch darin, dass derjenige, der sich ein Stück Land widerrechtlich aneignet, eine übliche Pacht zu zahlen hat.[759]

Art. 441
Wenn derjenige, der sich etwas widerrechtlich aneignet, der gestifteten Sache etwas Wertvolles hinzufügt, etwa ein Gebäude oder Bäume, fordert ihn der Richter auf, diese Hinzufügung zu beseitigen oder herauszureißen, wenn damit kein Schaden für das Land der Religiösen Stiftung verbunden ist.
Wenn jedoch dadurch ein Schaden am Land hervorgerufen wird, darf derjenige, der sich etwas widerrechtlich angeeignet hat, diese Sache nicht beseitigen, sondern der Amtswalter überführt sie in das Eigentum der Religiösen Stiftung. Der Wert des Gebäudes berechnet sich nach dem Abrissmaterial, der der Bäume nach

---

755 Vgl. dazu auch die Regelungen zur widerrechtlichen Aneignung in der osmanischen Mecelle (Art. 890-911). Diese stimmen weitgehend mit den Regelungen dieses Abschnittes überein. Siehe die URL http://shamela.ws/browse.php/book-8502#page-160 (zuletzt abgerufen: 10.02.2107). Vgl. Fn. 715.

756 Arab.: ġaṣaba.

757 Entnommen aus „Al-hindīya“, S. 351 (Fn.-Qadrī).

758 Vgl. Fn. 507.

759 Erwähnt auf S. 175 in „Tanqīḥ al-ḥāmidīya“ und auf S. 52 in „Al-isᶜāf“, ergänzt gegenüber dem Original (Fn.-Qadrī).

ihrem Wert nach dem Abschneiden. Dieser Wert wird aus dem Ertrag der Religiösen Stiftung bezahlt. Der Verwalter kann in Bezug auf die Pflanzen einen Vergleich abschließen, wenn das im Interesse der Religiösen Stiftung liegt.
Wenn das widerrechtlich angeeignete Land landwirtschaftlich genutzt wird, kann der Amtswalter anordnen, die Pflanzen herauszureißen, auch wenn sie noch nicht erntereif sind.[760]

Art. 442
Wenn derjenige, der sich das Haus oder die Bäume der Religiösen Stiftung widerrechtlich angeeignet hat, dieses Haus oder die Bäume zerstört, haftet er für den Wert des bestehenden Gebäudes und der vorhandenen Bäume. Sollte das Land nicht zurückgegeben werden können, haftet er auch für den Wert des Landes. Wenn er aber danach das Grundstück[761] zurückgibt, wird ihm dessen Wert zurückerstattet.[762]

Art. 443
Wenn sich auf dem Land der Religiösen Stiftung Dattelpalmen oder Bäume befinden, deren Früchte von demjenigen, der sich das Land widerrechtlich angeeignet hat, abgeerntet worden sind, und danach eine Rückgabe des Landes, der Dattelpalmen und der Bäume erfolgen soll, so muss der Ertrag *in natura* zurückgegeben werden, wenn er noch vorhanden ist, oder es muss eine vergleichbare Sache zurückgegeben werden, wenn die Sache schon verbraucht worden ist.[763]

Art. 444
Wenn sich eine andere Person eine bereits widerrechtliche angeeignete Religiöse Stiftung aneignet, kann der Amtswalter nach seinem Willen einen der beiden Usurpatoren haftbar machen.
Wenn die zweite Person nach Erhöhung des Wertes der Religiösen Stiftung im Besitz des ersten Usurpators die Stiftung widerrechtlich in Besitz genommen hat und zahlungsfähiger als der erste Usurpator ist, so haftet sie. Wenn der erste Usurpator zahlungsfähiger ist, hält sich der Amtswalter an diesen.[764]

---

760 Erwähnt auf S. 351 in „Al-hindīya" und auf S. 176 in „Tanqīḥ al-ḥāmidīya". Auf den letzten Absatz des Artikels kann verzichtet werden, weil er bereits im vorangegangenen Artikel enthalten ist (Fn.-Qadrī).

761 Arab.: ᶜarṣa.

762 Erwähnt in „Al-isᶜāf", S. 52 und in „Al-hindīya", S. 351 ff. mit einer Korrektur. Auf den Artikel kann verzichtet werden, weil er im Art. 452 enthalten ist (Fn.-Qadrī). Die Quellenangabe in der arabischen Ausgabe von 2006 ist fehlerhaft (S. 64 und S. 541).

763 Erwähnt auf S. 352 in „Al-hindīya". Auf den Artikel kann verzichtet werden, weil er im Art. 451 enthalten ist (Fn.-Qadrī).

764 Erwähnt auf S. 351 in „Al-hindīya". Der Artikel ist eine Wiederholung von Art. 449 (Fn.-Qadrī).

Art. 445
Wenn einer der beiden Usurpatoren rechtlich belangt wird, ist der andere von seiner Haftung befreit. Der belangte Usurpator wird durch die Begleichung des Wertes an den Amtswalter, der die Summe entgegennimmt, von seiner Schuld befreit.[765]

Art. 446
Wenn der zweite Usurpator die widerrechtlich angeeignete Sache an den ersten zurückgegeben hat oder die Sache im Besitz des zweiten Usurpators untergegangen ist, aber der Wert der Sache an den ersten Usurpator bezahlt worden ist und dieser die Sache in Besitz genommen hat, dann wird der zweite Usurpator von seiner Schuld befreit, nachdem der Beweis hierfür erbracht oder eine gerichtliche Entscheidung herbeigeführt worden ist. Der erste Usurpator haftet gegenüber der Religiösen Stiftung.[766]

Art. 447
Derjenige, der sich den Nutzen einer Religiösen Stiftung, die zur Fruchtziehung, zu Wohnzwecken oder anderweitig bestimmt ist, aneignet, indem der das Haus oder das Ladengeschäft der Religiösen Stiftung bewohnt oder das Land der Religiösen Stiftung landwirtschaftlich nutzt, ohne einen wirksamen Miet- bzw. Pachtvertrag zu haben, gilt als Usurpator. Das trifft auch auf denjenigen zu, der nach Ablauf der Mietdauer das Haus bewohnt. Er hat eine übliche Miete für die Dauer der Nutzung zu bezahlen, auch wenn er im Glauben daran, dass er Eigentümer sei, dass er einen Vertrag besitze oder dass ihn der Aufseher ohne Miete wohnen lasse, gehandelt hat.[767]

Art. 448
Wenn auf dem Land der Religiösen Stiftung, das sich ein Usurpator widerrechtlich angeeignet hat, Dattelpalmen oder Bäume wachsen und diese von einer anderen Person herausgerissen werden, dann hat der Amtswalter die Wahl, den Usurpator oder diejenige Person, die die Dattelpalmen und Bäume herausgerissen hat, für den Wert dieser Dattelpalmen und Bäume vor dem Herausreißen haftbar zu machen.
Wenn er den Usurpator haftbar macht, hat dieser einen Rückforderungsanspruch in Höhe des Wertes der Dattelpalmen und Bäume gegenüber der Person, die sie herausgerissen hat. Wenn er die letztere Person haftbar macht, hat diese gegenüber dem Usurpator keinen Rückforderungsanspruch. Wenn der Amtswalter nie-

[765] Ebenda. Auf den Artikel kann wegen des Art. 449 verzichtet werden (Fn.-Qadrī).
[766] Entnommen aus „Al-hindīya“, S. 352 und aus „Al-isᶜāf“, S. 52 (Fn.-Qadrī).
[767] Erwähnt auf S. 555 in „Ad-durr al-muḫtār“ und „Radd al-muḥtār“ (Fn.-Qadrī).

manden haftbar macht und der Usurpator den Wert von der Person, die die Dattelpalmen und Bäume herausgerissen hat, entgegengenommen hat, kann der Amtswalter diese Person nicht mehr haftbar machen.[768]

Art. 449
Wenn der Wert der widerrechtlich angeeigneten Sache im Besitz des Usurpators steigt und diese Sache danach von einer anderen Person widerrechtlich angeeignet wird, kann der Verwalter den zweiten Usurpator haftbar machen, wenn dieser zahlungsfähiger als der erste ist. Wenn der Amtswalter einen von beiden belangt, ist der jeweils andere von der Haftung befreit. Wenn er den Wert von einem von beiden entgegennimmt, so soll er hierfür eine andere Sache für die Religiöse Stiftung erwerben, die den Platz der ursprünglichen einnimmt.[769]

Art. 450
Das Pflügen und Befeuchten des Bodens sowie das Einbringen des Düngers in den Boden sind keine Tätigkeiten, die selbst einen zusätzlichen Wert verkörpern. Falls eine Person das Land widerrechtlich in Besitz nimmt und diese Arbeiten ausführt, muss der Amtswalter nach der Rücknahme des Landes keine Entschädigung leisten.[770]

Art. 451
Falls der Usurpator die Früchte der Dattelpalmen und Bäume geerntet hat, dann hat er den Ertrag zurückzugeben, wenn die Früchte noch existieren. Wenn sie vernichtet sind, hat er vergleichbare Früchte bzw. deren Wert zurückzugeben. Diese Früchte stehen den Nutznießern der Religiösen Stiftung zu.
Wenn der Ertrag durch höhere Gewalt vernichtet wird, haftet der Usurpator nicht. Wenn der Ertrag aber zum Zeitpunkt der widerrechtlichen Aneignung existiert hat und danach vernichtet worden ist, haftet er dafür.[771]

Art. 452
Falls sich jemand widerrechtlich ein Stück Land oder ein Haus angeeignet hat und das Gebäude zerstört bzw. die Bäume auf dem Land herausreißt, sodass eine Rückgabe des Landes bzw. des Hauses unmöglich ist, macht ihn der Amtswalter für den Wert des Landes und für den Wert der Bäume bzw. des Gebäudes haftbar. Wenn er danach das Land oder das Haus zurückgibt, so stehen die verbliebenen Trümmer des Gebäudes und die herausgerissenen Bäume dem Usurpator zu. Der

768 Erwähnt auf S. 352 in „Al-hindīya“ (Fn.-Qadrī).
769 Erwähnt auf S. 351 in „Al-hindīya“ (Fn.-Qadrī). Vgl. Art. 444.
770 Erwähnt auf S. 351 in „Al-hindīya“, ergänzt gegenüber dem Original (Fn.-Qadrī).
771 Erwähnt auf S. 352 in „Al-hindīya“ und auf S. 52 in „Al-isᶜāf“ (Fn.-Qadrī).

Amtswalter gibt ihm den Anteil des Landes am Wert zurück, während er den Anteil der Bäume und des Gebäudes für die Rekonstruktion der Religiösen Stiftung verwendet.[772]

Art. 453
Falls der Usurpator das für eine bestimmte Zeit landwirtschaftlich genutzte Land aberntet, so steht ihm der Ertrag zu. Nach Auffassung der älteren Gelehrten hat er die Minderung des Bodenwertes zu ersetzen. Er muss aber keine übliche Pacht bezahlen. Nach vorherrschender Meinung der modernen Gelehrten ist er verpflichtet, eine übliche Pacht zu bezahlen.[773]

Art. 454
Falls der Usurpator das für mehrere Jahre landwirtschaftlich genutzte Land aberntet, so steht ihm der Ertrag zu. Er hat die Minderung des Bodenwertes zu ersetzen, muss aber keine übliche Pacht bezahlen. Die Entschädigung für die Minderung des Bodenwertes gilt als Entschädigung für den Wert des Ertrages und wird für die Reparatur und Rekonstruktion der Religiösen Stiftung verwendet, nicht jedoch an die Nutznießer der Religiösen Stiftung verteilt.[774]

Art. 455
Wenn der Ertrag des Landes geringer als vor der widerrechtlichen Aneignung ausfällt, haftet der Usurpator für diese Minderung nicht, sollte sich das Land, das diesen Ertrag hervorbringt, in seinem Besitz befinden.
Falls aber Bäume, die bereits Früchte tragen, widerrechtlich angeeignet worden sind und danach absterben, haftet der Usurpator für den ursprünglichen Ertrag. Dagegen haftet er nicht, wenn sich die Früchte erst herausbilden, nachdem er die Bäume in Besitz genommen hat.[775]

Art. 456
Wenn der Verwalter einer Person auf dem Land der Religiösen Stiftung ein Wohnrecht ohne Miete zuerkennt, hat diese Person dennoch eine übliche Miete zu bezahlen, unabhängig davon, ob das Haus für Mietzwecke vorgesehen ist oder nicht. Gleiches gilt, wenn jemand das Haus der Religiösen Stiftung ohne Zustimmung des Amtswalters bewohnt.

---

772 Entnommen aus „Al-hindīya“, S. 351 ff. und aus „Al-is^{c}āf“, S. 52 (Fn.-Qadrī). Die Quellenangabe in der arabischen Ausgabe von 2007 ist fehlerhaft (S. 249).

773 Auf den Artikel kann wegen des Art. 440 verzichtet werden. Er wurde korrigiert (Fn.-Qadrī). Muḥammad Qadrī Pāšā beruft sich dabei insbesondere auf Ibn ^{c}Ābidīn. Dennoch lässt der Art. 453 (wie auch der Art. 440) unterschiedliche Entscheidungen zu.

774 Der Artikel ist ebenfalls eine Wiederholung von Art. 440. Er wurde korrigiert (Fn.-Qadrī).

775 Erwähnt in „Al-is^{c}āf“, S. 52 mit einer Korrektur. Der Artikel ist eine Wiederholung von Art. 451 (Fn.-Qadrī).

Der Usurpator, der selbst vermietet, ist verpflichtet, seine Mieteinnahmen an den Verwalter zurückzugeben, wenn die Miete eine übliche Höhe aufweist. Anderenfalls hat er nach herrschender Lehre eine bestehende Differenz aufzufüllen.[776]

Art. 457
Wenn das Gestiftete dem Mieter unrechtmäßig entzogen wird und keine Möglichkeit der Rückgabe besteht, ist die Miete hinfällig.[777]

Art. 458
Der Usurpator haftet für den Wert, wenn er sich die Religiöse Stiftung widerrechtlich aneignet hat und selbst einer anderen Person überlässt oder wenn ein anderer Usurpator davon Besitz ergreift, sodass die Rückgabe unmöglich wird.
Wenn das widerrechtlich angeeignete Land zurückgegeben wird, bevor ein Ersatz aus dem Wert gekauft worden ist, wird der Wert an den Usurpator zurückerstattet. Bei Rückgabe des widerrechtlich angeeigneten Landes nach dem Ersatzkauf wird dieses wieder zur ursprünglichen Religiösen Stiftung. Der Amtswalter haftet für den übertragenen Wert gegenüber dem Usurpator. Er behält das neu gekaufte Land für sich und hat einen Rückforderungsanspruch gegenüber den Nutznießern der Religiösen Stiftungen für geleistete Zahlungen.[778]

Art. 459
Wenn der Usurpator einen Teil des Hauses zerstört und Balken oder Ziegel einfügt, haftet er für die Zerstörung am Bau und wird aufgefordert, die Anbauten zu beseitigen. Falls es sich um Land handelt und er darauf Bäume gepflanzt hat, wird er aufgefordert, diese herauszureißen, sofern mit der Beseitigung der Anbauten und dem Herausreißen der Bäume kein Schaden für die Religiöse Stiftung entsteht. Wenn ein Schaden damit verbunden ist, ist ihm dies nicht erlaubt. Der Amtswalter haftet ihm gegenüber für den Wert der herausgerissenen Bäume bzw. des Materials, sofern der in seinem Besitz befindliche Ertrag der Stiftung für die Haftung ausreicht. Wenn der Ertrag nicht ausreicht, vermietet bzw. verpachtet er die Sache und haftet mit den Miet- bzw. Pachteinnahmen.
Wenn es sich um Land handelt, das der Usurpator bearbeitet hat, etwa durch das Ausheben von Gräben, diese Arbeiten aber selbst keinen zusätzlichen Wert verkörpern, hat dieser keinen Rückforderungsanspruch.
Wenn es sich um ein Haus handelt, das getüncht oder dessen Terrasse mit Lehm befestigt worden ist, dann steht dem Usurpator nichts zu, sofern die Dinge nicht entfernt werden können. Anderenfalls kann er das Material entnehmen. Wenn das Haus durch diese Wegnahme beeinträchtigt wird, ist er gegenüber dem Amtswal-

---

[776] Erwähnt auf S. 554 ff. in „Radd al-muḥtār" mit einer Korrektur (Fn.-Qadrī).
[777] Erwähnt auf S. 10 in „Ad-durr al-muḫtār" und „Radd al-muḥtār", Teil 5 (Fn.-Qadrī).
[778] Erwähnt in „Al-is^{c}āf", S. 51 (Fn.-Qadrī).

ter haftbar und vereinbart mit ihm eine Lösung zum Nutzen der Religiösen Stiftung. Wenn die Beseitigung des Anbaus bzw. das Herausreißen der Bäume und die Übergabe an den Inhaber nützlicher für die Religiöse Stiftung ist, wird der Usurpator dazu aufgefordert. Wenn damit eine Schädigung der Religiösen Stiftung verbunden ist, übernimmt der Aufseher diese Sachen in das Eigentum der Religiösen Stiftung.[779]

Art. 460
Derjenige, der die Nutzung des Stiftungsobjektes, egal, ob es sich um ein Haus, ein Ladengeschäft oder ein Stück Land handelt, behindert, indem er das Objekt unberechtigt zurückhält, gilt als Usurpator. Er hat in der Zeit, da er die Nutzung behindert, eine übliche Miete bzw. Pacht zu bezahlen.[780]

4. Abschnitt
Das Darlehen

Art. 461
Das Darlehen[781] ist eine Schuld zulasten der Religiösen Stiftung. Der Pächter stellt der Religiösen Stiftung mit Einwilligung des Verwalters ein Darlehen aus seinem Vermögen zur Verfügung, um eine notwendige Rekonstruktion der Religiösen Stiftung zu finanzieren, weil die Religiöse Stiftung keinen Ertrag abwirft, mit dem die Rekonstruktion erfolgen kann.
Der Gläubiger darf die für die Religiöse Stiftung erbrachte Rekonstruktion nicht verkaufen und die Forderung nicht übertragen. Er kann aber vom Aufseher der Religiösen Stiftung die Bezahlung aus dem Ertrag der Religiösen Stiftung fordern, sofern sie nicht mit der Pacht verrechnet wird.[782]

Art. 462
Die islamisch-rechtlichen und gewohnheitsrechtlichen Bestimmungen gelten, sofern nicht durch das Vorliegen einer Notwendigkeit eine Ausnahme erforderlich ist.[783]

---

[779] Erwähnt in „Al-isᶜāf", S. 51 und in „Al-hindīya", S. 351 (Fn.-Qadrī). Vgl. Art. 442 und 450.

[780] Erwähnt auf S. 555 in „Radd al-muḥtār" (Fn.-Qadrī).

[781] Arab.: al-murṣad. Vgl. Fn. 413. Siehe auch Art. 709 bis Art. 711 der Zivilrechtskodifikation von Muḥammad Qadrī Pāšā: Ebert, H.-G., Hefny, A., Islamisches Zivilrecht..., a.a.O., S. 210-211.

[782] Erwähnt in „Tanqīḥ al-ḥāmidīya", S. 200 im Kapitel zum Anspruch auf Ackerbau auf dem Land eines anderen (Fn.-Qadrī).

[783] Erwähnt auf S. 118 im Abschnitt zur Verpachtung in „Tanqīḥ al-ḥāmidīya" (Fn.-Qadrī). Das Prinzip „Aḍ-ḍarūrāt tubīḥu al-maḥẓūrāt" („Die Not kennt kein Gebot"; vgl. Koran 2:173) findet sich im Art. 21 der osmanischen Mecelle. Vgl. Fn. 715. Siehe die URL http://shamela.ws/browse.php/book-8502#page-6 (zuletzt abgerufen: 10.02.2017).

Art. 463
Wenn der Verwalter einer Religiösen Stiftung einwilligt, dass der Pächter, der einen Bestandteil der Stiftung nutzt, aus seinem Vermögen die notwendige Rekonstruktion der Stiftung bezahlt, sodass sich für die Stiftung der größte Vorteil ergibt, so bilden die Ausgaben des Pächters ein Darlehen zulasten der Religiösen Stiftung. Der Pächter hat einen Rückforderungsanspruch für seine Aufwendungen, nachdem er vor dem Aufseher nachgewiesen hat, dass die Rekonstruktion einerseits notwendig war und die Ausgaben andererseits eine übliche Höhe aufweisen.
Eine nicht notwendige Rekonstruktion verpflichtet die Religiöse Stiftung nicht. Sie bleibt Eigentum desjenigen, der sie ausführt.[784]

Art. 464
Wenn das Haus der Religiösen Stiftung eine notwendige Reparatur erforderlich macht, kein verfügbares Vermögen in der Religiösen Stiftung existiert, mit dem die Reparatur bezahlt werden kann, und niemand das Haus gegen eine Vorauszahlung, die zur Reparatur verwendet wird, für eine zukünftige Frist mieten will, dann ermächtigt der Aufseher eine bestimmte Person[785], mit ihrem Vermögen das Haus zu reparieren. Hierfür besteht ein Rückforderungsanspruch gegenüber der Religiösen Stiftung. Diejenige Person, die den Nachweis erbringt, dass sie die Reparatur mit ihrem Vermögen ausgeführt hat, und infolgedessen einen rechtlich fundierten Anspruch erwirbt, kann die Ausgaben entsprechend dem Anspruch aus dem Vermögen der Religiösen Stiftung zurückfordern, sollte der Richter den Aufseher dazu ermächtigt haben.[786]

Art. 465
Wenn die Immobilien der Religiösen Stiftung eine notwendige Reparatur erforderlich machen, kein Vermögen in der Religiösen Stiftung existiert und niemand die Immobilien gegen eine Vorauszahlung pachten will, dann kann der Aufseher eine bestimmte Person ermächtigen, die Reparatur mit ihrem Vermögen auszuführen und damit einen Rückforderungsanspruch gegenüber der Religiösen Stiftung geltend zu machen, vorausgesetzt, dass der Richter den Aufseher dazu ermächtigt hat. Wenn diese Person die Arbeiten mit einer bestimmten Summe ausgeführt hat und den Nachweis hierfür vor dem Aufseher erbringt, dann verpflichtet der Richter infolge des rechtlich fundierten Anspruchs und nach Überprüfung der Durchführung der Reparatur den Aufseher, die Summe an diese Person zu zahlen. Die Zahlung erfolgt aufgrund des Rückforderungsanspruchs aus dem Vermögen der Religiösen Stiftung, nachdem diese Person nachgewiesen hat, dass sie

784 Erwähnt auf S. 190 in „Tanqīḥ al-ḥāmidīya" (Fn.-Qadrī).
785 Hier: Zaid. Vgl. Fn. 104.
786 Erwähnt auf S. 191 in „Tanqīḥ al-ḥāmidīya", ergänzt gegenüber dem Original (Fn.-Qadrī).

die Kosten nicht als freiwillige Spende deklariert hat und somit einen Rückforderungsanspruch gegenüber der Religiösen Stiftung besitzt.[787]

Art. 466
Wenn der Aufseher eine Person zur Rekonstruktion ermächtigt hat, danach aber von seiner Ermächtigung zurücktritt und die Rekonstruktion verweigert, weil er dies für vorteilhaft und nützlich für die Religiöse Stiftung hält, und über die Verweigerung und den Rückzug informiert, diese Person aber die Rekonstruktion nicht beendet und diese ohne rechtlichen Grund weiterführt, dann kann er von der Person verlangen, die Rekonstruktion niederzureißen, sollte damit kein Schaden für die Religiösen Stiftung verbunden sein. Wenn ein Schaden entsteht, überführt der Aufseher die Rekonstruktion in das Eigentum der Stiftung gegen eine Zahlung des Wertes im abgerissenen Zustand.
Es existiert auch eine Meinung, die besagt,[788] dass die Person ihr Vermögen verliert und warten muss, bis die Rekonstruktion von selbst zusammenfällt.
Wenn der Aufseher der Religiösen Stiftung den Pächter anweist, die Rekonstruktion für sich selbst, nicht aber für die Religiöse Stiftung vorzunehmen, und dieser auf dem Grundstück der Religiösen Stiftung ein Gebäude für sich errichtet, eine andere Person aber eine höhere Pacht bezahlt, die nicht in Verbindung mit der Rekonstruktion steht, dann kann der Verwalter nach Beendigung der Pachtdauer das Pachtverhältnis aufheben, falls der ursprüngliche Pächter die Zahlung der erhöhten Pacht verweigert. Wenn er das Pachtverhältnis aufhebt, dann hat der Inhaber des Gebäudes[789] dieses abzureißen, sollte das Abreißen keinen Schaden an der Immobilie hervorrufen. Sollte aber damit ein Schaden verbunden sein, darf er das Gebäude nicht abreißen.
Wenn danach der Pächter einverstanden ist, den Wert des Gebäudes entgegenzunehmen und das Gebäude dem Verwalter zu überlassen, kann der Verwalter ihm den Wert bezahlen. Dabei wird der Wert des Gebäudes im erbauten Zustand dem Wert im abgerissenen Zustand gegenübergestellt und der kleinere Wert von beiden bezahlt. Das Gebäude wird zusammen mit der Immobilie zur Religiösen Stiftung.
Wenn das Abreißen des Gebäudes einen Schaden an der Immobilie hervorruft, der Verwalter die Zahlung des Wertes an den Pächter verweigert und das Gebäude in Besitz nimmt, ist der Verwalter nicht zur Zahlung verpflichtet, sondern der Inhaber des Gebäudes hat zu warten, bis das Gebäude von allein zusammenstürzt und er den Wert der Trümmer entgegennehmen kann.

---

787 Erwähnt auf S. 191 in „Tanqīḥ al-ḥāmidīya" (Fn.-Qadrī).
788 Arab.: qīla.
789 Gemeint ist das neu errichtete Gebäude.

Weder der Pächter noch der Verwalter, der die Zahlung verweigert, kann somit zu einer bestimmten Handlung gezwungen werden, weil es sich um einen Austauschvertrag[790] handelt, der vom gegenseitigen Einverständnis abhängig ist. Der Pächter ist nicht verpflichtet, eine übliche Pacht zu bezahlen, weil die Bewahrung des Gebäudes im Interesse der Religiösen Stiftung, nicht aber im Interesse des Pächters liegt. Falls er dazu verpflichtet werden würde, hätte das zwei Nachteile für ihn. Ein Nachteil ist der, dass er zur Zahlung der Pacht verpflichtet wäre, der andere Nachteil, der ihn nicht verpflichtet, besteht darin, dass er auf die Zeit des Zusammenstürzens des Gebäudes warten müsste. Ohne Nutzung des Landes kann er aber nicht zur Zahlung der Pacht verpflichtet werden.
Daraus geht hervor, dass das Gebäude Eigentum des Pächters ist, das Grundstück jedoch zur Religiösen Stiftung gehört. Da das Gebäude Privateigentum, das Grundstück dagegen Stiftungseigentum ist, kann der Verwalter im Einverständnis mit dem Eigentümer des Gebäudes eine Pacht festlegen. Die Pacht wird entsprechend dem Gebäude und dem Grundstück aufgeteilt. Dazu wird die gesamte Pacht zugrunde gelegt. Den Teil, der sich auf das Gebäude bezieht, erhält dessen Eigentümer. Dies gilt, wenn das Gebäude von Grund auf errichtet worden ist. Wenn es aber nur um eine Reparatur, eine Befestigung o.ä. handelt, wird eingeschätzt, ob der Pächter aus seinem Vermögen Steine, Balken o.ä. hinzugefügt hat, die nach dem Abriss einen Wert verkörpern. Der Verwalter bezahlt ihm lediglich den Wert hierfür, falls der Abriss der Religiösen Stiftung einen Schaden zufügen würde.
Wenn der Pächter etwas hinzufügt, was nach dem Abriss keinen Wert verkörpert, wie etwa Erde, dann gibt es keinen Rückforderungsanspruch. Wenn der Pächter mit Zustimmung des Verwalters die Arbeiter, die die Befestigung, die Reparatur u.dgl. ausgeführt haben, entlohnt hat, hat er für diese Aufwendungen einen Rückforderungsanspruch aus dem Ertrag der Religiösen Stiftung, weil das Ladengeschäft bereits existierte und der Verwalter in die Reparatur und Instandsetzung seiner Mauern und seines Daches eingewilligt hat. Die Einwilligung ist der Grund für den Rückforderungsanspruch.[791]

Art. 467

Die Gebäude oder die Bäume, die der Pächter aus seinem Vermögen ohne Einwilligung des Aufsehers errichtet bzw. pflanzt, gehören ihm. Wenn ihre Beseitigung danach keinen Schaden hervorruft, kann er diese beseitigen. Wenn ein Schaden daraus folgt, hat er sein Vermögen verloren. Er muss warten, bis die Gebäude oder die Bäume von allein vernichtet werden und er etwas erhält, indem er danach das Material entgegennimmt. Die Gebäude sind kein Hinderungsgrund für die Verpachtung der Immobilie an eine andere Person, insofern sie nicht beseitigt

790 Arab.: muᶜāwaḍa. Vgl. Wichard, J. C., Zwischen Markt…, a.a.O., S. 242.

791 Der erste Absatz ist erwähnt in „Tanqīḥ al-ḥāmidīya“, S. 191 ff., der Rest ist erwähnt im Abschnitt zur Verpachtung in „Al-ḫairīya“, S. 137 ff. mit einer Korrektur (Fn.-Qadrī).

werden können. Der Aufseher kann sie zwangsweise in das Eigentum der Religiösen Stiftung zu einem Preis überführen, der den kleineren Wert im Vergleich zwischen dem Wert des Gebäudes im abgerissenen Zustand und dem Wert im erbauten Zustand nicht übersteigt. Der Inhaber des Gebäudes ist dazu verpflichtet. Der Darlehensgeber und seine gesetzlichen Erben können die Mietsache bis zur Tilgung des Darlehens zurückbehalten. Sie sind verpflichtet, eine übliche Miete zu bezahlen. Wenn der Verwalter, der die Einwilligung zur Rekonstruktion gegeben hat, verstirbt, können der Darlehensgeber und seine gesetzlichen Erben einen Rückforderungsanspruch gegenüber dem Nachlass des Verwalters geltend machen. Dessen gesetzliche Erben können vom neuen Verwalter die Bezahlung aus dem Ertrag der Religiösen Stiftung fordern.[792]

Art. 468
Wenn der zweite Pächter mit Einwilligung des Verwalters die Forderung des Darlehensgebers bezahlt, ist dies wirksam. Die Zahlung wird wie im Falle des ersten Pächters zur Forderung gegenüber der Religiösen Stiftung. Der zweite Pächter hat einen Rückforderungsanspruch für seine Zahlung an den ersten Pächter gegenüber dem Nachlass des ersten Verwalters. Dessen gesetzliche Erben wiederum haben einen Rückforderungsanspruch gegenüber dem neuen Verwalter, der die Forderung aus dem Vermögen der Religiösen Stiftung begleicht.[793]

Art. 469
Die Aufnahme eines Darlehens durch den Amtswalter[794] verpflichtet nicht die Religiöse Stiftung, sondern den Amtswalter, der einen Rückforderungsanspruch gegenüber der Religiösen Stiftung hat. Seine gesetzlichen Erben nehmen hinsichtlich des Anspruchs ihm gegenüber seinen Platz ein. Die Schuld ist aus dem Nachlass des Verstorbenen zu bezahlen. Sie haben danach ihrerseits einen Rückforderungsanspruch auf den Ertrag der Religiösen Stiftung in Höhe der Schuld.
Kurz gesagt: Der Rückforderungsanspruch besteht hinsichtlich des Nachlasses des ersten Verwalters. Dessen gesetzliche Erben haben einen Rückforderungsanspruch in Bezug auf das Vermögen der Religiösen Stiftungen als Forderung gegenüber dem neuen Verwalter.[795]

---

[792] Der erste Absatz ist erwähnt in „Ad-durr al-muḫtār" und „Radd al-muḥtār", S. 593, der Rest ist erwähnt „Tanqīḥ al-ḥāmidīya", S. 191 und in „Al-ḫairīya", S. 132 (Fn.-Qadrī).

[793] Erwähnt auf S. 131 und auf S. 132 in „Al-ḫairīya" mit einer Korrektur (Fn.-Qadrī).

[794] Dies bezieht sich auf ein Darlehen für die Religiöse Stiftung, nicht für den Amtswalter persönlich.

[795] Erwähnt auf S. 132 in „Al-ḫairīya". Besser wäre es, den Artikel an den vorangegangenen mit einem entsprechenden Hinweis anzuhängen (Fn.-Qadrī).

Art. 470
Wenn die übliche Pacht infolge der Rekonstruktion durch den Pächter steigt, ist dieser nur zu einer Pacht verpflichtet, die diese Rekonstruktion nicht berücksichtigt.[796]

Art. 471
Wenn der Darlehensgeber das gemietete Haus der Religiösen Stiftung aufgibt und von einem neuen Mieter seine Forderung in Besitz nimmt, so geht mit Einwilligung des Aufsehers diese Forderung auf den neuen Mieter über, so wie das in Bezug auf den ursprünglichen Mieter der Fall war. Wenn der neue Mieter aber ohne Einwilligung des Aufsehers bezahlt, hat dieser keinerlei Rückforderungsanspruch gegenüber der Religiösen Stiftung.[797]

Art. 472
Die Aufnahme eines Darlehens zulasten der Religiösen Stiftung ist mit Einwilligung des Richters nur dann zulässig, wenn eine Notwendigkeit hierfür vorliegt, so für eine Rekonstruktion, für den Kauf von Saatgut oder im Falle einer Unvermietbarkeit, sodass die Ausgaben nicht aus der Miete bestritten werden können.[798]

Art. 473
Wenn der Darlehensgeber das Haus der Religiösen Stiftung zu einer höheren Miete als zu derjenigen, die er an die Religiöse Stiftung bezahlt, untervermietet, hat er den Überschuss an die Religiöse Stiftung zurückzugeben oder mit dem Darlehen auszugleichen, sollte die verlangte Untermiete eine übliche Höhe haben. Das Darlehen darf keinen Gewinn erbringen. Ohne Einwilligung des Aufsehers sind die Ausgaben zur Rekonstruktion nicht berücksichtigungsfähig.[799]

---

[796] Erwähnt auf S. 541 in „Radd al-muḥtār“ (Fn.-Qadrī).
[797] Erwähnt in „Tanqīḥ al-ḥāmidīya“ im Kapitel zum Anspruch auf Ackerbau auf dem Land eines anderen, S. 200. Der Artikel ist eine Wiederholung von Art. 468 (Fn.-Qadrī).
[798] Erwähnt auf S. 580 in „Ad-durr al-muḫtār“ und „Radd al-muḥtār“ und auf S. 47 ff. in „Al-is^{c}āf“ (Fn.-Qadrī).
[799] Erwähnt auf S. 191 in „Tanqīḥ al-ḥāmidīya“ (Fn.-Qadrī).

7. Kapitel
Die Gerichtsbarkeit in Bezug auf die Religiösen Stiftungen

1. Abschnitt
Die Klage[800] u.a.

Art. 474
Bei Klagen von oder gegen die Religiöse Stiftung vertritt der Amtswalter die Stiftung. Dies gilt für Klagen im Zusammenhang mit dem Gegenstand und dem Ertrag der Religiösen Stiftung.[801]

Art. 475
Der Bestiftete, dem der Ertrag der Stiftung oder das Wohnrecht zusteht, ist nicht ermächtigt, eine Klage in Bezug auf den Gegenstand oder den Ertrag der Religiösen Stiftung anzustrengen, auch wenn er der einzige Bestiftete ist. Er kann weder Kläger noch Beklagter sein, es sei denn, er ist selbst der Verwalter oder der Richter hat ihn dazu ermächtigt. Er kann jedoch gegen den Verwalter klagen.[802]

Art. 476
Der berechtigte Nutznießer der Stiftung ist ermächtigt, eine Klage bezüglich des Anspruchs auf den Ertrag zu erheben. Die Klage des Bestifteten gegen den Verwalter bezieht sich auf die Nutznießung der Religiösen Stiftung, auf seinen Stand als armer Verwandter oder auf ein stärkeres Recht als das ihm eingeräumte.[803]

Art. 477
Die Behauptung des Pächters, der wegen der Pacht verklagt wird, in Bezug auf das Anerkenntnis des Aufsehers, dass dieser die Pacht von ihm entgegengenommen habe, ist unzulässig.[804]

Art. 478
Die Behauptung, die die Anerkennung einer Sache als Stiftungssache betrifft, ist zulässig.

---

800 Arab.: ad-daᶜwā.

801 Entnommen aus „Ad-durr al-muḫtār“ und „Radd al-muḥtār“, S. 554 und aus dem Abschnitt zur Klage in „Tanqīḥ al-ḥāmidīya“, S. 14 (Fn.-Qadrī).

802 Entnommen aus dem Abschnitt zur Klage in „Tanqīḥ al-ḥāmidīya“, S. 14 und aus „Ad-durr al-muḫtār“ und „Radd al-muḥtār“, S. 553 ff. mit eine Korrektur (Fn.-Qadrī).

803 Erwähnt auf S. 553 in „Radd al-muḥtār“ mit einer Korrektur (Fn.-Qadrī).

804 Abgeleitet von S. 52 aus dem Abschnitt zur Klage in „Al-ḫairīya“ (Fn.-Qadrī). Vgl. dazu die Formulierung im Art. 399 (Fn. 701).

Falls also der beklagte Aufseher hinsichtlich des Eigentums einer Religiösen Stiftung den Zeugenbeweis erbringt, dass der Kläger diese Sache tatsächlich als gestiftet anerkannt hat, wird dieser Zeugenbeweis akzeptiert.[805]

Art. 479
Der Aufseher der Religiösen Stiftung darf keinen streitentscheidenden Eid leisten. Er kann aber den Eid vom Beklagten fordern.[806]

Art. 480
Die Klage zum uneingeschränkten Eigentum der Religiösen Stiftung ist nur gegen denjenigen wirksam, der die Streitsache besitzt. Wenn sich der Besitzer und der Nichtbesitzer streiten und sich dieser Streit auf den gleichen Zeitpunkt bezieht, dann muss der Nichtbesitzer vorzugsweise den Zeugenbeweis erbringen.
Gleiches gilt, falls die Eigentumsklage aufgrund des Kaufes entsteht. Einer von beiden ist der Besitzer, der andere der Nichtbesitzer. Den Zeugenbeweis hat vorzugsweise der Nichtbesitzer zu erbringen.
Die Klage zum uneingeschränkten Eigentum ist nur gegen den Besitzer wirksam. Die Haftungsklage ist auch gegen den Nichtbesitzer wirksam. Insofern ist die Klage gegen den ersten Usurpator wirksam, auch wenn sich die Sache im Besitz einer Person befindet, die sich die Sache vom ersten Usurpator widerrechtlich angeeignet hat.[807]

Art. 481
Wenn der Pächter und der Aufseher über den Betrag, den der Pächter mit Einwilligung des Aufsehers zur Rekonstruktion der Stiftung aufgewendet hat, um ihn von der Pacht abzuziehen, uneinig sind, dann gilt die Aussage des Aufsehers. Der Aufseher muss keinen Eid ablegen, weil nur der Zeugenbeweis, nicht aber der Eid, für ihn zulässig ist. Sein Anerkenntnis verpflichtet die Religiöse Stiftung nicht. Wenn der Pächter Kläger ist, wird seiner Klage nur stattgegeben, wenn er den Zeugenbeweis erbringt.[808]

---

805 Entnommen aus dem Abschnitt zum Anerkenntnis, S. 620 in „Radd al-muḥtār", Teil 4 (Fn.-Qadrī). Die französische Übersetzung des Art. 478 weicht zwar vom arabischen Original ab, bringt den Sachverhalt aber klarer zum Ausdruck. Vgl. Kadri Pacha, M., Du wakf. A.a.O., S. 244. Zum Begriff iqrār (Anerkenntnis, Geständnis) siehe Badaoui, A. Z., Dictionnaire des Termes Juridiques. Français-Anglais-Arabe. Cairo, Beirut 2003 (2. Aufl.), S. 79.

806 Abgeleitet aus dem Abschnitt zur Klage in „Al-ḫairīya", S. 52 (Fn.-Qadrī).

807 Erwähnt im Abschnitt zur Klage in „Al-ḫairīya", S. 55, S. 57 und S. 78 mit einer Korrektur (Fn.-Qadrī). Die Beweislast trägt also grundsätzlich der Kläger als Nichtbesitzer.

808 Erwähnt auf S. 52 im Abschnitt zur Klage in „Al-ḫairīya" (Fn.-Qadrī).

Art. 482
Wenn der Aufseher und der Pächter über das Eigentum einer Sache, die mit dem Land der Religiösen Stiftung verbunden ist, uneinig sind, und der Pächter behauptet, dass es sich um sein Eigentum handele, während der Aufseher dies leugnet, so gilt die Aussage des Aufsehers, sollte der Pächter nicht den Beweis erbringen, der sein Eigentum an der Sache bestätigt.[809]

Art. 483
Schriftliche Dokumente werden nicht berücksichtigt. Die Stiftungsurkunde, auch wenn sie von früheren Richtern unterzeichnet worden ist, gilt nicht.[810]
Die Klage gegen den Usurpator ist wirksam, auch wenn sich die widerrechtlich angeeignete Sache nicht in seinem Besitz befindet.
Das Anerkenntnis ist ein beschränkter Beweis, der nur für die anerkennende Person, nicht aber für eine andere Person maßgeblich ist. Eine Person ist nicht an das von einer anderen Person Anerkannte gebunden. Der Zeugenbeweis geht dagegen über die anerkennende Person hinaus.[811]

Art. 484
Derjenige, der dem Eigentümer ungerechtfertigt tatsächlich oder mittelbar den Besitz an einer Sache entzogen hat, haftet dafür. Der tatsächliche Entzug erstreckt sich auf das Handeln des Usurpators, der mittelbare Entzug auf das Handeln des Usurpators, der sich die Sache widerrechtlich von einem anderen Usurpator angeeignet hat.
Im Unterschied dazu besteht für weitere Produkte, die aus der usurpierten Sache entstanden sind, keine Haftpflicht, wenn sie vor der Aufforderung zur Rückgabe verloren gegangen ist.[812]

Art. 485
Wenn derjenige, der nicht im Besitz einer Sache ist, gegenüber dem Besitzer den Zeugenbeweis erbringt, so wird auf dieser Grundlage für den Nichtbesitzer entschieden. Die Entscheidung wird nicht aufgehoben, wenn der Besitzer einen Gegenbeweis erbringt, weil ihm die Beweisführung nicht zusteht.[813]

---

809 Erwähnt auf S. 50 im Abschnitt zur Klage in „Al-ḫairīya" (Fn.-Qadrī).

810 Diese Aussage basiert auf einer grundsätzlich eingeschränkten Bewertung des Urkundenbeweises, der keine Sicherheit in Bezug auf Fälschungen biete. Vgl. Falaturi, A., May, R., Gerichtsverfahren und Richter…, a.a.O., S. 76-77.

811 Allgemein erwähnt auf S. 51, S. 55 und S. 57 im Abschnitt zur Klage in „Al-ḫairīya". Der Ausdruck „Die Klage gegen den Usurpator ist wirksam, auch wenn sich die widerrechtlich angeeignete Sache nicht in seinem Besitz befindet" ist eine Wiederholung von Art. 480 (Fn.-Qadrī).

812 Erwähnt auf S. 57 ff. im Abschnitt zur Klage in „Al-ḫairīya" (Fn.-Qadrī).

813 Erwähnt auf S. 71 im Abschnitt zur Klage in „Al-ḫairīya" (Fn.-Qadrī).

Art. 486
Die Klage in Bezug auf eine Sache der Religiösen Stiftung erfordert wie auch die Klage in Bezug auf das uneingeschränkte Eigentum den Beweis durch denjenigen, der die Sache nicht besitzt, jedoch nicht durch den Besitzer.
Der Besitz gilt als das stärkste Anzeichen für das Eigentum. Jeder, der etwas besitzt und allein darüber verfügt, wird durch seine eidliche Aussage, dass er der Eigentümer ist, in seinem Eigentum bestätigt.[814]

Art. 487
Der vorherige Besitzer hat ein Vorrecht gegenüber dem aktuellen Besitzer. Wenn also der Verwalter nachweist, dass der Beklagte ein neues Besitzverhältnis geschaffen hat und ein Vorrecht im Besitz durch die Religiöse Stiftung existiert, so gehört die Sache der Religiösen Stiftung. Der Beklagte muss den Zeugenbeweis erbringen, dass er der Eigentümer ist.
Wenn er den Zeugenbeweis rechtmäßig erbringt, wird zu seinen Gunsten entschieden. Anderenfalls wird ihm der Besitz entzogen.
Wenn der Aufseher der Religiösen Stiftung behauptet, dass das Land ursprünglich der Religiösen Stiftung gehöre und von einer Person widerrechtlich angeeignet worden sei, dann ist die Religiöse Stiftung, nicht aber diese Person, der Eigentümer, sollte der Aufseher den Beweis liefern, dass das Land widerrechtlich angeeignet und ein neues Besitzverhältnis geschaffen worden ist.
Derjenige, der Gebäude und Bäume auf dem Land errichtet bzw. gepflanzt hat, wird als deren Besitzer angesehen.[815]

Art. 488
Derjenige, der gegenüber einer anderen Person anerkennt, dass diese Person eine Sache beanspruchen kann, hat die Folgen seines Anerkenntnisses zu tragen, auch wenn die Sache lange Zeit in seinem Besitz war.
Derjenige, der wegen des Eigentums an einer Immobilie, die sich in seinem Besitz befindet, verklagt wird und behauptet, die Immobilie vom Erblasser des Klägers gekauft zu haben, und auf diese Weise das Eigentum anerkannt hat, muss den Nachweis für den Kauf erbringen.[816]

---

[814] Erwähnt auf S. 79 ff. im Abschnitt zur Klage in „Al-ḫairīya“ (Fn.-Qadrī). Diese Regelung im Art. 486 wird an mehreren Stellen des 7. Kapitels wiederholt und als Grundpinzip hinsichtlich des Verhältnisses von Eigentum und Besitz betrachtet. Der Nichtbesitzer trägt grundsätzlich die Beweislast in Bezug auf das Eigentum. Zum Besitz vgl. Reissner, J., Die innerislamische Diskussion zur modernen Wirtschafts- und Sozialordnung. In: Der Islam in der Gegenwart. Hrsg. von W. Ende und U. Steinbach, München 2005, 5. Aufl., S. 157-158.
[815] Erwähnt auf S. 79 ff. im Abschnitt zur Klage in „Al-ḫairīya“ (Fn.-Qadrī).
[816] Erwähnt auf S. 80 ff. im Abschnitt zur Klage in „Al-ḫairīya“ (Fn.-Qadrī).

Grundsätze[817]

Art. 489
Die Reglungen, auf denen die Klagen basieren und aus denen sich die Zeugenbeweise ergeben, sind folgende.[818]

Art. 490
Der Besitz ist ein offensichtlicher Hinweis auf das Eigentum. Er weist am deutlichsten auf das Eigentum hin. Die eidliche Aussage des Besitzers gilt. Der Kläger muss als Nichtbesitzer den Zeugenbeweis erbringen, dass der Anschein des Eigentums nicht zutrifft. Das trifft auch zu, wenn es sich um zwei Besitzer zugleich handelt.
Kurz gesagt: Wer gegen das offensichtliche Anzeichen als Nichtbesitzer klagt, hat den Zeugenbeweis zu erbringen. Demjenigen, für den das offensichtliche Anzeichen des Besitzes spricht, genügt die eidliche Aussage.[819]

Art. 491
Der Beklagte[820] in Bezug auf eine Immobilie kann nur zum Prozessgegner werden, wenn er im Besitz der Immobilie ist. Solange der Immobilienbesitz nicht feststeht, kann ihn der Richter nicht zum Prozessgegner machen. Voraussetzung für die Wirksamkeit der Zeugenaussage, dass sich die Immobilie im Besitz des Beklagten befindet, ist die augenscheinliche Wahrnehmung. Die Zeugenaussage aufgrund von Hörensagen ist nicht wirksam.[821]

Art. 492
Die Entscheidung, die der Richter lediglich auf der Grundlage der Stiftungsurkunde ohne ein rechtmäßiges Beweismittel trifft, ist nicht wirksam. Sie würde zum Widerspruch führen.[822]

Art. 493
Nur der Zeugenbeweis ist zulässig. Ohne andere Beweismittel findet die Schriftform keine Berücksichtigung. Der Richter entscheidet nur auf der Grundlage

---

817 Diese Überschrift ist ohne Erwähnung eines besonderen Abschnittes eingefügt.

818 Erwähnt auf S. 61 im Abschnitt zur Klage in „Al-ḫairīya“ (Fn.-Qadrī). Diese Fußnote ergibt keinen Sinn und wird folgerichtig in der französischen Übersetzung weggelassen. Vgl. Kadri Pacha, M., Du wakf. A.a.O., S. 248.

819 Erwähnt auf S. 61 im Abschnitt zur Klage in „Al-ḫairīya“. Besser wäre es, den Artikel mit dem vorangegangen zu verbinden und einen einheitlichen Artikel zu erstellen (Fn.-Qadrī). Vgl. Art. 486.

820 In der arabischen Ausgabe von 2006 fehlerhaft (S. 559).

821 Erwähnt auf S. 64 im Abschnitt zur Klage in „Al-ḫairīya“ (Fn.-Qadrī).

822 Ebenda erwähnt. Auf den Artikel kann wegen des folgenden Artikels verzichtet werden (Fn.-Qadrī).

rechtmäßiger Beweisführungsarten. Diese sind der Zeugenbeweis, das Anerkenntnis und die Verweigerung eines zu leistenden Eides[823]. Das ist das religiöse Gesetz von Muḥammad, dem Herrn der Abkömmlinge von ᶜAdnān[824]. Schriftliche Dokumente, in welcher Form auch immer, sind nicht als Beweismittel zugelassen. Berücksichtigt wird der Tatbestand, nicht aber die schriftliche Aufzeichnung von Ereignissen, es sei denn, der Gesetzgeber legt diese fest oder ein herausragender Gelehrter verwendet diese auf der Grundlage eines eindeutigen Textes.[825]

Art. 494
Voraussetzung für eine Stiftungsklage ist, dass der Kläger den Namen des Stifters, auch wenn es sich um eine alte Religiöse Stiftung handelt, und den Stiftungszweck angibt.[826]

Art. 495
Voraussetzung für die Wirksamkeit der richterlichen Entscheidung bezüglich der Religiösen Stiftung ist die Gewissheit, dass der Stifter zum Zeitpunkt seiner Stiftung Eigentümer der gestifteten Sache war. Der Richter entscheidet nur wirksam, wenn feststeht, dass der Stifter Eigentümer der Stiftungssache war.[827]

Art. 496
Bei der Stiftungsklage geht wie bei der Klage zum uneingeschränkten Eigentum der Zeugenbeweis des Nichtbesitzers dem Zeugenbeweis des Besitzers voran, auch wenn es sich dabei um den Aufseher der Religiösen Stiftung handelt.
Wenn der Nichtbesitzer gegenüber dem Besitzer den Zeugenbeweis erbringt, wird zu seinen Gunsten entschieden. Der Gegenbeweis des Besitzers wird nicht akzeptiert. Die Entscheidung wird nicht aufgehoben, solange keine andere Entscheidung diese verwirft.[828]

---

823 Arab.: an-nukūl.

824 Diese Formulierung ist ungewöhnlich und deutet auf einen möglicherweise mystisch-sufischen Bezug hin. Auf ᶜAdnān, einen Abkömmling des Propheten Abraham, wird auch Muḥammad verwandtschaftlich zurückgeführt. Vgl. Fn. 406. Siehe auch die URL http://alfutuhat.com/histoire/Main/Omeyyades02.html (zuletzt abgerufen: 16.02.2017).

825 Erwähnt auf S. 67 im Abschnitt zur Klage in „Al-ḫairīya“ (Fn.-Qadrī). In der französischen Übersetzung fehlt die Quellenangabe (S. 249).

826 Erwähnt auf S. 557 und auf S. 560 in „Ad-durr al-muḫtār“ und „Radd al-muḥtār“ (Fn.-Qadrī).

827 Erwähnt auf S. 557 in „Ad-durr al-muḫtār“ und „Radd al-muḥtār“ (Fn.-Qadrī). Der zweite Teil des Artikels stellt eine Wiederholung des ersten Teils dar. Darauf könnte verzichtet werden. Vgl. Art. 523 und Art. 524.

828 Auf den Artikel kann verzichtet werden, weil er in den Art. 480 und 485 enthalten ist (Fn.-Qadrī).

Art. 497
Derjenige, der Gebäude errichtet oder Bäume gepflanzt hat, ist der Besitzer. Er muss keinen Beweis erbringen, solange der Prozessgegner nicht nachweist, dass er das Land widerrechtlich in Besitz genommen hat. Damit wird er zum Nichtbesitzer und muss den Zeugenbeweis erbringen, dass er im Besitz des Landes ist.[829]

Art. 498
Der Besitz ist der deutlichste Hinweis auf das Eigentum. Derjenige, der etwas besitzt, ist nicht verpflichtet, den Zeugenbeweis zur Bestätigung seines Eigentums zu führen. Der Besitz wird ihm nur auf der Grundlage eines erwiesenen Anspruchs entzogen.[830]

Art. 499
Die Klage einer Religiösen Stiftung gegen eine andere wird wie die übrigen Klagen behandelt. Der Zeugenbeweis muss vorrangig von demjenigen Aufseher erbracht werden, der nicht der Besitzer ist.[831]

Art. 500
Ein berechtigter Nutznießer einer Religiösen Stiftung darf keine Klage zu deren Nachweis führen, sollte nicht erwiesen sein, dass es sich um eine gestiftete Immobilie handelt.[832]

Art. 501
Sobald juristisch erwiesen ist, dass sich um eine Stiftung handelt, wird jeder Verkauf annulliert. Wenn der Käufer Gebäude errichtet oder Bäume angepflanzt hat, dann gehören sie ihm. Mit dem Käufer wird so verfahren, wie das für die Religiöse Stiftung nützlich und gut ist.
Wenn also die Zerstörung und die Übergabe an den Käufer nützlicher für die Religiöse Stiftung sind, wird so verfahren. Wenn hingegen die Zerstörung einen Schaden an der Religiösen Stiftung anrichten würde, dann überführt der Aufseher die Gebäude bzw. die Bäume in das Eigentum der Religiösen Stiftung. Dies gilt, wenn das Material Eigentum des Käufers ist. Wenn er mit dem Material der Religiösen Stiftung gebaut hat, dann gehören die Gebäude der Religiösen Stiftung.[833]

---

[829] Erwähnt auf S. 80 im Abschnitt zur Klage in „Al-ḫairīya“. Auf den Artikel kann verzichtet werden, weil er im Art. 487 enthalten ist. Eine Korrektur wurde eingefügt (Fn.-Qadrī).

[830] Erwähnt auf S. 8 im Abschnitt zur Klage in „Tanqīḥ al-ḥāmidīya“. Auf den Artikel kann verzichtet werden, weil er in den Art. 486 und 490 enthalten ist. (Fn.-Qadrī). Die Quellenangabe in der arabischen Ausgabe von 2006 ist fehlerhaft (S. 67).

[831] Erwähnt auf S. 71 ff. im Abschnitt zur Klage in „Al-ḫairīya“ (Fn.-Qadrī).

[832] Erwähnt auf S. 562 in „Ad-durr al-muḫtār“ und „Radd al-muḥtār“ (Fn.-Qadrī).

[833] Erwähnt auf S. 586 ff. in „Ad-durr al-muḫtār“ und „Radd al-muḥtār“ mit einer Korrektur (Fn.-Qadrī).

Art. 502

Falls der Käufer ein Gebäude der Stiftung zerstört, kann der Richter entscheiden, ob er den Verkäufer für den Wert des Gebäudes haftbar macht und der Verkauf so zustande gekommen ist oder ob er den Käufer haftbar macht und der Verkauf nicht zustande gekommen ist. Der Käufer erwirbt durch die Haftung das Material des Gebäudes. Die Haftungssumme geht an die Religiöse Stiftung, nicht aber an die Bestifteten. Dies gilt, wenn ein Wiederaufbau unmöglich ist. Anderenfalls wird, wie auch in Bezug auf die widerrechtliche Aneignung einer Sache, der Wiederaufbau angeordnet.

Wenn der Käufer das Gebäude der Stiftung zerstört und stattdessen ein andersartiges Gebäude errichtet, ist der Käufer verpflichtet, das Gebäude abzureißen, sollte das zweite Gebäude keinen höheren Nutzen für die Religiöse Stiftung erbringen. Wenn das zweite Gebäude einen höheren Nutzen für die Religiöse Stiftung erbringt, bleibt es für die Religiöse Stiftung erhalten. Der Erbauer gilt als freiwilliger Spender in Bezug auf seine Ausgaben zur Rekonstruktion. Er hat eine Miete zu bezahlen, aus der ihm nichts daraus zusteht. Sollte der zweite Bau nicht nützlicher und profitabler sein, hat der Käufer sein Gebäude zu beseitigen und die Religiöse Stiftung in den ursprünglichen Zustand zu versetzen. Er wird auch mit einer entsprechenden Strafe[834] belegt.

Wenn infolgedessen der Käufer das Gebäude, welches er errichtet hat, abreißt, kann er vom Verkäufer den Wert des Gebäudes im erbauten Zustand zurückfordern, sollte er ihm das Material übergeben haben. Wenn er das Material zurückbehält, hat einer keinen Rückforderungsanspruch gegenüber dem Verkäufer.[835]

Art. 503

Wenn jemand ein Haus kauft und baulich verändert, so kann im Falle eines vorliegenden Anspruchs der Käufer gegenüber dem Verkäufer einen Rückforderungsanspruch in Bezug auf den Preis des Hauses und den Wert des Anbaus im erbauten Zustand geltend machen, wenn er das Material an den Verkäufer übergibt. Erfolgt keine Übergabe des Materials, dann steht ihm nur der Preis zu. Der Wert wird zum Zeitpunkt der Übergabe des Materials bestimmt. Wenn der Käufer für den Anbau 10000[836] ausgegeben hat und das Haus bis zu seiner Veränderung

[834] Arab.: at-taᶜzīr. Diese von der Obrigkeit festgelegten Strafen werden für alle Straftaten, die sich außerhalb der sog. Grenzstrafen (al-ḥudūd) und der Strafen gegen Leib und Leben (al-qiṣāṣ und ad-diya; Wiedervergeltung bzw. Blutgeld) einordnen, verhängt. Sie sind zeit- und ortsabhängig. Vgl. El Baradie, A., Gottes-Recht und Menschenrecht. A.a.O., S. 146-165. Vgl. auch Fn. 153.

[835] Erwähnt auf S. 587 in „Ad-durr al-muḫtār“ und „Radd al-muḫtār“ (Fn.-Qadrī).

[836] Hier fehlt die Währungsangabe. 1834 wurde in Ägypten das Pfund als offizielle Währung eingeführt. Zur Geschichte der ägyptischen Währung vgl. die URL http://www.cbe.org.eg/en/BankNote/Pages/HistoricalOverview.aspx (zuletzt abgerufen: 17.02.2017).

und bis zum teilweisen Abriss bewohnt hat, kann er einen Rückforderungsanspruch in Höhe des Wertes des restlichen Hauses zum Zeitpunkt seiner Übergabe an den Verkäufer geltend machen, auch wenn der Wert auf 20000 gestiegen ist. Die tatsächlichen Kosten finden keine Beachtung.
Die Rückforderung des Wertes bezieht sich auf solche Sachen, die als Material übergeben werden können. Der Wert für Gips und Lehm kann nicht zurückgefordert werden. Diese Regelung gilt sowohl für den von der Religiösen Stiftung als auch für den von einer anderen Person erhobenen Anspruch.[837]

Art. 504
Kein berechtigter Nutznießer der Stiftung kann einem anderen den Anspruch auf die Nutznießung einräumen. Falls er seinen Anteil einem anderen als Anspruch zur Nutzung überträgt, so ist dies nicht erlaubt und verstößt gegen eine Bedingung des Stifters. Im Gegensatz dazu ist eine freiwillige Spende statthaft.[838]

Art. 505
Der Nutzungsanspruch ist wie die Erbschaft zu bewerten. Ein Verzicht macht den Anspruch nicht unwirksam.[839]

Art. 506
Die Zahlung des Aufsehers an eine Person ist kein Hinweis auf die Bestätigung eines Anspruchs auf Nutznießung in der Religiösen Stiftung. Es bedarf des Nachweises, dass die Nutznießung auf den Stifter zurückgeht.[840]

Art. 507
Wenn die Religiöse Stiftung zugunsten der armen Verwandten des Stifters errichtet worden ist, dann hat derjenige, der die Nutznießung behauptet, eine Beweispflicht gegenüber dem Stifter oder gegenüber demjenigen, der die Stiftung verwaltet, in Bezug auf die Armut, auf die Verwandtschaft unter Angabe des Verwandtschaftsgrades und darauf, dass niemand zum Unterhalt dieser Person verpflichtet ist und ihn bezahlt. Der äußere Anschein genügt für den Anspruch der Nutznießung nicht.
Falls er den Beweis hinsichtlich der erwähnten Voraussetzungen erbringt, aber zwei gut beleumundete Zeugen[841] über seinen Reichtum berichten, so wird den beiden Zeugen der Vorrang gegeben. Die Mitteilung wird der Zeugenaussage

[837] Erwähnt auf S. 587 in „Ad-durr al-muḫtār“ und „Radd al-muḥtār“ (Fn.-Qadrī).
[838] Eine Wiederholung von Art. 397 (Fn.-Qadrī).
[839] Ebenda (Fn.-Qadrī). In der französischen Ausgabe werden die Quellen („Tanqīḥ al-ḥāmidīya“, S. 186 ff.) in Bezug auf Art. 504 und („Radd al-muḥtār“, S. 583) in Bezug auf Art. 505 konkret angegeben (S. 254).
[840] Erwähnt auf S. 584 in „Ad-durr al-muḫtār“ (Fn.-Qadrī).
[841] Arab.: ᶜadlān.

gleichgestellt. Falls sie beide erklären: „Wir kennen keinen, der für seinen Unterhalt verpflichtet ist“, dann ist das ausreichend.[842]

Art. 508
Für einen Minderjährigen hat dessen gesetzlicher oder ernannter Vormund die Verwandtschaft der Person festzustellen. Wenn kein gesetzlicher oder ernannter Vormund existiert, müssen die Mutter und der Onkel väterlicherseits[843] dies feststellen, sollte sich der Minderjährige in deren Obhut befinden. Wenn zu seinen Gunsten gerichtlich entschieden wird, hat er vom Zeitpunkt an, da ihm die Religiöse Stiftung dieses Recht einräumt, einen Anspruch auf Nutznießung.[844]

Art. 509
Zwei Personen streiten sich über eine Immobilie. Derjenige, der sie besitzt, behauptet, dass er der Eigentümer aufgrund einer Erbschaft nach seinem Vater sei. Der andere behauptet aber als Nichtbesitzer, dass es sich um eine Religiöse Stiftung handele, wobei er der Nutznießer sei und dies nachweist. Jeder von beiden weist ein Dokument vor, das den Anspruch belegt. Der Anspruch des Nichtbesitzers steht dem Anspruch des Besitzers entgegen, wenn beide einen Zeugenbeweis erbringen und diesen datieren.
Derjenige, der den früheren Zeugenbeweis vorlegt, wird bevorzugt. Wenn kein Datum feststeht oder nur einer von beiden ein Datum angibt, dann wird zugunsten des Besitzers entschieden. Lediglich auf der Basis des Dokumentes ohne Zeugenbeweis wird nicht gehandelt. Das Datum bezieht sich den Zeitpunkt des Streites im Hinblick auf das Privateigentum und die Religiöse Stiftung, nicht aber auf die schriftliche Ausfertigung der beiden Urkunden, weil sie zurückdatiert sein könnten.[845]

Art. 510
Wenn sich eine Liegenschaft[846] im Besitz einer anwesenden Person und eine andere im Besitz einer abwesenden Person befinden und jemand gegenüber der anwesenden Person behauptet, dass diese beiden Liegenschaften eine Religiöse Stiftung bilden würden, die dessen Großvater zugunsten seiner Kinder und Kindeskinder errichtet habe, so wird gerichtlich entschieden, dass die beiden Liegenschaften zusammen eine Stiftung bilden, vorausgesetzt, dass die Zeugen nachweisen, dass beide Liegenschaften dem gleichen Stifter gehören und zusammen gestiftet worden sind.

---

842 Erwähnt in „Ad-durr al-muḫtār“ und „Radd al-muḥtār“, S. 590 ff. mit einer Korrektur (Fn.-Qadrī).
843 Arab.: al-ᶜamm.
844 Erwähnt auf S. 590 ff. in „Ad-durr al-muḫtār“ und „Radd al-muḥtār“ (Fn.-Qadrī).
845 Erwähnt auf S. 48 im Abschnitt zur Klage in „Al-ḫairīya“ mit einer Ergänzung (Fn.-Qadrī).
846 Arab.: aḍ-ḍaiᶜa.

Wenn die Zeugen zwei getrennte Stiftungen nachweisen, so wird nur in Bezug auf die Liegenschaft der anwesenden Person als Religiöse Stiftung entschieden.[847]

Art. 511
Ein Haus wird zugunsten von zwei Brüdern gestiftet, wobei einer von beiden abwesend ist, und der andere anwesende Bruder über viele Jahre den Ertrag in Besitz genommen hat. Dann verstirbt der anwesende Bruder und hinterlässt einen Testamentsvollstrecker.[848] Danach kehrt der abwesende Bruder zurück und verlangt vom Testamentsvollstrecker seinen Anteil am Ertrag. Wenn der anwesende Bruder als Amtswalter dieser Religiösen Stiftung den Ertrag in Besitz genommen hat, kann der abwesende Bruder aus dem Nachlass des Verstorbenen seinen Anteil am Ertrag zurückfordern.
Wenn der anwesende Bruder nicht der Amtswalter dieser Religiösen Stiftung war und das Haus von beiden Brüdern gemeinsam vermietet worden ist, gilt Gleiches. Wenn es nur vom anwesenden Bruder vermietet worden ist, steht diesem allein der gesamte Ertrag rechtlich zu.[849]

Art. 512
Eine Person besitzt die Hälfte eines Hauses. Eine andere Person behauptet, dass sie das Haus vollständig gestiftet habe und es ihr Eigentum gewesen wäre. Wenn sie den Zeugenbeweis, dass das gesamte Haus eine Religiöse Stiftung ist, erbringt, wird dieser akzeptiert, weil der Kläger seine Behauptung auf das gesamte Haus bezieht. Wird dagegen der Zeugenbeweis für den im Besitz befindlichen Teil erbracht, so bleibt es dabei.[850]

Art. 513
Eine Person behauptet, Eigentümer eines Hauses zu sein. Es befindet sich im Besitz des Verwalters. Dieser erklärt: „Zaid hat das Haus zugunsten einer Moschee gestiftet." Der Richter entscheidet für den Kläger. Falls ein Verwalter einer anderen Stiftung gegenüber diesem Kläger behauptet, dass das Haus von ᶜAmr[851] zugunsten einer Moschee gestiftet worden sei, so wird dessen Klage akzeptiert.[852]

Art. 514
Eine Stiftung wird zugunsten von zwei Brüdern errichtet. Einer von beiden verstirbt. Die Stiftung verbleibt im Besitz des überlebenden Bruders und der Kinder des Verstorbenen. Daraufhin erbringt der überlebende Bruder den Zeugenbeweis

---

[847] Erwähnt auf S. 342 in „Al-hindīya" (Fn.-Qadrī).
[848] Arab.: al-waṣī.
[849] Erwähnt auf S. 342 ff. in „Al-hindīya" (Fn.-Qadrī).
[850] Erwähnt auf S. 343 in „Al-hindīya" (Fn.-Qadrī).
[851] Vgl. Fn. 104.
[852] Erwähnt auf S. 343 in „Al-hindīya" (Fn.-Qadrī).

gegenüber einem Kind seines Bruders, dass die Religiöse Stiftung zugunsten des jeweiligen Verwandtschaftsgrades[853] errichtet worden sei. Die übrigen Kinder des Bruders waren nicht anwesend. Der Zeugenbeweis wird akzeptiert und auf die übrigen Kinder übertragen, sofern es sich um einen einzelnen Stifter und eine einzige Stiftung handelt.
Falls die Kinder des Bruders den Gegenbeweis erbringen, dass sich die Religiöse Stiftung unbeschränkt auch auf die Abkömmlinge der Bestifteten bezieht, so wird der Beweis des Klägers zur Beschränkung auf den jeweiligen Verwandtschaftsgrad bevorzugt.[854]

Art. 515
Eine Person erhebt gegenüber einer anderen Person Anspruch auf einen Weinberg. Der Beklagte erklärt, dass er den Weinberg unter seinen Bedingungen gestiftet habe. Der Kläger erbringt keinen Beweis. Er fordert den Eid. Wenn er den Eid fordert, um den Weinberg an sich zu nehmen, so steht ihm bei einer Verweigerung des Eides durch den Beklagten kein Eid gegen den Beklagten zu. Wenn er den Eid fordert, um den Wert der Immobilie an sich zu nehmen, dann kann er bei einer Verweigerung selbst den Eid leisten.[855]

Art. 516
Eine Person erhebt Anspruch auf ein Haus, das sich im Besitz einer anderen Person befindet, und behauptet, Eigentümer des Grundstücks und des Gebäudes zu sein. Der Beklagte weist dies zurück und behauptet seinerseits, dass das Haus zugunsten einer bestimmten Moschee gestiftet worden sei. Daraufhin erbringt der Kläger den Beweis für seine Klage. Der Richter entscheidet für ihn. Es erfolgt eine Registrierung seines Eigentums.
Wenn der Kläger danach anerkennt, dass das Grundstück eine Religiöse Stiftung ist und das Gebäude ihm gehört, sind seine Klage, die Entscheidung und die Registrierung nichtig.[856]

Art. 517
Eine Person erhebt Anspruch auf ein Haus. Die Entscheidung erfolgt zu ihren Gunsten. Daraufhin behauptet der Verwalter, dass das Grundstück eine Religiöse Stiftung sei und erbringt den Zeugenbeweis. Wenn sich der Kläger auf das Grundstück und das Gebäude bezogen hat, wird der Beweis des Verwalters nicht akzeptiert.

---

853 Arab.: baṭn baᶜda baṭn. Dies bedeutet, dass erst nach dem Ableben aller Abkömmlinge eines bestimmten Grades die nächste Generation berücksichtigt wird.
854 Erwähnt auf S. 342 in „Al-hindīya“ (Fn.-Qadrī).
855 Erwähnt auf S. 342 in „Al-hindīya“ (Fn.-Qadrī).
856 Erwähnt auf S. 342 in „Al-hindīya“ (Fn.-Qadrī).

Wenn sich die Klage aber nur auf das Gebäude bezieht, verbleibt das Grundstück im Stiftungseigentum. Wenn die Person das Haus beansprucht und es in Besitz nimmt und danach der Verwalter den Anspruch auf das Grundstück nachweist, verbleibt das Gebäude im Eigentum des Klägers.[857]

Art. 518
Wenn eine Person zum Richter geht und erklärt: „Ich bin als Treuhänder von Ihrem Vorgänger eingesetzt worden. In meinem Besitz befindet sich eine Almosenspende einer Person, die für eine bestimmte Personengruppe gestiftet worden ist." Ihre Erklärung wird akzeptiert, wenn der Stifter keine gesetzlichen Erben hinterlässt und abgesehen von der Person, die diese Erklärung abgegeben hat, nichts über diese Almosenspende bekannt ist.
Wenn der Stifter gesetzliche Erben hinterlässt, die erklären: „Das ist unser Erbe und kein Religiöse Stiftung", so gilt diese Erklärung. Die Erbschaft wird unter ihnen aufgeteilt.
Wenn die Erben erklären: „Es handelt sich um eine Religiöse Stiftung, in der wir, unsere Nachfahren und anschließend die Bedürftigen bestiftet worden sind", und der Besitzer der Liegenschaft erklärt: „Die Stiftung ist nur für die Bedürftigen, nicht aber für die gesetzlichen Erben", dann gilt die Aussage der gesetzlichen Erben.[858]

Art. 519
Ein unteilbares Recht, welches in seiner Vollständigkeit begründet ist, kann einer Person nur vollständig eingeräumt werden.[859]

Grundsätze[860]

Art. 520
Jedermann hat das Recht, die Beseitigung eines öffentlichen Schadens zu fordern. Wenn eine Person ohne Einverständnis des Herrschers auf der Straße eine Abfallgrube oder einen Wasserausguss errichtet, kann jedermann dies unterbinden und in einem Verfahren die Person auffordern, die Konstruktion zu zerstören und zu beseitigen, unabhängig davon, ob dadurch ein Schaden für diese Person entsteht oder nicht.[861]

---

857 Erwähnt auf S. 342 in „Al-hindīya" (Fn.-Qadrī).

858 Erwähnt auf S. 346 in „Al-hindīya" (Fn.-Qadrī). Die Quellenangabe in der arabischen Ausgabe von 2006 (S. 570) und in der arabischen Ausgabe von 2007 (S. 276) ist falsch.

859 Erwähnt auf S. 57 im Abschnitt zur Klage in „Al-ḫairīya" (Fn.-Qadrī).

860 Vgl. Fn. 817.

861 Erwähnt auf S. 561 in „Ad-durr al-muḫtār" und „Radd al-muḥtār" (Fn.-Qadrī).

Art. 521
Jeder gesetzliche Erbe vertritt die übrigen gesetzlichen Erben in einem Prozess, der sich auf eine Forderungsklage bezieht. Hinsichtlich einer Klage, die sich auf eine Sache bezieht, vertritt er die übrigen Erben nur, wenn sich die Sache in seinem Besitz befindet.[862]

Art. 522
Der Richter kann bei einer Klage in Bezug auf Angelegenheiten der Religiösen Stiftungen aufgrund des Zeugenbeweises oder der Verweigerung des zu leistenden Eides nur entscheiden, wenn er dazu vom Herrscher explizit oder implizit beauftragt worden ist. Anderenfalls darf er nicht entscheiden.[863]

Art. 523
Laut „*Al-ḫairīya*"[864] ist das Privateigentum die Regel, die Religiöse Stiftung dagegen die Ausnahme. So kann die Religiöse Stiftung gegenüber dem Besitzer nur festgestellt werden, wenn der Beweis hierfür durch gerechte Zeugen erbracht wird. Eine schriftliche Erwähnung oder die Stiftungsurkunde, auch wenn diese registriert ist, ist für die Entscheidung nicht ausreichend.
Vielmehr wird aufgrund von Zeugenbeweis, Anerkenntnis oder Verweigerung des zu leistenden Eides entschieden, es sei denn, es liegt für die Verweigerung ein gesetzlicher Rechtfertigungsgrund vor.[865]

Art. 524
Wenn eine Religiöse Stiftung, die als solche von alters her bekannt ist, ohne dass man ihren Stifter kennt, von einem Usurpator eingenommen worden ist und der Verwalter behauptet, dass es sich um eine Religiöse Stiftung zugunsten dieses oder jenes bekannten Ziels handele, und den Zeugenbeweis dafür erbringt, dann ist das nach vorherrschender Meinung[866] zulässig.[867]

2. Abschnitt
Die Religiöse Stiftung ohne Nachweis

Art. 525
Wenn die Religiöse Stiftung als solche bekannt ist, aber Zweifel in Bezug auf die Bestifteten und die Höhe ihrer Zuwendungen bestehen, dann wird nachgeforscht,

[862] Erwähnt in „Ad-durr al-muḫtār" und „Radd al-muḥtār", S. 561 (Fn.-Qadrī).
[863] Erwähnt auf S. 342 in „Al-hindīya" (Fn.-Qadrī).
[864] Siehe dazu den Abschnitt I.3. in diesem Buch (S. 20-24).
[865] Erwähnt auf S. 47 im Abschnitt zur Klage in „Al-ḫairīya" (Fn.-Qadrī).
[866] Arab.: al-muḫtār.
[867] Erwähnt auf S. 557 in „Radd al-muḥtār" (Fn.-Qadrī). Die Quellenangabe in der arabischen Ausgabe von 2006 (S. 573) und in der arabischen Ausgabe von 2007 (S. 278) ist falsch.

wie die Situation in der Vergangenheit war, wie die Amtswalter gehandelt haben und an wen die Zuwendungen gegangen sind. In dieser Weise wird verfahren.[868]

Art. 526
Bei alten Religiösen Stiftungen ohne Nachweis, deren Bedingungen und Zuwendungen unbekannt sind, bei denen viel Zeit seit der Errichtung vergangen ist und deren Zeugen verstorben sind, wird nach den Unterlagen der Richter verfahren. Wenn es in den Archiven der Richter Niederschriften gibt, wird bei Streitigkeiten der Nutznießer danach gehandelt.
Die Religiöse Stiftung ohne Nachweis, für die in Bezug auf die Zuwendungen Zweifel bestehen, deren Bedingungen unbekannt sind und für die sich keine Urkunde in den Registern der Richter finden lässt, wird nachgeforscht, wie die Situation in der Vergangenheit war, wie die Amtswalter gehandelt haben und an wen die Zuwendungen gegangen sind. In dieser Weise wird verfahren.[869]

Art. 527
Wenn Zweifel in Bezug auf die Zuwendungen an die Bestifteten bestehen, keine Abschriften in den Registern der Richter vorhanden sind, die Amtswalter keine Kenntnisse haben und nichts über die Situation in der Vergangenheit bekannt ist, so wird im Streitverfahren zugunsten desjenigen entschieden, der den Nachweis in Bezug auf seinen Anspruch führen kann. Wenn kein Nachweis vorliegt und die Kinder des Stifters die Auflösung der Stiftung fordern, ist diese Klage der Kinder des Stifters unzulässig.[870]

Art. 528
Die Erlässe des Herrschers bezüglich der öffentlichen Funktionen und die herrschaftlichen Register[871] werden berücksichtigt. Wenn sich darin eine Stiftung für einen wohltätigen Zweck findet, wird auch ohne Zeugenbeweis danach gehandelt.[872]

Art. 529
Bei einer Religiösen Stiftung ohne Nachweis, für die es in den Archiven der Richter keine eingetragene Urkunde gibt, deren Situation in der Vergangenheit unbekannt ist und für die keine Amtswalter bekannt sind, wird demjenigen, der einen Anspruch erhebt, nur dann etwas zuerkannt, wenn er diesen Anspruch beweist.

---

868 Erwähnt auf S. 559 in „Radd al-muḥtār“ (Fn.-Qadrī).
869 Erwähnt auf S. 559 in „Radd al-muḥtār“. Auf den Artikel kann wegen des Inhalts des vorangegangenen Artikels verzichtet werden (Fn.-Qadrī).
870 Erwähnt auf S. 545 in „Ad-durr al-muḫtār“ und „Radd al-muḥtār“ und auf S. 588 (Fn.-Qadrī).
871 Arab.: ad-dafātir al-ḫāqānīya.
872 Erwähnt auf S. 559 in „Radd al-muḥtār“ (Fn.-Qadrī).

Wenn er den Nachweis führt und seinen Anspruch bestätigt, entscheidet der Richter für ihn. Anderenfalls wird die Religiöse Stiftung zu einer Stiftung zugunsten der Armen.[873]

Art. 530
Wenn die Errichtung der Religiösen Stiftung feststeht, eine Gruppe von Nutznießern existiert und nur ein Stifter vorliegt, so kann einer der berechtigten Nutznießer der Stiftung in Vertretung der anderen einen Prozess wirksam führen. Wenn die Errichtung der Religiösen Stiftung nicht feststeht, darf er nicht allein prozessieren.[874]

3. Abschnitt
Das Anerkenntnis

Art. 531
Wenn eine geistig und körperlich unversehrte Person anerkennt, dass ein Stück Land oder ein Haus in ihrem Besitz eine Religiöse Stiftung ist, ohne dass sie den Stifter und die berechtigten Nutznießer der Stiftung nennt, so ist ihr Anerkenntnis wirksam. Das Land oder das Haus wird zu einer Religiösen Stiftung für die Armen. Die Person wird selbst nicht als Stifter betrachtet, es sei denn, sie erbringt den Zeugenbeweis, dass die Immobilie zum Zeitpunkt des Anerkenntnisses ihr Eigentum war. Dann steht ihr die Verwaltung der Religiösen Stiftung zu. Diese wird ihr erst entzogen, wenn nachgewiesen wird, dass ihr die Verwaltung nicht zusteht. Dies gilt, wenn sie den erwähnten Zeugenbeweis erbringt. Wenn sie ihn nicht erbringt, entscheidet der Richter.[875]

Art. 532
Wenn eine Person anerkennt, dass ein Stück Land in ihrem Besitz eine Religiöse Stiftung ist, und die berechtigten Nutznießer der Stiftung festlegt, dann ist das Anerkenntnis der Person wirksam und das Land wird zur Religiösen Stiftung zugunsten der festgelegten Personen, auch wenn die Person das Land nicht auf einen bestimmten Stifter zurückführt.
Wenn die Person einen Stifter nennt und ihn beim Anerkenntnis der Religiösen Stiftung erwähnt, so wird sich auf diesen Stifter, sollte er noch leben, bezogen, ansonsten auf dessen gesetzliche Erben, sollte er verstorben sein. Wenn der Stifter bzw. seine gesetzlichen Erben dies bestätigen, so gilt das Anerkenntnis. Wenn der Stifter bzw. dessen gesetzlichen Erben dementieren, ist die Religiöse Stiftung

---

873 Erwähnt auf S. 588 in „Radd al-muḥtār". Auf den Artikel kann wegen des Art. 527 verzichtet werden (Fn.-Qadrī).
874 Erwähnt in „At-tanwīr" und im Kommentar dazu, S. 562 (Fn.-Qadrī).
875 Erwähnt auf S. 37 in „Al-isʿāf" und auf S. 313 in „Al-ḫānīya" (Fn.-Qadrī).

nicht erwiesen. Wenn keine gesetzlichen Erben vorhanden sind, wird das Land als Religiöse Stiftung entsprechend dem Anerkenntnis behandelt.[876]

Art. 533
Wenn eine Person anerkennt, dass ein Stück Land oder ein Haus in ihrem Besitz eine Religiöse Stiftung ist, und erklärt: „Diese Immobilie wurde von meinem Vater gestiftet“, ihr Vater aber verstorben ist und keine Bestifteten benannt hat, dann ist ihr Anerkenntnis nur in Bezug auf ihren eigenen Anspruch wirksam.
Wenn eine Forderung gegenüber ihrem Vater besteht oder dieser ein Vermächtnis errichtet hat und kein anderes Vermögen vorhanden ist, wird die Immobilie insoweit verkauft, dass die Forderung beglichen und das Vermächtnis aus dem Drittel erfüllt werden kann. Der Überschuss wird zur Religiösen Stiftung. Wenn die Forderungen die gesamte Immobilie umfassen, wird sie vollständig verkauft, es sei denn, die die Stiftung anerkennende Person bezahlt die Schulden für ihren Vater. Wenn somit keine Forderung gegenüber ihrem Vater vorliegt, wird die gesamte Immobilie durch ihr Anerkenntnis zur Religiösen Stiftung.
Wenn neben dem Anerkennenden ein weiterer gesetzlicher Erbe existiert, der die Stiftung abstreitet, wird nur der Anteil des Anerkennenden zur Religiösen Stiftung. Der Anteil desjenigen, der diese verweigert, wird zu dessen Privateigentum.[877]

Art. 534
Wenn eine Person anerkennt, dass eine Immobilie von ihrem Vater zugunsten dieser Person und ihres Bruders gestiftet worden ist, und der Bruder dies in Abrede stellt, so wird der Anteil des Anerkennenden zur Religiösen Stiftung. Der Anteil desjenigen, der dies leugnet[878], wird zum Privateigentum. Er hat keinen Anspruch in Bezug auf die Religiöse Stiftung.[879]

Art. 535
Wenn eine Person anerkennt, dass ihr Vater eine Religiösen Stiftung zugunsten dieser Person und ihres Bruders, der Kinder und Abkömmlinge von beiden und nach deren Aussterben zugunsten der Armen errichtet hat, so wird nur der Anteil des Anerkennenden zur Religiösen Stiftung zugunsten seiner Person und seiner Kinder, sollte der Bruder dementieren. Der Anteil desjenigen, der die Errichtung der Stiftung leugnet, geht nach dessen Tod an seine Kinder über. Die Leugnung durch den Vater dieser Kinder macht deren Anspruch in Bezug auf die Religiöse

876 Erwähnt auf S. 39 in „Al-isᶜāf“ (Fn.-Qadrī). Dieser Artikel bezieht sich analog auch auf ein Haus. Vgl. Qadrī Pāšā, M., Qānūn al-ᶜadl…, a.a.O. (2006), S. 580.
877 Erwähnt auf S. 313 in „Al-ḫānīya“ und auf S. 38 in „Al-isᶜāf“ (Fn.-Qadrī).
878 Arab.: al-munkir.
879 Erwähnt auf S. 39 ff. in „Al-isᶜāf“ (Fn.-Qadrī).

Stiftung nicht unwirksam, es sei denn, sie leugnen weiterhin die Errichtung der Stiftung.[880]

Art. 536
Wenn eine gesunde Person anerkennt, dass ein Stück Land oder ein Haus in ihrem Besitz eine Religiöse Stiftung ist, ohne den Stifter zu nennen, und erklärt, dass die Stiftung zugunsten der eigenen Person und ihrer Kinder und Abkömmlinge errichtet worden sei, dann ist das Anerkenntnis wirksam. Die Immobilie wird zur Stiftung zugunsten der im Anerkenntnis genannten Personen.
Wenn andere Personen behaupten, dass es sich um eine Religiöse Stiftung handele, in der sie die Bestifteten sind, und die anerkennende Person dies bestätigt, ist deren Bestätigung nur für die eigene Person, nicht aber für andere Personen, wirksam.[881]

Art. 537
Wenn der Anerkannte gegenüber dem Anerkennenden dementiert, ist das Anerkenntnis nicht unwirksam. Falls also jemand gegenüber zwei Personen, die nicht gesetzlich nach ihm erbberechtigt sind, anerkennt, dass ein Stück Land oder ein Haus in seinem Besitz eine Religiöse Stiftung zugunsten dieser beiden Personen ist, eine von beiden dies bestätigt, die andere dementiert, dann ist die eine Hälfte eine Religiöse Stiftung zugunsten derjenigen Person, die dies bestätigt. Die andere Hälfte geht an die Armen. Wenn die Person, die dies leugnet, später zustimmt, geht die Hälfte des Ertrages an sie.[882]

Art. 538
Wenn die gesetzlichen Erben gegenüber einem Kläger in Bezug auf das Eigentum einer Religiösen Stiftung, die der Erblasser errichtet hat, anerkennen, dass es sich um Privateigentum handelt, dann ist die die Religiöse Stiftung aufgrund ihres Anerkenntnisses nicht unwirksam. Die gesetzlichen Erben haften für den Wert der Sache aus dem Nachlass des Verstorbenen.
Wenn sie die Klage des Klägers bestreiten, dieser keinen Zeugenbeweis erbringen kann und von ihnen einen Eid fordert, um die gestiftete Sache zu übernehmen, so sind sie nicht zu diesem Eid verpflichtet. Wenn der Kläger den Eid verlangt, um den Wert zu übernehmen, so steht ihm dieser Wert zu, sollten die Erben den Eid verweigern.[883]

[880] Erwähnt auf S. 40 in „Al-isᶜāf" (Fn.-Qadrī).
[881] Erwähnt auf S. 37 in „Al-isᶜāf" (Fn.-Qadrī).
[882] Erwähnt auf S. 40 in „Al-isᶜāf" (Fn.-Qadrī). Die Quellenangabe in der französischen Übersetzung ist fehlerhaft (S. 268).
[883] Erwähnt auf S. 350 in „Al-hindīya" (Fn.-Qadrī).

Art. 539
Bei aufeinanderfolgenden widersprüchlichen Anerkenntnissen hinsichtlich des Zweckes oder der Nutznießung der Religiösen Stiftung ist nicht das erste, sondern das zweite Anerkenntnis unwirksam.[884]

Art. 540
Die Gebäude und die Bäume gehören zum Land. Das Anerkenntnis in Bezug auf das Land umfasst die darauf befindlichen Gebäude.[885]

Art. 541
Eine vorhergehende Klage widerlegt die Wirksamkeit des Anerkenntnisses danach nicht.
Wenn also ein Besitzer behauptet, dass das in seinem Besitz befindliche Gebäude auf dem Land sein Eigentum sei, und anerkennt, dass das Land Stiftungsland ist, dann bilden das Gebäude und das Land die Religiöse Stiftung.[886]

Art. 542
Das Anerkenntnis nach der Klage ist wirksam. Wenn also ein Hausbesitzer behauptet, dass das Land sein Eigentum sei und das Gebäude der Religiösen Stiftung gehöre, dann stehen ihm das Land und der Religiösen Stiftung das Gebäude zu, weil er selbst Anspruch auf das Land erhoben hat und das Gebäude zum Land gehört, er aber danach anerkennt, dass der Religiösen Stiftung das Gebäude zusteht. Sein Anerkenntnis ist für ihn selbst wirksam.[887]

Art. 543
Nach dem Anerkenntnis ist eine Klage bezüglich eines Teils einer anerkannten Sache nicht wirksam. Wenn also ein Landbesitzer anerkennt, dass das Land der Religiösen Stiftung gehört, und dann behauptet, dass die Gebäude oder die Bäume darauf sein Eigentum seien, dass wird seine Erklärung nicht akzeptiert. Das Land und die dazu gehörigen Gebäude oder Bäume stehen der Religiösen Stiftung zu, da er anerkannt hat, dass das Land der Religiösen Stiftung gehört. Sein vorheriges Anerkenntnis bezieht sich auch auf die zum Land gehörigen Gebäude und Bäume. Wenn er erklärt, dass die Gebäude auf dem Land ihm gehören, erhebt er auf etwas Anspruch, was er zugunsten eines anderen anerkannt hat.[888]

---

884 Erwähnt auf S. 349 in „Al-hindīya“ (Fn.-Qadrī).
885 Erwähnt auf S. 47 im Buch zum Anerkenntnis in „Tanqīḥ al-ḥāmidīya“ (Fn.-Qadrī). Selbstverständlich bezieht sich dies auch auf die Bäume.
886 Erwähnt auf S. 47 ff. im Buch zum Anerkenntnis in „Tanqīḥ al-ḥāmidīya“ (Fn.-Qadrī).
887 Erwähnt auf S. 48 im Buch zum Anerkenntnis in „Tanqīḥ al-ḥāmidīya“ (Fn.-Qadrī).
888 Erwähnt auf S. 48 im Buch zum Anerkenntnis in „Tanqīḥ al-ḥāmidīya“ (Fn.-Qadrī).

Art. 544
Das Anerkenntnis eines Menschen ist ein Beweismittel, wenn es sich gegen die eigene Person, nicht jedoch gegen eine andere Person richtet. Wenn jemand im Besitz eines Hauses anerkennt, dass das Land, auf dem sich das Haus befindet, der Religiösen Stiftung zusteht, und danach anerkennt, dass das Gebäude darauf einer anderen Person gehört, dann ist sein Anerkenntnis in Bezug auf das Gebäude zugunsten dieser anderen Person unwirksam. Das Land und das Gebäude darauf werden als anerkannte Religiöse Stiftung betrachtet, da er anerkannt hat, dass das Land der Religiösen Stiftung gehört. Das Land und das zum Land gehörige Gebäude bilden die Religiöse Stiftung. Sein Anerkenntnis, wonach das Gebäude einer anderen Person außerhalb der Stiftung zusteht, ist ein Anerkenntnis, das sich gegen einen anderen[889] richtet. Ein solches Anerkenntnis ist nicht zulässig.
Wenn jemand anerkennt, dass das Gebäude einer Person und das Land der Religiösen Stiftung zustehen, ist das Anerkenntnis für beide wirksam, weil zunächst das Gebäude zugunsten einer Person und danach das Land zugunsten der Religiösen Stiftung anerkannt worden ist. Ein Anerkenntnis, welches auch das Gebäude umfassen würde, wäre ein Anerkenntnis, das sich gegen die zuerst genannte Person richten würde. Ein solches Anerkenntnis ist nicht zulässig.[890]

Art. 545
Wenn die Religiöse Stiftung zugunsten einer bestimmten Person und danach zugunsten der Armen errichtet worden ist und der Bestiftete zugunsten einer anderen Person anerkennt, dass sie sich die Stiftung teilen, dann wird die andere Person am Ertrag der Religiösen Stiftung beteiligt, solange der Anerkennende lebt.
Wenn der Anerkennende verstirbt, geht der Anteil der anerkannten Person an die Bedürftigen. Wenn die anerkannte Person verstirbt und die anerkennende Person lebt, erhält der Anerkennende den Anteil des Verstorbenen nicht zurück, weil er keinen Anspruch darauf hat. Vielmehr wird er den bestifteten Armen zuerkannt.[891]

Art. 546
Wenn einer der berechtigen Nutznießer am Ertrag der Religiösen Stiftung zugunsten einer anderen Person anerkennt, dass sie allein Anspruch auf seinen Anteil hat und dies von ihr bestätigt wird, so erwirbt sie mit der Bestätigung den spezifischen Anspruch des Anerkennenden, auch wenn die Stiftungsurkunde dazu im Widerspruch steht. Solange der Anerkennende lebt, verliert dieser seinen Anspruch.
Wenn der Anerkennende verstirbt und der Anerkannte lebt, geht der Ertrag an die vom Stifter vorgesehene Person. Der Anerkannte hat keinen Anspruch.[892]

---

889 Im konkreten Fall würde sich das Anerkenntnis gegen die Religiöse Stiftung richten.
890 Erwähnt auf S. 48 im Buch zum Anerkenntnis in „Tanqīḥ al-ḥāmidīya“ (Fn.-Qadrī).
891 Erwähnt auf S. 582 in „Ad-durr al-muḫtār“ und „Radd al-muḫtār“ (Fn.-Qadrī).
892 Erwähnt auf S. 582 in „Radd al-muḫtār“ (Fn.-Qadrī). Die Quellenangabe in der französischen Übersetzung ist fehlerhaft (S. 272).

Art. 547
Wenn der Aufseher einer Stiftung zugunsten einer anderen Person anerkennt, dass diese das Recht hat, die Verwaltung mit ihm auszuüben, dann ist durch sein Anerkenntnis sein spezifisches Recht betroffen. Der Anerkannte beteiligt sich an der Verwaltung, solange beide Personen am Leben sind.
Wenn der Anerkennende verstirbt, ist sein Anerkenntnis hinfällig. Die Verwaltung geht an die vom Stifter festgelegte Person.
Wenn der Anerkannte verstirbt und der Anerkennende lebt, ist das Anerkenntnis ebenfalls hinfällig. Aber der Anerkennende nimmt den vom Anerkannten ausgeführten Anteil an der Verwaltungstätigkeit nicht von selbst wahr, sondern der Richter übergibt diesen Anteil an einen Bestifteten, der dazu in der Lage ist. Der Richter kann diesen Anteil an der Verwaltungstätigkeit aber auch an den Anerkennenden zurückgeben, sollte das für die Religiöse Stiftung nützlicher sein.[893]

Art. 548
Derjenige, der zugunsten einer anderen Person eine Sache oder eine Forderung anerkennt, kann diese weder für sich noch für einen anderen aufgrund einer Vollmacht[894] oder eines Vermächtnisses beanspruchen.[895]

Art. 549
Das Anerkenntnis des Aufsehers zum Nachteil der Religiösen Stiftung ist unwirksam. Sein Anerkenntnis zugunsten der Religiösen Stiftung in Bezug auf eine in seinem Besitz befindliche Immobilie ist wirksam.[896]

4. Abschnitt
Das Anerkenntnis des Kranken

Art. 550
Wenn der Kranke im Zustand der Todeskrankheit[897] anerkennt, dass ein Stück Land oder ein Haus in seinem Besitz durch ihn oder durch einen anderen Stifter in eine Religiöse Stiftung verwandelt worden ist, ohne den Stifter und die Bestifteten zu nennen, dann ist sein Anerkenntnis im Rahmen des Drittels seines Vermögens wirksam.

---

893 Erwähnt auf S. 583 in „Ad-durr al-muḫtār“ und „Radd al-muḥtār“ (Fn.-Qadrī). Vgl. Art. 168 und Art. 396.
894 Arab.: al-wakāla. Vgl. Art. 915-974 der Zivilrechtskodifikation von Muḥammad Qadrī Pāšā: Ebert, H.-G., Hefny, A., Islamisches Zivilrecht…, a.a.O., S. 268-285.
895 Erwähnt auf S. 31 im Buch zur Klage in „Tanqīḥ al-ḥāmidīya“ (Fn.-Qadrī). Vgl. Art. 543-544.
896 Ebenda vermerkt (Fn.-Qadrī).
897 Vgl. Fn. 132.

Wenn das gestiftete Land oder das gestiftete Haus aus dem Drittel stammt, wird es vollständig zur Religiösen Stiftung. Anderenfalls erfolgt eine Reduzierung auf das Drittel, es sei denn, die gesetzlichen Erben stimmen zu, dass die Religiöse Stiftung das Drittel übersteigt, oder es gibt keine gesetzlichen Erben.[898]

Art. 551
Wenn der Kranke im Zustand der Todeskrankheit anerkennt, dass ein Stück Land oder ein Haus in seinem Besitz einem Dritten gehört und von diesem zugunsten einer bestimmten Person gestiftet worden ist, dann wird das gesamte Vermögen des Kranken für die Religiöse Stiftung berücksichtigt. Wenn es nicht zugunsten einer bestimmten Person gestiftet worden ist, steht nur das Drittel seines Vermögens für die Religiöse Stiftung zur Verfügung.[899]

Art. 552
Wenn der Kranke im Zustand der Todeskrankheit anerkennt, dass ein Stück Land oder ein Haus in seinem Besitz eine Religiöse Stiftung ist, wird das gesamte Vermögen für die Religiöse Stiftung berücksichtigt, sollte das Anerkenntnis zugunsten von bestimmten Personen erfolgen.[900]

Art. 553
Wenn der Kranke im Zustand der Todeskrankheit anerkennt, dass ein Stück Land in seinem Besitz von einer Person in ein gestiftetes Almosen für ihn, für seine Kinder und für seine Abkömmlinge und nach deren Aussterben für die Armen verwandelt und an ihn übergeben worden ist, so wird das Land nicht als Stiftung zugunsten des Kranken und seiner Kinder betrachtet. Seine diesbezügliche Aussage für sich selbst und seine Kinder wird nicht akzeptiert, auch wenn keine gegenteilige Auffassung existiert.[901]

5. Abschnitt
Schriftliche Dokumente und ihre Wertigkeit

Art. 554
Schriftliche Dokumente haben allein keine Geltung. Vielmehr bedarf es des gesetzlichen Zeugenbeweises.[902]

---

[898] Erwähnt auf S. 36 in „Al-isᶜāf“ (Fn.-Qadrī).
[899] Erwähnt auf S. 35 in „Al-isᶜāf“ (Fn.-Qadrī).
[900] Auf den Artikel kann wegen des Inhalts des vorangegangenen Artikels verzichtet werden (Fn.-Qadrī).
[901] Erwähnt auf S. 36 in „Al-isᶜāf“ (Fn.-Qadrī). Die Quellenangabe in der arabischen Ausgabe von 2006 ist fehlerhaft (S. 592).
[902] Erwähnt auf S. 559 in „Radd al-muḥtār“ (Fn.-Qadrī).

Art. 555
Eine Person stiftet eine Liegenschaft. Sie fertigt ein schriftliches Dokument aus, welches Zeugen bestätigen. Dann erklärt der Stifter: „Ich habe unter der Bedingung gestiftet, dass ich die Liegenschaft verkaufen kann. Ich weiß aber nicht, ob der Schreiber diese Bedingung im Dokument niedergeschrieben hat."
Wenn der Stifter eine Person ist, die die arabische Hochsprache[903] beherrscht, ihr die Urkunde vorgelesen wurde und sie durch ihre Unterschrift in vollem Umfang bestätigt, dass die Stiftung wirksam ist, dann wird die Erklärung nicht akzeptiert. Wenn der Stifter jemand ist, der als Nichtaraber kein Arabisch versteht[904], die Zeugen nachweisen, dass ihm das Dokument in persischer Sprache vorgelesen wurde und er diesen Inhalt in vollem Umfang bestätigt hat, wird die Erklärung ebenfalls nicht akzeptiert. Wenn keine Zeugen vorhanden sind, wird seine Erklärung akzeptiert. Dies gilt nicht nur für die Stiftungsurkunde, sondern für alle Urkunden.[905]

Art. 556
Wenn eine Urkunde den Verwalter und den ernannten Vormund[906] festlegt und nicht erwähnt wird, wer die Ernennung[907] vorgenommen hat, dann ist diese Urkunde nicht wirksam.
Wenn darin festgelegt wird, dass der Vormund vom Richter ernannt worden ist, ohne den Richter zu bestimmen, der diese Ernennung vorgenommen hat, dann ist dies zulässig.[908]

Art. 557
Eine Person pachtet vom Verwalter einer Religiösen Stiftung ein Stück Land. Es handelt sich um eine Religiöse Stiftung zugunsten von bestimmten Personen. In der Urkunde werden die Namen des Pächters und seines Vaters, die Namen des Verwalters und seines Vaters sowie die Namen desjenigen, der den Verwalter

---

903 Arab.: rağul faṣīḥ.
904 Arab.: aᶜǧamī. Auch als Fremder oder Perser übersetzbar. Das Wort erscheint an vier Stellen im Koran: 16:103, 41:43-44 und 26:198. Vgl. Wild, S., An Arabic Recitation. The Meta-Linguistics of Qur'ānic Revelation. In: Self-Referentiality in the Qur'ān. Ed. by S. Wild, Wiesbaden 2006, S. 152-153.
905 Erwähnt auf S. 347 in „Al-hindīya" (Fn.-Qadrī). Die Quellenangabe für diesen Artikel sowie für die beiden folgenden Artikel ist in der französischen Übersetzung fehlerhaft (S. 276).
906 Arab.: al-waṣī. Dieser Terminus steht auch für den Testamentsvollstrecker oder den Bevollmächtigten im Allgemeinen.
907 Arab.: at-tauliya. Hier im Sinne der Ernennung zum Verwalter gebraucht. At-tauliya bedeutet im Zivilrecht auch den Weiterverkauf zum Einkaufspreis.
908 Der Artikel bezieht sich wie der vorangegangene auf die gleiche Seite (Fn.-Qadrī).

eingesetzt hat, und des Stifters genannt. Dies ist zulässig, auch wenn der Name des Vaters und des Großvaters des Stifters unbekannt ist.[909]

Art. 558
Eine Person besitzt eine Liegenschaft. Eine andere Person behauptet, dass es sich um eine Religiöse Stiftung handele und weist eine schriftliche Urkunde mit den Handschriften vertrauenswürdiger Personen und Richtern vor, die bereits verstorben sind. Diese andere Person fordert vom Richter ein Urteil aufgrund der schriftlichen Urkunde. Der Richter kann jedoch aufgrund dieser Urkunde nur entscheiden, wenn Zeugen die Religiöse Stiftung beweisen.
Die Erklärung der Zeugen stützt sich nicht auf die Handschrift. Nach dem Schriftstück der Religiösen Stiftung, auf dem sich die Handschrift der altvorderen Richter befindet, wird nicht verfahren. Eine Ausnahme liegt jedoch vor, wenn der Richter die Handschrift der altvorderen Richter vorfindet, für die es in den Archiven Niederschriften gibt.
Gleiches gilt für die Handschrift des Maklers, des Geldwechslers, des Verkäufers und für die von Richtern unterzeichneten Rechnungsbücher der Religiösen Stiftung. Des Weiteren wird nach den Erlässen des Herrschers und den herrschaftlichen Registern verfahren. Die Register des Händlers, des Geldwechslers und des Maklers werden nur in Bezug auf Schulden, nicht aber in Bezug auf Forderungen gegenüber anderen Personen berücksichtigt.[910]

Art. 559
Die Wertigkeit der Schriftstücke hat drei Stufen:
Das klare und formgerechte Dokument. Dieses ist adressiert, d.h., sein Ursprung wird auf eine Person A als Sohn einer Person B zurückgeführt. Das Dokument ist ein Beweismittel im Stellenwert einer Aussage.
Das klare und nicht formgerechte Dokument: Dieses kann eine außergewöhnliche Schrift auf einem Blatt eines Baumes oder auf Papyrus sein. Das Dokument gilt nur als Beweismittel, wenn es mit einer anderen Sache verbunden ist, so mit einer vorliegenden Absicht, einer Zeugenaussage oder mit einem Verweis auf einen Dritten, dem der Text diktiert worden ist.
Drittens: Ein unklares Dokument. Dieses ist wie ein Zeichen in der Luft oder im Wasser eine nicht hörbare Aussage, durch die nichts nachgewiesen wird. Man kann das erste Schriftstück als eindeutig, das zweite als eine indirekte Willensäußerung und das dritte als nichtig bewerten.[911]

909 Erwähnt auf S. 347 in „Al-hindīya“ (Fn.-Qadrī).
910 Erwähnt auf S. 347 ff. in „Al-hindīya“ und auf S. 19 ff. im Buch zur Klage in „Tanqīḥ al-ḥāmidīya“ (Fn.-Qadrī).
911 Erwähnt auf S. 19 im Buch zur Klage in „Tanqīḥ al-ḥāmidīya“ (Fn.-Qadrī).

Art. 560

Wenn sich die gesetzlichen Erben und derjenige, der das Land der Religiösen Stiftung eine Zeit lang in Besitz genommen hat, streiten, indem der Besitzer erklärt: „Das Land gehört der Person X, die sie für einen bestimmten Zweck gestiftet hat“, die gesetzlichen Erben aber erklären: „Die Person hat zu unseren Gunsten, zugunsten unserer Abkömmlinge und danach zugunsten der Bedürftigen gestiftet“, dann folgt der Richter dem Anerkenntnis der gesetzlichen Erben, sollte er im Gerichtsarchiv keine Kopie der Stiftungsurkunde finden und sollten sich die Religiösen Stiftungen nicht in der Hand von Treuhändern[912] befinden. Anderenfalls wird das Anerkenntnis des Besitzers berücksichtigt.

Wenn sich die Religiösen Stiftungen aber im Besitz der Treuhänder befinden und im Gerichtsarchiv Kopien der Stiftungsurkunde vorhanden sind, wird die Erklärung der gesetzlichen Erben in Bezug auf das, was sich nicht in ihrem Besitz befindet, nicht akzeptiert.[913]

Frage und Erläuterung[914]

Art. 561

Der *Šaiḫ al-islam*[915] wurde in Bezug auf eine bekannte Religiöse Stiftung befragt, bei der die Bestifteten und die Höhe der Zahlungen an die berechtigten Nutznießer zweifelhaft sind.

Er erklärte: „Man muss beachten, wie die Angestellten in der Vergangenheit gehandelt haben, an wen sie etwas verteilt und wie viel sie gegeben haben. Darauf kann man sich stützen“.[916]

---

912 Gemeint sind hierbei die Verwalter der Stiftungen.

913 Erwähnt auf S. 346 in „Al-hindīya“ (Fn.-Qadrī).

914 Dieser Einschub wird nicht als ein selbstständiger Abschnitt behandelt. Vgl. Fn. 817.

915 Seit dem 15. Jh. gilt der Šaiḫ al-islām als Oberster Mufti im Osmanischen Reich, der den Sultan in wichtigen Fragen berät. Ägypten gehörte zur Zeit der Erarbeitung dieses Rechtstextes formal zum Osmanischen Reich. Weiterführend dazu: Kramers, J.H., Bulliet, R. and Repp, R.C., “S̲h̲ayk̲h̲ al-Islām”, in: Encyclopaedia of Islam, Second Edition, Edited by: P. Bearman, Th. Bianquis, C.E. Bosworth, E. van Donzel, W.P. Heinrichs. Consulted online on 28 February 2017 http://dx.doi.org/10.1163/1573-3912_islam_COM_1052 (zitiert gemäß Verlagsvorgabe).

916 Erwähnt in „Al-hindīya“, S. 446. Auf den Artikel kann verzichtet werden, weil er bereits in einigen vorangegangenen Artikeln enthalten ist (Fn.-Qadrī). M. A. Sirāǧ verweist in seinem Kommentar in der arabischen Ausgabe von 2006 darauf, dass dieser Artikel in Form einer Fatwā darauf zurückzuführen sei, dass Muḥammad Qadrī Pāšā die Arbeit an dem Text vor seinem Tod nicht abschließen konnte. Siehe Qadrī Pāšā, M., Qānūn al-ᶜadl…, a.a.O. (2006), S. 598.

6. Abschnitt
Die Zeugenaussage[917]

Art. 562
Die Feststellung, dass eine Sache gestiftet worden ist, hängt nicht von einer Klage ab. Die Zeugenaussage wird als gottgefällige Aussage auch ohne eine Klage akzeptiert, ganz gleich, ob die Bestifteten festgelegt worden sind oder nicht.[918]

Art. 563
Die Zeugenaussage in Bezug auf menschliche Rechtsansprüche[919] wird nur akzeptiert, wenn eine Klage vorliegt.[920]

Art. 564
Die Zeugenaussage in Bezug auf göttliche Rechtsansprüche[921] wird als gottgefällige Aussage akzeptiert, ohne dass eine Klage vorliegt.[922]

Art. 565
Wenn der Bestiftete festliegt und ein Anspruch auf den Ertrag an einer gestifteten Sache nachgewiesen werden soll, dann wird der Zeugenbeweis nur aufgrund einer Klage akzeptiert.[923]

Art. 566
Die Errichtung einer Religiösen Stiftung wird wie im Falle des uneingeschränkten Eigentums durch zwei vertrauenswürdige männliche Zeugen oder durch einen vertrauenswürdigen männlichen Zeugen und zwei vertrauenswürdige weibliche

---

917 Arab.: aš-šahāda. Im islamischen Kontext bedeutet dieser Terminus auch das Glaubensbekenntnis der Muslime.

918 Erwähnt auf S. 555 ff. in „Ad-durr al-muḫtār" und „Radd al-muḥtār" (Fn.-Qadrī). Entsprechend dem koranischen Prinzip „Al-amr bi-l-maᶜrūf wa-n-nahī ᶜan al-munkar" (Das Gebieten des Rechten und das Verbieten des Verwerflichen) nach Koran 3:110, 7:157, 9:71, 9:112 und 22:41 fallen auch die Religiösen Stiftungen in den Bereich der von der Herrschaft zu schützenden (öffentlichen) Güter. Vgl. auch Ebert, H.-G., Die Interdependenz von Staat, Verfassung und Islam im Nahen und Mittleren Osten in der Gegenwart. Frankfurt am Main, Bern, New York, Paris 1991, S. 17 ff.

919 Arab.: ḥuqūq al-ᶜibād.

920 Erwähnt auf S. 556 in „Ad-durr al-muḫtār" und „Radd al-muḥtār" (Fn.-Qadrī).

921 Arab.: ḥuqūq Allāh. Zu den menschlichen und göttlichen Rechtsansprüchen vgl. Ebert, H.-G., Heilen, J., Islamisches Recht. A.a.O., S. 21.

922 Ebenda (Fn.-Qadrī). Die Fußnote bezieht sich auf Art. 563. Vgl. auch Art. 562.

923 Erwähnt auf S. 556 in „Ad-durr al-muḫtār" und „Radd al-muḥtār" (Fn.-Qadrī).

Zeugen nachgewiesen. Auch ein indirektes Zeugnis[924] wird bei hierfür vorliegenden Bedingungen akzeptiert, wenn etwa die Anwesenheit des ursprünglichen Zeugen nicht möglich ist, weil er verstorben, krank oder weit entfernt vom Gerichtsort ist, sodass er nach der Zeugenaussage nicht mehr am gleichen Tag zu seiner Familie zurückkehren kann. Gleiches gilt für die Frau, die nicht in der Öffentlichkeit erscheinen kann.[925] Vorausgesetzt wird, dass anstelle des ursprünglichen Zeugen zwei Zeugen aussagen. So ist die Zeugenaussage des ursprünglichen Zeugen durch zwei Ersatzzeugen zulässig.[926]

Art. 567
Die Zeugenaussage unter Rückgriff auf bekannte Tatsachen zum Nachweis der Religiösen Stiftung wird akzeptiert, wenn das Zeugnis auf die Aussage einer Gruppe von Personen, die als glaubwürdig gelten, oder auf zwei vertrauenswürdige Zeugen zurückgeht.
Alle Handlungen, von denen die Wirksamkeit der Religiösen Stiftung abhängt, etwa in Bezug auf die Voraussetzungen des Eigentums, und auf denen die Wirksamkeit des Vertrages beruht, können auf diese Weise nachgewiesen werden.[927]

Art. 568
Die Zeugenaussage durch Hörensagen ist auch in Bezug auf die Bestifteten der Religiösen Stiftung zulässig, wenn diese nicht feststehen.
Wenn der Aufseher in einem solchen Fall gegen den Besitzer einer Immobilie klagt, dass diese für einen bestimmten Zweck gestiftet worden sei, ist die Zeugenaussage durch Hörensagen zulässig.[928]

Art. 569
Die Zeugenaussage unter Rückgriff auf bekannte Tatsachen ist in Bezug auf die Voraussetzungen der Religiösen Stiftung, die sich der Stifter in seiner Stiftungsurkunde für die Ertragsanteile, die Art ihrer Verteilung an die Bestifteten u.a. ausbedungen hat, nicht zulässig.

---

[924] Arab.: aš-šahāda ᶜalā aš-šahāda. In der ḥanafitischen Lehre wird diese Form der Zeugenaussage durch istiḥsān („Für-gut-Halten“) legitimiert. Vgl. die URL http://library.islamweb.net/newlibrary/display_book.php?idfrom=2615&idto=2621&bk_no=9&ID=327 (zuletzt abgerufen: 02.03.2017).

[925] Arab.: muḫaddara.

[926] Der Anfang des Artikels ist in einigen vorangegangenen Artikeln vermerkt. Der Rest ist erwähnt in „At-tanwīr“ zur Religiösen Stiftung und im Kapitel zum indirekten Zeugnis (Fn.-Qadrī).

[927] Erwähnt auf S. 557 ff. in „Ad-durr al-muḫtār“ und „Radd al-muḥtār“ (Fn.-Qadrī).

[928] Erwähnt auf S. 560 in „Ad-durr al-muḫtār“ und „Radd al-muḥtār“ (Fn.-Qadrī).

Ebenso ist die Zeugenaussage unter Rückgriff auf bekannte Tatsachen in Bezug auf die Bestifteten nicht zulässig, wenn diese feststehen, aber der Aufseher behauptet, dass die Stiftung zugunsten eines anderen Zweckes errichtet worden sei.[929]

Art. 570
Für die Wirksamkeit der Zeugenaussage wird vorausgesetzt, dass die Immobilie, die als Religiöse Stiftung nachgewiesen werden soll, genau festgelegt ist und im Zeugnis der beiden Zeugen die vier Grenzlinien oder zumindest drei davon enthalten sind, auch wenn die Religiöse Stiftung allgemein bekannt ist.[930]

Art. 571
Der Zeugenbeweis, der gegen eine bekannte und lückenlose[931] Tatsache spricht, wird nicht akzeptiert. Gleiches gilt für die Zeugenaussage, die offensichtlich nicht wahrheitsgemäß erfolgt.
Wenn daher der Zeugenbeweis über den Austausch eines Hauses offensichtlich nicht wahrheitsgemäß ist, indem die Zeugen nachweisen, dass das Haus zerstört worden ist, und der Richter dem Austausch zustimmt, danach aber andere Zeugen beweisen, dass das Haus bis zu diesem Zeitpunkt vorhanden war und der Eindruck vorherrscht, dass das Gebäude zum Zeitpunkt des Austausches noch existiert hat, dann ist die erste Zeugenaussage nichtig. Die Entscheidung, die sich darauf gründet, ist nichtig und wird annulliert.[932]

Art. 572
Die Zeugenaussage des berechtigten Nutznießers der Stiftung in Bezug auf den Ertragsgegenstand der Religiösen Stiftung wird nicht akzeptiert.[933]

Art. 573
Der Zeugenbeweis des Nichtbesitzers zum Nachweis des uneingeschränkten Eigentums, sofern es sich um einen nachvollziehbaren Grund handelt, wird dem

[929] Ebenda erwähnt (Fn.-Qadrī).
[930] Erwähnt auf S. 326 im Buch zu den Zeugenaussagen in „Tanqīḥ al-ḥāmidīya“ (Fn.-Qadrī).
[931] Arab.: al-mutawātir. Dieser Terminus wird im Allgemeinen für solche Überlieferungen benutzt, von denen angenommen wird, dass sie die aufgrund ihrer Vielzahl von Überlieferern und Überliefererketten nicht gefälscht sein können. Vgl. dazu Motzki, H., Wie glaubwürdig sind Hadithe? Die klassische Hadith-Kritik im Licht moderner Wissenschaft. Wiesbaden 2013. Siehe auch die URL http://madrasah.de/leseecke/sunnahḥadīth---tradition-des-propheten/können-aḥad-überlieferungen-die-ʿaqīdah-inhalte (zuletzt abgerufen: 02.03.2017).
[932] Erwähnt auf S. 337 im Buch zu den Zeugenaussagen in „Tanqīḥ al-ḥāmidīya“ (Fn.-Qadrī).
[933] Erwähnt auf S. 327 im Buch zu den Zeugenaussagen in „Tanqīḥ al-ḥāmidīya“ (Fn.-Qadrī).

Zeugenbeweis des Verwalters, dass die in seinem Besitz befindliche Sache eine Religiöse Stiftung ist, vorgezogen.[934]

Art. 574
Der zeitlich vorhergehende Zeugenbeweis wird vorgezogen. Falls der Besitzer einer Sache den Beweis erbringt, dass es sich um eine Religiöse Stiftung zu seinen Gunsten handelt, der Amtswalter aber nachweist, dass die Religiöse Stiftung zugunsten der Moschee errichtet worden ist, werden die beiden Aussagen zeitlich festgelegt. Die zeitlich ältere Aussage erhält den Vorzug.[935]

Art. 575
Der Zeugenbeweis eines Nichtbesitzers, dass es sich uneingeschränkt um eine Religiöse Stiftung zu seinen Gunsten handelt, wird dem Zeugenbeweis des Besitzers, dass dessen Verkäufer die Sache vom Stifter gekauft hat, vorgezogen, es sei denn, der Besitzer erbringt in Bezug auf das Datum der Errichtung der Religiösen Stiftung einen zeitlich früheren Nachweis.[936]

Art. 576
Der Zeugenbeweis des Nichtbesitzers, dass der Bau in einem Ladengeschäft sein Eigentum ist, wird dem Zeugenbeweis des Aufsehers, dass dieser Bau Eigentum der Religiösen Stiftung ist, vorgezogen.[937]

Art. 577
Der Zeugenbeweis des Verwalters über die Höhe der Pacht wird dem Zeugenbeweis des Pächters vorgezogen. Der Zeugenbeweis des Pächters über die Pachtdauer hat jedoch Vorrang.[938]

Art. 578
Der Zeugenbeweis einer Person, die behauptet, dass die Religiöse Stiftung zugunsten des jeweiligen Verwandtschaftsgrades[939] errichtet worden sei, hat Vorrang vor dem Zeugenbeweis einer Person, die behauptet, dass die Bestifteten ohne eine solche Einschränkung festgelegt worden seien.[940]

---

934 Erwähnt auf S. 331 im Buch zu den Zeugenaussagen in „Tanqīḥ al-ḥāmidīya" (Fn.-Qadrī).
935 Erwähnt auf S. 332 im Buch zu den Zeugenaussagen in „Tanqīḥ al-ḥāmidīya" (Fn.-Qadrī).
936 Ebenda erwähnt (Fn.-Qadrī).
937 Erwähnt auf S. 331 im Buch zu den Zeugenaussagen in „Tanqīḥ al-ḥāmidīya" (Fn.-Qadrī).
938 Erwähnt auf S. 333 im Buch zu den Zeugenaussagen in „Tanqīḥ al-ḥāmidīya" (Fn.-Qadrī).
939 Vgl. Fn. 853.
940 Erwähnt auf S. 332 im Buch zu den Zeugenaussagen in „Tanqīḥ al-ḥāmidīya" (Fn.-Qadrī).

Art. 579
Der Zeugenbeweis über die Aufhebbarkeit einer Religiösen Stiftung hat Vorrang vor dem Zeugenbeweis über die Wirksamkeit der Religiösen Stiftung, wenn die Aufhebbarkeit als Bedingung in der Stiftungsurkunde enthalten ist.[941] Der Zeugenbeweis über die Wirksamkeit hat Vorrang, wenn die Aufhebbarkeit strittig ist. Das bedeutet, falls zwei Personen unterschiedliche Auffassungen über die Wirksamkeit und Aufhebbarkeit haben, gilt die Erklärung desjenigen, der die Wirksamkeit behauptet. Der Zeugenbeweis obliegt demjenigen, der die Aufhebbarkeit behauptet.[942]

7. Abschnitt
Die widersprüchliche Zeugenaussage

Art. 580
Die beiden Zeugenaussagen müssen sinngemäß übereinstimmen, auch wenn sie sich nach Auffassung der beiden Juristen[943] gegenseitig ergänzen können.[944]

Art. 581
Die beiden Zeugenaussagen müssen sinngemäß absolut übereinstimmen, auch wenn sich ihr Wortlaut unterscheidet. Das ist die Auffassung des *Imams*[945].[946]

Art. 582
Das Vorliegen der Klage ist bei menschlichen Rechtsansprüchen die Bedingung, um die Zeugenaussage zu akzeptieren. Wenn die Zeugenaussage mit der Klage übereinstimmt, wird die Zeugenaussage akzeptiert, ansonsten wird sie zurückgewiesen.[947]

Art. 583
Die Zeugenaussage ist in Bezug auf den über den Klagegegenstand hinausreichenden Teil nichtig, es sei denn, man hat sich darüber verständigt.

---

941 Vgl. die französische Übersetzung, S. 280-281.

942 Erwähnt auf S. 332 im Buch zu den Zeugenaussagen in „Tanqīḥ al-ḥāmidīya" mit einer Ergänzung (Fn.-Qadrī).

943 Arab.: ʿindahumā. Damit sind Abū Yūsuf und Muḥammad aš-Šaibānī gemeint. In der französischen Übersetzung werden beide expressis verbis im Art. 580 genannt: Kadri Pacha, M., Du wakf. A.a.O., S. 281.

944 Erwähnt auf S. 539 ff. in „Ad-durr al-muḫtār" und „Radd al-muḥtār" (Fn.-Qadrī).

945 Gemeint ist Abū Ḥanīfa. Vgl. Fn. 77.

946 Ebenda erwähnt (Fn.-Qadrī). Bezieht sich auf Art. 580.

947 Erwähnt in „At-tanwīr" und in „Ad-durr", S. 538 ff. (Fn.-Qadrī). Die Literaturangabe in der französischen Übersetzung in diesem Artikel sowie in den Art. 583 und 584 ist nicht korrekt (S. 285).

Die Zeugenaussage, die geringer als der Klagegegenstand ist, wird akzeptiert.[948]

Art. 584
Die Zeugenaussage, die das uneingeschränkte Eigentum an einer Sache allgemein nachweist, ist stärker als diejenige, die das Eigentum auf einen bestimmten Grund zurückführt, ohne das Ereignis zu spezifizieren, aber schwächer als diejenige Zeugenaussage, die die Entstehung des Eigentums direkt nachweist, weil die Gewissheit Vorrang hat. Die Erbschaft und der Kauf von einer unbekannten Person gelten als allgemeiner Nachweis für das uneingeschränkte Eigentum.[949]

Art. 585
Wenn eine Person behauptet, Eigentümer einer Sache zu sein und zwei Zeugen den Beweis erbringen, dass das Eigentum aus der Erbschaft oder aus dem Kauf resultiert, so wird die Zeugenaussage der beiden akzeptiert.[950]

Art. 586
Wenn eine Person behauptet, aufgrund des Kaufs Eigentümer zu sein, und die beiden Zeugen nur allgemein nachweisen, dass es sich um Eigentum handelt, dann wird ihre Zeugenaussage nicht akzeptiert.[951]

8. Abschnitt
Die Zulässigkeit und Unzulässigkeit der Klage bei Verjährung

Art. 587
Der Rechtsanspruch verjährt nicht. Fall also jemand ein Haus, ein Stück Land o.ä. eine Zeit lang besitzt, unabhängig davon, ob die Zeitspanne lang oder kurz ist, und die Sache einer bestimmten Person als Eigentum zuerkannt wird, dann muss die Sache zurückgegeben werden, wenn die Person dies fordert.
Wenn der Besitzer leugnet, dass die Sache Eigentum einer bestimmten Person ist und diese Person eine Klage erhebt, dass sie der Eigentümer ist, so wird geprüft, ob seit der Besitzergreifung fünfzehn oder mehr Jahre vergangen sind. Sollte in diesem Fall kein gesetzlicher Rechtfertigungsgrund vorliegen, ist die Klage des Klägers unzulässig, es sei denn, es handelt sich um eine Erbschaft und eine Religiöse Stiftung. Bei der Erbschaft und der Religiösen Stiftung ist die Klage nach

[948] Erwähnt im Buch zu den Zeugenaussagen in „Ad-durr al-muḫtār“ und „Radd al-muḥtār“, S. 538 (Fn.-Qadrī).
[949] Erwähnt in „Ad-durr al-muḫtār“ und „Radd al-muḥtār“ im Buch zu den Zeugenaussagen, S. 538 ff. (Fn.-Qadrī).
[950] Erwähnt in „Ad-durr al-muḫtār“ und „Radd al-muḥtār“ im Buch zu den Zeugenaussagen, S. 539 (Fn.-Qadrī).
[951] Ebenda erwähnt (Fn.-Qadrī).

Ablauf dieser Frist zulässig, sollten seit der Besitzergreifung nicht 33 Jahre vergangen sein. In diesem Falle ist die Klage in Bezug auf die Erbschaft und die Religiöse Stiftung ebenfalls unzulässig, es sei denn, es liegt ein gesetzlicher Rechtfertigungsgrund vor.[952]

Art. 588
Die Unzulässigkeit der Klage nach Ablauf von fünfzehn Jahren wird auf den Herrscher[953] zurückgeführt. Der Richter wird davon abgehalten, die Klage anzuhören. Er darf sie nach Ablauf dieser Frist nur auf Anweisung des Herrschers anhören. Der Herrscher, der seinen Richter das Anhören der Klage nach dieser Frist verwehrt, muss die Klage selbst anhören oder den Richter dazu ermächtigen, damit der Anspruch des Klägers nicht verloren geht.[954]

Art. 589
Der Richter darf die Klage nach Ablauf der festgelegten Frist nur dann nicht anhören, wenn der Beklagte den Anspruch zurückweist. Wenn er ihn anerkennt, ist die Klage zulässig, da das Anerkenntnis keine Täuschung befürchten lässt.[955]

Art. 590
Die Unzulässigkeit der Klage ergibt sich erst mit Ablauf dieser Frist. Falls also eine Person innerhalb der Frist eine gerichtliche Klage erhebt, kann der Richter sie nicht abweisen. Eine erneute Klage ist zulässig, es sei denn, diese Frist liegt zwischen der ersten und der zweiten Klage.[956]

Art. 591
Wenn die Frist von fünfzehn Jahren abgelaufen ist, ohne dass eine gerichtliche Klage eingereicht wurde, jedoch die Ansprüche mehrfach außerhalb des Gerichts vorgebracht worden sind, ist dic Klage unzulässig, weil die gerichtliche Mitwirkung die Bedingung für die Klage ist.[957]

Art. 592
Wenn eine gerichtliche Klage mehrfach eingereicht worden ist, aber der Richter keine Entscheidung getroffen hat, so ist die Klage nicht hinfällig, sollte die Frist

---

[952] Entnommen aus dem Buch zur Klage in „Tanqīḥ al-ḥāmidīya“, S. 3 bis 7 (Fn.-Qadrī).
[953] Arab.: walī al-amr. Der Ausdruck erscheint auch im Koran (4:59).
[954] Erwähnt im Buch zum Gerichtswesen in „Radd al-muḥtār“, S. 476, Teil 4 (Fn.-Qadrī).
[955] Ebenda erwähnt (Fn.-Qadrī).
[956] Ebenda erwähnt (Fn.-Qadrī). Dieser Artikel bezieht sich auf die Hemmung. Mit der ersten Klage beginnt die Verjährungsfrist neu.
[957] Erwähnt im Buch zum Gerichtswesen in „Radd al-muḥtār“, S. 476 (Fn.-Qadrī).

für die Zulässigkeit der Klage bereits abgelaufen sein. Es wird angenommen, dass der Kläger mit der Klage vor dem Richter diese Frist nicht versäumt hat.[958]

Art. 593
Die Klageverjährung beginnt erst mit der Entstehung des Anspruchs.
Falls also der Ehemann einer Frau verstirbt oder seine Frau beispielsweise nach zwanzig Jahren Ehe verstößt, dann hat sie Anspruch auf die später fällige Brautgabe, weil ihr Anspruch erst mit dem Tod oder der Verstoßung entsteht, jedoch nicht mit dem Zeitpunkt der Eheschließung.[959] Ähnliches gilt, falls die Klage wegen der Armut des Schuldners in dieser Frist zurückgestellt worden ist, sich dessen Zahlungsfähigkeit aber danach herausstellt.[960]

Art. 594
Die Klage ist nach Ablauf der festgelegten Frist zulässig, wenn ein gesetzlicher Rechtfertigungsgrund vorliegt, so wenn etwa der Kläger abwesend, minderjährig oder geisteskrank ist und in den letzten beiden Fällen keinen Vormund hat, wenn der Beklagte abwesend ist, wenn der Herrscher ungerecht ist oder wenn der Beklagte innerhalb der Frist nachweislich arm ist, aber danach zahlungsfähig wird.[961]

Art. 595
Für die minderjährige Person[962] beginnt die Frist für die Zulässigkeit der Klage mit Erlangung ihrer Volljährigkeit, es sei denn, sie hat einen Vormund.[963]

Art. 596
Nach Ablauf von 36 Jahren ist die Klage unzulässig, auch wenn der Herrscher sie zulässt, es sei denn, ein Hinderungsgrund für die Klage liegt vor.[964]

Art. 597
Die Zulässigkeit der Klage vor Ablauf der festgelegten Frist ist davon abhängig, ob ein anderer Hinderungsgrund vorliegt, der darauf hinweist, dass der Rechtsanspruch offensichtlich nicht vorhanden ist. Falls etwa jemand eine Immobilie o.a. verkauft hat, seine Frau oder einer seiner Verwandten dabei anwesend und darüber informiert war, danach aber beispielsweise sein Sohn behauptet, dass es sich

---

958 Ebenda erwähnt (Fn.-Qadrī).
959 Siehe dazu das Kapitel zur Brautgabe in Ebert, H.-G., Die Qadrî-Pâshâ-Kodifikation. A.a.O., S. 39-55.
960 Auch ebenda erwähnt (Fn.-Qadrī). Bezogen auf Fn. 957.
961 Erwähnt im Buch zum Gerichtswesen in „Radd al-muḥtār", S. 477 (Fn.-Qadrī).
962 Arab.: al-yatīm. Dieser Ausdruck steht im Allgemeinen für das Waisenkind, bezieht sich aber in diesem Zusammenhang auf den Minderjährigen.
963 Ebenda erwähnt (Fn.-Qadrī).
964 Erwähnt im Buch zum Gerichtswesen in „Radd al-muḥtār", S. 477 (Fn.-Qadrī).

um sein Eigentum handele, so ist die Klage des Sohnes unzulässig. Das Schweigen des Sohnes ist als eine Erklärung aufzufassen, um eine Täuschung und einen Trick zu vermeiden. Im Gegensatz dazu steht das Schweigen eines Familienfremden, auch wenn es sich um einen Nachbarn handelt. Es liegt nur dann eine Zustimmung zum Verkauf vor, wenn der Nachbar zum Zeitpunkt des Verkaufs und der Übergabe sowie zu den landwirtschaftlichen und baulichen Tätigkeiten des Käufers geschwiegen hat. Seine Klage ist nach vorherrschender Meinung nicht zulässig, um falsche Begehrlichkeiten zu vermeiden.

Wenn der Beklagte[965] den Anspruch des Klägers in der festgelegten Frist anerkennt, die Frist danach abläuft und der Beklagte das Anerkenntnis zurückzieht oder wenn er den Anspruch des Klägers nach Ablauf der Frist anerkennt und danach sein Anerkenntnis zurückzieht, so ist die Eigentumsklage, die das diesbezügliche Anerkenntnis nachweisen soll, zulässig. Der Zeugenbeweis des Klägers wird akzeptiert, sollten nicht fünfzehn oder mehr Jahre seit dem Zeitpunkt des Anerkenntnisses vergangen sein.[966]

Art. 598

Wenn eine Person das Eigentum eines anderen an einer Sache infolge einer Erbschaft, eines Kaufs, einer Schenkung o.ä. übernommen hat, aber die Sache kürzer als die festgelegte Frist in seinem Besitz ist, und wenn derjenige, der die Sache veräußert hat, diese ebenfalls kürzer als fünfzehn Jahre in seinem Besitz hatte, dann ist die Klage gegen den Besitzer dieser Sache unzulässig, sollten beide Zeiten zusammen die festgelegte Frist ausfüllen, es sei denn, es liegt ein gesetzlicher Rechtfertigungsgrund vor.[967]

Art. 599

Der Richter kann die Klage zum Vermächtnis und zur Religiösen Stiftung in der festgelegten Frist anhören, auch wenn keine Registrierung in der Provinzverwaltung[968] oder im Gericht erfolgt ist. Der Richter kann Klagen in Angelegenheiten der Erbschaft und der Religiösen Stiftung, die sich auf Nachlässe beziehen und Forderungen, Sachen, Erben u.a. betreffen, vor Ablauf von 33 Jahren anhören. Für alle anderen Angelegenheiten wird eine Frist von fünfzehn Jahren festgelegt.

---

965 In der arabischen Ausgabe von 2006 fehlerhaft (S. 619).

966 Der Anfang des Artikels ist im Buch zum Gerichtswesen in „Radd al-muḥtār", S. 477 erwähnt. Für den Rest stütze ich mich nicht auf eine Quelle (Fn.-Qadrī).

967 Die Art. 598 und 599 haben keine Quellenverweise.

968 Zur Verwaltungs- und Gerichtsstruktur Ägyptens Ende des 19. Jh., also im Zeitraum der Entstehung dieses Rechtstextes, siehe Freiherr von Fircks, A., Staatsrechtliche Verhältnisse, wirthschaftlicher Zustand, Verwaltung. Zweiter Theil. Berlin 1896. Im Internet unter der URL https://www.forgottenbooks.com/en/download/Aegypten1894_10337146.pdf verfügbar (zuletzt abgerufen: 09.03.2017). Vgl. auch Winterer, H., Ägypten. Seine staats- und völkerrechtliche Stellung zu England, den Mächten und der Türkei. Berlin 1915, Neudruck Paderborn 2011.

Dies gilt unabhängig davon, ob der Anspruch zum Zeitpunkt des Todes erwiesen war oder nicht.

Art. 600
Die Klage zur Religiösen Stiftung ist nach Ablauf von 33 Jahren unzulässig. Derjenige, der ein Haus besitzt, kann dann als Eigentümer darüber verfügen. Die Klage des Aufsehers der Religiösen Stiftung gegen ihn ist unzulässig, wenn sie beide in der gleichen Stadt leben.[969]

Art. 601
Die Klage des Verwandten des Stifters, der über die Errichtung der Stiftung informiert ist und mit ihm in der gleichen Stadt lebt, ist nicht zulässig, insofern als der Verwandte bei der Stiftung anwesend war und so über diese informiert ist. Gleiches gilt, wenn der Verwandte beim Verkauf anwesend war. Seine spätere Klage, dass es sich um sein Eigentum handelt, ist unzulässig, auch wenn die lange Frist noch nicht verstrichen ist.[970]

Art. 602
Zaid[971] ist Eigentümer von Bäumen, die er auf dem Land der Religiösen Stiftung rechtmäßig gepflanzt hat. Er verfügt darüber und bezahlt für das Land mehr als 25 Jahre[972] die entsprechende Pacht an die Stiftung, ohne dass ein Widerspruch dagegen eingelegt worden wäre. Nach dieser Frist beansprucht eine Frau die Bäume. Beide leben in der gleichen Stadt. Sie hat zuvor keine Klage erhoben. Ein gesetzlicher Hinderungsgrund liegt nicht vor. Wenn er die Klage abstreitet, ist sie nicht zulässig.[973]

Art. 603
Die Klage des Bestifteten ist nur mit Einwilligung des Richters oder in seiner Funktion als Verwalter zulässig. Falls sich also jemand widerrechtlich die Religiöse Stiftung aneignet, kann der Bestiftete nur mit Einwilligung des Richters ein Gerichtsverfahren anstrengen.

---

969 Erwähnt im Buch zur Klage in „Tanqīḥ al-ḥāmidīya“, S. 8 ff. (Fn.-Qadrī). Der Artikel könnte ergänzt werden, etwa so: „wenn sie beide in der gleichen Stadt leben und diese genannte Frist abgelaufen ist“.

970 Erwähnt auf S. 9 im Buch zur Klage in „Tanqīḥ al-ḥāmidīya“ (Fn.-Qadrī).

971 Vgl. Fn. 104.

972 In der französischen Übersetzung wird fälschlicherweise ein Zeitraum von fünfzehn Jahren angegeben (S. 292).

973 Ebenda erwähnt (Fn.-Qadrī). Bezieht sich auf Fn. 970.

Wenn es sich um mehrere Bestiftete handelt und einer von ihnen eine Klage ohne Einwilligung des Richters erhebt, dass eine Stiftung vorliegt, dann ist nach übereinstimmender Auffassung die Klage nicht wirksam.[974]

Art. 604
Wenn die Religiöse Stiftung zugunsten einer bestimmten Person errichtet worden ist, dann kann diese nur durch Ernennung des Richters Verwalter sein.[975]

Art. 605
Wenn jemand eine bestimmte Zeit als Eigentümer über ein Stück Land verfügt, ohne dass ein Widerspruch oder ein Einwand vorgebracht worden ist, dann ist nach dessen Tod die Klage einer Person, die diese Verfügung hingenommen hat, unzulässig. Diese Person kann nur klagen, wenn ein gesetzlicher Hinderungsgrund vorliegt.[976]

Art. 606
Der Aufseher einer Religiösen Stiftung, der bislang nicht im Besitz eines Hauses war und nicht über die Immobilie zugunsten der Religiösen Stiftung verfügen konnte, darf gegenüber dem Aufseher einer anderen Religiösen Stiftung, der dieses Haus besitzt und seit mehr als 33 Jahren ohne Widerspruch darüber verfügt, keine Klage geltend machen, die sich lediglich auf den Wortlaut der Stiftungsurkunde stützt. Dies gilt nicht, sofern ein Hinderungsgrund für die Klage vorliegt. Der Wortlaut allein findet keine Beachtung, wenn über die Sache nicht verfügt werden konnte.[977]

Art. 607
Der berechtigte Nutznießer am Ertrag der Religiösen Stiftung darf keine Klage zum Ertrag einreichen. Nur der Verwalter besitzt dieses Recht.[978]

Art. 608
Die berechtige Nutznießer der Stiftung darf keine Klage einreichen, auch wenn es keine weiteren Nutznießer der Religiösen Stiftung gibt.[979]

---

974 Erwähnt auf S. 14 im Buch zur Klage in „Tanqīḥ al-ḥāmidīya". Auf den Artikel kann wegen des Art. 475 und des Art. 500 verzichtet werden (Fn.-Qadrī).

975 Erwähnt auf S. 14 im Buch zur Klage in „Tanqīḥ al-ḥāmidīya" (Fn.-Qadrī).

976 Erwähnt auf S. 3 im Buch zur Klage in „Tanqīḥ al-ḥāmidīya" (Fn.-Qadrī).

977 Erwähnt auf S. 19 im Buch zur Klage in „Tanqīḥ al-ḥāmidīya". Die Wiederholung wurde im Artikel gestrichen (Fn.-Qadrī).

978 Auf den Artikel kann wegen des Inhalts des Art. 475 verzichtet werden. Er ist im Buch zur Klage in „Tanqīḥ al-ḥāmidīya", S. 14 erwähnt (Fn.-Qadrī).

979 Ebenda in Bezug auf die Quelle und eine Wiederholung (Fn.-Qadrī).

Art. 609
Die gerichtliche Entscheidung zugunsten des Besitzers ist eine Entscheidung, die einen fremden Anspruch verweigert, aber keinen eigenen Anspruch begründet. Wenn gegen den Besitzer entschieden wird, ist dessen Zeugenbeweis, dass er der Eigentümer ist, nicht zulässig.[980]

Art. 610
Der Zeugenbeweis durch den Kläger wird akzeptiert, auch wenn der Beklagte einen Eid geleistet hat.[981]

Art. 611
Der Bestiftete kann in einem Prozess weder Kläger noch Beklagter sein.[982]

Art. 612
Derjenige, der anerkennt hat, dass eine Sache einer anderen Person gehört, kann diese weder für sich noch für einen Dritten beanspruchen.[983]

Art. 613
Wenn der Kläger als Aufseher einer Religiösen Stiftung über die Verfügungen des Beklagten unterrichtet und damit einverstanden ist, wird seine Klage gegen ihn und dessen gesetzliche Erben unzulässig. Das, was die Wirksamkeit der Klage des Aufsehers verhindert, verhindert auch die Wirksamkeit der Klage des auf ihn folgenden Aufsehers.[984]

Art. 614
Die Klage in Bezug auf einen Anspruch aus dem Ertrag der Religiösen Stiftung ist unzulässig, wenn ohne gesetzlichen Rechtfertigungsgrund fünfzehn Jahre auf den Ertrag verzichtet worden ist, es sei denn, der Richter, der nicht durch ein diesbezügliches Verbot durch den Herrscher eingeschränkt ist, erlaubt dies. Die Klage in Bezug auf eine Forderung aus einem Darlehen[985] an die Religiöse Stiftung ist nach Ablauf dieser Frist unzulässig.[986]

---

980 Erwähnt auf S. 35 im Buch zur Klage in „Tanqīḥ al-ḥāmidīya“ (Fn.-Qadrī).

981 Erwähnt auf S. 36 im Buch zur Klage in „Tanqīḥ al-ḥāmidīya“ (Fn.-Qadrī). In der arabischen Ausgabe von 2007 ist ein Druckfehler enthalten (S. 310). Vgl. den Kommentar in Qadrī Pāšā, M., Qānūn al-ᶜadl…, a.a.O. (2006), S. 625.

982 Eine Wiederholung des Inhalts von Art. 475 (Fn.-Qadrī). Dies bezieht sich selbstverständlich nur auf Klagen im Zusammenhang mit der Religiösen Stiftung.

983 Eine Wiederholung von Art. 548 (Fn.-Qadrī).

984 Der Anfang des Artikels ist auf S. 3 im Buch zur Klage in „Tanqīḥ al-ḥāmidīya“ erwähnt (Fn.-Qadrī).

985 Arab.: al-murṣad. Vgl. Fn. 413.

986 Erwähnt auf S. 193 im Buch zur Religiösen Stiftung in „Tanqīḥ al-ḥāmidīya“ und auf S. 9 im Buch zur Klage im gleichen Werk (Fn.-Qadrī).

Art. 615

Wenn der Beklagte das Recht des Klägers anerkennt, ist die Vermögensklage gegen ihn zulässig, auch wenn mehr als fünfzehn Jahre seither vergangen sind.[987]

Art. 616

Die Forderung, die während der langen Frist[988] außerhalb des Gerichts erhoben worden ist, findet keine Beachtung, auch wenn dies mehrfach erfolgte. Die Klage desjenigen berechtigten Nutznießers der Religiösen Stiftung, der ohne gesetzlichen Rechtfertigungsgrund fünfzehn Jahre auf die gerichtliche Anspruchsklage gegenüber dem Aufseher verzichtet hat, ist unzulässig, auch wenn die Forderung mehrfach außerhalb des Gerichts erhoben worden ist.[989]

Art. 617

Die Klage desjenigen, der eine andere Person in ihrer langjährigen Verfügung über eine Immobilie wahrgenommen hat, der eine solche Klage bislang nicht eingereicht hat und der mit dieser Person in einer Stadt[990] wohnt, ist unzulässig, sollte kein gesetzlicher Hinderungsgrund für die Klage bestehen.[991]

Art. 618

Wenn eine Person über die baulichen, landwirtschaftlichen oder anderen Verfügungen informiert ist, ist eine Frist nicht beachtlich. Die Klage ist nach dieser Kenntnisnahme auch ohne ausdrückliches Verbot durch den Herrscher unzulässig. Wenn ein Verbot existiert, wird die Entscheidung grundsätzlich nicht vollstreckt.[992]

Art. 619

Nach Ablauf von fünfzehn Jahren ist mit Ausnahme der Religiösen Stiftung und des Vermögens eines Minderjährigen[993] und eines Abwesenden die Klage unzulässig.

Die Klage nach Ablauf dieser Frist ist unzulässig, wenn kein gesetzlicher Hinderungsgrund vorliegt. Die gesetzlichen Hinderungsgründe sind Abwesenheit von der Stadt, Minderjährigkeit und Geisteskrankheit.

---

987 Erwähnt auf S. 7 im Buch zur Klage in „Tanqīḥ al-ḥāmidīya", abgeleitet aus Art. 587 (Fn.-Qadrī).

988 Gemeint ist die Frist von 33 Jahren.

989 Erwähnt auf S. 7 im Buch zur Klage in „Tanqīḥ al-ḥāmidīya". Der Artikel ist eine Wiederholung des Inhalts von Art. 614 und 591 (Fn.-Qadrī).

990 Vgl. Fn. 387.

991 Erwähnt auf S. 3 im Buch zur Klage in „Tanqīḥ al-ḥāmidīya" (Fn.-Qadrī). Vgl. auch die Art. 601, 605, 606 und 613.

992 Erwähnt auf S. 4 und S. 5 im Buch zur Klage in „Tanqīḥ al-ḥāmidīya" (Fn.-Qadrī).

993 Vgl. Fn. 962.

Wenn der Minderjährige volljährig in Vermögensangelegenheiten wird und diese Frist seitdem vergangen ist,[994] ist die Klage unzulässig, sollte bislang keine Klage eingereicht worden sein, kein gesetzlicher Hinderungsgrund vorliegen und die Person mit dem Besitzer in der gleichen Stadt leben.[995]

Art. 620

Der Herrscher gestattet drei Ausnahmefälle in Bezug auf die Unzulässigkeit der Klage nach fünfzehn Jahren: Die Religiöse Stiftung, das Vermögen des Abwesenden und das Vermögen des Minderjährigen.

Wenn die Klage wegen der Abwesenheit des Beklagten unmöglich war, dann ist mit seinem Erscheinen die Klage fünfzehn Jahre lang zulässig. Gleiches gilt für die Abwesenheit des Klägers.[996]

Art. 621

Die Erbschaftsklage ist nach Ablauf von fünfzehn Jahren nach der Erlangung der Volljährigkeit durch den gesetzlichen Erben ohne gesetzlichen Rechtfertigungsgrund unzulässig, es sei denn, es liegt eine Anordnung des Herrschers vor oder der Prozessgegner erkennt den Anspruch an.[997]

Art. 622

Nach Ablauf von 33 Jahren ist keinerlei Klage zulässig, unabhängig davon, ob es sich um eine Klage zur Religiösen Stiftung, zum Vermögen des Minderjährigen oder zur Erbschaft handelt.[998]

Art. 623

Die Klage des Abwesenden in einer Entfernung von drei Tagreisen[999] ist nach dessen Rückkehr zulässig, unabhängig davon, wie viel Zeit bis dahin vergangen ist, da seine Abwesenheit die Klage verhindert hat.[1000]

---

994 Vgl. Art. 496 der Qadrī-Pāšā-Kodifikation zum Familienrecht. Siehe Ebert, H.-G., Die Qadrî-Pâshâ-Kodifikation. A.a.O., S. 162-163.

995 Erwähnt auf S. 5 ff. im Buch zur Klage in „Tanqīḥ al-ḥāmidīya“. Der Artikel ist eine Wiederholung der vorangegangenen Inhalts (Fn.-Qadrī).

996 Erwähnt auf S. 70 im Abschnitt zur Klage in „Al-ḫairīya“ (Fn.-Qadrī).

997 Erwähnt auf S. 6 im Buch zur Klage in „Tanqīḥ al-ḥāmidīya“ (Fn.-Qadrī).

998 Erwähnt auf S. 7 im Buch zur Klage in „Tanqīḥ al-ḥāmidīya“. Auf den Artikel kann wegen der vorangegangenen Artikel verzichtet werden (Fn.-Qadrī).

999 Arab.: masāfat al-qaṣr. Unter den Rechtsgelehrten herrscht keine Einigkeit, ob diese Entfernung feststeht oder gemäß Gewohnheitsrecht zeitlich abhängig ist. Es wird nicht selten eine Entfernung von ca. 81 km angegeben. Vgl. dazu die URL http://ar.islamway.net/fatwa/30415/كم-مسافة-القصر-للمسافر-وكم-مدة-القصر-وهل-الجمع-والقصر-في-السفر-واجب-أم-مستحب (zuletzt abgerufen: 10.03.2017).

1000 Erwähnt auf S. 8 im Buch zur Klage in „Tanqīḥ al-ḥāmidīya“. Auf den Artikel kann wegen der vorangegangenen Artikel verzichtet werden (Fn.-Qadrī).

Art. 624
Die Klage hinsichtlich des Anspruchs auf Ackerbau auf dem Land eines anderen[1001] ist nach Ablauf der langen Frist unzulässig. Wenn also eine Person Anspruch auf Ackerbau auf dem Brachland einer Religiösen Stiftung hat, das Land jährlich bewirtschaftet, die entsprechende Pacht zugunsten der Religiösen Stiftung bezahlt und 33 Jahre ohne Widerspruch vergangen sind, ist die Klage desjenigen, der in dieser Zeit das Klagerecht gehabt hat, unzulässig, es sei denn, es liegt ein gesetzlicher Rechtfertigungsgrund vor.[1002]

Art. 625
Die nachgewiesene Besitzergreifung durch den Aufseher in der langen Frist wird berücksichtigt. Der Aufseher ist nicht verpflichtet, einen weiteren Beweis dafür und für den *ḥikr*-Vertrag[1003] vorzulegen.
Wenn also jemand als Aufseher Ladengeschäfte besitzt, die als privatnützige Religiöse Stiftung auf dem Land einer anderen Religiösen Stiftung für einen wohltätigen Zweck in Form eines *ḥikr*-Vertrages existieren, über diese Ladengeschäfte für die privatnützige Stiftung verfügt, die *ḥikr*-Pacht in üblicher Höhe mehr als 33 Jahre bezahlt und kein Widerspruch oder Einspruch vorliegt, dann ist er nach Ablauf der Frist nicht verpflichtet, einen Beweis dafür vorzulegen, dass er den Bau in Form eines *ḥikr*-Vertrages für die Religiöse Stiftung errichtet hat. Der Besitz kann ihm nur mit einem gesetzlichen Rechtfertigungsgrund entzogen werden. Derjenige, der eine Sache besitzt, ist nicht verpflichtet, dafür den Zeugenbeweis zu erbringen.[1004]

Art. 626
Falls eine Person eine Klage zur Stiftung erhebt, ist diese nicht gegen die Bestifteten, sondern nur gegen den Amtswalter oder den Stifter zulässig.[1005]

Art. 627
Die Klage ist nach Ablauf von 33 Jahren unzulässig. Wenn ein Aufseher einer Religiösen Stiftung gegen einen Besitzer einer Immobilie, über die dieser 33 Jahre rechtmäßig verfügt hat, klagt, dann ist seine Klage unzulässig, falls die Klage in Bezug auf die Immobilie als Stiftungssache nach dieser Frist erfolgt, der Beklagte die Klage zurückweist, beide in einer Stadt leben und kein Hinderungsgrund für die Klage vorgelegen hat.[1006]

[1001] Arab.: mišadd al-maska. Vgl. Art. 330.
[1002] Erwähnt auf S. 8 im Buch zur Klage in „Tanqīḥ al-ḥāmidīya“ (Fn.-Qadrī).
[1003] Vgl. Art. 331.
[1004] Erwähnt auf S. 8 im Buch zur Klage in „Tanqīḥ al-ḥāmidīya“ (Fn.-Qadrī).
[1005] Erwähnt auf S. 343 in „Al-hindīya“ (Fn.-Qadrī).
[1006] Erwähnt auf S. 8 ff. im Buch zur Klage in „Tanqīḥ al-ḥāmidīya“ (Fn.-Qadrī).

Art. 628
Die Klage einer Religiösen Stiftung gegen eine andere Religiöse Stiftung ist ebenso wie die Klage eines Stifters gegen einen beliebigen Eigentümer und die Klage eines beliebigen Eigentümers gegen einen Stifter unzulässig, wenn 33 Jahre ohne gesetzlichen Hinderungsgrund vergangen sind. Schriftliche Dokumente, die der Kläger als Nichtbesitzer danach zur Beweisführung, dass es sich um eine Stiftung handelt, vorbringt, finden keine Beachtung, auch wenn sie von früheren juristischen Amtspersonen und Richters schriftlich ausgefertigt worden sind. Lediglich der Besitz und die Verfügung sind beachtlich. Die Beweisführung erfolgt nur durch Zeugenbeweis und Anerkenntnis.[1007]

Art. 629
Der Besitz und die Verfügung müssen, um berücksichtigt zu werden, rechtmäßig und von alters her erwiesen sein.[1008]

Art. 630
Die Eigentumsklage einer Person, die ein Stück Land einer Religiösen Stiftung pachtet und eine Partnerschaft für die Bewässerung und Pflege der darauf wachsenden Bäume abschließt, ist in Bezug auf die Bäume nach Ablauf der Pacht unzulässig.[1009]

Art. 631
Die Klage gegen einen Nichtbesitzer ist nur in Bezug auf eine widerrechtlich angeeignete bewegliche Sache zulässig. Hinsichtlich von Häusern und Immobilien gibt es keinen Unterschied.[1010]

Art. 632
Niemand kann etwas annullieren, was er selbst vollzogen hat. Die Bemühung wird zurückgewiesen. Wenn also eine Person eine Immobilie verkauft hat und danach behauptet, dass sie die Immobilie gestiftet habe oder dass es sich um eine Religiöse Stiftung zu ihren Gunsten handele, ist ihre Klage unzulässig. Sie kann den Beklagten nicht zum Eid auffordern. Wenn die Person den Zeugenbeweis erbringt, um die Errichtung einer Stiftung zu bestätigen, so wird dieser akzeptiert.

[1007]Erwähnt auf S. 19 im Buch zur Klage in „Tanqīḥ al-ḥāmidīya“ (Fn.-Qadrī).

[1008]Erwähnt auf S. 8 im Buch zur Klage in „Tanqīḥ al-ḥāmidīya“ (Fn.-Qadrī).

[1009]Erwähnt auf S. 10 im Buch zur Klage in „Tanqīḥ al-ḥāmidīya“ (Fn.-Qadrī). Zur „Partnerschaft für die Bewässerung und Pflege“ (al-musāqāt) vgl. Art. 731-743 der Zivilrechtskodifikation von Muḥammad Qadrī Pāšā: Ebert, H.-G., Hefny, A., Islamisches Zivilrecht…, a.a.O., S. 216-220.

[1010]Erwähnt auf S. 14 im Buch zur Klage in „Tanqīḥ al-ḥāmidīya“ (Fn.-Qadrī). Der Inhalt bezieht sich auf die Unzulässigkeit der Klage des Besitzers in Bezug auf Immobilien.

Der Käufer muss eine übliche Pacht bezahlen. Er darf die Immobilie nicht zurückbehalten, um den Preis zu erlangen.
Ohne zu sagen „Es wurde zu meinen Gunsten gestiftet“, ist die Klage grundsätzlich unzulässig. Falls der Verkäufer behauptet, dass es sich um eine Religiöse Stiftung für eine bestimmte Moschee handele und den Beweis hierfür erbringt, wird die Klage akzeptiert und der Verkauf annulliert.[1011]

Art. 633
Wenn jemand behauptet, Eigentümer einer Liegenschaft zu sein und diese vom Vater geerbt zu haben, und danach klagt, dass sein Vater sie zu seinen Gunsten gestiftet habe, dann ist die Klage wegen des Widerspruchs unzulässig.
Falls er zunächst behauptet, dass es sich um eine Religiöse Stiftung handele, und danach eine Erbschaftsklage einreicht, wird diese ebenfalls nicht akzeptiert, es sei denn, er erklärt: „Mein Vater hat eine Religiöse Stiftung errichtet, die aber nicht unwiderruflich war, und ist danach verstorben“. In dieser Weise wird die Klage akzeptiert.[1012]

Art. 634
Wenn jemand ein Haus als Eigentümer verkauft und danach behauptet, dass es sich um eine Religiöse Stiftung handele und eine Person X dieses Haus zugunsten einer bestimmten Moschee gestiftet habe, dann ist diese Klage zur Religiösen Stiftung unzulässig.[1013]

Art. 635
Wenn der Käufer eines Stück Landes gegen den Verkäufer klagt, dass das Land eine Religiöse Stiftung sei und der Verkäufer dieses Land ohne Rechtsanspruch verkauft habe, dann steht nicht dem Käufer, sondern dem Verwalter das Prozessrecht zu.
Wenn kein Verwalter vorhanden ist, ernennt der Richter einen Verwalter, um den Prozess zu führen und nachzuweisen, dass es sich um eine Stiftung handelt. Wenn er den Nachweis führt, wird der Verkauf als nichtig bewertet und der Käufer kann vom Verkäufer den Preis zurückfordern.[1014]

Art. 636
Der Verwalter klagt gegen den Käufer, dass ein bestimmtes Haus eine Religiöse Stiftung zugunsten der Kinder einer Person X sei und weist den Anspruch gegenüber dem Käufer nach. Der Käufer fordert vom Verkäufer den Preis zurück. Der

---

[1011] Erwähnt auf S. 341 in „Al-hindīya“ und auf S. 571 ff. in „Ad-durr al-muḫtār“ und „Radd al-muḫtār“ (Fn.-Qadrī).
[1012] Erwähnt auf S. 341 in „Al-hindīya“ (Fn.-Qadrī).
[1013] Erwähnt auf S. 341 in „Al-hindīya“ (Fn.-Qadrī).
[1014] Erwähnt auf S. 341 ff. in „Al-hindīya“ (Fn.-Qadrī).

Verkäufer erklärt: „Ja, das Haus war eine Religiösen Stiftung der Person X zugunsten ihrer Kinder. Weil aber der Stifter verstorben ist, haben seine gesetzlichen Erben die Angelegenheit an den Richter herangetragen, damit dieser die Nichtigkeit der Religiösen Stiftung feststellt. Ich bin ein gesetzlicher Erbe des Stifters. Das Haus ist Bestandteil meines Erbteils und mein Verkauf ist wirksam." Dadurch wird die Stiftungsklage des Verwalters abgewendet und der Käufer bleibt im Besitz des Hauses.[1015]

Art. 637
Die Klage gegen den Pächter[1016] einer Immobilie ist nicht wirksam, unabhängig davon, ob es sich um eine Religiöse Stiftung handelt oder nicht.[1017]

Art. 638
Die Klage in Bezug auf die Nutznießung einer Religiösen Stiftung ist nach Ablauf von fünfzehn Jahren unzulässig, wenn der Kläger diese Zeit hat verstreichen lassen und in der gleichen Stadt lebt, sollte kein gesetzlicher Hinderungsgrund vorliegen.[1018]

Art. 639
Wenn ein Stifter eine Religiöse Stiftung begründet hat und eine Person dabei anwesend und über die Stiftung informiert war, dann ist die Eigentumsklage dieser Person unzulässig, auch wenn die lange Frist noch nicht abgelaufen ist.[1019]

Art. 640
Eine Person verfügt lange Zeit ohne Widerspruch und Einspruch über ein Stück Land, welches sie von ihrem Erblasser erworben hat. Eine andere Person hat in Kenntnis des Landes und der Verfügung nicht dagegen geklagt. Nach deren Tod ist die Klage durch ihre gesetzlichen Erben unzulässig. Das Land verbleibt im Besitz des Verfügenden.[1020]

[1015] Erwähnt auf S. 342 in „Al-hindīya" (Fn.-Qadrī).

[1016] Arab.: al-akkār. Wörtlich: Derjenige, der den Boden bearbeitet.

[1017] Erwähnt auf S. 343 in „Al-hindīya" (Fn.-Qadrī). Dieser Artikel bezieht sich auf die Klage zum Eigentum. Es wird vorausgesetzt, dass derjenige, der einen Pachtvertrag als Pächter abschließt, nicht als Eigentümer angesehen werden kann.

[1018] Eine Wiederholung des Inhalts von Art. 614 (Fn.-Qadrī).

[1019] Eine Wiederholung des Inhalts von Art. 601 (Fn.-Qadrī). Die „lange Frist" bezieht sich auf 33 Jahre. Die von im Rechtstext angesprochenen Fristen richten sich generell nach dem Gegenstand des Verfahrens.

[1020] Erwähnt auf S. 55 im Abschnitt zur Klage in „Al-ḫairīya" (Fn.-Qadrī).

Art. 641
Wenn eine Person ein Stück Land oder ein Haus verkauft hat, deren Sohn bzw. deren Ehefrau dabei anwesend und darüber informiert war und geschwiegen hat, ist die danach eingereichte Eigentumsklage des Sohnes unzulässig.[1021]

Art. 642
Der Familienfremde, auch wenn es sich um einen Nachbarn handelt, kann eine Eigentumsklage in Bezug auf den Verkauf eines Hauses oder eines Stück Landes einreichen, selbst wenn er beim Verkauf anwesend und davon informiert war, es sei denn, der Käufer hat über lange Zeit landwirtschaftliche und bauliche Tätigkeiten darauf verrichtet. Dann ist die Klage unzulässig.
Der Familienfremde, der angrenzende Nachbar und der etwas weiter entfernte Nachbar sind dabei gleichgestellt.[1022]

Art. 643
Die Klage in Bezug auf eine Sache der Religiösen Stiftung ist unzulässig, wenn die Sache vom Kläger aufgegeben worden ist, er 33 Jahre dazu geschwiegen hat, obwohl die Möglichkeit der Klageerhebung während dieser Frist gegeben war, und kein gesetzlicher Hinderungsgrund vorliegt.
Rechtsfertigungsgründe für die Zulässigkeit der Klage nach Ablauf dieser langen Frist sind gegeben, wenn der Kläger abwesend, minderjährig oder geisteskrank ist und in den letzten beiden Fällen keinen Vormund hat oder wenn der Beklagte ein furchteinflößender despotischer Herrscher ist.[1023]

Art. 644
Eine Person verfügt als Eigentümer für eine lange Frist in legaler Weise über eine Immobilie, ohne dass ein Einspruch oder ein Widerspruch während dieser Zeit vorgebracht worden ist. Wenn der Verwalter einer Religiösen Stiftung nach Ablauf der langen Frist gegen diese Person oder gegen deren gesetzliche Erben eine Klage erhebt, dass die Immobilie Bestandteil der Religiösen Stiftung sei, so ist seine Klage unzulässig. Die Immobilie wird dem Besitzer nicht entzogen.[1024]

[1021] Erwähnt auf S. 48 und S. 59 im Abschnitt zur Klage in „Al-ḫairīya". Dieser Artikel ist eine Wiederholung des Inhalts von Art. 597 (Fn.-Qadrī).

[1022] Erwähnt auf S. 59 im Abschnitt zur Klage in „Al-ḫairīya". Auf den Artikel kann wegen des Inhalts von Art. 597 verzichtet werden. (Fn.-Qadrī). Vgl. zu den Begriffen auch Koran 4:36.

[1023] Der Anfang des Artikels ist auf S. 3 im Buch zur Klage in „Tanqīḥ al-ḥāmidīya" erwähnt. Der Rest des Artikels ist eine Wiederholung von Art. 594. Der Anfang des Artikels ist ebenfalls im vorangegangenen Inhalt vermerkt (Fn.-Qadrī).

[1024] Erwähnt auf S. 3 im Buch zur Klage in „Tanqīḥ al-ḥāmidīya". Auf den Artikel kann wegen des vorangegangenen Inhalts verzichtet werden (Fn.-Qadrī).

Art. 645
Wenn eine Person eine Immobilie verkauft und danach behauptet, dass es sich um eine Religiöse Stiftung handele oder dass sie zu ihren Gunsten gestiftet worden sei, dann ist die Klage der Person unzulässig. Sie kann den Käufer nicht zum Eid auffordern, wenn dieser die Stiftung leugnet. Falls aber der Zeugenbeweis für die Religiöse Stiftung erbracht wird oder die Person ein vom Richter registriertes schriftliches Dokument für die Religiöse Stiftung vorweist, wird die Klage akzeptiert und der Verkauf annulliert. Der Käufer muss eine übliche Pacht bezahlen. Er darf die Immobilie nicht zurückbehalten, um den Preis zu erlangen.[1025]

Art. 646
Zaid[1026] besitzt eine Immobilie und verfügt mehr als 33 Jahre darüber, wobei das Eigentum durch einen legalen Kauf erworben worden ist. Nach seinem Tod verfügen seine gesetzlichen Erben durch die Erbschaft über die Immobilie. Nun will der Verwalter einer Religiösen Stiftung gegen die Erben klagen, dass diese Immobilie Bestandteil der Religiösen Stiftung sei. Er erbringt den Zeugenbeweis für seine Klage. Kann der Richter die Immobilie den gesetzlichen Erben aufgrund dieser Zeugenaussage entziehen? Die Antwort lautet: Er darf dies nicht tun. Wenn der Richter diese Zeugenaussage zulässt und entscheidet, dass die Immobilie aus dem Besitz der gesetzlichen Erben dem Besitz der Religiösen Stiftung zugeordnet wird und eine Urkunde darüber ausstellt, so wird seine Entscheidung nicht vollstreckt und die Urkunde nicht beachtet.[1027]

[1025] Eine Wiederholung des Inhalts von Art. 632 (Fn.-Qadrī).
[1026] Vgl. Fn. 104.
[1027] Erwähnt auf S. 3 im Buch zur Klage in „Tanqīḥ al-ḥāmidīya“. Der Artikel ist bereits im vorangegangenen Inhalt vermerkt (Fn.-Qadrī). Die Artikel im letzten Abschnitt (Art. 587 ff.) enthalten zahlreiche Wiederholungen und stehen vom Stil her nicht immer in Übereinstimmung mit den übrigen Artikeln. Die Ursache hierfür mag darin liegen, dass die vorliegende Fassung erst nach dem Tode von Muḥammad Qadrī Pāšā erarbeitet worden ist. Vgl. den Hinweis in Qadrī Pāšā, M., Qānūn al-ᶜadl…, a.a.O. (2006), S. 641.

LEIPZIGER BEITRÄGE ZUR ORIENTFORSCHUNG

Herausgegeben von Hans-Georg Ebert
Begründet von Günter Barthel

Die Reihe *Leipziger Beiträge zur Orientforschung* widmet sich Themen und Problemfeldern der islamischen Welt in Vergangenheit und Gegenwart. Dabei werden unterschiedliche Disziplinen, Regionen und Methoden erfasst. Das Spektrum reicht von rechtlichen, historischen, religiösen, kulturellen, sprachlichen, politischen und sozial-ökonomischen Fragestellungen bis hin zu vergleichenden "area studies". Innerhalb der Reihe erscheinen die in Zusammenarbeit mit der "Gesellschaft für Arabisches und Islamisches Recht e.V." herausgegebenen Tagungsbände. Die einzelnen Veröffentlichungen sollen das interkulturelle Verständnis fördern, neue Forschungsansätze aufzeigen und Ergebnisse wissenschaftlicher Untersuchungen präsentieren.

Band 1 Lutz Knörnschild: Zur Geschichte der Nilwassernutzung in der ägyptischen Landwirtschaft von den Anfängen bis zur Gegenwart. 1993.

Band 2 Henner Fürtig / Rolf Müller-Syring (Hrsg.): Ursachen gewaltförmiger Konflikte in der Golfregion. Internationale und zwischenstaatliche Faktoren. 1993.

Band 3 Ingelore Goldmann (Hrsg.): Beiträge zur Fachdidaktik Arabisch. Didaktische und methodische Probleme des modernen Arabischunterrrichts. 1993.

Band 4 Roland Kühnel: Die sprachliche Situation an Hochschulen des Maghreb und die offizielle Sprachpolitik – Eine soziolinguistische Untersuchung. 1995.

Band 5 Henk Knaupe / Ulrich G. Wurzel: Aufbruch in der Wüste. Die Neuen Städte in Ägypten. 1995.

Band 6 Wolfgang Reuschel: Aspekt und Tempus in der Sprache des Korans. 1996.

Band 7 Hans-Georg Ebert: Das Personalstatut arabischer Länder. Problemfelder, Methoden, Perspektiven. Ein Beitrag zum Diskurs über Theorie und Praxis des Islamischen Rechts. 1996.

Band 8 Uwe Pfullmann: Politische Strategien Ibn Sa[c]ūds beim Aufbau des dritten saudischen Staates. Eine historische Studie unter besonderer Berücksichtigung deutschen Archivmaterials. 1996.

Band 9 Hans-Georg Ebert (Hrsg.): Beiträge zum Islamischen Recht. 2000.

Band 10 Anja Wünsch: Innenansichten ökonomischer Restrukturierung. Wirkungen und Wirksamkeit der Strukturanpassung in Jordanien, 1989-1999. 2001.

Band 11 Thoralf Hanstein: Islamisches Recht und Nationales Recht. Teil 1 und 2. Eine Untersuchung zum Einfluß des Islamischen Rechts auf die Entwicklung des modernen Familienrechts am Beispiel Indonesiens. 2002.

Band 12 Hans-Georg Ebert / Thoralf Hanstein (Hrsg.): Beiträge zum Islamischen Recht II. 2003.

Band 13 Hans-Georg Ebert / Thoralf Hanstein (Hrsg.): Beiträge zum Islamischen Recht III. 2003.

Band 14 Hans-Georg Ebert: Das Erbrecht arabischer Länder. 2004.

Band 15 Silvia Tellenbach / Thoralf Hanstein (Hrsg.): Beiträge zum Islamischen Recht IV. 2004.

Band 16 Almut Hinz: Die Sanktionen gegen Libyen. Sanktionen im modernen Völkerrecht und in der Staatenpraxis sowie ihre Anwendung am Beispiel Libyen. 2005.

Band 17 Hüseyin Demir: Die osmanischen Medresen. Das Bildungswesen und seine historischen Wurzeln im Osmanischen Reich von 1331–1600. 2005.

Band 18 Sebastian Maisel: Das Gewohnheitsrecht der Beduinen. Der Stellenwert von Urf in den Rechtsvorstellungen tribaler Gruppen im Norden der Arabischen Halbinsel. 2006.

Band 19 Irene Schneider / Thoralf Hanstein (Hrsg.): Beiträge zum Islamischen Recht V. 2006.

Band 20 Anja Wehler-Schöck: Ehrenmorde in Jordanien. Ursachen und mögliche Gegenstrategien. 2007.

Band 21 Hans-Georg Ebert / Thoralf Hanstein (Hrsg.): Beiträge zum Islamischen Recht VI.

Band 22 Naseef Naeem: Die neue bundesstaatliche Ordnung des Irak. Eine rechtsvergleichende Untersuchung. 2008.

Band 23 Hans-Georg Ebert: Die Qadrî-Pâshâ-Kodifikation. Islamisches Personalstatut der hanafitischen Rechtsschule. 2010.

Band 24 Hans-Georg Ebert/Assem Hefny: *Der Islam und die Grundlagen der Herrschaft*. Übersetzung und Kommentar des Werkes von Alî Abd ar-Râziq. 2010.

Band 25 Nedim Zahirović: Murteza Pascha von Ofen zwischen Panegyrik und Historie. Eine literarisch-historische Analyse eines osmanischen Wesirspiegels von Nergisi (El-vaṣfü l-kāmil fī-aḥvāli l-vezīri l-ʿādil). 2010.

Band 26 Hatem Elliesie (Hrsg./ed.): Beiträge zum Islamischen Recht VII. Islam und Menschenrechte / Islam and Human Rights / الإسلام وحقوق الإنسان. 2010.

Band 27 Ibrahim Salama: Muslimische Gemeinschaften in Deutschland. Recht und Rechtswissenschaft im Integrationsprozess. 2010.

Band 28 Sabaheta Gačanin: The Persian Divan by Ahmad Khatem Aqovalizade. 2011.

Band 29 Martin Heckel (Hrsg.): Rechtstransfer. Beiträge zum islamischen Recht VIII. 2011.

Band 30 Hans-Georg Ebert/Thoralf Hanstein (Hrsg.): Heinrich Leberecht Fleischer – Leben und Wirkung. Ein Leipziger Orientalist des 19. Jahrhunderts mit internationaler Ausstrahlung. 2013.

Band 31 Hans-Georg Ebert/Assem Hefny: Islamisches Zivilrecht der hanafitischen Lehre. Die zivilrechtliche Kodifikation des Qadrî Pâshâ. 2013.

Band 32 Bruno Menhofer/Dirk Otto (Hrsg.): Recht nach dem Arabischen Frühling. Beiträge zum islamischen Recht IX. 2014.

Band 33 Hans-Georg Ebert (Hrsg.): Beiträge zum Islamischen Recht X. Zu Ehren von Hilmar Krüger. 2015.

Band 34 Irene Schneider/Thoralf Hanstein (Hrsg.): Beiträge zum Islamischen Recht XI. 2016.

Band 35 Hans-Georg Ebert: Die Religiöse Stiftung im Islam (waqf) nach hanafitischer Lehre. Die stiftungsrechtliche Kodifikation von Qadrî Pâshâ. 2018.

www.peterlang.com

www.ingramcontent.com/pod-product-compliance
Ingram Content Group UK Ltd.
Pitfield, Milton Keynes, MK11 3LW, UK
UKHW022101051026
15623UKWH00003B/613